mare

James W. Graham

DER KURS DER KENNEDYS

Wie ein kleines Boot die Geschicke
einer großen Familie lenkte

Aus dem Amerikanischen
von Rudolf Mast

mare

Die Deutsche Nationalbibliothek verzeichnet
diese Publikation in der Deutschen National-
bibliografie; detaillierte bibliografische Daten
sind im Internet unter http://dnb.ddb.de abrufbar.

Die Originalausgabe erschien 2014 unter dem
Titel *Victura: The Kennedys, a Sailboat, and the Sea*
bei ForeEdge / University Press of New England

Copyright © 2014 by James W. Graham

1. Auflage 2015
© 2015 by mareverlag, Hamburg

Lektorat Claudia Jürgens, Berlin
Typografie Farnschläder & Mahlstedt, Hamburg
Schrift Trump Mediäval LT Std
Druck und Bindung CPI Clausen & Bosse, Leck
Printed in Germany
ISBN 978-3-86648-195-4

www.mare.de

Für Linda. In Liebe

Alfred Lord Tennyson: *Ulysses**

Kein Heil bringt's, wenn ich müßiger Regent,
im warmen Heim auf unfruchtbarem Grund,
mit alt geword'ner Frau, Gesetz und Recht
ersinne für ein letztlich rohes Volk,
das hortet, schläft und frisst und mich nicht kennt.
Ich kann nicht leben ohne Reisen, will
das Leben kosten bis zuletzt, so wie
ich Freud und Leid im Übermaß empfand,
mit Freunden ebenso durchlitten hab'
wie auch allein, an Land und öfter noch
auf wild vom Sturmtief aufgepeitschtem Meer.
Man kennt mich als den wagemut'gen Mann,
der vieles sah und weiß von Wetter, Wind
und Menschen, Städten, Sitten, Politik.
Ich selbst, von hohem Stand, wurd' überall
geehrt, bestritt mit großer Lust den Kampf
im Sturm vor Troja gegen uns'ren Feind.
Von allem, was ich sah, bin ich ein Teil,
doch alles, was ich seh', ist wie ein Tor,
durch das die unbekannte Welt mich lockt,
um mir mit jedem Schritt sich zu entzieh'n.
Durch Trägheit rosten, ruhen ohne Not

* neu übersetzt von Rudolf Mast

ist dumm, weil Glanz nur durch Bewegung kommt.
Als reichte atmen, um zu leben! Nein,
selbst zwei, drei Leben, angehäuft, sind kurz –
erst recht mein eig'nes, das mit jeder Stund'
mir Aufschub bietet vor der ew'gen Nacht.
Mein Drang nach Neuem lässt nicht zu, dass ich
auch nur drei Tage faul und träge bin.
Mein altes Haupt strebt wie ein Stern, der fällt,
noch jenseits dessen, was die Menschheit weiß.

Mein eig'ner Sohn, mein lieber Telemach,
erhält von mir das Zepter und das Land,
die Insel, die ich stets geliebt, auf dass
er beide gut zu führen weiß und klug
dem groben Volk die Richtung weist, damit
es einst durch Milde und durch Tugend glänzt.
Kein Makel haftet an ihm, er steht fest
in der Erfüllung seiner Pflicht auch dann,
wenn sie statt harter Hand ein Herz verlangt.
Und wenn ich fort bin, weiß ich alles wohl,
denn auch den Göttern zollt er den Respekt.

Im Hafen liegt ein Schiff, zum Start bereit,
dahinter lockt das dunkle weite Meer.
Ihr Männer, die ihr mich vom Reisen kennt,
euch lustvoll Sturm und Sonne ausgesetzt,
mit mir Gefahren überstanden habt
dank Herz und Hirn – ihr seid so alt wie ich.
Doch auch das Alter kennt noch Stolz und Ziel,
das endet erst im Tod. Zuvor jedoch
bleibt uns noch manches hehre Werk zu tun,
das Männern würdig ist, die Götter sah'n.

Das Licht versinkt bereits am Horizont,
es funkelt dort am Fels, der Tag vergeht,
der Mond zieht auf, und aus dem dunklen Meer
mahnt es im Chor: Ihr Freunde, kommt, noch bleibt
die Zeit, nach einer neuen Welt zu schau'n.
Stoßt ab, nehmt Platz und pflügt mit voller Kraft
die Ruder durch das Wasser, denn ich will
nach Westen fahren bis zum Tod, weil dort
das Licht der Sonne und der Sterne sinkt.
Vielleicht liegt dort ein Sog, der uns verschlingt,
vielleicht das Inselreich Elysion,
wo heut' Achillus lebt und uns'rer harrt.
Zwar ist uns viel genommen, dennoch bleibt
uns viel; wohl kaum die Macht wie einst, als wir
den Lauf der Welt bestimmt, und doch die Kraft,
zu bleiben, was wir sind: ein fester Bund
entschloss'ner Herzen, schwach, doch eins im Wunsch
zu streben, suchen, finden bis zuletzt.

Inhalt

TEIL I   KINDS- UND SCHIFFSTAUFEN
Ein anderes Wort für Leben   15
Auf Sieg getrimmt   28
Verbündete und Rivalen   62
Familienbande   80
Kriegs- und andere Schicksale   98

TEIL II   KURSÄNDERUNG
Jack   153
Die Präsidentschaft   197
Bobby und Ethel   236
Eunice   271
Ted   293
Lebenswege   344

Nachwort   359

Dank   369
Anmerkungen   371
Literatur   388
Bildquellen   396
Personenregister   397

TEIL I

KINDS- UND SCHIFFSTAUFEN

Ein anderes Wort für Leben

Am Tag vor seinem Tod bezog Präsident John F. Kennedy zusammen mit seiner Frau Jacqueline im Rice Hotel in Houston, Texas, ein Zimmer, das für den kurzen Aufenthalt eigens renoviert worden war. Dreieinhalb Stunden blieben ihnen dort, um auszuruhen und etwas zu essen, bevor sie zu zwei Abendveranstaltungen aufbrechen mussten, die bis in die Nacht dauern würden. John Fitzgerald, genannt Jack, trug nur Unterwäsche, er saß in einem Schaukelstuhl und arbeitete an einer Rede. Dabei kritzelte er auf dem Notizpapier des Hotels herum.[1]

Als später am Abend alle Pflichten erfüllt waren, kamen sie in einem anderen Hotel unter. Es lag näher am Ort des ersten Auftritts, der für den kommenden Tag geplant war. Jacqueline beobachtete, wie Jack im Schlafanzug vor dem Bett kniete und ein Nachtgebet sprach. Einige Wochen später sagte sie zu einem Freund: »Ich denke, das Ganze war nicht mehr als eine seit Kindertagen eingeübte Gewohnheit, so, wie man sich vor dem Zubettgehen die Zähne putzt. Aber ich fand das Bild irgendwie süß. Es machte mir Freude, dabeizustehen.« Jacks religiöse Rituale trugen in ihren Augen Züge von Aberglauben. Sie war sich nicht sicher, ob sein Glaube echt war, »aber für den Fall, dass etwas dran war, wollte er vorgesorgt haben«.[2]

Am nächsten Morgen, wenige Stunden bevor der Autokorso mit dem Präsidenten und der First Lady durch Dallas das Schulbuchdepot des Staates Texas passierte, fanden Zimmermädchen im Rice Hotel die Kritzeleien, die der Präsident zurückgelassen hatte. Die schlichte Bleistiftzeichnung zeigte ein kleines Segelboot, das sich durch die Wellen arbeitete.

Während der Sitzungen oder beim Telefonieren im Weißen Haus zeichnete Jack Kennedy häufig Segelboote, manchmal auch mit einem Gaffelsegel am Mast, wie die *Victura* eines trug. Mit ihren Gedanken waren Jack und seine Geschwister ihr ganzes Leben lang auf See. Das Segeln beeinflusste ihr Denken und ihr Handeln, den Inhalt ihrer politischen Reden, die Art und Weise, wie sie als Familie feierten oder trauerten, und die Nähe, die sie zueinander empfanden.

Joseph und Rose Kennedy hatten neun Kinder, vom Segeln besonders fasziniert und geprägt waren Jack, sein älterer Bruder Joseph Patrick, genannt Joe, und die jüngeren Geschwister Edward Moore, genannt Ted, Eunice und Robert. In ihrer Kindheit führten sie oft lange und ernsthafte Gespräche über das Segeln, mitunter auch unter Beteiligung ihres Vaters.

Dabei diskutierten sie Windstärke, Wellenhöhe und Fragen wie die, warum sie eine Wettfahrt verloren hatten, welches Bauteil am Boot mit welchem Aufwand verbessert werden könnte, wen man als Segellehrer engagieren sollte, welche Segel sinnvoll wären, wie der Spinnaker schneller gesetzt werden könnte und mit wem sich die Crew verstärken ließe.

Auch als sie älter wurden und schließlich auf eigenen Beinen standen, blieb das Segeln ein dauerhaftes Thema. Immer wieder kehrten sie in ihr Haus in Hyannis Port auf Cape Cod zurück. Dabei richteten sie sich häufig nach den Terminen wichtiger Regatten und sorgten dafür, dass sie jeden Tag aufs Wasser kamen. Und noch achtzig Jahre nach den ersten Schlägen auf der *Victura* taten es ihre Kinder und Enkelkinder ihnen gleich.

Roberts junge Frau Ethel fügte sich nicht zuletzt deshalb so nahtlos in die Familie ein, weil sie deren Leidenschaft für das Segeln teilte. Jacqueline, die sich eher für die Schönheit des Segelns als für den sportlichen Wettkampf begeistern konnte, schrieb, schon Jahre bevor sie Jack kennenlernte, Gedichte über Boote und hielt sie in selbst gemalten Bildern fest. Wie hoch die Mitglieder der Familie Kennedy auf der Karriereleiter auch klettern mochten, regelmäßig machten sich Hubschrauber, Flugzeuge oder Autokolonnen auf den Weg nach Cape Cod, um den prominenten Insassen pünktlich zum Start einer Regatta vor Ort abzusetzen.

Wenn sie gemeinsam auf dem Wasser waren, konzentrierten sie sich vollends auf das Rennen, und wenn sie nur zum Spaß segelten, unterhielten sie sich dabei, beobachteten den Sonnenuntergang, hielten Ausschau nach Gewitterwolken, wurden vom Spritzwasser durchnässt, das über das Süllbord ins Cockpit drang, zitterten vor Unterkühlung und zogen durchweichte Sandwiches aus ihrer Kühlbox.

Die älteren Familienmitglieder unterwiesen die jüngeren. Sie liefen mit ihrem Boot auf Sandbänke und kollidierten mindestens ein Mal mit einer Tonne. Sie waren bereit, ins Wasser zu springen, um das Boot etwas leichter und damit auch schneller zu machen. Sie brüllten sich an, wenn einer der anderen einen Fehler gemacht hatte, knufften sich gegenseitig, um später gemeinsam darüber zu lachen. Je stärker der Wind vor Cape Cod war, je mehr Schaumkronen auf den Wellen tanzten, desto besser. Sie nahmen Bekannte mit, die, wenn sie den Ansprüchen in Sachen Seemannschaft und Kameradschaft genügten, lebenslange Freunde wurden.

Sobald sie selbst Nachwuchs bekamen, nutzten sie das Segeln, um mit ihren Kindern in engem Kontakt zu bleiben. Auch Nichten und Neffen, die, aus unterschiedlichen Gründen, ohne Vater aufwachsen mussten, kamen in diesen Genuss. Sie brachten ihnen bei, wie man sich auf See verhält, nicht zuletzt in Notlagen. Dieses Wissen, so wurden sie nicht müde zu betonen, hatte nicht nur Jack im Zweiten Weltkrieg das Leben gerettet, sondern ihrer aller Leben eine Richtschnur gegeben und ihnen dabei geholfen, mit den besonderen Bedingungen zurechtzukommen, die daraus erwuchsen, ein Kennedy zu sein. Privilegien gehörten ebenso dazu wie die ständige Aufmerksamkeit der Öffentlichkeit und »das Hamsterrad des Lebens«, wie Christopher Kennedy es nennt.[3] Wenn sie bei Nacht segelten, dann betrachteten sie die Sterne und ließen die endlose Weite von Raum und Zeit auf sich wirken, um, so ihre Überzeugung, dabei den Geheimnissen des Lebens näher zu kommen. »Segeln war für mich immer ein anderes Wort für Leben«, heißt es in Teds Memoiren *True Compass*. Das Buch erschien, achtzig Jahre nachdem die Kennedys zum ersten Mal den Sommer in Hyannis Port verbracht hatten.[4]

Die Familie besaß mehrere Segeljachten, aber die *Victura* war die wichtigste davon. Mit fast fünfzig Jahren war sie am längsten im Besitz der Kennedys und wurde am meisten gesegelt. Sie war aus Holz, eher rank, 25 Fuß, also 7,62 Meter lang, spartanisch ausgestattet und gaffelgetakelt – ein Rigg, das heute als antiquiert gilt, auch wenn manche ihm zugutehalten, dass der kürzere Mast vor allem bei Starkwind Vorteile hat, weil er nicht so leicht bricht. Der Bootstyp heißt Wianno Senior, es gibt davon circa zweihundert Exemplare, die alle so aussehen wie die *Victura* und von Familien wie den Kennedys gesegelt werden, die den Sommer am Südufer von Cape Cod verbringen. Bei Regatten auf dem Nantucket Sound treten also nahezu identische Boote in fairem Wettstreit gegeneinander an.

Dass die kleine *Victura* auf dem anspruchsvollen Revier so alt wurde, ist durchaus überraschend. 1932 erbaut und gekauft, wurde sie 1936 vom Blitz getroffen. 1944 rettete sie der kriegsverletzte Jack im letzten Moment vor einem Hurrikan, indem er sie an Land zog. 2003 wütete im Hafen ein Feuer, das zwanzig Segelboote zerstörte, aber die *Victura* verschonte. Doch dann schlug sie während einer Regatta leck und drohte mitsamt dem nicht mehr ganz jungen, dafür leicht übergewichtigen Ted Kennedy zu sinken. Der musste derweil tatenlos mit ansehen, wie ein Boot nach dem anderen an ihm vorbeifuhr, bis sich endlich jemand seiner erbarmte und ihn in den Hafen schleppte. Die *Victura* kam ins Museum, und die Kennedys kauften sich eine neue Wianno Senior, nannten sie wieder *Victura* und segeln sie bis heute.

Wenn ein Mitglied der Familie stirbt und ein anderes nach Worten des Trostes sucht, greift der Betreffende oft zu Erinnerungen ans Segeln und zu Erlebnissen auf der *Victura*. Als Ted 2009 starb, nahmen vier Redner Bezug auf gemeinsame Stunden an Bord der *Victura*. Nicht einmal zwei Jahre später starb Teds Tochter Kara im Alter von nur 51 Jahren an Krebs. In seiner Trauerrede sagte ihr Bruder Patrick: »Wenn Dad künftig Segel setzt, weiß er nun seinen Ersten Offizier als Crew an seiner Seite.« Er endete mit einem Zitat von Eugene O'Neill: »Ich löste mich auf in Meer, wurde weißes Segel und fliegende Gischt, wurde Schönheit und Rhythmus, Mondlicht und das Schiff und der hohe mit Sternen übersäte, verschwimmende Himmel.«[5]

Jack konnte nicht wissen, dass sein Aufenthalt im Rice Hotel auf den letzten Tag seines Lebens fiel, aber in dieser Nacht war er mit seinen Gedanken am Cape Cod und am Meer. So ging es den Kennedys häufig. Jack litt zeit seines Lebens an irgendwelchen Krankheiten, aber das Segeln war für ihn wie eine Befreiung. Es stärkte seine Lungen, bräunte seine Haut, wenn sie mal wieder grau und bleich war, es verschaffte ihm Abstand zu seinen Sorgen und die Möglichkeit, sich mit der Familie und Freunden zurückzuziehen.

Robert, der weniger gut segeln konnte, jung heiratete und für Regatten keine Zeit hatte, liebte es dennoch, mit seinen Kindern auf dem Wasser zu sein. Bevor er mit nur 42 Jahren als Vater von elf Kindern starb, kaufte er ein Schwesterschiff der *Victura*, das er auf den Namen *Resolute* taufte. In den Jahren nach Roberts Tod war seine Familie bei gutem, aber auch bei schlechtem Wetter nahezu jeden Tag mit der *Resolute* auf dem Wasser. Auch Brüder, Schwestern, Nichten und Neffen Jacks kauften sich eine Wianno Senior. So vermehrten sich *Victura* und *Resolute* zunächst um *Headstart*, eine weitere *Victura* und *Ptarmigan*, ehe in der Folgegeneration *Santa Maria* und *Dingle* hinzukamen.

Ted, der wohl der begeistertste – manche meinen auch besessenste – Segler in der Familie war, lebte ein langes Leben mit vielen Aufs und Abs. Darin unterschied er sich erheblich von seinen Brüdern Jack und Robert, denen nur ein kurzes Leben vergönnt war. Allen dreien war der direkte Weg ins Weiße Haus vorgezeichnet, aber Ted waren auf Erden fast so viele Jahre beschieden wie seinen beiden Brüdern zusammen. Dabei durchlebte er manche Tragödie, von denen einige schicksalhaft, andere selbst verursacht waren. Das Segeln lehrte und erinnerte ihn daran, dass Aufgeben keine Lösung war und man sich weder vom Wind noch von der Strömung oder der Konkurrenz ausbremsen lassen durfte. Die jüngeren Familienmitglieder nahmen sich daran ein Beispiel.

Die Töchter von Joe und Rose Kennedy standen weniger stark unter dem Druck, politische Karriere machen zu müssen. Die Zeit, in der sie aufwuchsen, sah dergleichen nur für Männer vor. Doch Eunice setzte sich ebenso entschieden und erfolgreich für den sozialen Wandel in Amerika ein wie ihre Brüder. Vielleicht ist es kein Zufall, dass sie auch zu den versiertesten und engagiertesten Seglern in der Familie zählte.

Mit den Jahren bestimmten Bilder, die die Kennedys auf dem Wasser zeigten, das Image der Familie; sie wurden zu einer Art Markenzeichen, auf dem schließlich der Mythos Kennedy gründete. Die segelnden Kennedys, das stand für eine Familie voller Mut, Vitalität und Tatkraft, die die Elemente ebenso beherrschte wie die Politik. Jacks Erlebnisse als Marineoffizier im Zweiten Weltkrieg gerieten zu einer epischen Geschichte über Heldentum zur See, die während seiner politischen Laufbahn wieder und wieder hervorgekramt wurde. 1953 druckte das Magazin *Life* auf dem Titel ein Foto von Jack und Jacqueline, an Deck der *Victura* sitzend. Die dazugehörige Geschichte im Innern des Heftes präsentiert die beiden als schöne, besondere, gebildete und glamouröse Menschen, die für Höheres bestimmt sind. Zu jener Zeit erlebten Medien wie das Fernsehen eine wahre Blüte, und langsam begann man die Möglichkeiten zu erfassen, die sich damit boten. Jack und Jackie übernahmen dabei eine Hauptrolle.

Als Robert und Ted erwachsen waren und selbst die politische Bühne betraten, verbrachten ihre Kinder so viel Zeit auf dem Wasser wie einst die Väter, und das Bild der segelnden Kennedys verfestigte sich im öffentlichen Bewusstsein, wo es sich bis über die Wende vom 20. zum 21. Jahrhundert hielt.

Die Geschichte der *Victura* ist nicht nur die eines kleinen Segelbootes, sondern die Geschichte einer außergewöhnlichen Familie mit ebenso außergewöhnlichen Erziehungsmethoden. Zugetragen hat sich diese Geschichte zu einer bestimmten Zeit an einem bestimmten Ort und unter Umständen, die zum Teil durch die Eltern, die über die notwendigen finanziellen Mittel verfügten, willentlich herbeigeführt worden waren, zum Teil dem Lauf der Welt und dem Zufall geschuldet waren. Aus diesen unterschiedlichen Quellen speiste sich das Leben einiger weniger besonderer Menschen, die maßgeblich das Bild bestimmten, das wir vom Amerika der zweiten Hälfte des 20. Jahrhunderts haben. Zugleich prägten diese Umstände auch die Familie Kennedy selbst und das, was aus ihren Mitgliedern wurde. Und nicht ganz unbeteiligt daran war ein schlichtes kleines Segelboot namens *Victura*.

1925 verbrachte die Familie Kennedy aus Boston zum ersten Mal den Sommer in Hyannis Port. Zu diesem Zweck mieteten sie Malcolm Cottage, das sie zwei Jahre später kauften.[6] Das Haus verfügte über mehrere Giebel, eine weiße Holzverkleidung und grüne Fensterläden. Es war groß, aber bei Weitem nicht so protzig wie so viele andere an dieser Küste. Wie die meisten Häuser auf Cape Cod war es so strahlend weiß angestrichen, dass es regelrecht blendete. Häuser aus Stein oder Ziegel waren und sind selten auf Cape Cod. Dafür hat, wer durch die Straßen schlendert, auf Schritt und Tritt einen Windmesser im Blick, sei es in Form einer Wetterfahne auf dem Dach, sei es in Gestalt einer amerikanischen Flagge, die auf der Veranda oder an einem Fahnenmast weht. Zwischen dem Ufer und dem weißen Haus der Kennedys stand einer der höchsten Flaggenmasten der Gegend. Man konnte ihn von weit draußen sehen.

Andere hervorstechende Merkmale des Hauses waren die erfrischende Seebrise, der Garten mit einer achttausend Quadratmeter großen Rasenfläche, die bis zu dem privaten Stück Strand reichte, und natürlich die unmittelbare Nähe des Nantucket Sound mit seiner hinreißenden Kulisse aus Pflanzen und Gräsern, Seevögeln und Segelbooten, dem Himmel und dem Meer. Der Vater Joseph P. Kennedy sen. engagierte frühzeitig einen Architekten, der das Haus um einen Anbau erweitern sollte. Und einem Architekten durchaus vergleichbar, versuchte er ebenso frühzeitig und zusammen mit seiner Frau Rose, das Potenzial seiner Kinder, etwas Besonderes zu erreichen, systematisch zu fördern. Dazu gehörte der Besuch von ausgesuchten Internaten, viel Sport und das Studium an einer Eliteuniversität der Ivy League. Fester Bestandteil der Erziehung waren der regelmäßige Aufenthalt im Freien, die Konfrontation mit außergewöhnlichen Erlebnissen, Orten und Menschen sowie rege und anspruchsvolle Tischgespräche und Diskussionen. Joe behandelte seine Kinder wie Erwachsene, lehrte sie, Verantwortung zu übernehmen, und ermutigte sie, sich als Weltbürger zu begreifen, auf die in der Zukunft wichtige Aufgaben warteten.

Im fortgeschrittenen Alter und Jahrzehnte nach dem ersten Sommer in Hyannis Port machte Rose es sich zur Gewohnheit, regelmäßig mit einem ihrer 29 Enkelkinder zu essen und dabei auf die Anfangsjahre auf Cape Cod und die außergewöhnliche Familiengeschichte zurückzublicken. Sie erzählte ihren Nachkommen, dass früher, als sie selbst noch ein Kind war, in den Schaufenstern der Bostoner Geschäfte Schilder hingen, mit denen nach Aushilfskräften gesucht wurde. Nur Iren brauchten sich nicht zu bewerben, wie die abschließende Formel »N. I. N. A.« unmissverständlich klarmachte. Sie stand für »no Irish need apply« und sollte der Diskriminierung ein humanes Mäntelchen umlegen.[7] Und noch als Joe es zu Wohlstand, Ruhm und politischem Einfluss gebracht hatte, mangelte es ihnen an gesellschaftlicher Akzeptanz.

Im Jahr 1926 verfügte Joe, der katholische Enkel eines irischen Immigranten und Sohn eines Kneipenwirts aus Boston, aus dem ein erfolgreicher Geschäftsmann geworden war, über ein Vermögen von zwei Millionen Dollar. Damit war zu den zwei bereits vorhandenen Stigmata ein drittes hinzugekommen: zu dem des Iren und des Katholiken das des Neureichen. Und so blieb ihm auch die Anerkennung durch die feine Bostoner Gesellschaft versagt. Mochte er in geschäftlichen Dingen ein wahrer Frühstarter sein – die Presse bezeichnete den 25-Jährigen als jüngsten Bankdirektor des Landes –, blieb Joe in gesellschaftlichen Fragen doch lange Zeit naiv.

Drei Jahre bevor sie zum ersten Mal nach Hyannis Port kamen, hatte er den Sommer gemeinsam mit der Familie in Cohasset, Massachusetts, verbracht und gehofft, in den lokalen Golfclub eintreten zu können. Ein Freund, der sich bei dem zuständigen Vereinsausschuss für ihn einsetzte, kam zu dem Schluss, dass die Aufnahme von Joe und seiner Familie »nicht so leicht werden wird, wie ich mir das vorgestellt habe«.[8] Die Club-Honoratioren berieten den ganzen Sommer über und ließen die Kennedys währenddessen im Unklaren, um ihnen schließlich die Aufnahme zu verweigern.

Solcherlei Vorkommnisse brannten sich den Kindern regelrecht ein. Viele Jahre später, Jack war bereits Präsident, kam Robert Kennedy auf die Entscheidung seines Vaters zu sprechen, Boston 1927 zu verlassen. In Roberts Worten klingt es, als wäre die Familie nicht nur benachteiligt, sondern regelrecht diskriminiert worden. Auf den Einwand, dass sein Vater kein armer Mann war und sie die Stadt in einem privaten Eisenbahnwaggon verließen, erwiderte Robert: »Das stimmt, aber die Ausgrenzung fand eher unterschwellig statt. Die Geschäftswelt, die Clubs, der Golfplatz – all das blieb uns verwehrt. Zumindest wurde mir das von klein auf so erzählt.«[9]

»Genau deshalb bin ich aus Boston weggegangen«, begründete Joe sen. Jahre später einem Reporter gegenüber den Entschluss, seine irisch-katholischen Kinder woanders aufzuziehen. Sie zogen in ein neues Heim nach New York, behielten aber das Sommerdomizil am Kap. »Ich wollte nicht, dass sie dasselbe durchmachen müssen, was ich als Heranwachsender erlebt habe. In Boston hätte niemand meine Töchter zum Debütantenball eingeladen. Mitgegangen wären sie sowieso nicht. Keiner von ihnen hätte je auch nur einen Cent für diesen snobistischen Hokuspokus ausgegeben. Fakt bleibt aber, dass man sie in Boston erst gar nicht gefragt hätte.«[10]

Jacqueline sagte über die Kennedys: »Irgendwie hat man den Eindruck, als fühlten sie sich ständig verfolgt. Es ist schon auffällig, dass Mrs [Rose] Kennedy sich bis heute erkundigt, ob der eine Katholik oder der andere Ire ist. Es klingt ... Ich glaube, sie haben derlei Ressentiments selbst erlebt.«[11]

Einige der wohlhabenden und alteingesessenen Nachbarn nannten das Haus der Kennedys despektierlich »das Haus der Iren«, weil dort so viele lärmende, unternehmungslustige Kinder lebten, deren Urgroßeltern aus Irland eingewandert waren. Es brauchte einige Jahrzehnte, viele Wahlerfolge und den Kauf manch eines Nachbargrundstücks, bis aus dem »Haus der Iren« das »Anwesen der Kennedys« wurde.

Nachdem Joe in Cohasset abgeblitzt war, wurde Hyannis Port der neue Sommersitz. Doch dort erging es ihnen zunächst kaum besser. Auch hier wurde ihnen die Aufnahme in den Golfclub verweigert. Einer der Biografen Rose Kennedys behauptet, dass sie ihren Mann dazu ermutigte, Geld in einen ortsansässigen Jachtclub zu investieren, der aus finanziellen Gründen hatte schließen müssen. Die Überlegung dahinter sei gewesen, so der Biograf, dass man ihnen dann kaum die Mitgliedschaft verweigern konnte.[12]

Die Geschichte stimmt wahrscheinlich nicht, verbrieft hingegen ist, dass sich die Familie mit großer Begeisterung auf das Segeln stürzte und auch die gesellschaftlichen Anlässe wahrnahm, die sich am Rande der Regatten ergaben. Sie wollten akzeptiert werden, und neben dem Spaß am Sport ging es auch immer darum, Eingang in die bessere Gesellschaft zu finden. Die Gelegenheit dazu bot ihnen das Segeln auf Cape Cod, und die Kennedys ergriffen sie schnell und entschlossen.

Dass die Familie eng zusammenhielt, hatte mehrere Gründe, und das Gefühl, ausgegrenzt zu werden, war nur einer davon. Die Brüder waren erbitterte Konkurrenten, aber sobald jemand hinzukam und eine Bedrohung darstellte, bildeten sie eine verschworene Gemeinschaft. Ein Spielkamerad beschrieb es später so: »Was auch immer die anderen sagten oder taten, die Kennedy-Kinder lobten sich gegenseitig ständig über den grünen Klee. Eine Weile lang war das durchaus amüsant und sogar berührend, aber irgendwann wurde es langweilig.«[13]

Beim Spielen waren die Kinder unermüdlich, laut und aggressiv, gleich, ob sie auf dem Rasen des Familiengrundstücks herumtobten oder mit einem Segelboot auf dem Wasser kreuzten. Auch das unterschied sie von den Nachbarskindern, die gelernt hatten, möglichst lautlos und unsichtbar zu bleiben. Deren Eltern missbilligten das Verhalten der Kennedy-Kinder, woraus Joe und Rose den Schluss zogen, als Familie noch enger zusammenzurücken – wenn auch vielleicht nicht ganz so sehr aus freien Stücken, wie Rose später in einem Interview behauptete: »Vor langer Zeit haben wir beschlossen, dass unsere Kinder unsere besten Freunde sind und wir gar nicht genug Zeit mit ihnen verbringen können. Und weil man sich nicht zweiteilen kann, blieben wir lieber im Familienkreis, als irgendwelchen Einladungen zu folgen. Mein Mann war beruflich viel unterwegs, und die wenige Zeit, die uns gemeinsam blieb, wollten wir nicht mit Menschen verbringen, die nicht zur Familie gehören.«[14]

Im Sommer des Jahres 1925 also steckten die Kennedy-Kinder zum ersten Mal ihre Zehen in den Sand am Strand von Hyannis Port. Zusammen mit ihren Eltern bildeten sie eine verschworene Gemeinschaft, in der das Augenmerk jedes einzelnen Mitglieds auf den anderen lag. Die Kinder mieden andere Menschen nicht – sie hatten viele Spielkameraden –, aber die

Beziehungen untereinander waren ihnen wichtiger. Der älteste Sohn, Joe jun., war fast neun, Jack sieben Jahre alt. Sie hatten vier Schwestern: Rosemary (sechs), Kathleen (fünf), Eunice (drei) und Patricia (ein Jahr) sowie einen kleinen Bruder, Robert, der erst wenige Monate alt war. Jean und Ted, das Nesthäkchen der Familie, kamen 1928 beziehungsweise 1932 zur Welt.

Viel ist über den lauten und chaotischen Alltag im Hause Kennedy geschrieben worden, über den Ehrgeiz zu gewinnen, darüber, dass alles andere als ein erster Platz, gleich ob im Touch-Football, beim Schwimmen oder beim Segeln, nach Erklärungen verlangte. Nur selten wird hingegen über die Schönheit des Familienanwesens auf Cape Cod und die Möglichkeiten gesprochen, die sich den Kindern hier boten. Beides stellte einen grellen Kontrast zu der räumlichen beziehungsweise geistigen Enge dar, die sie aus Boston, New York und den Internaten Neuenglands kannten.

Von der riesigen Veranda ihres Hauses am Nantucket Sound aus hatten sie einen unverstellten Blick auf die See, die sich ständig veränderte, auf Wolken, die ihre Farbe wechselten, und auf das Glitzern des Sonnenlichts, das vom Wasser reflektiert wurde, auf schwerelos dahingleitende Möwen und elegante Schoner. Sie konnten an den Strand gehen oder sich zum Outer Cape wagen, das von Wind und Wellen umtost wurde. Der Weg dorthin war von sanft geschwungenen, mit Schilf bestandenen Dünen gesäumt. Joes Zimmer im Obergeschoss hatte einen Balkon, auf dem er sitzen und die Szenerie beobachten konnte – seine Kinder, die über den Rasen tobten, das Meer, auf dem ihre Boote tanzten, und den Horizont, an dem sich für jeden von ihnen ein außergewöhnliches Schicksal abzeichnete.

Auf Sieg getrimmt

Zu Beginn der 1960er-Jahre, die Tochter von Mr und Mrs John F. Kennedy war etwa drei Jahre alt, bat ihre Mutter sie, zwei kurze Gedichte auswendig zu lernen, um ihren Vater damit zu überraschen. »Ich erinnere mich noch sehr genau daran, wie er sich darüber gefreut hat, und ich mich mit ihm«[1], berichtete Caroline Jahrzehnte später. Beide Gedichte stammten von Edna St. Vincent Millay:

Erste Feige
Meine Kerze brennt an beiden Enden
Sie wird die Nacht nicht überstehn
Doch ach, mein Feind, und oh, mein Freund,
das Licht ist wunderschön!

Zweite Feige
Sicher und auf festem Fels die garstig Häuser,
die man schaut,
Komm und sieh den Glanz des Schlosses,
das ich aus Sand erbaut.[2]

Im Sommer 1925, als die Kennedys am Südufer von Cape Cod ankamen, wurde am Strand ein weiteres Schloss erbaut. Mit den Kennedys hatte es nichts zu tun, und im Grunde war es viel zu klein, um auch nur als Haus durchzugehen. Vielmehr war es so, dass ein 36 Jahre alter Veteran des Weltkriegs Land kaufte und sich im Jahr darauf von einem Tischler eine Hütte bauen ließ. Der Baugrund war nicht eben ideal gewählt: die Kuppe einer Düne, nur sechs Meter über der Hochwassermarke. Etwa dreißig Kilometer in nordöstlicher Richtung von den Kennedys entfernt, etwa dort, wo Cape Cod jäh nach Norden abknickt, nach Osten schauend und dem Atlantik schutzlos ausgesetzt, stand das Häuschen da wie ein einsames Schiff auf hoher See. Folgerichtig nannte der Besitzer es »fo'castle« – Vorschiff.

Im Jahr darauf wollte er den halben September in seinem Haus verbringen, aber vor lauter Begeisterung über Blick und Lage blieb er bis in den November hinein, um in der Folge bei jedem Wetter wiederzukommen, immer allein. Er machte es sich zur Gewohnheit, den Wechsel der Jahreszeiten, das Meer, den Einfluss des Windes auf die Dünen und das ohrenbetäubende Tosen der Wellen zu beobachten und zu beschreiben.

»Ursprünglich suchte ich nach einem Ort, an dem ich die Sommer verbringen konnte«, schrieb er, »und, wenn das Wetter es zuließ, auch im Winter ein paar Tage bleiben könnte.« Das Haus, das er sich baute, hatte zwei Zimmer und eine Grundfläche von gerade einmal dreißig Quadratmetern. Dafür zeugte es, wie der Erbauer meinte, »von einer ziemlich ausgeprägten Leidenschaft für Fenster. Es hatte zehn davon.«[3]

Bei dem Mann handelte es sich um Henry Beston, und seine Naturbeschreibungen waren etwas Neues. Später wurde er mit Henry Thoreau verglichen, der siebzig Jahre früher auf und über Cape Cod geschrieben hatte. In Bestons poetischen Beobachtungen der Natur im Wechsel der Jahreszeiten kündigte sich die Natur- und Umweltschutzbewegung der Zeit nach 1960 an. Sein feines Gespür für die engen Beziehungen von Mensch und Natur, das fraglos von der Zeit geprägt war, die er bei den Navajo-Indianern in New Mexico verbracht hatte, ermöglichte ihm ein tiefes Verständnis für die natürlichen Zusammenhänge. Die reichen Sommergäste auf Cape Cod, also auch die Kennedys, müssen ihm ein Gräuel gewesen sein. Manche Beobachter meinen, dass Beston eine Brücke über den Graben geschlagen habe, der sich im 20. Jahrhundert zwischen der konservativen Denkweise eines Teddy Roosevelt und Natur- und Umweltschützern wie Rachel Carson auftat. Carson hat in Beston übrigens eines ihrer ganz wenigen literarischen Vorbilder gesehen.

Als Bestons Hauptwerk *The Outermost House* 1928 erschien, erhielt es positive Kritiken, und die Bedeutung des Buches wuchs mit jedem Jahr, das Joe Kennedys Kinder älter wurden. Ob sich Beston und die Kennedys auf Cape Cod je begegnet sind, ist nicht bekannt, aber an jenem Ort säten zu jener Zeit zwei Männer eine Saat aus, die sehr fruchtbar werden sollte: Henry Beston begründete eine neue Art des Nachdenkens über die Natur, und Joseph P. Kennedy sen. pflanzte in seinen Kindern das Streben nach und den Glauben an die Berufung zu höchsten politischen Weihen.

In jenen Monaten, als die Kennedys zum ersten Mal den Sommer auf Cape Cod verbrachten, beschrieb Beston die Schönheit der Gegend, die er noch in den kleinsten Details erkannte: »Die Luft der Dünenlandschaft ist angereichert mit dem Duft von Sand, Meer und Sonne. Auf den Hügeln steht das Gras so hoch und grün wie nirgends sonst, die neuen, hellgrünen Triebe stecken ihre Köpfe durch die verblühten Halme des Vorjahres. An der äußersten Spitze mancher Blätter kündet ein kleiner orangefarbener Punkt von erstem Verwelken, feine dünne Spuren der Verwitterung ziehen sich an beiden Seiten entlang. Das Gras in den Salzwiesen steht in voller Blüte, inmitten des sommerlichen Grüns bildet es braune und grüngelbe Flecken.«[4]

75 Jahre vor der Ankunft der Kennedys und anderer wohlha-

bender Familien hatte Thoreau über Cape Cod geschrieben – und die Veränderungen vorhergesehen:

> Die Zeit wird kommen, da diese Küste ein Ort der Zuflucht für all jene Neuengländer sein wird, die wirklich die Meeresküste zu besuchen wünschen. Gegenwärtig ist sie der modischen Welt gänzlich unbekannt, und wahrscheinlich wird sie ihr niemals genehm sein. Wenn es den Besucher nur nach einer Bowlingbahn, einer Ringbahn oder einem Ozean aus Mint Julep verlangt – wenn er lieber an Wein denkt als an Salzwasser, was ich bei manchen aus Newport vermute –, dann wette ich, dass er hier noch lange Zeit enttäuscht sein wird.[5]

Nachdem er Malcolm Cottage in den ersten beiden Jahren gemietet hatte, kaufte Joe Kennedy das Anwesen schließlich, engagierte den Architekten, der es gebaut hatte, und ließ es auf die doppelte Größe erweitern. Im Zuge dessen entstanden auch ein Weinkeller, der einem Schiffsrumpf nachempfunden war, und eine Hausbar. So fanden edle Tropfen und Meerwasser gewissermaßen zusammen.

1927, also noch vor dem Kauf des Hauses auf Cape Cod, legte sich die Familie das erste Segelboot zu.[6] Joe jun. und Jack nannten es nach ihrer Mutter *Rose Elizabeth* und gewannen bereits in der ersten Saison ihre erste Regatta. Sie lernten schnell und mühelos. Joe sen. erinnerte sich später, dass die älteren Söhne schon unbeaufsichtigt segelten, »als sie noch so klein waren, dass man ihre Köpfe nicht sehen konnte, wenn sie an Bord waren. Vom Strand aus wirkte es, als segelte das Boot allein.«[7]

Leo Damore, der auf Cape Cod lebte und in den 1960er-Jahren zahlreiche Einwohner interviewte, schreibt, dass Joe sen. »kein sonderlich beschlagener Segler war, dafür aber sehr genau verfolgte, wenn seine Kinder auf dem Wasser waren, und mit Argusaugen darauf achtete, ob einer von ihnen aus Unachtsamkeit eine Wendemarke berührte oder nicht alles gab, um am Ende als Erster ins Ziel zu kommen. Erwischte er eines seiner Kinder bei einem solchen Vergehen, musste sich der Betreffende vor seinen Geschwistern eine Standpauke anhören und zur Strafe das Abendessen allein in der Küche statt am Familientisch einnehmen. Auf Vergebung konnte er nur hoffen, wenn er seinen Fehler eingestand und versprach, sich beim nächsten Mal mehr anzustrengen.«[8]

Nach allem, was man weiß, war Joe sen. zwar ein strenger, aber auch ein liebevoller Vater. Vor allem aber brachte er seinen Kindern echtes Interesse entgegen. Dafür liebten sie ihn, auch wenn ein Biograf von JFK später schrieb, dass die Liebe der Kinder zu ihrem Vater »nicht frei von Angst« gewesen sei. »Sie fürchteten sich nicht so sehr vor seinen Strafpredigten, auch wenn die dem Vernehmen nach deutlich und denkwürdig gewesen sein müssen, sondern davor, seinen Erwartungen nicht zu entsprechen.«[9]

Kirk LeMoyne »Lem« Billings, ein langjähriger Freund der Familie und vor allem Jacks, hat die erste Begegnung mit Joe sen. geschildert. Jack hatte ihn nach Palm Springs mitgenommen.

> Mr Kennedy reichte mir die Hand, und den Blick, mit dem er mich ansah, werde ich nie vergessen. Wie soll ich ihn beschreiben? Einen derart festen Blick habe ich bei keinem anderen Menschen erlebt. Wenn er einen anschaute, vermittelte er einem das Gefühl, dass er etwas sah, was zuvor noch niemand gesehen hatte. Mr Kennedy ist der Einzige, dem ich je begegnet bin, der das konnte. Je länger ich den Mann und den Blick seiner Augen

kannte, desto mehr verstand ich, dass sie eine stumme Ermutigung enthielten, in sich selbst nach den Antworten auf all die Fragen zu suchen, die man eigentlich ihm hatte stellen wollen. Diese Fähigkeit ist sicherlich einer der Gründe dafür, dass er die Familie zu solcher Größe führen konnte.[10]

Möglicherweise war Joe berechnend genug, um davon überzeugt zu sein, dass er seine Kinder für das Leben stärkte, indem er ihnen die Furcht davor einpflanzte, beim Vater in Ungnade zu fallen; trotzdem liebten alle seine Kinder ihn und begriffen sehr schnell, dass das Segeln die Möglichkeit bot, die Familie enger zusammenzuschweißen. Eines der ersten Boote, die sie besaßen, eine knapp fünf Meter lange Wianno Junior, tauften die Kinder auf den Namen *The Eight-of-Us*. Als Bobby und Jean auf der Welt waren, wurde der Name in *Tenovus* geändert.[11] Und nachdem mit Ted ein Nachzügler hinzugekommen war, wurde eine zweite Wianno Junior angeschafft und *One More* genannt.[12] Mit der *Teddy* benannte Joe jun. später noch ein weiteres Boot nach seinem kleinen Bruder.[13]

Dass ihnen bereits in der ersten Segelsaison ein Sieg vergönnt war, wird ihrem Ehrgeiz zumindest keinen Dämpfer versetzt haben, und ein kurzer Moment des frühen »Ruhms« als junge Seenotretter war fraglos dazu angetan, ihr Selbstbewusstsein zu stärken. Joe jun. und Jack saßen mit ihrem Vater auf der Veranda, als ihnen im Hafen ein gekentertes Boot auffiel. Sie liefen zur *Rose Elizabeth*, fuhren los und fanden einen Mann vor, der sich erschöpft an sein Boot klammerte. Die zwölf beziehungsweise zehn Jahre alten Jungen zogen ihn an Bord – eine Heldentat, über die die älteren Familienmitglieder die *Boston Post* informierten, die daraufhin von einer »kühnen Rettungsaktion« schrieb.[14]

Segler lernen aus Fehlern und kritischen Situationen mehr als aus Siegen und Erfolgen. Eine solche lehrreiche Erfahrung machte Jack im Alter von neunzehn Jahren. Am Nantucket Sound kann man sich auf das Wetter während der Saison normalerweise verlassen, aber wenn der Herbst naht, werden die Vorhersagen schwerer. Und nach einem stabilen Sommer kann sich das Wetter auch schon einmal aus heiterem Himmel ändern. Bevor Jack zum Studium an die Canterbury School in Connecticut wechselte, wollte er mit seiner jüngeren Schwester Kathleen, »Kick« genannt, nach Osterville in der Nachbarbucht segeln. Als sie aufbrachen, herrschte bestes Wetter, doch auf dem Rückweg zog zunächst Sturm, dann dichter Nebel auf. Zu Hause war Jacks Bruder Joe und ihrem Vater der Wetterumschwung nicht entgangen, und so starrten sie in der Hoffnung aufs Wasser, eine Nussschale mit den Vermissten zu entdecken. Die Sorge um sie wuchs mit jeder Minute, die verging. Jack war die Strecke bei gutem Wetter schon mehrmals gesegelt, und diese Erfahrung half ihm nun, den Böen zu trotzen und das Boot auf Kurs zu halten. Als sie endlich angekommen waren und das Boot sicher vertäut hatten, gab sich Jack betont lässig.[15]

In den ersten Jahren als Segler hielten sich die Kennedy-Kinder stets nah unter Land, aber die Verlockung, sich weiter aufs Meer hinauszuwagen, muss groß gewesen sein. Rose behielt sie ständig im Auge, und wenn eines ihrer Kinder einen Freund mitnehmen wollte, vergewisserte sie sich, dass dessen Eltern Bescheid wussten. Auf dem Rasen zwischen dem Haus und dem Strand stand ein hoher Flaggenmast, den Rose als Signalmast benutzte, wenn die Kinder auf dem Wasser waren. Um sie an Land zu rufen, holte sie selbst oder der Gärtner die Flagge ein Stück nieder.

Wie groß die Herausforderungen waren, die das offene Meer bereithielt, ließ sich bei jedem Ausflug feststellen, der die Familie zum Outer Cape führte, jenem vom Anwesen der Kennedys nur wenige Kilometer entfernten Küstenstreifen im Osten Cape Cods, von dessen Dünen aus man auf die endlosen Weiten des Atlantischen Ozeans blickt. Das friedliche Plätschern am Strand des windgeschützten Mid Cape, an dessen Südküste die Kennedys residierten, war in nichts dem Dröhnen der See und den Wellen vergleichbar, die beim Aufprall an der Küste den Boden unter den Füßen erzittern ließen. Bei jedem Besuch muss den Kennedys ihr Heim wie eine Trutzburg gegen die chaotische Welt jenseits des Mid Cape vorgekommen sein, ein Rückzugsort vor der launischen und oft gewalttätigen Natur. Jeder Sturm über dem Nantucket Sound ließ einen daran denken, wie ungleich schlimmer es auf offener See, jenseits des Outer Cape, sein musste.

Thoreau hat es folgendermaßen beschrieben: »Auch wenn ich eine Zeit lang nicht vom Rauschen der Brandung und dem ununterbrochenen Hin und Her der Wellen gesprochen habe, so haben sie doch nicht einen Moment lang aufgehört, mit Getöse an die Küste zu prallen, mit solch einem Lärm, dass Ihr, wärt Ihr hier gewesen, meine Stimme kaum hättet hören können ... ich bezweifle, dass Homers *Mittelmeer* jemals so laut geklungen hat wie dieses.«[16] Wieder in Boston, schreibt er: »... ich schien das Getöse des Meeres zu vernehmen, als ob ich danach eine Woche lang in einer Muschel lebte.«[17]

Beston widmete ein ganzes Kapitel seiner am Outer Cape angestellten Beobachtungen den Wellen: »Über die endlosen Weiten der Marsch und das Bollwerk der Dünen hinweg hallt der Klang des winterlichen Meeres wider. Hört man eine Weile zu, vernimmt man von weit her ein Respekt einflößendes Geräusch; hört man aber länger hin, erkennt man darin eine Sinfonie aus donnernden Sturzseen, eine unendliche, weit entfernte, urgewaltige Kaskade. Schönheit ist darin und uralte Angst.

Erst letzte Nacht war es wieder zu hören ... Es herrschte Windstille, die blätterlosen Bäume schwiegen, das Dorf schlief, und die ganze trübe Welt war voll des Klanges.«[18]

Bei ihren Besuchen am Outer Cape bekamen die Kennedy-Kinder einen nachhaltigen Eindruck von den Gefahren und Herausforderungen, die die Welt jenseits des Horizonts bereithielt, die Ozeane und Kontinente, die sie schon in wenigen Jahren bereisen und erkunden würden. In jenen ersten Jahren, die die Kennedys in Hyannis Port verbrachten, zogen über der Ostküste, von New York City und Washington bis jenseits des Atlantiks, der Zusammenbruch der Börsen und die Weltwirtschaftskrise als dunkle Wolken herauf. Um deren Folgen zu bekämpfen, berief Präsident Roosevelt Joe Kennedy sen. 1934 zum Vorsitzenden der US-Börsenaufsicht, die eingerichtet worden war, um den kränkelnden Börsenhandel wieder auf die Beine zu bringen. Im Dezember 1937 schließlich wurde Joe Kennedy Botschafter der USA in Großbritannien, was die Familie nach London führte, wo sie den Ausbruch des Zweiten Weltkrieges erlebte.

Außerhalb der Sommerferien lebten Joe jun., Jack und die Geschwister im Internat. Doch sehnten sie sich oft zum Kap zurück, und ihr Vater war davon überzeugt, dass er Joes und Jacks Verantwortungsgefühl und Selbstvertrauen nachhaltig stärkte, indem er sie in alle Fragen einband, die mit dem Segeln zusammenhingen. So ging es in ihren Gesprächen und Briefen während der Schulzeit oft um Dinge, die die kommende Saison betrafen. Entscheidungen über Anschaffungen, Reparaturen und Ausrüstung fielen in enger Absprache mit den beiden ältesten Söhnen, manchmal blieben sie ihnen trotz der finanziellen Konsequenzen, die damit verbunden sein konnten, auch allein vorbehalten. In ihren Briefen diskutierten Joe jun. und Jack die Vorzüge des einen Bootes gegenüber dem anderen, wer die Crew ergänzen sollte, welche Kosten auf sie zukamen und andere wichtige Fragen. Joe sen. behielt sich zwar ein Vetorecht vor, machte seinen Söhnen aber stets deutlich, dass er ihre Meinung respektierte.

Nach mehreren Jahren in Hyannis Port beherrschten Joe und Jack ihre Wianno Juniors so gut, dass sie, wie alle Segler, von einem größeren Boot zu träumen begannen. Im Januar 1930 hatte der vierzehnjährige Joe jun. seinem Vater bereits einen Brief geschrieben, als er sich veranlasst sah, ihn um ein Postskriptum zu ergänzen:

> Dad, dieser Brief steckte schon im Umschlag, als mich ein Schreiben des Jachtmaklers J. Alden erreichte.
> Ich hatte ihn gebeten, mir genauere Informationen über einige Bootstypen zu schicken. Ein Angebot ist darunter, das ich sehr interessant finde. Auch wenn ich weiß, dass Du kaum Zeit haben wirst, Dich damit zu befassen, lege ich es bei, aber wenn, dann schau Dir doch mal die 25-Fuß-Boote von Crosby an, die man gebraucht für 1200 Dollar bekommt. Sie haben eine winzige Kajüte und keinen Motor. Mit der Junior habe ich nun drei Jahre Erfahrung, und ich traue mir zu, ein größeres Boot zu segeln.[19]

Joe jun. spielt offensichtlich auf die Wianno Senior an, eine gaffelgetakelte Sloop mit 7,6 Meter Länge über alles, die Wasserlinie misst 5,3 Meter, die Breite 2,5 Meter. Der Kiel ist mit so viel Blei versehen, dass das Boot knapp zwei Tonnen auf die Waage bringt. Gebaut wurde und wird es von der 1850 gegründeten Jachtwerft Crosby in Osterville, Massachusetts, nur zehn Kilometer von Hyannis Port entfernt. Es sollte noch zwei Jahre dauern, bis die Kennedys ein solches Boot kauften, und bis es so weit war, wurde rege über Alternativen diskutiert.

Im Mai 1930 ließ Edward Moore, der Assistent von Joe sen., dessen Sohn Informationen über Boote zukommen, die zum Verkauf standen. »Einige scheinen mir geeignet zu sein«, schreibt er, »aber wie Ihr Vater über die Preise denkt, vermag ich nicht zu sagen. Es wäre sicherlich ratsam, mehrere Optionen parat zu haben, wenn er zurückkommt.«

Joe jun. antwortete: »Die Boote sehen sehr gut aus. Die *Friendship* ist allerdings schon etwas alt, und ich bin nicht sicher, ob sie infrage kommt. Das andere Boot macht zumindest auf dem Foto einen guten Eindruck. Vielleicht können wir den Preis noch etwas drücken.« Doch dann überlegte er es sich noch einmal anders, wie sich zwölf Tage später in einem weiteren Brief erwies. Auslöser war wohl die Aussicht, einen längeren Törn mitsegeln zu können. »Vielleicht ist es besser, mit der Anschaffung eines neuen Bootes noch ein Jahr zu warten ... Auf dem Törn kann ich sicherlich noch einiges lernen.«[20]

Im darauffolgenden Frühjahr schrieb Joe jun. erneut an seinen Vater, dieses Mal mit sehr konkreten Plänen:

> Am letzten Wochenende war ich in Boston und habe mir einige Boote angesehen. Ich habe mit George Connelly und seinem Partner gesprochen, und ich glaube, wir haben eine Lösung gefunden. In Boston gibt es derzeit keine Sloop, die infrage kommt. Ich habe mir einige angesehen, aber keine entspricht meinen Vorstellungen. So sind wir auf die Idee gekommen, dass man ja auch einen kleinen Schoner oder eine kleine Yawl mit zehn bis zwölf Meter Länge kaufen könnte. Das wäre ein guter Meter mehr, als eine entsprechende Sloop hätte. Dann sollte man für einen Monat einen Skipper engagieren und möglichst viel segeln. So könnte ich navigieren lernen und mich gleichzeitig an das Boot gewöhnen. George Connelly glaubt, wir

könnten einen jungen und guten Skipper für etwa achtzig Dollar pro Monat bekommen. Ein weiterer Vorteil eines Schoners oder einer Yawl wäre, dass man bei Sturm eines der Segel bergen und trotzdem noch segeln kann. Bei einer Sloop müsste man das Großsegel hingegen mühsam reffen.[21]

1932, ein Jahr später, wurde Jack fünfzehn und kam damit in ein Alter, in dem er zu allen Fragen rund ums Segeln etwas beitragen konnte. Sein Vater forderte ihn beispielsweise auf, sich an der Auswahl eines »Familienskippers« zu beteiligen, der sich um die Boote kümmern und den Kindern das Segeln beibringen sollte. Jack schrieb ihm: »Everett Tallman, den Du in Deinem Telegramm als Skipper vorgeschlagen hast, halte ich für sehr geeignet. Er ist ein netter Kerl, und auch wenn er nicht allzu viel von den Finessen des Segelns versteht, ist er, glaube ich, fleißig und weiß allerhand. Ich glaube, für uns wäre er der Beste.«[22]

Im Winter und Frühjahr 1932 fällte die Familie eine wegweisende Entscheidung über die Anschaffung eines Bootes. Die Wahl fiel auf die Wianno Senior. Jahrzehnte später wurde behauptet, dass es sich dabei um ein Geschenk von Joe sen. an seinen Sohn Jack gehandelt habe. Aus Briefen geht jedoch hervor, dass Joe jun. jedes Mal beteiligt war, wenn ein neues Boot angeschafft wurde. So war es auch dieses Mal, und in den folgenden Jahren ist Joe ebenso oft mit dem neuen Boot gesegelt wie Jack. In Zeitungsberichten über Regatten in den 1930er-Jahren taucht Joe jun. sogar als Eigner des Bootes auf. Das Wahrscheinlichste ist, dass es als Familienboot angeschafft wurde. Vielleicht entwickelte Jack mit den Jahren eine besonders enge Beziehung zu dem Boot, aber die anderen Familienmitglieder segelten ebenfalls damit.

Wilton Crosby von der gleichnamigen Werft in Osterville

schickte Joe sen. detaillierte Informationen zu der Wianno Senior, die er um folgende Bemerkung ergänzte: »Sie kennen diesen Bootstyp sicherlich bestens und wissen, wie er segelt, deshalb spare ich mir, darauf hinzuweisen, wie sehr er sich im Wianno Yacht Club bewährt hat. In diesem Winter bauen wir vier Exemplare, und ich würde mich freuen, wenn eines davon für Sie wäre.«[23]

Der Auftrag wurde erteilt, Joe jun. und sein Bruder Jack fuhren mehrmals zur Werft, um sich vom Fortgang der Arbeiten zu überzeugen. Zur selben Zeit entstand am selben Ort ein zweites Boot für die Kennedys, die Wianno Junior, die Joe später *Teddy* taufen sollte. Im März schrieb Joe jun. an C. J. Scollard, einen weiteren Mitarbeiter seines Vaters, einen Brief, in dem es um technische Details und Auslieferungstermine ging. In diesem Brief findet sich auch der Hinweis darauf, dass Jack das Recht zukam, den Namen für das größere der beiden Boote auszuwählen. Nachdem sie über den Vorschlag *Teddy* gesprochen hatten, schrieb Joe an Scollard: »Jack hat Dir die Liste mit der Farbauswahl für das Boot gegeben. Unterwasserschiff golden, Oberwasserschiff weiß, Deck hellbraun. Jack ist im Krankenhaus, und ich weiß nicht, für welchen Namen er sich entschieden hat, aber ich werde ihm sagen, er soll ihn Dir so bald wie möglich nennen.«[24]

Aus dem Internat schrieb Jack im späten Frühling einen Brief an Rose: »Liebe Mutter, hast Du mit Joe wohl über den Namen des Bootes gesprochen? Wie hat er reagiert?« Der Brief endet mit den Worten: »Das mit dem Lindbergh-Baby ist wirklich schlimm. Bitte grüße alle von mir. In Liebe, Jack.«[25] Am 23. Mai schrieb Scollard an Crosby: »Das Boot der Wianno-Senior-Einheitsklasse, das Sie derzeit für Mr Joseph P. Kennedy bauen, soll den Namen *VICTURA* tragen. Bitte bringen Sie diesen Namen auf dem Boot an.«[26]

Es wurde wiederholt behauptet, Jack habe sich dahingehend geäußert, dass der Name des Bootes »nach Victory, also nach Gewinnen klingen« sollte. In einem Interview, das er 1960 kurz vor seiner Wahl zum Präsidenten der USA einem Journalisten der *Sports Illustrated* gab, erklärt Kennedy, dass *Victura* Lateinisch sei und so viel wie »auf dem Weg zum Sieg« bedeute.[27] Das stimmt weitestgehend. Ariane Schwartz, die am Dartmouth College lateinische Sprache und Literatur lehrt, präzisiert, dass »victura« die weibliche Form von »victurus« ist. »Die Form leitet sich vom Partizip Perfekt Passiv der beiden Verben vivere, leben, und vincere, gewinnen, ab. Victurus ist das Partizip Futur Aktiv, die weibliche Form victura bedeutet also leben werden beziehungsweise siegen werden. In dem Namen fließen gewissermaßen beide Bedeutungen zusammen: Das Boot (im Lateinischen ein weibliches Substantiv) wird lange leben, es wird ihm gut ergehen, und es wird andere überflügeln.«[28]

Jack, fünfzehn Jahre alt und in Latein ein eher mittelmäßiger Schüler, hat also einen Namen gefunden, der sowohl gut klang als auch zu einem Boot passte, mit dem er sich an Regatten beteiligen und sie nach Möglichkeit gewinnen wollte.

Nach einigen Jahren im Wasser bekam das Boot über der Wasserlinie einen neuen Anstrich in Marineblau. Die Farbe ließ sich nach Belieben ändern, aber da es sich um eine Einheitsklasse handelte, musste alles andere am Boot bleiben, wie es war, zumindest wenn es weiter an Regatten teilnehmen sollte. Jedes Exemplar einer Wianno Senior gleicht dem anderen in Sachen Rumpfform, Rigg und Segelfläche von Groß, Fock und Spinnaker aufs Haar. Der Einbau von Ballast verhindert, dass eine Crew gegenüber der anderen Gewichtsvorteile hat. »Die abgeflachten Kanten des Kielschwertes und des Ruderblatts aus Holz müssen mit einer halbrunden oder halbovalen Einfassung aus Metall versehen sein«, schreibt einer der zahllosen Punkte der Klassenbestimmungen vor. »Alle Spieren müssen aus Sitka-Fichte gefertigt sein, wahlweise aus einem Stück oder aus mehreren laminiert. Die Größe vorhandener Spieren darf nicht verändert werden, neue müssen die [in einem beigefügten Diagramm] gezeigten Dimensionen aufweisen. Lediglich Gaffel und Baum dürfen davon abweichen und kürzer ausfallen.«[29]

Die ersten Exemplare waren aus Amerikanischer Weiß-Eiche gefertigt, die mit Zypressenholz beplankt war. Sie besaßen eine winzige Schlupfkajüte, in der zur Not zwei Personen schlafen konnten. Aber für längere Törns war das Boot auch nicht gedacht. In einem Artikel, der 1989 in der Zeitschrift *Wooden Boat* erschien, heißt es bewundernd: »Die Spieren aus Sitka-Fichte haben eine beeindruckende Segelfläche zu tragen: Über der Wasserlinie von nur 5,2 Metern bauschen sich ein Vorsegel mit 7 Quadratmetern und das Groß mit sage und schreibe 27 Quadratmetern auf.«[30] Die Gaffeltakelung mit dem charakteristischen viereckigen Groß wird im modernen Jachtbau nicht mehr verwendet, aber der Anblick einer dieser klassischen und am Cape Cod weitverbreiteten Jachten verfehlt bis heute nicht seine Wirkung. Der lange Baum, der hohe Ballastanteil, der kurze Mast und das Gewicht der vierköpfigen Crew verleihen dem Boot eine enorme Stabilität, dank derer ihr auch schwere Böen nichts anhaben können. Crosby war von seiner Konstruktion jedenfalls so überzeugt, dass er jedem, der eine Wianno Senior zum Kentern brachte, eine Prämie von 1000 Dollar versprach.[31]

Als die Kennedy-Kinder mit dem Segeln begannen, gab es solche Einheitsklassen erst seit circa fünfzig Jahren. Auslöser war der simple Gedanke, dass beim Wettkampf mit identischen Booten nicht das Design, sondern das Können der Crew über Sieg und Niederlage entscheidet. Um Jachten unterschiedlicher Bauformen gegeneinander antreten lassen zu können, musste man sie entweder nach Größe, Form und Segelfläche einteilen oder ihre Leistungsfähigkeit mit einer komplizierten Formel berechnen. Beides konnte für Eigner teuer werden, weil die Fortschritte im Bootsbau so gewaltig waren, dass viele Jachten schon nach wenigen Saisons nicht mehr konkurrenzfähig waren. 1887 beschlossen die Mitglieder des Royal Cork Yacht Club aus dem Städtchen Cork an der irischen Südküste, mehrere identische Boote zu bauen, um mit ihnen um die Wette zu segeln. So entstand die weltweit erste Einheitsklasse, genannt »Water Wag«. Die Idee war so überzeugend, dass sie rasch Nachahmer fand, und so entstanden viele weitere Bootstypen unterschiedlichster Größe und Formen. Heute gibt es zahllose solcher Einheitsklassen, mit denen weltweit Regatten bestritten werden. Zu den bekannteren gehören Hobie Cats, Laser und J/24.

1913 bekam H. Manley Crosby, der Sohn des Gründers der gleichnamigen Werft in Osterville, Besuch von einem Mitglied des Wianno Yacht Club. Der war auf der Suche nach einem Designer, der ihm, wie es später ein begeisterter Besitzer dieses Bootstyps beschrieb, ein Boot entwerfen konnte, »das zum entspannten Kreuzen wie für Regatten geeignet war, schnell, unkompliziert, schön anzusehen, seetüchtig und robust und doch mit so wenig Tiefgang, dass man es auf dem seichten Nantucket Sound mit seinen tückischen Wellen benutzen konnte«. Crosby traute sich das zu. Vierzehn Mitglieder des Jachtclubs bestellten ein Exemplar, sodass auf der Werft in jenem Winter 1913/14 vierzehn neue Boote entstanden. Mehr sollten es binnen eines Jahres nie wieder werden. Erst 1930 wurde wieder eine vergleichbare Zahl erreicht, als Crosby wegen der Wirtschaftskrise die Preise senkte und insgesamt elf Boote auslieferte.[32]

Manley Crosby hatte vier Söhne, die sämtlich auf der Werft mitarbeiteten: Malcolm, Carroll, Wilton und Horace. Die Enkel Bradford, Wilton jun., Theodore und Malcolm jun. setzten die Familientradition fort, ohne sich dabei den Entwicklungen im Jachtbau zu verschließen. Hatten sie anfangs ausschließlich Holz verwendet, das in der benötigten Form gewachsen war, gingen sie später dazu über, es mithilfe von Dampf und Druck in die gewünschte Form zu bringen. »Die Rümpfe wurden klassisch aus Kiel und Spanten gefertigt und am Ende beplankt. Das Verfahren wurde aber dadurch erleichtert, dass die Rümpfe seitlich gelagert wurden und erst die eine, dann die andere Seite fertiggestellt wurde.« Sie bauten Negativformen, die mehrfach verwendet wurden, »aber weil über die endgültige Form letztlich das Augenmaß entschied, variierten die so entstandenen Rümpfe zumindest in den ersten Jahrzehnten doch geringfügig«[33].

Noch zur Entstehungszeit der *Victura* wurden die Boote von verzinkten Bootsnägeln oder -schrauben zusammengehalten. Der charakteristische halbrunde Aufbau – in dessen senkrecht stehenden Teil ovale Bullaugen eingelassen sind – wurde aus einem unter Dampf geformten Stück Eiche gefertigt. Damit das Boot die große Segelfläche tragen konnte, wurden 270 Kilogramm Blei in den Kiel gepackt. Bis zum Ende des 20. Jahrhunderts wurden etwa zweihundert Boote gebaut, von denen 120 »überlebt« haben, vier davon im Museum. Weil Holzboote heute kaum mehr verkäuflich sind, werden die Rümpfe seit den 1980er-Jahren zunehmend aus glasfaserverstärktem Kunststoff gefertigt. Um die Besitzer solcher modernen Jachten nicht zu bevorteilen, schreiben die Regeln einen Gewichtsausgleich vor.[34]

»Entlang der Küste von Maine trifft man überall auf unterschiedliche Bootstypen mit ähnlichen Eigenschaften«, sagte Ted Kennedy sen. »Die Wianno Senior aber ist genau auf die hier herrschenden Bedingungen zugeschnitten, und das macht sie zum idealen Boot.«[35]

Der Wettstreit mit identischen Voraussetzungen mag auf den Patriarchen des Kennedy-Clans einen besonderen Reiz ausgeübt haben, denn ihm war schmerzlich bewusst, dass seine irisch-katholische Herkunft in den Augen der gesellschaftlichen Elite Neuenglands trotz des geschäftlichen Erfolgs ein Makel blieb. Umso befriedigender muss es für ihn gewesen sein, dass seine Kinder und die der Alteingesessenen beim Segeln auf Augenhöhe miteinander kämpften. Vielleicht liegt darin die Erklärung dafür, dass er auf Siege und Niederlagen seiner Söhne sehr emotional reagierte und nichts mehr verachtete als mangelnden Einsatz und fehlendes Bemühen.

Die Wianno Senior erwies sich als wesentlich langlebiger als andere Einheitsklassen, die in jenen Jahren entstanden. Das drückt sich unter anderem darin aus, dass es bis heute eine kleine Gruppe von Eignern gibt, die mit Nachdruck auf der Bewahrung eines Bootstyps bestehen, der von der Entwicklung im modernen Bootsbau im Grunde längst überholt ist. Hört man die Argumente, mit denen sie beispielsweise das Gaffelsegel verteidigen, fühlt man sich an die Weltsicht erinnert, wie sie zu Zeiten Galileo Galileis aktuell war. Doch ihr Glaube an die Überlegenheit des Bootes ist genauso unerschütterlich wie ihre Gewissheit, dass sich im fairen Wettstreit auf dem Wasser die Spreu vom Weizen trennt. Max Kennedy, der Sohn von Robert und Eigner der *Ptarmigan*, der letzten aus Holz gefertigten Wianno Senior, berichtet von einem Segler, der mit einer J/24 viermal Weltmeister wurde und im Laufe seines Lebens Tausende Konkurrenten in Grund und Boden gesegelt hat. Wenn er an einer Wettfahrt der Wianno Seniors teilnimmt, kann es durchaus vorkommen, dass er gewinnt, aber noch öfter muss er sich jenen Enthusiasten geschlagen geben, die ausschließlich diesen Bootstyp segeln.[36]

Eine Lokalzeitung hat einmal den Versuch gewagt, den Typ Mensch zu beschreiben, der sich diesem Bootstyp verschrieben hat: »Obwohl jedes Schiff einen Namen hat, verständigen sich die Eigner lieber über die Segelnummer. Ganze Stammbäume lassen sich mit diesen Zahlen schreiben: So hat Burnes' Sohn Bunny (Nr. 14) Ruth Carney (Nr. 82) geheiratet und Richard (Nr. 148) gezeugt, der wiederum der Vater von Gordon (Nr. 185) ist.«[37]

»Mitunter hat es den Anschein, als übernähme das Boot die Funktion, die andernorts der Golfplatz erfüllt, nämlich Menschen und Generationen miteinander zu verbinden«, sagt Steven Morris, ein ehemaliger Eigner einer Wianno Senior, der heute in Maine lebt. An Tagen, für die eine Wettfahrt angesetzt war, fanden nur in Ausnahmefällen Trauungen statt, berichtet er. Wer wollte seine Hochzeit schon ohne Gäste feiern? Auf die Frage, wie weit die Leidenschaft für das Segeln reichte, antwortet er: »Wenn ich morgens aufgewacht bin, habe ich erst aus dem Fenster geschaut und dann meiner Frau einen guten Morgen gewünscht. An den Wipfeln der Bäume konnte ich Windrichtung und -stärke erkennen, und die entschieden darüber, wie ich das Boot zu trimmen und die Crew zusammenzustellen hatte.«[38]

Heute besitzen Mitglieder des Kennedy-Clans größere Jachten als die Wianno Senior und genügend Geld, sich diese zu leisten, aber noch 2012 kaufte der Sohn von Eunice Kennedy Shriver, Mark, einem Eigner irischer Abstammung das Boot mit der Segelnummer 203 ab. Es hat einen grünen Rumpf und hört auf den Namen *Dingle*. »Mir gefällt der Bootstyp einfach«, gibt Mark zur Begründung an. »Es ist groß genug für fünf oder gar zehn Leute, und jeder hat etwas zu tun.« Größere Boote hätten den Nachteil, dass auch der Abstand zum Wasser und zu den Elementen wächst.

> Segeln bedeutet für mich, dass die Gischt über den Bug spritzt oder das Boot zu krängen anfängt und man sich nach Luv setzen und hinauslehnen muss, um es zu stabilisieren. Wenn den Kindern langweilig wird, können sie zum Bug gehen oder sich auf den Baum setzen. Aber wenn wir kreuzen, muss jemand dafür sorgen, dass die Großschot klar ist, und bei einer Wende muss einer die Fockschot lösen und sie auf der anderen Seite dichtholen. Die Crew ist nicht sehr groß, jeder packt mit an, und man ist dem Wasser nahe. Wenn eine große Welle auf die Bordwand trifft, wird man nass. Ist das Wasser kalt, kreischen alle. Scheint die Sonne und das Wasser ist warm, herrscht eitel Freude, wenn das Salzwasser ins Gesicht klatscht. So ist das Leben, und so soll es sein. Und auf einer Senior thront man nicht mehrere Meter über dem Meer und schaut auf es herab – man ist direkt auf Höhe der Wasseroberfläche. Und das liebe ich.[39]

Eine Senior kauft man nicht einfach – man muss sie sich verdienen. Und für manchen, der die Chance erhält, gleicht der Erwerb einem feierlichen Akt. Der aktuelle Vorsitzende der Klassenvereinigung Tim Fulham ist Besitzer der *Perlotte* mit der Nummer 143. Er und seine Braut kauften das Boot gemeinsam als Hochzeitsgeschenk für den jeweils anderen.

Richard Ulian hat ein Buch mit dem Titel *Sailing. An Informal Primer* verfasst, das in Wahrheit eine einzige lange Eloge auf die Wianno Senior ist.[40] Es besteht zu gleichen Teilen aus einer Liebeserklärung an seine *Tirza* mit der Segelnummer 7 und an den Nantucket Sound auf der einen und der im Titel angekündigten Einführung in das Segeln auf der anderen Seite. Ulian ist davon überzeugt, dass sich ein Boot einen Eigner sucht, nicht andersherum, und er beschreibt, wie er in Crosbys Werft zum ersten Mal die frisch renovierte *Tirza* erblickte. Bei einem Probeschlag verliebte er sich Hals über Kopf in das Boot, doch um es zu kaufen, fehlte ihm das Geld. Die *Tirza* ging ihm nicht mehr aus dem Sinn, und Ulian wollte dieses Boot oder keines. Zwei Jahre später machte er den Mann ausfindig, der es Crosby abgekauft hatte, und schrieb ihm einen Brief mit der Bitte, der jetzige Eigner möge ihm Bescheid sagen, falls er seine Senior je verkaufen wolle. Kurz darauf klingelte sein Telefon.

»Woher wussten Sie, dass ich das Boot abgeben will?«

»Das wusste ich nicht.«

Der Anrufer nannte einen Preis, der weit unter dem lag, den er selbst bezahlt hatte. Nach kurzem Zögern nannte er eine neue, noch niedrigere Summe.

»Ich suche jemanden, bei dem ich sie in guten Händen weiß«, sagte er zur Erklärung.

Eine Woche später trafen sich die beiden Männer, um den Kauf abzuwickeln. Das Boot lag aufgebockt im Hafen. Es war frisch lackiert und glänzte strahlend weiß. Ulian füllte einen Scheck aus und hielt ihn dem Verkäufer hin. Der aber zögerte, den Scheck anzunehmen.

»Wollen Sie die *Tirza* wirklich verkaufen?«, fragte Ulian.

»Ich nicht, aber meine Frau. Letzten Herbst bin ich bei einer Halse mit dem Fuß in der Schot hängen geblieben. Um ein Haar wäre ich über Bord gegangen. So sieht das jedenfalls meine Frau. Ich musste ihr versprechen, das Boot zu verkaufen.«

»Dann sollten wir den Kauf stornieren«, erwiderte Ulian. »Und Sie sollten noch einmal mit Ihrer Frau reden.«

Ulian meinte, Tränen in den Augen seines Gegenübers sehen zu können. »Nein«, sagte der Mann. »Ich muss verkaufen.«[41]

Die Kinder von Joe und Rose Kennedy trieben bekanntlich viel Sport. Der Fitnesstrainer, der eigens für sie engagiert worden war, rief sie jeden Morgen um sieben Uhr früh zur Gymnastik in den Garten, »an stillen Tagen waren seine Befehle vom Nantucket Sound bis nach Cape Cod Bay zu hören«. Die Kinder nahmen auch an Schwimmwettbewerben teil und spielten auf dem Rasen ihres Anwesens Touch-Football, eine Variante des »echten« Footballs. War das Wetter schlecht, blieben sie im Haus und beschäftigten sich mit Gesellschaftsspielen und Scharaden. Die liebste Freizeitbeschäftigung aber war das Segeln, und um die anstehenden Regatten zu gewinnen, mussten nicht nur die Familienmitglieder mithelfen, sondern auch Angestellte und Firmen vor Ort.

Auf einer der ältesten Aufnahmen der *Victura*, die am 15. Juli 1934 im *Boston Globe* abgedruckt war, ist zu sehen, wie der siebzehnjährige Jack am Bug des Bootes steht und sich zu seinem achtjährigen Bruder Bobby umdreht, der ihm etwas sagen will. Der kleine Bobby reicht dem großen Bruder gerade mal bis zur Hüfte. Die Bildunterschrift lautet: »Bob erklärt seinem Bruder John, wie er die Fock an das Fall der *Victura* anschlagen soll.« Wohl nur in den Neuenglandstaaten der 1930er-Jahre konnte eine Redaktion davon ausgehen, dass die Leser wussten, was mit dieser für Landratten unverständlichen Formulierung gemeint war: Bob erklärt seinem Bruder, wie er das vordere Segel befestigen muss, damit man es hochziehen kann.[42]

Zur Vorbereitung auf eine Wettfahrt, die am Nachmittag stattfinden sollte, startete Jack eines Morgens zu einem Probeschlag mit der *Victura*. Wieder zurück, ließ er die Segel so sorglos an Bord liegen, dass eines von einer Bö erfasst wurde und zerriss. Weil die Zeit bis zum Start knapp war, brachten sie es zu Schneiderin im Ort, die normalerweise die Kleider für die Kennedy-Mädchen nähte. »Das war nicht leicht«, berichtet die Schneiderin rückblickend. »Das Segel bestand nur noch aus Fetzen. Eigentlich hätte es ersetzt werden müssen, aber weil das

Rennen anstand, habe ich alles stehen und liegen gelassen, um es rechtzeitig fertig zu bekommen.«[43]

Wie oft zu hören und zu lesen ist, taten sich die Kennedys schwer damit, Rechnungen pünktlich zu bezahlen, und als der Chauffeur der Familie kam, um das reparierte Segel abzuholen und zum Boot zu bringen, wollte die Schneiderin für ihre Arbeit sieben Dollar haben. »Kein Geld, kein Segel«, sagte sie entschieden. Der Fahrer wies sie mit Nachdruck darauf hin, dass die Zeit drängte, doch die Schneiderin ließ sich nicht erweichen. Der Chauffeur musste zurück nach Hyannis Port und das Geld holen. Erst dann konnte er das Segel mitnehmen und Jack bringen, der die Wettfahrt prompt gewann. Die Schneiderin aber war einen Kunden los: »Das war das erste und letzte Segel, das ich repariert habe.«[44]

Die wichtigen Regatten jener Jahre waren nicht nur sportliche, sondern auch gesellschaftliche Höhepunkte. »Die Zuschauer warfen sich in Schale und stellten sich an die Pier des Wianno Club am Ende der Wianno Avenue. Die Frauen trugen lange Kleider, Hüte mit riesigen Krempen und weiße Handschuhe, die Männer makellose blaue Blazer, weiße Flanellhosen und Kapitänsmützen.«[45]

Zu den schillernden Figuren jener Zeit gehörten die Schwestern Parlett. Beide, Mary und Edna, besaßen eine Wianno Senior, und laut einem Zeitzeugen hatten sie »Ehemänner, die für die tägliche Pflege der Jachten verantwortlich waren. Bei Regatten machten sie das Boot seeklar und segelten es bis zur Startlinie. Derweil brachte eine Barkasse die Schwestern zu ihrer Senior. Mary und Edna, im Sonntagsstaat gekleidet, stiegen um und bestritten die Wettfahrt. Die Rolle des jeweiligen Ehemannes glich der eines royalen Stallburschen, der für die Königin von England das Pferd sattelt.«[46]

Damore schreibt: »Zu einer Zeit, da viele Eigner der insgesamt etwa 35 Boote von Cape Cod aus Wianno, Osterville und Hyannis Port professionelle Crews zusammenstellten, segelten die Kennedys ihr Boot in der Regel selbst. Ein professionelles Crewmitglied bekam für zwei Wettfahrten pro Woche bis zu 75 Dollar. Mitte der 1930er-Jahre sah man Eigner, die mit einem Herrenrock bekleidet an Bord gingen, auf einem Deckstuhl Platz nahmen, weiße Handschuhe überstreiften, sich ans Ruder setzten und das Rennen aufnahmen. Geschuldet war dieser skurrile Anblick den Klassenbestimmungen, laut denen Profis an Bord zwar die Segel bedienen, aber nicht als Steuermann fungieren durften.«[47]

Joe jun. und Jack Kennedy brauchten keine royalen Stallburschen, und sie trugen auch keine weißen Handschuhe. Dafür widmeten sie sich mit Hingabe selbst den kleinsten Details, um ihr Boot konkurrenzfähig zu machen. Auch die Besatzung stellten sie selbst zusammen – und sie gehörten selbstverständlich dazu. An Land nahmen auch sie professionelle Hilfe in Anspruch. Doch die »Skipper«, die ihre Eltern engagierten, waren nicht fürs Segeln selbst zuständig, sondern dafür, die Kinder zu trainieren und die Boote zu warten. Zumal Letzteres ist eines jeden Eigners Freud und Leid – vor allem Leid. Der erste Skipper, der für die Kennedys arbeitete, war James A. »Jimmie« MacClean, der bei der Küstenwache und der Handelsmarine gewesen war und doch viel Zeit damit verbrachte, mit den Kindern zum Eisessen in die Stadt oder sonst wohin zu fahren. Als Joe und Jack etwas älter waren, wurde ein echter Seebär verpflichtet: John »Eric« Ericson war ein großer, lauter, leicht schrulliger Mann, der gern einen Schluck nahm. Er behauptete steif und fest, dass es den Auftrieb eines Bootes erhöhte, wenn man dem Unterwasseranstrich etwas Bier beimischte. Mit seinem norwegischen Akzent erteilte er den Kindern lautstarke Anweisungen. Joe sen. war der Ansicht, dass es den Jungen guttun würde, von einem Typ Mann zu lernen, dem sie in ihren Internaten und später in einer der Eliteuniversitäten der Ivy League kaum je begegnen würden.[48]

In jenem Sommer des Jahres 1932, in dem die *Victura* an die Kennedys ausgeliefert wurde, empfahl George Connelly, ein Jachtagent, der die Familie gelegentlich beriet, in einem Brief an Joe sen. einen gewissen Rodney Tibbetts als »Skipper« für die Jungen. Joe war siebzehn, Jack fünfzehn. »Tibbetts ist ein großer, starker und robuster Bursche, der an die hundert Kilo wiegt, dabei aber gepflegt und überaus sympathisch ist ... Sicher suchen Sie jemanden, der den Kindern das Navigieren beibringt, ihnen zeigt, wie sie mit dem Boot umzugehen haben, um sich auf dem Wasser sicher zu fühlen und vor allem zu wissen, wie sie unnötige Risiken vermeiden können ... Tibbetts ist eine ehrliche Haut, grundanständig, und seine Ausdrucksweise ist so, dass niemand sich seiner schämen muss.« Nicht gefallen haben kann Joe sen. das, was Connelly dann schrieb: »Was das Segeln selbst angeht, versteht er davon nicht mehr als Sie und ich. Aber ich vermag ohnehin nicht zu erkennen, was so schwierig daran sein soll, ein Segelboot zu steuern. Am Ende kommt es auf Intuition, Glück und das Boot selbst an.« Offenbar wurde Mr Tibbetts nicht engagiert.[49]

Die Kinder bekamen zwar professionelle Anleitung und Hilfe, mussten selbst aber durchaus mit anpacken. Im Zuge der alljährlichen Wartungsarbeiten musste Joe das Unterwasserschiff von Bewuchs befreien und es neu lackieren. Jack war so sehr um die Segel besorgt, dass er sie in seinem Zimmer aufbewahrte, auch wenn seine Mutter alles andere als glücklich darüber war.[50] Als Joe und Jack später auch im Starboot segelten, »werkelten sie mit großer Begeisterung an ihrem Boot herum«, um es die entscheidende Nuance schneller zu machen.[51]

Dass die Kennedy-Kinder lernen mussten, was harte Arbeit

bedeutet, war für die damalige Zeit nicht untypisch. Sie waren privilegiert und ehrgeizig, aber sie hatten auch ein Gespür dafür, was einem zustand, und ein ausgeprägtes Arbeitsethos. Ihr Vater übertrug den Jungen oft Aufträge, für die in anderen Familien Angestellte zuständig waren. Zwischen ihnen und ihren irisch-katholischen Vorfahren, die noch tief in der Arbeiterklasse verwurzelt gewesen waren, lagen nur drei Generationen. Das schärfte sicherlich ihr Bewusstsein für die Diskriminierung, der irischstämmige Katholiken unabhängig vom Einkommen in der Neuen Welt noch immer ausgesetzt waren. Trotzdem empfanden es die Kinder als selbstverständlich, dass ihnen Angestellte und Bedienstete zur Verfügung standen. Zudem war die Familie als knauserig verschrien, weil sie selbst am Trinkgeld sparte. »Wenn sie in Hyannis Port von Bord gegangen waren und nach Hause schlenderten, ließen sie gelegentlich Teile ihrer Segelbekleidung fallen.« Leisten konnten sie sich das, weil sie wussten, dass irgendjemand es ihnen nachtragen würde. Mehrere Haushälterinnen »beschwerten sich darüber, wie es in Jacks Zimmer aussah: Auf dem Boden stapelten sich nasse Handtücher, Krawatten lagen in einer Ecke, und wenn er etwas suchte, leerte er die Schubladen des Schreibtisches einfach auf dem Bett aus.«[52] Jack war dafür bekannt, dass er auf dem Weg zum Hafen achtlos Dinge fallen ließ und von Hausangestellten erwartete, dass sie sie wieder aufhoben. Aus Choate, seinem Internat, erreichte die Eltern ein Brief, in dem es hieß, dem Jungen »fehlt es am Gespür für materielle Werte, und mit seinem Eigentum geht er überaus sorglos um«.[53]

1937 wurde Luella Hennessey als Kindermädchen engagiert. Wann immer in den darauffolgenden Jahrzehnten ein Kennedy krank war oder ein Kind erwartete, war sie zur Stelle. In jenem Sommer, so erinnert sie sich, »wollten die Kinder segeln, und es war nicht leicht, eine Crew zusammenzubekommen. Einmal musste sogar ich einspringen und Jack auf eine Wettfahrt begleiten. Wir lagen in aussichtsreicher Position, und als wir uns der Ziellinie näherten, meinte er, ich solle über Bord springen, um das Boot leichter zu machen und seine Chancen auf den Sieg zu erhöhen. Zum Glück hat er nicht darauf bestanden.«[54]

Bei der Erziehung seiner Kinder achtete der Vater strikt darauf, dass ihnen die Privilegien, die sie zweifellos genossen, nicht zu Kopf stiegen. So wichtig es ihm war, dass sie ohne materielle Sorgen und Nöte aufwuchsen, so sehr bestand er darauf, dass sie für den Erfolg hart arbeiteten – härter als Gleichaltrige. Natürlich waren sie sich der herausgehobenen Stellung der Familie bewusst, aber der Vater brachte ihnen bei, sich nie auf den Lorbeeren auszuruhen oder sie als selbstverständlich hinzunehmen. Er gab ihnen ein unerschütterliches Selbstvertrauen mit auf den Weg, gleichzeitig lehrte er sie, sich jeder Konkurrenz zu stellen und mit nicht weniger zufrieden zu sein als dem Sieg. »Kennedy wollte, dass seine Kinder ihr Leben auf dem gesellschaftlichen Niveau begannen, auf das er sie gehoben hatte … Er wollte sie mit jenem Zutrauen in sich selbst und ihre Fähigkeiten ausstatten, das nur Menschen eigen ist, die keinen Anlass haben, an ihrer sozialen Stellung zu zweifeln«, schreibt Doris Kearns Goodwin. »Das Bewusstsein, etwas Besonderes zu sein, das er ihnen einimpfte, erlaubte weder Faulheit noch Nachlässigkeit. Wenn sie seinem Anspruch gerecht werden und zu dem erlesenen Kreis der Erfolgreichsten gehören wollten, mussten sie ihre Gaben und Begabungen gleichermaßen voll ausschöpfen.«[55]

Bereits Ende der 1940er-Jahre äußerte Joe sen. den Wunsch, dass seine Kinder nicht in der Wirtschaft, sondern im Staatsdienst Karriere machen mögen. »Dieses Land hat genügend Unternehmer und Geschäftsleute«, sagte er zur Begründung. »Wir sind in der glücklichen Lage, dass sich unsere Söhne keine Sorgen um ihren Lebensunterhalt machen müssen. Warum also sollten sie nicht versuchen, ihr Wissen und Können für das Wohl ihres Landes einzusetzen?«[56]

Während Joe und Rose von ihren Kindern also nicht erwarteten, dass sie sich ihr Taschengeld verdienten, indem sie anstehende Arbeiten übernahmen – etwa das Streichen des Bootshauses, Rasenmähen oder den Hausputz –, bestanden sie sehr wohl darauf, dass sie sich hohe Ziele setzten und sie mit aller Konsequenz verfolgten. Und weil am Ende nur der Sieg zählte, hatten sie dem alles unterzuordnen. Ob beim Sport oder in der Schule, stets wurden von ihnen Höchstleistungen erwartet. Und wenn sie mal nicht Erster werden konnten, sollten sie wenigstens alles gegeben haben. Es gibt viele Berichte von Freunden und Familienmitgliedern, die mit Verwunderung beobachtet haben, wie sehr Joe sen. von seinen Kindern den Erfolg einforderte und wie sehr die Kinder für ihren eigenen Erfolg und den ihrer Geschwister kämpften – Letzteres natürlich nur, wenn sie nicht gegeneinander antraten.

Paul Chase, ein Freund von Jack, der häufig auf Cape Cod zu Gast war, schildert es so: »Mr K. predigte seinen Kindern, dass Erfolg alles war. Mehrmals bat Jack mich, seine Crew zu verstärken, weil er woanders Absagen bekommen hatte. Einmal haben wir eine herbe Niederlage einstecken müssen und mussten uns dafür eine halbstündige Standpauke des Familienvorstandes anhören. Er meinte, dass er uns während des Rennens beobachtet habe und von seinem Sohn, aber auch von mir bitter enttäuscht sei. Wer nicht bereit sei, alles für den Sieg zu geben, solle gar nicht erst starten, lautete seine Devise, gegen die wir in seinen Augen schmählich verstoßen hatten. Er war regelrecht wütend auf uns.«[57]

Joe sen. war sehr geübt darin, seine Ansichten zu sportlichem Ehrgeiz und unbedingtem Siegeswillen in Plattitüden zu verpacken. Doch so banal das, was er sagte, gelegentlich auch sein mochte, so nachdrücklich brachte er das, was er meinte, zum Ausdruck. Auf Siege seiner Kinder reagierte er mit ehrlicher Freude, Niederlagen, erst recht mangelnden Einsatz quittierte er mit Missmut und Enttäuschung. Das galt nicht nur beim Segeln, sondern auch bei anderen Sportarten wie Schwimmen, Tennis, Football und Golf. Als die Kinder Internate besuchten, schrieb er ihnen Briefe, in denen er sie für alles Mögliche von der Handschrift über ihr Betragen bis hin zu den Schulnoten lobte oder tadelte. Die Kinder scheinen das nicht als väterliche Bevormundung, sondern als Ausdruck seiner Liebe verstanden zu haben. Oft heißt es, dass sie ihren Vater vergötterten oder zumindest verehrten. Doch gehörte zu der Beziehung neben dem Wunsch, ihm zu gefallen, auch die Angst davor, ihn zu enttäuschen. Welcher Teil überwog, wird von Kind zu Kind unterschiedlich gewesen sein.

Joes Ansprüche an seine Kinder kannten keine Ausnahmen. »Selbst bei schulischen Sportveranstaltungen mussten sie sich beweisen«, erinnert sich Rose Kennedy. »Wir fuhren hin, sahen zu und haben hinterher darüber gesprochen. Wenn die Kinder nicht gewonnen hatten, überlegten wir gemeinsam, warum.«[58] Ihr Mann habe stets nach der Devise gehandelt: »Wir dulden keine Verlierer in unserer Mitte. Wir sind eine Familie von Siegern ... Der Zweite ist der erste Verlierer. Das Einzige, was zählt, ist der Sieg.«[59]

Bobby Kennedy beschreibt es so: »Es gab nur ganz oder gar nicht ... Egal, worum es ging: ein Wettlauf, das Fangen eines Footballs oder eine Klassenarbeit in der Schule – wir waren darauf geeicht, es zu versuchen, und zwar mit aller Macht. Selbst wenn wir nicht die Besten waren, und das kam öfter vor, als man denken mag, haben wir versucht, die Besten zu werden.«[60]

Ted erinnert sich: »Wenn wir eine Wettfahrt austrugen, begleitete unser Vater die Regatta häufig in einem Motorboot. Einmal haben wir ziemlich schlecht abgeschnitten. Er meinte, wir hätten uns nicht genügend konzentriert. Beim Abendessen herrschte eisiges Schweigen.«[61]

Eunice, die beste Seglerin in der Familie, berichtet: »Wenn wir gewonnen hatten, war er regelrecht begeistert ... Er wurde nicht müde, uns zu predigen, dass es kein Erfolg war, das Ziel als Zweiter zu erreichen. Es ging darum zu gewinnen. Mit einem zweiten oder dritten Platz brauchten wir ihm nicht zu kommen. Für ihn zählte allein der Sieg.«[62] Sie fügt hinzu: »Ich war 24, als mir dämmerte, dass man nicht jeden Tag bei irgendetwas gewinnen muss.«[63]

Jewel Reed, die Frau von Jacks Kriegskamerad James, erinnert sich wie folgt: »Beim Essen fragte Mr Kennedy jedes der Kinder, ob es beim Tennis oder beim Segeln oder wobei auch immer Erster, Zweiter oder Dritter geworden war. Zufrieden war er nur, wenn sie gewonnen hatten. Mir hat sich eingeprägt, wie sehr er darauf erpicht war, dass seine Kinder Erfolg hatten.«[64]

Eine Hausangestellte der Kennedys berichtet: »Wenn sie von Stone and Gable kamen und quer über die Straße auf den Rasen liefen, hatte man nie das Gefühl, dass sie es aus Spaß am Spiel taten. Es wirkte, als ginge es ihnen darum, zu sehen, wer der Schnellste war ... Ich hatte allerdings nie das Gefühl, dass sie übertriebenes Konkurrenzdenken antrieb.«[65]

Bei einer Gelegenheit sagte Jack, sein Vater sei »immer ziemlich streng« gewesen. Er fügte jedoch hinzu: »Ich glaube, seine Gesundheit machte ihm zu schaffen. Er war nervlich immer angespannt. Schließlich hat er mit hohen Summen hantiert. Er konnte sehr barsch sein ... Er hat immer betont, wie wichtig Erfolg ist und dass wir uns anstrengen sollen ... Ich glaube, dass es ihm vor allem darum ging, uns die Möglichkeit zu geben, unseren Bewegungsdrang auszuleben.«[66] Bei anderer Gelegenheit sagte Jack zu dem vermeintlichen Konkurrenzdenken innerhalb der Familie: »Das wird überschätzt. Wir haben zusammen gespielt, auch dann, wenn wir beim Sport gegeneinander angetreten sind. Natürlich wollten die jüngeren Geschwister die älteren schlagen, aber das blieb immer im Rahmen. Sportlichen Ehrgeiz gab es durchaus, aber keine Konkurrenz. Nur wenn wir beim Segeln verloren, machte er uns schon mal die Hölle heiß.«[67]

Eine beliebte Erklärung für die Wichtigkeit, die Joe sen. dem Siegen und Gewinnen beimaß, lautet, dass er so künftige Anführer heranziehen oder seine Kinder zumindest für das Leben stählen wollte. Sein Enkel Christopher weist aber darauf hin, dass Männer seiner Generation davon ausgehen mussten, dass ihre Söhne irgendwann in den Krieg ziehen müssten und die Marine in kommenden Konflikten eine gewichtige Rolle spielen würde. Wer schwimmen und sich an Bord eines Schiffes bewegen konnte, würde bessere Chancen haben zu überleben. Unter diesem Aspekt kam selbst der Zahnpflege der Kinder große Wichtigkeit zu, weil sie eines Tages gute Zähne brauchen könnten, um sich bei einem Schiffbruch an der Ausrüstung eines Kameraden festbeißen und dadurch beide in Sicherheit bringen zu können. Christopher ist der Überzeugung, dass das Segeln für seinen Großvater eine Form der Kampfkunst war.

Statt mit ihnen darüber zu diskutieren, was richtig und falsch ist, brachte Joe sen. seinen Kindern den Unterschied zwischen Backbord und Steuerbord bei. Und so meinen manche, dass die hohen Anforderungen, die er an den Nachwuchs stellte, in moralischen Fragen nicht galten. Die Kinder selbst sprachen später davon, dass in ihrer Familie der Geist des Dienstes am Nächsten geherrscht habe, was sie auf den Einfluss ihrer Mutter und deren Katholizismus zurückführten. Auch Joe bediente sich gelegentlich dieser Sprache, doch dann schien es ihm eher um politische Ambitionen denn um soziale Belange zu tun zu sein. »Joe Kennedy nahm Gewinnen, Leistung und Wettbewerb immer sehr wichtig, aber Ethik und Moral brachte er seinen Kindern nicht näher«[68], schreibt der Kennedy-Biograf Michael O'Brien. Andere Chronisten teilen diese Meinung. Viel wurde auch darüber geschrieben, welch schlechtes Vorbild er seinen Kindern in Sachen ehelicher Treue war. In Joes viel zitierten Briefen und Aufzeichnungen geht es stets darum, zu gewinnen und das Beste zu geben, und nur selten darum, das Richtige zu tun. Als Jack im Internat Probleme bekam, weil er zu einer Gruppe von Schülern gehörte, die sich »Muckers Club« nannte und für zahllose Streiche verantwortlich war, wurde sein Vater zum Direktor bestellt, der mit der Relegation des Sohnes drohte. Joe heuchelte Betroffenheit, bis der Direktor außer Hörweite war. Dann flüsterte er Jack ins Ohr, dass, wenn er die Gruppe gegründet hätte, ihr Name mit einem anderen Buchstaben als einem M begonnen hätte. Vielleicht war er nicht anders als andere Väter, die die sittliche Erziehung der Kinder ihren Ehefrauen und denen überließen, die dafür ausgebildet waren, in diesem Fall der katholischen Kirche. Und Joe hatte das Talent, Religion und Alltagsleben strikt voneinander zu trennen.

Je älter die Kinder von Joe und Rose wurden, desto mehr ließen sie sich bei ihren Entscheidungen auch von moralischen Fragen leiten. Besonders gut ist das bei Robert zu beobachten, doch auch auf die anderen trifft es zu. Das wird auf den Einfluss von Rose zurückzuführen sein. Sie war katholisch bis ins Mark, und die Form der Religiosität, die sie predigte und vorlebte, grub sich tief in das Denken und Fühlen ihrer Kinder ein. Rose besuchte jeden Tag die Kirche und brachte den Kindern den Katechismus nahe. Später sagte sie: »Ich wollte, dass Gott und der Glaube an ihn zu einem selbstverständlichen Teil ihres Lebens wurden, nicht etwas, das nur sonntags eine Rolle spielt.«[69]

Mit den Kindern wuchs auch die Bedeutung des katholischen Glaubens. »1938 leitete Joe jun. den Katholischen Club in Harvard, der dreizehnjährige Bobby war Messdiener, und Eunice missionierte ihre protestantischen Freunde, damit sie zum Katholizismus übertraten«[70], schreibt Kathleen Kennedys Biografin. Während seiner Zeit in Harvard besuchte Jack regelmäßig den Gottesdienst, zum Kummer seiner Eltern fiel er gelegentlich aber mit respektlosen Bemerkungen zu Kirche und Religion auf.

Die Kinder wussten zwar darum, dass ein erster Platz nicht gleichbedeutend damit war, in den Himmel zu kommen. Doch den unbedingten Willen der Familie, um jeden Preis zu gewinnen, empfanden manche als respektlos und unfair. Als Joe jun. einmal eine Regatta nicht gewonnen hatte und sich dafür vor seinem Vater verantworten musste, nannte er als Grund für die Niederlage das alte und schlecht geschnittene Großsegel. Daraufhin wurde Eric, der Segellehrer der Familie, beauftragt, ein neues zu beschaffen. Mit dem fuhr Joe prompt wieder Siege ein, bis die Konkurrenz misstrauisch wurde und sich das neue Tuch genauer besah. Es schien, dass die Klau der Gaffel höher am Mast saß als erlaubt, was darauf hindeutete, dass das Segel nicht den Bestimmungen entsprach. Hatte sich Joe also zusätzliche Segelfläche erschlichen? Wo, wie am Nantucket Sound, Ehre viel, wenn nicht alles bedeutete, wog schon der bloße Verdacht schwer. Die Familie reagierte, indem sie Eric die Verantwortung in die Schuhe schob, der als Profi hätte wissen müssen, was er tat. Die Sache selbst war damit ausgestanden, aber das Misstrauen blieb.[71]

Im Alter von neunzehn Jahren fuhr Jack gemeinsam mit einem Schulfreund mit dem Motorboot los, um eine Wettfahrt zu begleiten, an der sein Bruder Joe auf dem einen Boot und sein Schulkamerad Herb Merrick auf einem anderen teilnahmen. »Als Herb Anstalten machte, Joe zu überholen, setzte sich Jack mit dem Motorboot vor dessen Bug und bremste ihn aus«[72], erinnert sich der Begleiter. Aber wahrscheinlich muss man das eher als Streich denn als Betrugsversuch sehen.

Manchmal wurde auch die Religion in Anschlag gebracht, um die Chancen im Wettkampf zu erhöhen, etwa als Eunice vor dem Start einer Regatta rief: »Also los, Jungs. Lasst uns ein Ave-Maria beten.«[73]

Verbündete und Rivalen

Außerhalb des Sommers lebten die Kennedy-Kinder in verschiedenen Internaten oder mit der Familie in Boston beziehungsweise New York. Wenn sie voneinander getrennt waren, kam die gemeinsame Sehnsucht nach dem Meer in ihren Briefen deutlich zum Ausdruck. Drei Briefe vom Mai 1934 belegen das. Joe jun., der in London studierte, schrieb an seinen acht Jahre alten Bruder Robert: »Ich freue mich schon auf das Kap und das Segeln. Und Du bist inzwischen wohl alt genug, bei den Regatten mitzumachen … Sei ein guter Schüler, Bob, und iss viel Spinat, damit Du im Sommer stark genug bist, um die Schoten zu halten.« In einem Brief von Kick an ihre Mutter, die sich in Hyannis Port aufhielt, heißt es: »Ich hoffe, Du genießt den Blick auf die Bucht und die Boote.« Und Joe sen. teilte seinem ältesten Sohn mit, dass der Sohn und die Schwiegertochter von Präsident Roosevelt den Sommer in Buzzards Bay auf Cape Cod verbringen würden und eine Wianno Senior gekauft hätten, mit der sie sich an den Regatten beteiligen wollten. »Vielleicht benötigen sie im August ja noch einen Steuermann.«[1]

Natürlich genossen die Kinder das Leben in der Stadt und die Gemeinschaft mit ihren Schulkameraden, aber in Hyannis Port aus dem Auto zu steigen, die Seebrise zu spüren und die salzhaltige Luft einzuatmen hatte etwas Befreiendes. Hier konnten sie mit der Kleidung auch viele Zwänge ablegen. Manche Tage verbrachten sie komplett in Badesachen, und die größten Probleme, vor die sie gestellt wurden, waren die Tanzveranstaltung im Jachtclub, das Schwimmtraining und die Vorbereitung der beiden Boote *Victura* und *Tenovus*. Bei ihren Strandspaziergängen stießen sie auf die – damals noch nicht vom Aussterben bedrohten – Regenpfeifer, die im April aus ihrem Winterquartier zurückgekehrt waren und am Strand ihre sandburgartigen Nester errichtet hatten. Manchmal beobachteten sie auch, wie eine Gruppe von Scherenschnäbeln knapp über der Wasseroberfläche flog. Bei dieser Vogelart ist der Unterschnabel länger als der Oberschnabel, was es ihr ermöglicht, ihre Beute im Flug aus dem seichten Wasser zu fischen. Im Internat war der Tagesablauf streng reglementiert, hier gab die Natur den Rhythmus vor. Auf Ebbe folgte Flut und wieder Ebbe, und so sicher, wie morgens die Sonne aufging, setzte mittags um eins eine Seebrise aus Südwest ein, die im Laufe des Tages bis zu sechs Beaufort erreichte. Die Flagge im Garten diente derweil als Sonnenuhr, deren Schatten auf dem weitläufigen Rasen die Stunde anzeigte.

Die Ankunft der Familie in Hyannis Port bedeutete jedes Mal die Rückkehr zu einer Normalität, die aus lauter Abenteuern bestand. Wie selbstverständlich ihnen der Aufenthalt auf Cape Cod war, zeigt sich schon darin, dass sie und die nachfolgenden Generationen bei jeder sich bietenden Gelegenheit herkamen, angrenzende Grundstücke kauften und neue Boote ausprobierten. Das Haus und der Garten waren von dem unausgesetzten Lärmen der Kinder erfüllt, ständig mussten Schrammen und blaue Flecken verarztet werden, und bei den Mahlzeiten wurde lebhaft diskutiert und gestritten, wobei der Vater als Familienoberhaupt darauf bedacht war, seinen Kindern die Welt der Wirtschaft und der Politik nahezubringen. Sie betrieben mehrere Sportarten, die meiste Zeit aber verbrachten sie mit dem Segeln und damit, an den Booten zu werkeln, um sie schneller zu machen, Manöver zu üben und Regatten zu bestreiten, anfangs noch dicht unter Land und unter den Augen ihrer Eltern, später auch weiter draußen.

Mit jedem Jahr wurden die Jungen und die Mädchen gleichermaßen bessere Segler. Als der Sommer 1934 zu Ende ging, hatten die jüngeren Geschwister Kathleen und Eunice genauso Pokale gewonnen wie der ältere Joe jun. Im Jahr darauf, so ein Biograf der beiden Frauen, »heimsten die Kennedy-Kinder Eunice, Kathleen und Pat … sowie Rosemary, Jack und Joe jun. bei insgesamt 76 Starts 14 erste, 13 zweite und 13 dritte Plätze ein«. Im Juli und August jedes Jahres fand beinahe täglich eine Wettfahrt statt. Und rechnet man die Erfolge aus sieben Vorkriegsjahren zusammen, dann »haben die Kennedys mehr gewonnen als irgendjemand sonst. Unter den Preisen, die sie bis zum Ende des Sommers anhäuften, befanden sich Pokale, Silberteller, Bücher, Uhren und Schreibtischsets.«[2]

Mit dem Segeln lernten die Kinder auch, Risiken einzuschätzen. Die Wettervorhersagen waren zu jener Zeit noch nicht sehr verlässlich, und aus einem lauen Lüftchen konnte binnen Minuten ein mittelschwerer Sturm werden. Bei den Regatten zum Labor Day 1936, der in den USA traditionell am ersten Montag im September begangen wird, steuerte Joe jun. die *Victura*, Eunice saß am Ruder der *Tenovus*. »Starker Wind aus Südwest und eine raue See zwangen fünf kleinere Boote, das Rennen abzubrechen«[3], berichtete der *Daily Boston Globe*. Im Juli 1937 schrieb dieselbe Zeitung: »Das Wetter ließ es geboten erscheinen, die Segel zu reffen, aber die Teilnehmer der vom Edgartown Yacht Club ausgerichteten Regatta dachten gar nicht daran und trotzten dem starken Südwest mit Vollzeug … Die Flotte aus fast 200 Booten bestritt mehrere Wettfahrten, die in Rekordzeit beendet waren. In ihrem Kielwasser ließen sie eine Vielzahl von Seglern zurück, deren Boote Bruch erlitten hatten, von der Küstenwache geborgen und in den Hafen geschleppt werden mussten.« Joe, der die *Victura* steuerte, wurde in seiner Klasse mit einer Minute Rückstand Zweiter. Der Sieger hatte für den zehn Kilometer langen Kurs lediglich 75 Minuten gebraucht.[4]

Joe und Eunice zeigten beim Segeln dasselbe Maß an Entschlossenheit. »Eunice musste sich nicht an ihrem großen Bruder orientieren: An der Pinne war sie ebenso aggressiv wie er. Ihr Ziel war der Sieg, ihr Stil kühn. Beim Start verlor sie keine Sekunde, auf der Kreuz war sie draufgängerisch, an der Wendemarke kompromisslos. Joe wiederum fuhr unbeirrt weiter, wenn andere refften, bei Leichtwind hatte er ein feines Gespür für die Geschwindigkeit des Bootes, wenn es stürmte, war er der Letzte, der in den Hafen zurückkehrte, und der Erste, der ihn wieder verließ.«[5]

Bei den meisten dieser Wettfahrten war Jack wohl mit an Bord der *Victura*, aber in den überlieferten Berichten ist nur wenig über ihn zu erfahren. Allerdings muss er große Erfahrung als Vorschoter und Crewmitglied gesammelt haben, und als er ans College wechselte, kam ihm das zweifelsohne zugute.

In den Jahren, in denen Joe und Jack gemeinsam auf der *Victura* segelten, hatten sie manche Schwierigkeiten zu meistern und viele Triumphe zu feiern. Bei einer Wettfahrt konzentrieren sich Segler ganz auf Details wie den Segeltrimm und die Taktik, für Unterhaltungen ist keine Zeit. Wenn gesprochen wird, dann Klartext und im Befehlston. Auf der *Victura* und den anderen Wianno Seniors war das nicht anders. »Diese Regatten waren eine aufregende Angelegenheit, zumindest solange keiner ernsthaft verletzt wurde. Es gibt wohl keinen Wianno-Segler, der nicht selbst schon über Bord gegangen wäre oder zumindest zusehen musste, wie es ein Crewmitglied erwischte«[6], berichtet Roberts Sohn Chris, dessen Erinnerungen an Cape Cod sich von denen seines Vaters und seiner Onkel kaum unterscheiden.

Einer dieser Wianno-Segler, Jean Kiley Wells, erinnert sich an eine Begebenheit aus den 1930er-Jahren: »Die Regatten vor Edgartown waren natürlich die Höhepunkte jeder Segelsaison. Zwar war immer mindestens ein Elternteil dabei, aber ich habe mich trotzdem gut amüsiert. An einem Samstagnachmittag kollidierte unser Boot, die *El Cid*, mit der *Victura*, die von Jack Kennedy gesteuert wurde. Die Rennleitung schmetterte beide Proteste ab, weil sie sich diametral widersprachen. So waren wir beide disqualifiziert, was aber nichts machte, weil wir ohnehin einen rabenschwarzen Tag erwischt hatten.«[7]

Zu der Rivalität auf dem Wasser untrennbar dazu gehört ein Brauch, der ebenso unantastbar ist wie die Autorität des Bootsführers: der anschließende Umtrunk. Dort werden alle Spannungen heruntergespült, Meinungsverschiedenheiten ausgeräumt, Anekdoten erzählt, Seemannsgarn gesponnen, Missgeschicke belacht. Im Sommer 1935, dem Jahr, bevor Jack nach Harvard ging, gaben die beiden Kennedy-Söhne in einem Hotel von Edgartown eine Party, die so sehr aus dem Ruder lief, dass die Polizei anrückte. Joe und Jack wurden verhaftet. Welche Rolle der Alkohol bei dem Exzess spielte, ist nicht geklärt. Bekannt hingegen ist, dass Joe sen. es missbilligte, wenn seine Söhne zu viel tranken und so dem Klischee des saufenden Iren entsprachen. Deshalb war er der Ansicht, dass den beiden eine Nacht im Gefängnis nicht schaden könne. Jean Kiley Wells von der *El Cid* erinnert sich: »Wir Wianno-Segler hatten damals einen ziemlich schlechten Ruf in Edgartown. Einige standen sogar auf einer schwarzen Liste, was dazu führte, dass sie in den Hotels der Stadt kein Zimmer bekamen.«[8]

Es sollte nicht das letzte Mal gewesen sein, dass die Regatta von Edgartown für einen der Kennedy-Söhne böse endete.

Die Ansprüche, die Joe sen. an seine Kinder stellte, waren für alle gleich, aber es ließ sich nicht leugnen, dass die Erwartungen an den Erstgeborenen, der seinen Namen trug, besonders hoch waren. Die Eltern animierten die jüngeren Kinder, sich an ihren großen Geschwistern zu orientieren, und so lag es in der Natur der Sache, dass von Joe jun. ein besonders vorbildhaftes Verhalten erwartet wurde. Und auch wenn er diesem Anspruch nicht immer entsprach, übernahm er die Rolle alles in allem doch gern. Schon in jungen Jahren wurde er für seine Geschwister zu einer Autoritätsperson. Vor allem die Kleineren blickten mit Ehrfurcht zu ihm auf, insbesondere Ted, der siebzehn Jahre jünger war und in Joe eher einen Vater als den Bruder sah.

Joe jun. war klug, wissbegierig, sportlich, sah gut aus, besaß Witz und Selbstsicherheit. Er neigte aber auch zu Sarkasmus und konnte verletzend sein. Das trug ihm zwar Respekt ein, machte ihn aber nicht gerade beliebter. Jack hat sich später dazu geäußert, und seine Einschätzung wurde von anderen geteilt:

> Ich hatte stets das Gefühl, dass Joes beste Rolle die des älteren Bruders ist. Bereits als junger Mensch hat er ein Verantwortungsgefühl gegenüber seinen Brüdern und Schwestern entwickelt, und ich glaube, dass er dieser Verantwortung immer gerecht geworden ist. Mir gegenüber, der ich nur wenig jünger war, zeigte sich das darin, dass er Maßstäbe für mein Verhalten setzte, die extrem hoch waren ... Ich denke, ich kannte ihn so gut wie kaum jemand, und doch frage ich mich manchmal, wie viel ich von ihm tatsächlich weiß. Er strahlte eine eigentümliche Abgeklärtheit aus, die wie ein Schutzwall funktionierte, den nur wenige Menschen durchdringen konnten. Ich will damit nicht sagen, dass Joe unnahbar oder schwierig im Umgang war. Im Gegenteil – ich kenne niemanden, mit

dem ich lieber einen Abend verbracht, eine Partie Golf gespielt oder sonst etwas unternommen hätte. Er hatte einen ausgeprägten Humor, und mehr als irgendjemand sonst wusste er Menschen und Situationen von der heiteren Seite zu nehmen.

Das schrieb Jack 1945, als er aus dem Krieg zurück war. Weiter heißt es: »Er konnte Stunden damit verbringen, sich mit Bobby einen Football zuzuwerfen, mit Teddy zu schwimmen und den Mädchen das Segeln beizubringen. Kick fühlte er sich besonders nahe, ihr hat er in schwierigen Zeiten beigestanden. Sollte eines oder mehrere der Kennedy-Kinder das Zeug haben, jetzt oder später im Leben irgendetwas Bedeutendes zu erreichen, dann ist das mehr als allem anderen Joes Verhalten und dem Vorbild geschuldet, das er uns war.«[9] Ist es nicht erstaunlich, dass Jack Joes Einfluss über den von Vater und Mutter stellt?

In seinen jungen Jahren fand Jack es gar nicht lustig, nur die zweite Geige zu spielen und Joe jun. die erste zu überlassen. Die beiden behakten und stritten sich oft. Jack, der etwas kleiner war als Joe, ließ sich nicht einschüchtern, auch wenn er seinem großen Bruder körperlich unterlegen war. Robert wird in einem Buch dahingehend zitiert, »dass er, Pat und Jean sich aus dem Staub gemacht oder von der Treppe aus zugesehen haben, wenn die beiden Brüder im Wohnzimmer miteinander kämpften. Es hätte den Prinzipien der Kennedys widersprochen, einzugreifen oder gar Jack zu unterstützen.«[10]

In Anbetracht von Jacks Gesundheitszustand ist das durchaus überraschend. Warum er so oft krank war, konnten sich weder seine Eltern noch die Ärzte erklären. Die medizinische Diagnostik steckte damals noch in den Kinderschuhen, und sein Vater versuchte sich, so gut es ging, zu informieren. In den Jahren 1933 und 1934 verbrachte Jack so viel Zeit in Krankenhäusern, dass sein Vater meinte, die behandelnden Ärzte müssten der American Medical Association einen Artikel über seine Krankengeschichte anbieten, »weil er einer der wenigen Fälle ist, in denen jemand von einer Krankheit, deren Symptome an Leukämie denken ließen, geheilt wurde, obwohl die Ärzte ihm nur eine Überlebenschance von vielleicht fünf Prozent eingeräumt hatten«.[11] Erst nach dem Krieg fand man heraus, dass Kennedy unter Morbus Addison litt.

Selbst auf dem College traten Joe und Jack als Rivalen auf. Thomas Bilodeau, der mit ihnen in Harvard war, erinnert sich: »Wenn wir Touch-Football spielten, hielten sich die Kennedy-Brüder nicht lange mit Taktik auf, sondern gingen voll zur Sache ... Und dass beide in einem Team spielten, war undenkbar. Hatte Joe sich für eine Mannschaft entschieden, ging Jack in die andere. Man hatte immer das Gefühl, dass sie sich gegenseitig etwas beweisen mussten.«[12]

Auch Joe jun. konnte aufbrausend sein, was sich immer wieder auch beim Segeln zeigte. Jack, Eunice und die anderen Geschwister stellten sich dem ältesten Bruder oft als Besatzung der *Victura* zur Verfügung. Eunice erinnert sich: »Er war ein verdammt guter Segler, aber er konnte auch jähzornig und unbeherrscht sein. Wenn er nicht gewonnen hatte, war er stinksauer und machte einen von uns dafür verantwortlich.«[13] Als Teddy noch ein Kind war, bat er Joe inständig, ihn endlich zu einer Regatta mitzunehmen. Sein Wunsch wurde erhört, doch dass er trotz des Erlebnisses, das ihm seine Premiere bescherte, ein begeisterter Segler wurde, grenzt an ein Wunder. Als Teddy zwölf oder dreizehn und Joe gefallen war, bat Jack ihn, dieses erste Segelerlebnis aufzuschreiben:

> Ich erinnere mich sehr gut an den Tag. Es war, ein Jahr bevor Joe nach England ging. Es war Sommer, und ich fragte

Joe, ob er mich nicht mitsegeln lassen wolle. Er sagte Ja, und wir gingen zum Hafen, wo wir etwa fünf Minuten vor dem Start eintrafen. Als der Startschuss ertönte, hatten wir gerade erst die Segel gesetzt. Es war das erste Mal, dass ich an einer Regatta teilnahm. Wir machten gute Fahrt, als er mich unvermittelt aufforderte, die Fockschot dichtzuholen. Ich verstand nicht, was er von mir wollte. Er wiederholte den Befehl, dieses Mal deutlich lauter. Unterdessen fielen wir immer weiter hinter die anderen Boote zurück. Plötzlich sprang Joe auf und zog selbst an der Schot. Ich war ziemlich erschrocken, und ehe ich begriff, wie mir geschah, packte er mich an der Hose und beförderte mich ins kalte Wasser.

Ich litt wahre Todesangst. Dann hörte ich ein lautes Platschen und spürte, wie eine Hand nach meiner Schwimmweste griff und mich zurück an Bord zog. Wir setzten die Regatta fort und wurden noch Zweiter. Auf dem Rückweg vom Hafen nach Hause forderte Joe mich auf, nichts von dem zu erzählen, was sich am Nachmittag zugetragen hatte. Während einer Wettfahrt verlor er mitunter schon mal die Beherrschung, aber er meinte es nie böse und war ein ausgezeichneter Segler und Schwimmer.[14]

Joes langer Schatten war einerseits eine Bürde, andererseits bot er die Möglichkeit, sich darin zu verstecken. Jack war weniger diszipliniert und sorgloser als sein Bruder, auch dessen Beschützerinstinkt ging ihm in jenen Jahren ab. Und was ihm an Zielstrebigkeit fehlte, glich er durch Humor aus. Joe schien schon früh für eine politische Karriere bestimmt zu sein, Jack hingegen schien für eine akademische oder künstlerische Laufbahn vorgezeichnet zu sein, etwa als Schriftsteller. Joe war bestens organisiert und erledigte Aufgaben gewissenhaft, gleich, ob er sie mochte oder nicht. Von Jack ließ sich das nicht behaupten, so Doris Kearns Goodwin. »Jack war zu Hause schlampig und in der Schule faul. Ausgenommen waren nur Dinge, die ihn wirklich interessierten.«[15]

Bilodeau erinnert sich:

> Es gab markante Unterschiede zwischen den beiden. Joe war ein heller Kopf, dem Dummheit zuwider war. Er ertrug keine Leute um sich, die nicht schnell begriffen. Mittelmaß stieß ihn ab. Jack war gar nicht so anders, aber er war flexibler und anpassungsfähiger. Und für Menschen, die nicht so schnell schalteten wie er, schien er mehr Verständnis zu haben. Das ermöglichte ihm, auch weniger intelligente Menschen für sich zu gewinnen. Hätte er auf Dummheit so reagiert wie sein Bruder, wäre ihm das nie gelungen.[16]

Mit jedem Jahr, das sie älter wurden, bildete sich auch die Persönlichkeit der beiden Brüder weiter heraus. Ein Biograf beschreibt die Entwicklung wie folgt:

> Weil die Eltern oft nicht da waren, musste Joe immer wieder als Ersatzvater, Vorbild und Familienoberhaupt herhalten. Jack hingegen fungierte eher als unabhängiger Beobachter, der in das Geschehen nicht nur eingebunden war, sondern es zugleich auch analysierte und kommentierte. Bobby war der überzeugte Messdiener, der jeden Zentimeter Boden, den er sich erkämpft hatte, mit messianischem Eifer verteidigte. Und Ted schließlich nahm die Dinge so, wie sie kamen. Kurz gesagt war Joe jun. der Kopf der Familie, Jack der Verstand, Bobby die Seele und

Ted das Lachen ... Joe sen. erwartete von allen vier Söhnen, dass sie im Laufe ihres Lebens Präsident der Vereinigten Staaten werden würden. Die Aussicht, die Adams ausstechen zu können, freute ihn diebisch. Schließlich hatten die nur zwei Präsidenten hervorgebracht.[17]

Dass mit den Töchtern auch die Frauen in solchen Überlegungen vorkommen, sollte noch einige Jahrzehnte dauern.

Durch die Kontakte der Kinder kamen auch viele Menschen ins Haus, die nicht zur Familie gehörten, darunter manche, die lebenslange Freunde werden sollten. Andere merkten schnell, dass sie nicht zur Familie oder zu dem hohen Tempo passten, das sie anschlug. Joe jun. führte die Sitte ein, Freunde aus dem Internat für mitunter längere Besuche mitzubringen, seine Geschwister nahmen sich daran ein Beispiel und taten es ihm gleich. Den Eltern war es recht, weil sie die Kinder so unter Aufsicht hatten, wobei Joe sen. deren Freunde oft ignorierte. Wenn die versuchten, sich bei den meist recht turbulent verlaufenden Abendessen am Gespräch zu beteiligen, wurde ihnen dezent deutlich gemacht, dass das nicht erwünscht war. Joe sen. tat regelmäßig so, als hätte er sie gar nicht gehört.

Laut vielen dieser Freunde drehten sich die Gespräche sehr oft um das Thema Segeln. Bilodeau, Joes gewichtiger Klassenkamerad, durfte erleben, dass Joe und Jack sich mitunter um ihn stritten. »Bei mehr Wind wollten mich beide gern an Bord haben ... Einmal fuhren wir auf die Ziellinie zu, als der Wind nachließ. Weil das Boot immer langsamer wurde, drehte sich Jack zu mir und sagte: ›Spring über Bord, Mann. Mit dir sind wir viel zu schwer.‹ Ziemlich weit weg von der Küste bin ich also ins Wasser gesprungen, und er hat die Wettfahrt tatsächlich gewonnen.«[18]

Natürlich war mehr Gewicht an Bord bei viel Wind von Vorteil, aber grundsätzlich musste man weder besonders schwer sein noch sonderlich viel Kraft mitbringen, um die *Victura* unter Wettbewerbsbedingungen erfolgreich zu segeln, was Jack zum Vorteil gereichte. Wichtiger waren strategisches Denken und technisches Geschick. Ein gut eingespieltes Team war Gold wert, wovon auf Umwegen noch das Beispiel Bilodeaus zeugt. Regattasegler müssen ihr Schiff verstehen und die Einflüsse, denen es ausgesetzt ist, beherrschen, als da wären Windgeschwindigkeit, Windrichtung, Böen, Strömung und Wellen. Bei Leichtwind müssen sie viel Gefühl für die Ruderstellung und das Trimmen der Segel aufbringen. Das alles kam Jack zupass.

Robert Kennedys Sohn Christopher, Jahrgang 1963, segelt die neue *Victura*, die sich im Besitz der Familie befindet und noch zu den alten Wianno Seniors aus Holz gehört. Chris berichtet von den zahllosen Details, die zu bedenken sind. Für Laien kommt die Schwierigkeit hinzu, die vielen Fachausdrücke zu verstehen.

> Der Mast lässt sich nach vorn trimmen, indem man einen der Keile aus dem Decksdurchlass nimmt, das Vorstag etwas dichtholt und die Wanten etwas löst … Man kann auch das ganze Rigg oder nur die Gaffel etwas höher holen, den Niederholer und das Piekfall durchsetzen, den Unterliekstrecker dicht nehmen, das Piekfall oder die Liekleinen etwas fieren, Ausholer, Einholer, Gordings, Geien, Toppnanten und den Holepunkt der Schot verändern – und so weiter und so fort. Und noch war nicht von der Fock die Rede, die am Vorstag angeschlagen wird und auch getrimmt werden kann …
>
> Die Möglichkeiten, den Trimm eines Bootes zu verändern, sind schier unendlich, und unablässig versucht man,

irgendetwas zu verbessern. Schon wegen der vielen Winddreher da draußen. Man kann eine Wettfahrt schon fast verloren haben, und dann kommt ein Winddreher und begünstigt all die Boote, die sich ihren eigenen Kurs gesucht haben und nicht dem Führenden hinterhergefahren sind.[19]

Dank seiner schnellen Auffassungsgabe konnte sich Jack auf den täglichen Ausfahrten mit der *Victura* schnell mit deren Tücken vertraut machen. Seine vielleicht spektakulärste Wettfahrt begann mit der Entscheidung, der *Victura* eine neue Pinne aus Mahagoni zu spendieren. Obwohl noch ein Teenager, war er durchaus in der Lage, ein entsprechendes Stück Holz so präzise auszusägen und zu formen, dass sich das Ruder damit präziser bedienen ließ. Und nach getaner Arbeit war Jack nicht bereit, sich vom Wetter aufhalten zu lassen. J. Julius Fanta hat die Ereignisse dieses Tages 1968 beschrieben. Möglicherweise hat sich nicht alles haargenau so abgespielt, aber der zeitliche Abstand war gering genug, um seine Schilderung glaubhaft zu machen.

Die Wochen vor dem besagten Tag waren heiß und windstill gewesen – für jeden Segler und die Menschen vom Nantucket Sound eine Qual. Doch mit dem Ende des Sommers zog auch Wind von einer Heftigkeit heran, die es ratsam erscheinen ließ, den Hafen von Hyannis Port zumindest mit kleineren Booten nicht mehr zu verlassen. Als Jack und seine Altersgenossen dort erschienen, um die geplante Wettfahrt anzutreten, fanden sie einen Aushang mit der unmissverständlichen Botschaft vor: »Heute keine Regatta«. Das allerdings hieß auch, dass keine Wettfahrtleitung darüber wachte, dass das Verbot tatsächlich eingehalten wurde. Doch weil der Wind in der Takelage pfiff und die Wellenköpfe weiß von Schaum waren, waren Joe jun. und die anderen jungen Segler durchaus gewillt, sich zu fügen, und traten den Rückweg an.

»Und was macht ihr, wenn es mal richtig weht?«, fragte Jack provozierend. »Wenn die offizielle Regatta ausfällt, können wir doch ein privates Rennen veranstalten.«

Als Ältester und wohl auch Vernünftigster in der Runde fühlte Joe sich verantwortlich und widersprach vehement: »Macht bloß keinen Quatsch.«

»Wir sind schon bei schlechterem Wetter gesegelt«, lautete die Antwort seines Bruders. »Außerdem sind wir keine Memmen.«

Nicht alle in der Meute waren offenbar bereit, dem Leitwolf zu folgen. Sechs Boote wurden klar zum Segeln gemacht. Jack baute noch rasch die neue Pinne aus Mahagoni ein. Die alte landete unter Deck. Die anderen überlegten derweil, ob sie die Segel reffen sollten, um die Segelfläche zu verkleinern. Bei Wind ab einer Stärke von etwa sechs Beaufort neigt eine übertakelte Wianno Senior dazu, so sehr zu krängen, dass die Bootsgeschwindigkeit drastisch abnimmt, die Angst der Besatzung hingegen umgekehrt proportional zunimmt, weil eine einzige Bö bewirken kann, dass sich das Boot flach aufs Wasser legt. Die Wianno Senior ist so konstruiert, dass sie sich auch dann wieder aufrichtet, aber schon bei mäßigem Wind wird die Besatzung schnell nass. Und bei Wellenhöhen wie an jenem Tag standen den jungen Seglern ein langer und feuchter Kampf an den Schoten und nervenaufreibende Momente bevor, wenn die Böen das Boot auf die Seite drückten. Bei diesen Bedingungen unter Vollzeug loszusegeln, war kühn, und trotzdem entschieden sich manche Crews dazu. Jack hingegen war klug genug, das Großsegel zu reffen, indem er das Fall löste, das Segel ein Stück herunterließ, es am Baum befestigte und dann das Segel wieder durchsetzte.

Verhielten sich Pferde beim Start eines Rennens wie Segelboote, würden sie mehrere Minuten lang vor der Startlinie auf und ab galoppieren und nach der besten Position suchen, um dann, wenn das Startsignal endlich ertönt, nach vorn zu drängen und das Rennen möglichst als Führender aufzunehmen. Um in diese Position zu kommen, kreuzte Jack vor der Startlinie entlang, näherte sich ihr und entfernte sich wieder, holte und fierte die Großschot, um das Boot zu beschleunigen oder Tempo herauszunehmen, damit das Timing bis zum Überqueren der Linie auch ja stimmte. »Halsen« nennt man das Manöver, bei dem ein Segelboot mit dem Heck durch den Wind dreht. Dabei drängt der Baum mit vollem Winddruck auf die andere Seite, weshalb sich die Besatzung bücken muss, will sie nicht am Kopf getroffen werden. Sogenannte Patenthalsen, die einem unfreiwillig unterlaufen, können sehr schmerzhaft enden, und im Durcheinander vor dem Start kann viel passieren.

»Gefährlich werden kann es mitunter auch dann, wenn ein benachbartes Boot halst«, schreibt Richard Ulian und nennt als Begründung, dass die Wianno Senior einen vergleichsweise langen Baum hat. »Dieser Baum befindet sich nur knapp über dem Cockpit. Bereitet sich eine Crew auf eine Halse vor, kann die Crew im Boot nebenan gerade mit etwas ganz anderem beschäftigt sein, dem fraglichen Boot den Rücken zudrehen und die herannahende Gefahr nicht einmal erkennen. Ich habe selbst erlebt, dass Segler auf diese Weise k. o. geschlagen und erheblich verletzt wurden.«[20]

Wenn sich mehrere Boote bei Höchstgeschwindigkeit vor der Startlinie drängen oder im Zickzack an ihr entlangsegeln, besteht natürlich immer auch die Gefahr eines Zusammenstoßes. Um das zu vermeiden, muss man die Ausweichregeln im Schlaf beherrschen und anwenden können. Doch manchmal taucht ein vorfahrtberechtigtes Boot unvermittelt vor einem auf, weil es vom eigenen Segel verdeckt war.

Unterdessen versuchte Jack sich auf die Wetterbedingungen einzustellen. Wann immer die Situation es zuließ, warf er einen

Blick ins Segel, prüfte die Trimmung und vergewisserte sich, dass alle Leinen klariert waren. Dabei verlor er für einen Moment die Konzentration, und sein Boot sprang noch vor dem Startschuss über die Startlinie. »Ree!«, rief er seiner Besatzung zu und leitete augenblicklich eine Wende ein, um hinter die Linie zurückzufahren.

Das abrupte Manöver, eine Bö, eine Welle – es gab einen Schlag, und Jack hielt seine neue Pinne in der Hand, die sich vom Ruderkopf gelöst hatte. Das steuerlos gewordene Boot drehte sich in den Wind und blieb stehen. Während die Konkurrenten das Rennen aufnahmen, wurde die *Victura* zum Spielball der Wellen, die Segel machten einen ohrenbetäubenden Lärm, der Baum schlug wild hin und her. »Ich dachte, du wolltest segeln«, rief einer der Rivalen unter Hinweis auf die großen Worte, die Jack im Hafen geführt hatte. Durch die Bootsbewegungen wurde das Ruderblatt hin und her gedrückt. Entsprechend schwer fiel es Jack, die Reste der neuen Pinne auszubauen. Noch schwerer war es, die alte wieder einzubauen, denn der Ruderkopf wollte partout nicht stillhalten. Der Lärm der Segel stachelte seine Wut an, aber noch hatte er sich unter Kontrolle. Immerhin hatte er Glück im Unglück gehabt, denn welcher Segler hat schon eine Ersatzpinne an Bord! Es dauerte allerdings eine halbe Ewigkeit, bis sie montiert war.

Endlich war wieder Druck auf dem Ruder, und das Boot ließ sich wieder steuern. Jack brachte es auf Kurs, ließ die Schoten dichtholen und überquerte die Startlinie. Der Lärm war verstummt, die Segel standen und zogen die *Victura* vorwärts. Die anderen Boote hatten die erste Kreuz schon zur Hälfte absolviert. Jack nahm die Verfolgung auf und peitschte die *Victura* durch die Wellen, doch sein Boot antwortete darauf mit zunehmender Luvgierigkeit, also der Tendenz, den Bug in den Wind zu drehen. Diese Tendenz musste Jack mit dem Ruder ausgleichen, wodurch sich aber die Geschwindigkeit reduzierte. Die Fahrt glich einer Mischung aus Achterbahn und dem Ritt auf einem Bullen. Die Crew machte sich lang und lehnte sich, so weit es irgend ging, hinaus, um die Krängung zu verringern und das Boot schneller zu machen. Jack bemühte sich derweil nach Kräften, Kurs zu halten und darauf zu achten, dass die Trimmfäden in den Segeln waagerecht standen, was für ihre optimale Anströmung sprach. Das leise Brummen des Rumpfes, das durch Vibrationen bei höherer Geschwindigkeit entsteht, verriet ihm, dass sein Versuch von Erfolg gekrönt war.

Kurz nach der ersten Wendemarke hatte er den Vorletzten eingeholt. Damit war er schon Fünfter. Selbst bei idealen Bedingungen wird eine Jacht wie die Wianno Senior nicht schneller, als ein Mensch laufen kann, doch wenn bei einem Wetter, wie es an diesem Tag herrschte, das Salzwasser auf die Haut klatscht und brennt, die Wellen über dem Bug zusammenschlagen und die Gischt von den Segeln tropft, fühlt man sich wie ein Rennfahrer. Wenn man dann langsam an seinem Kontrahenten vorbeizieht, der unter den Bedingungen mindestens so sehr leidet wie man selbst, kommt man ihm nahe genug, um die Hilflosigkeit in seinen Augen zu erkennen. An diesem Tag empfand Jack es als Genugtuung.

Er überholte erst den einen, dann den Nächsten, die Arme brannten vom Kampf gegen den Ruderdruck. Schließlich zog er mit dem Zweitplatzierten gleich. Der Führende war außer Reichweite, und Führender war sein Bruder Joe, der beste Segler aus ihrem Kreis. Das Wetter wurde nicht besser, sondern schlechter. Als er sich gerade auf Platz zwei vorschieben wollte, wurden beide Boote von einer schweren Bö erfasst. Jack hörte Schreie, und aus dem Augenwinkel sah er, wie sich das Boot der Rivalen auf die Seite legte und die Crew über Bord ging. Im selben Moment hörte Jack ein lautes Krachen. Die Pinne war es dieses Mal nicht. Das Geräusch war von oben gekommen. Jacks erster Gedanke war: Steht der Mast noch? Er lehnte sich zurück, um nach oben zu schauen. Nicht der Mast, aber die Gaffel, die das Großsegel halten soll, war in zwei Teile zerbrochen. Die scharfen Bruchstellen schlugen gegen das viereckige Segel, das nur noch an drei Ecken hing. Leinen baumelten dort, wo sie nicht hingehörten.

Die schiffbrüchige Crew wurde von einem Boot geborgen, das die Wettfahrtleitung für den Fall der Fälle seeklar gehalten hatte. Glück gehabt! Jack musste sich entscheiden, ob er auf die Gefahr hin, das Segel der *Victura* zu ruinieren, weitersegeln oder aber das Rennen abbrechen wollte. Der Wind hatte noch einmal zugelegt, das Risiko wurde nicht kleiner. Andererseits sah Jack die Chance, die Wettfahrt doch noch zu gewinnen, weil sich die geringere Segelfläche unter den herrschenden Bedingungen als Vorteil erweisen konnte. Joe hatte erkennbar zu kämpfen, um das Boot auf Kurs und die Krängung in vertretbarem Rahmen zu halten. Ständig schlugen Brecher ins Cockpit. Die *Victura* lag zwar zurück, aber bis zur Ziellinie war es noch weit genug, um Joe einzuholen.

Diese Chance wollte Jack sich nicht entgehen lassen. Auch wenn es wenig elegant aussah, nahm er mit dem Rest seines Segels die Verfolgung auf. Und weil sein Boot aufrechter segelte als das von Joe, kam er ihm allmählich näher. Mal konnte Jack den Vorsprung verkleinern, dann wieder Joe ihn vergrößern, mal führte Jack knapp, mal Joe. Um eine Entscheidung zu erzwingen, versuchten sie es mit verschiedenen Taktiken. An der Ziellinie lag Jack mit einer halben Bootslänge vorn. Auch wenn Joe verloren hatte, war er in diesem Augenblick auf seinen kleinen Bruder ziemlich stolz.[21]

Familienbande

1930 wurden Joe und Jack, die beiden ältesten Söhne, fünfzehn beziehungsweise dreizehn Jahre alt. Ted, der jüngste Sohn, kam erst 1932 zur Welt. Die Vorkriegssommer am Kap waren also prägend für eine Kennedy-Generation, die in den 1940er-Jahren viele Schicksalsschläge erlitt. Diejenigen, die sie überlebten, nahmen einen Werdegang, der sie dazu prädestinierte, die zweite Hälfte des Jahrhunderts nicht nur in den Vereinigten Staaten von Amerika zu prägen. Von den neun Kennedy-Kindern wurde eines Präsident der USA, eines Justizminister und Senator, ein weiteres brachte es zum viertdienstältesten Senator in der amerikanischen Geschichte. Drei Kinder, darunter zwei Töchter, wurden mit der Freiheitsmedaille des Präsidenten ausgezeichnet. Eine Tochter trug erheblich dazu bei, dass sich rund um den Globus das Denken und Handeln gegenüber Menschen mit Behinderung von Grund auf änderte. Eine andere Tochter war als Botschafterin der USA in Irland maßgeblich daran beteiligt, dass der Konflikt in Nordirland friedlich beigelegt werden konnte. Die nach Rosemary älteste Tochter heiratete den ältesten Sohn und designierten Nachfolger eines britischen Herzogs. Patricia ehelichte einen berühmten und einflussreichen Hollywood-Schauspieler. Und der älteste Sohn wurde postum mit dem Navy Cross ausgezeichnet, der höchsten Ehrung, die die Marine zu vergeben hat.

In der Geschichte kommt es immer mal wieder zu einer Konstellation von Ort, Zeit und Menschen, die dafür verantwortlich ist, dass etwas Außergewöhnliches entstehen kann. Hyannis Port in den 1930ern war nicht das Paris der 1920er-Jahre, als der Salon von Gertrude Stein zu einem Zentrum der künstlerischen Avantgarde wurde, und auch nicht Liverpool, wo sich in den späten 1950er-Jahren die Beatles gründeten. Die Kennedys waren vergleichsweise normale Kinder, die ihre Ferien regelmäßig am Strand verbrachten. Doch bedenkt man, was sich in dieser Zeit entwickelte und in späteren Jahren Geschichte machen sollte, muss man eine Kraft am Werk vermuten, die alles beeinflusste, was sie dachten, wonach sie strebten und was sie motivierte. Sie selbst meinten später, es sei der Einfluss des Vaters gewesen, und da ist sicherlich etwas dran. Doch auch die Geschwister werden dazu beigetragen haben. Und Hyannis Port mit seiner vom Wind gezeichneten Küste, dem Meer und den Segelbooten hat den Kennedys zeitlebens Maß und Orientierung gegeben. Jahr um Jahr und mit jedem neuen Kapitel, das die außergewöhnliche Familie schrieb – darunter heroische ebenso wie tragische –, kamen sie hierher zurück, um sich zu treffen und die Familienbande zu erneuern, an Land ebenso wie beim Segeln, vor allem mit der *Victura*.

Drittältestes Kind der Kennedys und zugleich die älteste Tochter war Rosemary, die siebzehn Monate jünger war als Jack. Schon als Kind zeigte sie Anzeichen einer Lernschwäche. Laufen lernte sie nur zögerlich, das Lesen fiel ihr schwer. Verschiedene Tests belegten, dass die Probleme nicht Faulheit oder Unlust geschuldet waren, sondern dass Rosemary an einer leichten geistigen Behinderung litt. Wie eine Diagnose heute ausfallen würde, darüber wird heftig gestritten. Seinerzeit aber war eine geistige Behinderung eine Erkrankung, über die, wie über den Krebs, nicht gesprochen wurde. Rosemarys Geschwister aber hielten zu ihr. In der Öffentlichkeit traten sie auf, als wäre alles in Ordnung, und weil sie so zahlreich waren, konnten sie gewährleisten, dass immer mindestens einer von ihnen bei Rosemary blieb. Sie wurde auch nicht vor der Öffentlichkeit versteckt, wie es andere Familien mit ihren behinderten Kindern praktizierten. Auf allen Familienfotos aus jenen Jahren ist Rosemary zu sehen, und sie begleitete ihre Geschwister auch auf Feste und Bälle, wo sie mit ihren Brüdern tanzte. Besonders intensiv kümmerte sich Eunice um ihre Schwester, spielte mit ihr und leistete ihr Gesellschaft. Vergleichsweise wenig ist jedoch von ihren Aufenthalten in Hyannis Port bekannt, was in erster Linie daran liegen dürfte, dass von ihr im Gegensatz zu ihren Geschwistern so gut wie keine Erfolge, Auszeichnungen und sportlichen Triumphe überliefert sind.

In den 1930er-Jahren gesellten sich zu Rosemarys kognitiven Schwächen auch affektive Einschränkungen, die ihren Niederschlag vor allem in abrupten Stimmungswechseln fanden. Die Hirnforschung steckte damals noch in den Kinderschuhen, und so empfahlen die Ärzte eine präfrontale Lobotomie, bei der bestimmte Nervenbahnen im Gehirn durchtrennt werden. Heute gilt das als ebenso unnötig wie grausam, damals hingegen als der Weisheit letzter Schluss. Rosemary wurde 1941, im Alter von 23 Jahren, operiert. Der Eingriff misslang jedoch, die Patientin erlitt einen schweren Hirnschaden und war für den Rest ihres Lebens auf Hilfe angewiesen. Auch für andere Familienmitglieder war das eine Katastrophe, die schwer auf ihrem Gewissen lastete. Einige von ihnen nutzten ihre Popularität später, um auf das Los vor allem von geistig Behinderten aufmerksam zu machen. Rosemary war nicht mehr in der Lage, das öffentliche Ansehen ihrer Geschwister bewusst zu beeinflussen. Dafür beeinflusste sie unbewusst und nachhaltig deren Einstellung zu Behinderungen und Behinderten, was in den folgenden Jahrzehnten Konsequenzen für das Land, die ganze Welt haben sollte.

Auf Rosemary folgte Kathleen, genannt »Kick«, die zwar knapp drei Jahre jünger war als Jack, aber so aufgeweckt, dass der Altersunterschied der beiden Kinder nicht ins Gewicht fiel. Und da Rosemary der Rolle als älteste Schwester nicht gewachsen war, füllte Kick sie aus. Schon im Alter von dreizehn Jahren erregte sie so viel Aufmerksamkeit, dass sich ihre Eltern zunehmend Sorgen machten. Sie telefonierte unentwegt, war keine klassische Schönheit, aber sehr hübsch, und der strenge, konservative Stil der Schulkleidung machte sie eher noch begehrenswerter. Zumal die Jungen fühlten sich von der mit vornehmer Zurückhaltung gepaarten Natürlichkeit angezogen, und ihr anmutiges, zugleich selbstsicheres Auftreten verlieh ihr zusätzlich Attraktivität. Die schnelle Auffassungsgabe und ein scharfer Verstand machten es ihr vergleichsweise leicht, aus den attraktivsten Jungen die hellsten herauszupicken. Das Zeug, sie in Verlegenheit zu bringen, hatte ohnehin keiner von ihnen. Ihre Schlagfertigkeit war durch viele Wortgefechte mit Jack gestählt, und das Tempo, in dem sie eine Unterhaltung bestreiten konnte, drohte alle anderen zu überfordern. Wenn sie mit Jack in der Öffentlichkeit auftauchte, ergänzte sich ihre einnehmende Präsenz ideal mit seiner jugendlichen Scheu vor Fremden. »Jeder Freund, den Jack aus Harvard mit nach Hause brachte, hat sich in Kick verliebt«[1], heißt es in einem Buch über sie. Und ein Jugendfreund erinnert sich: »Sie hatte wahrscheinlich mehr Sex-Appeal als jedes andere Mädchen, dem ich in meinem Leben begegnet bin. Sie war nicht strahlend schön, aber ungeheuer attraktiv.«[2]

Dinah Bridge, die mit den Kennedys in London und Georgetown Kontakt hatte, sagt über Kick: »Das einzige Wort, das mir für sie einfällt, ist Sonnenschein. In ihrer Nähe herrschten gute Laune und Fröhlichkeit. Wenn sie in ein Zimmer kam, hellten sich die Mienen auf. So war einfach ihr Wesen.«[3]

Eunice, Jahrgang 1921, war vier Jahre jünger als Jack und litt unter ähnlichen, damals noch nicht diagnostizierten gesundheitlichen Problemen wie er, so auch unter der Addison-Krankheit und den entsprechenden Symptomen, als da wären Müdigkeit, Gewichtsverlust und Muskelschwäche. Trotzdem war sie eines der sportlichsten Mädchen der Familie und die beste Seglerin dazu. Auch einem oder zwei ihrer Brüder war sie auf dem Wasser überlegen, und mindestens ein Zeitungsartikel aus den 1930er-Jahren weiß von Regatten, bei denen sie gegen lauter männliche Konkurrenz vordere Plätze belegt hat.[4] Eunice stand Rosemary sehr nahe, achtete darauf, dass sie geistig aktiv blieb, auch wenn der intellektuelle Graben zwischen Rosemary und den Geschwistern immer größer wurde.[5] Mehr als ihre Schwestern hatte sie den Ehrgeiz, das, was sie machte, professionell zu machen. Dank ihrer Fähigkeit, sich in Rosemarys Situation einzufühlen, und ihrer ausgeprägten Persönlichkeit – von der sich später, unterstützt von ihren erfolgreichen Brüdern, das ganze Land überzeugen konnte – wirkte sie so nachhaltig auf das Verständnis der Amerikaner für geistige Behinderungen ein, dass manche Beobachter meinen, ihr Beitrag zu sozialer Gerechtigkeit könne es mit dem ihrer Brüder durchaus aufnehmen. Später wurde sie für ihr Engagement von Ronald Reagan mit der Freiheitsmedaille ausgezeichnet, der höchsten zivilen Ehrung, die das Land zu vergeben hat. Erhalten hat die auch ihr späterer Ehemann R. Sargent Shriver, erster Direktor des Friedenskorps und von Head Start, einem Programm zur Verbesserung der Bildungschancen von Kindern aus sozial schwachen Familien, sowie 1972 Kandidat der Demokraten für das Amt des Vizepräsidenten. Wäre Eunice in eine Welt hineingeboren worden, in der auch Frauen politische Karriere machen können, wer weiß, dann wäre sie vielleicht Präsidentin geworden.

Patricia gilt vielen als die schönste Kennedy-Tochter. Geboren wurde sie 1924, und es heißt, sie habe von Rosemary die aristokratische Aura übernommen. Auch sie war intelligent, elegant und sportlich, doch anders als ihren Geschwistern fehlten ihr zumindest in jungen Jahren der Elan und der Ehrgeiz, mit anderen in Wettbewerb zu treten. Ihre Mutter fürchtete bereits, Patricia könnte ihre Talente verschleudern und ihre Chancen verspielen.[6] Doch in den 1950er-Jahren, ihr Bruder Jack war erst seit zwei Jahren Senator, war sie bereits eine landesweite Berühmtheit – auch wenn die sich vor allem den Klatschspalten Hollywoods und der Heirat mit dem Schauspieler Peter Lawford verdankte. Eine ihrer Töchter nannten sie später mit zweitem Vornamen Frances, wohl zu Ehren von Frank Sinatra, mit dem Lawford befreundet war. Parallel zum politischen Aufstieg ihrer Brüder widmete sich Patricia ebenfalls dem Gemeinwohl und engagierte sich vor allem zugunsten geistig Behinderter und Suchtkranker.

Bobby Kennedy wurde 1925 geboren, zwischen ihm und Jack lagen mithin acht Jahre. Richtig kennengelernt haben sie sich daher vergleichsweise spät. Bobby war sein ganzes Leben lang ein leidenschaftlicher Segler, aber ihm fehlte der sportliche Ehrgeiz, der seine Brüder und seine Schwester Eunice auszeichnete. Er hatte überhaupt nur wenige Interessen und konnte sich schwer für etwas begeistern. Das änderte sich allerdings dramatisch, als Jack und er sich in die Politik stürzten. Weil er beim Spielen keine Angst kannte, verletzte sich Bobby als Kind sehr häufig. Daran änderte sich auch als Erwachsener nichts, denn Bobby hielt sich leidenschaftlich gern in der freien Natur auf und suchte dort eher das Abenteuer, als dass er es scheute.

Jean, geboren im Februar 1928, war ein stilles Kind, womöglich weil sie vom lautstarken und bestimmten Auftreten ihrer älteren Geschwister eingeschüchtert war. Doch auch noch Jahre später galt sie als schüchtern und zurückhaltend.[7] Gleichwohl schuf sie sich ihren eigenen Freundeskreis, und in ihrer Zeit als Studentin stellte sie ihren Brüdern Robert und Ted deren künftige Ehefrauen vor. Als Botschafterin in Irland während der Präsidentschaft Bill Clintons mischte sie sich in den dortigen Friedensprozess aktiver ein, als ein Diplomat alter Schule es je gewagt hätte. Sie gründete Very Special Arts, kurz VSA, eine Organisation, die in mittlerweile sechzig Ländern Bildungs- und Kunstprogramme für Behinderte anbietet. In seiner Laudatio zur Verleihung der Freiheitsmedaille erwähnte Präsident Obama dieses Engagement ausdrücklich. 2010, nachdem alle ihre Geschwister gestorben waren und sie als einziges Kennedy-Kind übrig geblieben war, gab sie zu Protokoll: »Meine Brüder und Schwestern waren meine besten Freunde.«[8]

Dass mit der Geburt von Jean die elterliche Familienplanung eigentlich abgeschlossen war, belegt der Name, den das neue Segelboot erhielt: *Tenovus*. Mit der Geburt von Ted im Jahr 1932 wurde aus den zehn Kennedys eine elfköpfige Familie. Zwischen Ted und seiner jüngsten Schwester Jean lagen vier Jahre, zwischen ihm und Joe jun. immerhin sechzehn Jahre. So nimmt es nicht wunder, dass der älteste Bruder für ihn eher eine Vaterfigur war, eine Rolle, die Joe jun. bereitwillig übernahm. Ted war ein molliges kleines Kerlchen, das ständig lachte, seinem großen Bruder zur Begrüßung in die Arme fiel und sich von ihm hochheben ließ. Seine 2009, wenige Wochen nach dem Tod des 77-Jährigen erschienenen Memoiren machen deutlich, wie sehr er das Segeln liebte. Ted, dessen Leben mitunter an eine Figur von Shakespeare erinnert, diente seinem Land fast ein halbes Jahrhundert lang als Senator. Nur drei Männer brachten es in der Geschichte der USA auf eine längere Amtszeit. Wegen seines Einflusses auch »Löwe des Senats« genannt, avancierte er zur liberalen Stimme Amerikas. Und kein Kennedy, nicht einmal Jack, der lange für das Familienboot verantwortlich war, hat mit so viel Begeisterung so viel Zeit an Bord der *Victura* verbracht wie Ted.

In den 1930er-Jahren war nicht erkennbar, welchen Weg die Kennedy-Kinder einmal einschlagen würden. Nach einem Jahr Studium in London schrieb sich Joe im Herbst 1934 in Harvard ein. Jack studierte kurz an der Londoner School of Economics und dann in Princeton. Aus Krankheitsgründen musste er das Studium unterbrechen und setzte es ab Herbst 1936 in Harvard fort. Von dort war es nicht weit nach Cape Cod, sodass die beiden Brüder regelmäßig nach Hyannis Port fahren konnten. Ein Studienfreund erinnert sich:

> Was mich an den Kennedys am meisten beeindruckt hat, waren der Zusammenhalt und die Zuneigung füreinander. Oft habe ich gesehen, dass Joe jun. oder Jack Bobby oder Teddy in ihre Arme schlossen, wie ein Vater es mit seinem Kind tut. Mit der gleichen Herzlichkeit begegneten sie auch ihren Schwestern, vor allem Kick, wie Kathleen als Kind gerufen wurde, und Eunice. Wenn sie ihren Bruder Joe während des Jurastudiums im Studentenwohnheim besuchte, machte er aus seiner Freude keinen Hehl, sondern zeigte sie offen. Das hat mich sehr beeindruckt.[9]

Als mit zunehmendem Alter die Rivalität zwischen Joe und Jack nachließ, musste sich Jack auch nicht mehr ständig mit seinem Bruder vergleichen. Weder besaß noch bemühte er sich um die Aura eines Anführers, für die sein Bruder bekannt war. Doch auch wenn er als Student weitaus weniger Ehrgeiz an den Tag legte als Joe, war er ihm in seinen intellektuellen Fähigkeiten doch überlegen. Beide hegten den Traum, Footballspieler zu werden, aber beide brachten es nicht weit, schon gar nicht der

Jüngere und Schwächlichere der beiden. Segeln war sicherlich kein Sport, mit dem man am College so populär werden konnte wie mit Football, aber da es in Harvard zum offiziellen Kanon gehörte, konnte man auch darin glänzen. Was die beiden Kennedy-Brüder weidlich nutzten.

Die Wianno Senior war am Südufer von Cape Cod zwar beliebt und verbreitet, an der übrigen Atlantikküste aber eher selten anzutreffen. Um sich als Regattasegler mit anderen messen zu können, mussten Joe und Jack also in eine andere Bootsklasse wechseln. Die Wahl fiel auf das Starboot, eine Einheitsklasse, die auch bei den Olympischen Spielen eingesetzt wurde. In den 1930er-Jahren erwarben Joe und Jack zwei Starboote, wobei das erste, die *Flash*, schon bald durch den Nachfolger ersetzt wurde, den Jack kurzerhand auf den Namen *Flash II* taufte. In den 1950er-Jahren segelte auch Robert ein Starboot. Doch das eigentliche Familienboot, an dem die Herzen der Kennedys hingen, war und blieb die Wianno Senior. Finanziell unterstützt von ihrem Vater, nahmen Joe und Jack mit dem Starboot an lokalen und regionalen Meisterschaften teil.[10] Meist saß Joe jun. an der Pinne. In einem Telegramm, das er 1934 an seinen Vater schrieb, heißt es: »Sind für Meisterschaft der Atlantikküste qualifiziert. Brauchen neue Segel. Preis 140 Dollar. Ist das okay? Geld erreicht uns über Western Union. In Liebe, Joe.«[11]

Im Sommer 1936, bevor er das Studium in Harvard aufnahm, beteiligte sich Jack als Skipper an einer Regattaserie entlang der Atlantikküste und gewann eine Wettfahrt. Auch hier konnte er auf väterliche Unterstützung zählen. Über Paul Murphy, einen Mitarbeiter seines Vaters, ließ er ihm die Bitte um »ein neues Vorsegel aus dünnem Tuch für mäßige Winde« zukommen. Zusammen mit der Anfrage übermittelte Murphy Joe sen. aber auch die hochtrabenden Pläne, die Jack für die bevorstehende Saison hatte, und ergänzte, dass ein sachkundiger Berater empfohlen habe, »nicht nur eine neue Fock zu kaufen, sondern lieber gleich einen kompletten Satz Segel. Schließlich stehen ja besondere Herausforderungen an, und wer an den Ausscheidungen für die Olympischen Spiele teilnehmen will, braucht vernünftige Segel.«[12] Und Edward Moore, der Privatsekretär von Joe sen., berichtete an Jacks Bruder Joe: »In Long Island hat sich Jack großartig geschlagen und ist mit 4,5 Minuten Vorsprung Erster geworden. Gestern hat er vor Wianno auch noch die Wettfahrt der Starboote gewonnen.« Moores Bericht enthielt aber nicht nur lobende Worte. »Gestern war ich am Kai in Wianno, als Jack von der Regattabahn zurückkam. Captain Billings stand am Heck des Starbootes, als Jack wendete. Der Captain wurde irgendwo zwischen Hintern und Knöchel vom Baum getroffen und ging über Bord. Erst als er wieder aufgetaucht war und laut rief, bekam Jack es überhaupt mit.«[13] Der Pokal, den Jack für den Sieg bei der Starbootregatta auf dem Nantucket Sound in jenem Jahr gewonnen hat, steht heute im John F. Kennedy Presidential Library and Museum neben einem Pokal des Hyannis Port Yacht Club für den Sieg mit der *Victura* bei einer Wettfahrt nach Edgartown.

Da Joe jun. und Jack ab 1936 beide in Harvard waren, konnten sie in der Folge auch öfter gemeinsam segeln. Was sie mit einigem Erfolg auch taten. Hauptereignis der Saison 1938 war der McMillan Cup, bei dem sich das Harvard-Boot neun Konkurrenten stellen musste, darunter die favorisierten Teams von den Colleges Williams und Dartmouth. Beim McMillan Cup treten regelmäßig einige der weltweit besten Nachwuchssegler an. Für Williams segelte in jenem Jahr beispielsweise Bob Bavier, der 1964 mit der *Constellation* erfolgreich den America's Cup verteidigte. Dieses Kunststück gelang Bus Mosbacher, der Dartmouth bis 1943 zu insgesamt zwei Siegen geführt hatte, gleich zweimal, 1962 und 1967, beim ersten Mal unter den Augen von

Präsident Kennedy, der den America's Cup vom Deck der USS *Joseph P. Kennedy Jr.* aus verfolgte.

Trotz der starken Konkurrenz konnte Harvard den Sieg davontragen. In der *New York Times* klang das so: »Die purpurfarben gekleideten Skipper aus Harvard lieferten den Favoriten vom Williams College ein Kopf-an-Kopf-Rennen, das von Taktik geprägt war ... Gesteuert wurden die Boote von zwei Jungen aus Wianno, Jack und Joe Kennedy, den Söhnen des Botschafters Joseph P. Kennedy, und von Loring Reed aus Marion, Massachusetts.«[14] Der Biograf von Joe jun. behauptet, dass der Anteil der Kennedy-Brüder an diesem Sieg überschätzt wird, aber im Jahr 1940 äußerte James Rousmaniere, der Kapitän des Segelteams, die Ansicht, dass es Jack und Reed waren, die Harvard den Sieg bei den Wettfahrten von 1938 bescherten.

In fast allen Berichten über diese Regatta wird jedoch verschwiegen, dass die Kennedys gegenüber ihren Konkurrenten zwei erhebliche Vorteile hatten. Zum einen fand die Regatta unter Leitung des Wianno Yacht Club auf dem Nantucket Sound und damit auf jenem Gewässer statt, auf dem die Kennedys das Segeln gelernt hatten. Damit nicht genug, fiel die Wahl des Bootstyps auf die Wianno Senior.[15]

In Harvard betrieb Jack eine weitere Sportart, und die hat ebenfalls mit dem Wasser zu tun. Am Kap hatte er nicht nur Schwimmunterricht bekommen, sondern wie seine Geschwister beim Segeln auch jede sich bietende Gelegenheit genutzt, über Bord zu springen und im Wasser herumzutollen. So war aus ihm mit den Jahren ein ausgezeichneter Schwimmer geworden. Für das Schwimmteam von Harvard trat er beim Rückenschwimmen an, und schon im ersten Jahr trug er dazu bei, dass sein Team gegen Dartmouth im Staffelrennen über 300 Yards gewann. Sein Trainer nannte ihn einen »feinen Kerl, zwar zartbesaitet und nicht sonderlich stark, aber einer, der immer alles gibt«. Wie so oft in der Vergangenheit machte ihm 1937 seine Krankheit einen Strich durch die Rechnung – ausgerechnet kurz vor einem sportlichen Vergleich mit Yale. Zwar half ihm ein Freund mehrmals, sich aus dem Krankenhaus zu stehlen, um in der Schwimmhalle zu trainieren, doch um seinem Team tatsächlich zu helfen, war seine Konstitution zu schwach.[16]

Für Joe, Jack und Kathleen war der Schritt ans College und ins Erwachsenendasein noch recht groß gewesen, weil sie bis dahin nur die idyllischen Internate Neuenglands und die sorglosen Sommer am Kap gekannt hatten. Die jüngeren Kennedy-Kinder wuchsen nicht gar so in Watte gepackt und schließlich sogar in Kriegszeiten auf. Der geschäftliche Erfolg ihres Vaters verschonte sie zwar vor den Folgen der Wirtschaftskrise, doch sein politisches Engagement und seine Unterstützung von Präsident Franklin Roosevelt brachten es mit sich, dass sie die politischen Umwälzungen, die sich in Europa zutrugen, sehr genau mitbekamen. Anfang 1938 schickte Roosevelt Joe sen. als Botschafter nach London. Noch im Frühjahr folgten ihm Rose, die achtzehnjährige Kick und die vier jüngeren Geschwister nach Europa. Kick begann ein Studium am Queen's College, während Joe und Jack in Harvard blieben. Joe machte seinen Abschluss im Juni, etwa zur selben Zeit reiste Jack nach London, um den Sommer über bei seinem Vater in der Botschaft zu arbeiten. So hatte er Gelegenheit, das aufregende gesellschaftliche Leben kennenzulernen, das mit den Botschaftern auch deren erwachsene Kinder teilen durften. Die *Victura* wurde derweil von Freunden gesegelt. Bei einer Regatta konnte sich der Hyannis Port Yacht Club gegen den von Wianno durchsetzen, die *Victura* gewann beide Wettfahrten. Vormittags saß ein gewisser »F. Syme« an der Pinne, nachmittags hieß der Skipper »J. Whitehead«.[17]

In den Vorkriegsjahren pendelten die Kennedys zwischen London, Kontinentaleuropa, New York und Massachusetts. Joe, Jack und Kick waren noch solo und entsprechend begehrt. In einer Zeit, als die Augen der Welt auf Europa und den nahenden Krieg gerichtet waren, strahlte ein Teil der Popularität des dortigen amerikanischen Botschafters auf seine Kinder ab. Zwar waren die drei fünf Jahre auseinander, aber allesamt alt genug, um auszugehen und sich mit Vertretern des jeweils anderen Geschlechts zu treffen. Sie gaben aufeinander acht und erfreuten sich ihrer Beliebtheit in der gehobenen Londoner Gesellschaft – alles unter der dunklen Wolke des heraufziehenden Krieges und des fernen Klanges der »Knobelbecher«, die in Deutschland, Österreich, der Tschechoslowakei und in Italien aufmarschierten. Über den Sommer 1938 notierte Jack später: »Man hatte das Gefühl, dass eine Ära endet, und alle waren darauf erpicht, sich dieses Ende so angenehm wie möglich zu machen.«[18]

Im Herbst 1938 belegte Jack in Harvard einige Zusatzkurse, weil er im Frühjahr darauf ein Urlaubssemester einlegen und nach Europa reisen wollte, um in mehreren Hauptstädten des Kontinents für seine Doktorarbeit zu recherchieren. Diese Studienreise beschleunigte offenbar das Ende der Beziehung zu seiner ersten festen Freundin Frances Ann Cannon, der Tochter eines bekannten Textilfabrikanten. Kaum hatte er New York an Bord der SS *Queen Mary* verlassen, erreichte ihn ein Telegramm von ihr, datiert auf den 25. Februar 1939: »MEINE STIMME IST IN TRÄNEN ERSTICKT. STATT LANGER ABSCHIEDSWORTE SAGE ICH NUR, PASS AUF DICH AUF UND LEBE WOHL! ICH LIEBE DICH, FRANCES ANN.«[19] Nur vierzehn Monate später war Jack zu Gast auf ihrer Hochzeit mit John Hersey, einem 26-jährigen Journalisten, dessen Weg sich mit dem von Jack schon bald erneut kreuzen sollte. Hersey gilt als Begründer eines Journalismus, der sich für Reportagen und

Dokumentationen Techniken des Romans und der Novelle bedient.

Jacks Reise führte ihn zunächst nach Danzig, Warschau, Leningrad, Moskau, Kiew, Bukarest, in die Türkei, nach Jerusalem, Beirut, Damaskus und Athen. Dank der Kontakte seines Vaters empfingen ihn dort hochrangige Diplomaten und andere Regierungsvertreter, was seine Arbeit sehr beförderte. Im Sommer 1939 bereiste er England, Frankreich, Deutschland, Italien und fuhr auch in das von den Nazis besetzte Prag, mithin an Orte, in denen sich das weltgeschichtliche Drama des 20. Jahrhunderts deutlich abzeichnete. Doch trotz der zugespitzten Lage genoss Jack die Reise und die vielen sozialen Kontakte.

Während des besagten Sommers fuhren Joe jun. und Kick nach Spanien. Kick erinnert sich: »Erst auf dieser Reise im Sommer 1939, drei Monate nach dem Ende des Bürgerkrieges, hat er begriffen, dass eine kleine Schwester auch eine prima Kameradin sein kann. Wir hatten wirklich viel Spaß. Und immer wenn mir die Spanier erzählten, wie sich Joe, der einzige Amerikaner, der beim grausamen und blutigen Kampf um Madrid in der Stadt war, durch die Straßen bewegt hat, musste ich denken, wie mutig er doch ist.«[20]

Im September 1939 überfiel Hitlerdeutschland Polen, und damit endete auch die Rundreise der jungen Kennedys. England erklärte Deutschland den Krieg, und Joe jun., Jack und Kick begleiteten ihre Eltern ins Parlament, wo Premierminister Neville Chamberlain den Abgeordneten den Wortlaut seiner Kriegserklärung erläuterte. Anschließend rief Joe sen. Präsident Roosevelt an und sagte: »Es ist das Ende der Welt ... das Ende von allem.«[21]

Jack ging zurück nach Harvard, um seine Doktorarbeit zu beenden. Dank der Unterstützung seines Vaters hatte er in Europa umfangreiches Material zusammentragen können, das er nun zu einer Dissertation mit 148 Seiten und dem Titel *Appeasement at Munich* verarbeitete. Darin geht er der Frage nach, weshalb es England nicht gelungen war, nur wenige Jahre nach dem Ende des Ersten Weltkriegs einen erneuten Waffengang zu vermeiden, und zeigt auf, wie die demokratischen Institutionen des Landes eine Reaktion auf Hitlers Aggressionen wenn nicht verhinderten, so doch verzögerten. Auch wenn die Arbeit in Harvard selbst nur mit gut – und nicht mit sehr gut – bewertet wurde, war Jack entschlossen, sie als Buch herauszubringen. Schließlich beurteilte die Note die akademische Leistung der Arbeit, nicht die Verkaufschancen. Jack konnte ein Buch zu einem Thema vorlegen, das den Amerikanern unter den Nägeln brannte, und der Autor war der Sohn eines Botschafters, der die Entwicklung am Ort des Geschehens als Augenzeuge erlebt hatte. Das Buch erschien 1940 unter dem Titel *Why England Slept* – eine ziemlich unverhohlene Anspielung auf ein Buch von Winston Churchill, das zwei Jahre zuvor herausgekommen war und den Titel trug: *While England Slept*. Jack nutzte jede Gelegenheit, um im Radio oder in Zeitungen für das Buch zu werben, und tatsächlich wurde es zu einem Bestseller. Der Autor war gerade erst 23 Jahre alt.

Das Buch erschien zur rechten Zeit. Im Mai 1940 mussten 328 000 britische und französische Soldaten, die von den Deutschen eingekesselt waren, in einer waghalsigen Aktion aus Dünkirchen evakuiert werden. Am 4. Juni hielt Winston Churchill vor dem britischen Unterhaus eine der denkwürdigsten Reden des gesamten Jahrhunderts, in der er erklärte: »Wir werden an den Stränden kämpfen, wir werden im Flachwasser kämpfen, wir werden auf den Feldern und in den Straßen kämpfen, wir werden auf den Anhöhen kämpfen, und wir werden uns niemals ergeben.«[22] Wenige Tage darauf marschierten die Nazis in Paris ein.

In Hyannis Port hingegen ging im Sommer 1940 alles seinen gewohnten Gang, zumindest an der Oberfläche. Die zurückliegenden Sommer hatten die Kennedys in England und auf dem europäischen Kontinent verbracht, und außer Joe sen. waren die meisten Familienmitglieder nun zurück, darunter auch Joe jun., Jack und Kick. Nach reiflicher Überlegung strickte Joe jun. an seiner politischen Karriere, die 1940 mit der Wahl zum Delegierten auf dem Demokratischen Parteitag in Chicago begann.

Die letzten Vorkriegssommer am Kap läuteten einen neuen Abschnitt im Leben der Kennedys ein, der sie von anderen Familien unterschied, denn plötzlich begannen sich die Klatschreporter und Paparazzi, wie sie heute heißen, für die Familienmitglieder und deren Liebesleben zu interessieren. Man sollte nicht verkennen, wie sehr etwa das Magazin *Life* das Image der Kennedys mitgeprägt hat. Mehr als einmal diente die *Victura* dabei als Blickfang. Einer der Fotografen, die sich im Auftrag von *Life* häufiger in Hyannis Port aufhielten, war Alfred Eisenstaedt, den viele für den bedeutendsten Pressefotografen der Geschichte halten. Er hatte schon das Treffen von Hitler und Mussolini im Jahr 1934 fotografiert und 1933 den entgeisterten Gesichtsausdruck festgehalten, mit dem Joseph Goebbels darauf reagierte, dass der Fotograf, der ihn ablichtete, Jude war. Von Eisenstaedt stammen aber auch berühmte Porträts von Einstein, Oppenheimer, Hemingway und Marilyn Monroe, von Jackie Kennedy als First Lady und vor allem jenes berühmte Bild, das einen Matrosen zeigt, der am Tag der japanischen Kapitulation am Times Square in New York eine Krankenschwester küsst. 1940 stellte er sich mitten auf dem Nantucket Sound an den Bug der *Victura*, um mit seiner Leica die entzückende Familie des Botschafters Kennedy abzulichten. An der Pinne saß bei dieser Aufnahme Joe jun., an seiner Seite Rose, das Haar unter einem Kopftuch verborgen, und Bobby bediente die Großschot. Ebenfalls an Bord waren drei Schwestern sowie Ted, damals noch ein kleines, pummeliges Kind.

Joe jun., Jack und Kathleen waren zu dieser Zeit bereits vielversprechende Begabungen, die schon manch Außergewöhnliches erreicht hatten und zu denen die kleinen Geschwister aufsehen konnten. Vielfach wurden sie als Goldenes Trio bezeichnet. Einer, der sie in jenem Sommer am Kap besucht hat, schreibt ehrfürchtig:

> Ich war von ihnen fasziniert. Jack signierte Exemplare von *Why England Slept*, während ihm Großvater Fitzgerald einen längeren Zeitungsbericht vorlas und Joe jun. gleichzeitig eine Anekdote zum Besten gab, die ihm in Russland widerfahren war. Mrs Kennedy telefonierte derweil mit Kardinal Spellman. Eine große und überaus attraktive junge Frau, die ein Sweatshirt und eine Latzhose trug, erwies sich als Pat, die schilderte, wie eine deutsche Messerschmitt unweit ihres Londoner Hauses abgestürzt war. Bobby suchte derweil dringend jemanden, mit dem er spielen konnte. Ohne dass ich wusste, wie mir geschah, wurden zwei Mannschaften gebildet, die beim Touch-Football gegeneinander antreten sollten. In all dem Durcheinander rief Kathleen ihrem Team, zu dem auch ich gehörte, taktische Anweisungen zu. Jede Sekunde passierte etwas. Die Gespräche bei Tisch waren extrem lebhaft und unterhaltsam, die Themen reichten vom drohenden Weltkrieg und von der Rolle Washingtons über Bücher und Sport bis hin zum Showgeschäft.[23]

Im Oktober 1940 kam Joe sen. aus London zurück. Im Gepäck hatte er eine Luftschutzsirene, die er, wie er ankündigte, künftig in Hyannis Port verwenden wollte, um die Kinder, die weit draußen auf dem Nantucket Sound segelten, zum Essen zu rufen.[24]

Noch vor dem Krieg und noch bevor Joe sen. Botschafter wurde, berichtete eine Bostoner Zeitung über einen Vorfall, in den die *Victura* verwickelt war, und nennt als Eigner nicht etwa Jack, sondern Joe jun.

> Osterville, den 11. Juli. Während eines heftigen Sturms heute früh schlug der Blitz in den Mast der *Victura* ein und hinterließ zudem ein Loch im Rumpf. Die Sloop vom Typ Wianno gehört Joseph P. Kennedy jun., dem Sohn des früheren Leiters der US-Börsenaufsicht, der in Hyannis Port ein Sommerhaus besitzt. Am Nachmittag wurde die Jacht zur Reparatur aus dem Wasser genommen.[25]

Kriegs- und andere Schicksale

Im Frühsommer 1941 war die Familie noch einmal vollzählig in Hyannis Port versammelt, wenn auch nur für kurze Zeit. Sowohl Joe jun. als auch Jack hatten sich freiwillig zum Militärdienst gemeldet und warteten auf die Einberufung. Bis zum Angriff auf Pearl Harbor sollten noch einige Monate vergehen, und die Frage, ob die USA in den Krieg gegen Hitler oder welchen Aggressor auch immer eintreten sollten, war heftig umstritten. Wie mochten Rose und Joe sen. darüber denken, wenn sie auf der großen Veranda ihres Hauses saßen und auf den Garten, den Strand und das Meer schauten? Was mochte in derart unsicheren Zeiten ihre Söhne erwarten?

Vielleicht wurden sie auf der Veranda auch Augenzeugen, wie Jack eines Tages die *Victura* auf den Nantucket Sound hinaussteuerte, um nach Martha's Vineyard zu segeln. Als er den Hafen von Edgartown erreichte, lag dort ein etwa 25 Meter langes graues Schnellboot. Die Navy war damit von Newport herübergekommen, um Rekruten anzuwerben. Für die Marine war dieser Schiffstyp neu, aber die Engländer und andere Nationen hatten damit bereits gute Erfahrungen gemacht. Es handelte sich um ein mit Torpedos bestücktes Patrouillenboot, kurz PT-Boot. Jack ging an Bord, um es zu besichtigen. Was er sah, imponierte ihm.[1]

Jack rechnete noch im Sommer mit dem Stellungsbefehl, doch in den Jahren vor 1941 hatten sich zu seiner nicht diagnostizierten Krankheit Probleme mit dem Darm gesellt, die es mit sich brachten, dass er erheblich untergewichtig war. Außerdem litt er neuerdings unter starken Rückenschmerzen, deretwegen er einen Orthopäden aufsuchte.² Wegen seiner labilen Gesundheit wurde Jack zunächst sowohl vom Heer als auch von der Marine abgelehnt. Also verbrachte er den Sommer am Kap, trieb Sport und hielt eisern Diät.

Joe jun. war mehr Erfolg beschieden, denn im Mai 1941 konnte er eine Ausbildung als Marineflieger beginnen. Sein erster Standort war die Squantum Naval Air Station südlich von Boston. Nicht einmal zwei Kilometer davon entfernt steht heute die *Victura* auf dem Rasen vor dem John F. Kennedy Library and Museum. Dort lernte Joe das Fliegen, und dort startete er auch zu seinem ersten Alleinflug an Bord eines offenen gelben Stearman-Doppeldeckers.³ Dieser Flugzeugtyp verfügt über einen Steuerknüppel, der eine entfernte Ähnlichkeit zu der Pinne hat, mit der das familieneigene Segelboot gesteuert wurde. Und weil der Stützpunkt nicht weit von Cape Cod entfernt war, konnte Joe am 10. Juli schon wieder mit der *Victura* an einer Regatta teilnehmen, als er ein paar Tage freihatte.

Zwei Monate später begingen die Kennedys in Hyannis Port den 53. Geburtstag des Familienoberhauptes Joe sen. Nur dessen ältester Sohn fehlte. Die Navy hatte ihn unterdessen auf ihre Basis in Jacksonville, Florida, geschickt, wo die Ausbildung auf einer Martin PBM Mariner, einem plumpen und unansehnlichen Flugboot, weiterging. Anschließend wurde Joe nach Banana River versetzt, jenem Ort, an dem später Cape Canaveral und das Kennedy Space Center entstehen sollten. Am 6. Mai 1942 wurde Joe in Anwesenheit seines Vaters die Fluglizenz überreicht. Den Rest des Jahres wurde er als Ausbilder eingesetzt, und er tat alles dafür, so viele Flugstunden zusammenzubekommen, wie er brauchte, um eine Staffel anführen zu können. Die Rechnung ging auf, und im Januar 1943 fand sich Joe in Puerto Rico wieder. Von dort ging es nach Norfolk, Virginia, wo er Einsätze leitete, auf denen die US-Marine nach feindlichen U-Booten suchte. Niemand wusste zu sagen, wie viele sich wo in amerikanischen Gewässern aufhielten, und erst im Juni 1943 sichtete die Besatzung eines Flugzeugs aus Joes Staffel etwa 160 Kilometer östlich von Norfolk ein feindliches U-Boot. Es wurde mit Wasserbomben unter Beschuss genommen, konnte aber abtauchen und entkommen.[4] Wenn sich der Krieg auf dieser Seite des Atlantiks in solchen Aktionen erschöpfte, dann, so dachte Joe, war es an der Zeit, auf der anderen Seite weiterzukämpfen.

Schließlich wurde auch Jack in die Marine aufgenommen. »Ich habe viel Zeit auf dem Wasser verbracht«, sagte er später zur Begründung. »Als der Krieg heraufzog, lag es daher nahe, mich bei der Navy zu bewerben. Auch mein Bruder war dort. Ich glaube, wer eben konnte, ging zu dieser Waffengattung. Ich trat im September 1941 ein.«[5]

Dafür musste er einen Seiteneingang benutzen: das Office of Naval Intelligence, also die nachrichtendienstliche Abteilung der Marine. Dort waren die körperlichen Anforderungen nicht so hoch und die medizinischen Untersuchungen weniger streng. Allerdings benötigte er für die Sicherheitsüberprüfung Empfehlungsschreiben. Eines davon kam von Jack Daly, einem Nachbarn auf Cape Cod, der über Jack sagte, dass der »ein schlauer Kerl« und »ein verdammt guter Segler«[6] sei. Jack bekam einen Schreibtischposten in Washington zugewiesen, wo er die Protokolle von Einsatzbesprechungen und anderen Papierkram abtippen musste – eine zutiefst unbefriedigende Aufgabe für einen Mann wie Jack, der davon überzeugt war, seinem Vaterland am ehesten durch den Einsatz an der Front dienen zu können. Etwa zur selben Zeit trat Kick eine Stelle beim *Washington Times-*

Herald an. So wusste Jack wenigstens seine Schwester und seinen alten Freund Lem Billings in seiner Nähe.

So langweilig die Arbeit gewesen sein mag, so interessant war das Leben, das ihn nach Feierabend erwartete. Kick machte ihn mit Inga Arvad bekannt, einer Journalistin, die sie aus der Redaktion kannte. Daraus entwickelte sich die wohl aufregendste Liebesbeziehung des Junggesellen. Sie war Dänin, hatte in ihrer Heimat in zwei Spielfilmen mitgewirkt und als freischaffende Reporterin 1935 und 1936 aus Deutschland berichtet. Nach einem Interview mit Adolf Hitler lud der sie in seine Loge im Berliner Olympiastadion ein. Doch wie sich ihr Sohn erinnert, war Hitler an jenem Tag, an dem Inga Arvad die Olympischen Spiele besuchte, nicht dort.[7] Sie war vier Jahre älter als Jack und bereits zwei Mal verheiratet, die zweite Scheidung lief. Als das FBI Wind von der Beziehung bekam, fürchtete man, dass der Botschaftersohn mit einer Spionin liiert sein könnte. Kurz darauf versetzte ihn die Navy nach Charleston. Nicht nur Jack ging davon aus, dass man ihn von »Inga Binga«, wie er sie nannte, trennen wollte. Aber sie besuchten sich gegenseitig, sooft es ging, und als Jack im Südpazifik stationiert war, hielten sie per Brief Kontakt.

Im Juli 1942, sieben Monate nach dem Angriff auf Pearl Harbor, wurde Jacks Wunsch, sich aktiver für sein Land einzusetzen, erfüllt und er zur Offiziersausbildung an die Northwestern University nördlich von Chicago delegiert. Plötzlich bekleidete Jack einen höheren Rang als sein Bruder Joe – ein Umstand, der ihm nicht gleichgültig gewesen sein wird. Dafür war das Konkurrenzdenken zwischen den beiden stets zu ausgeprägt.[8] Während der Zeit am Ufer des Michigansees erhielt die Schule Besuch von Marineangehörigen, die Besatzungsmitglieder für PT-Boote anwarben. Geleitet wurde die Delegation von Lieutenant John D. Bulkeley, einem Kriegshelden und Träger der Freiheitsmedaille. Bulkeley hatte General MacArthur zur Flucht von den Philippinen verholfen und in der Subic Bay einen japanischen Kreuzer versenkt. Dank ihm galt der Dienst auf PT-Booten als etwas Besonderes, das jedem Soldaten zur Ehre gereichte.

Unter den Bewerbern, mit denen Bulkeley persönlich sprach, war auch Jack, dessen Erfahrungen und Erfolge als Segler ihn zu einem heißen Kandidaten auf einen der begehrten Plätze für den Dienst auf dem Patrouillenboot machten. Die Ausbilder wussten Vorkenntnisse in Seemannschaft, Erfahrung auf kleinen Booten und das Wissen um die Teamarbeit an Deck zu schätzen. Und so ist es nicht verwunderlich, dass die Werber in den Colleges der Ivy League fündig wurden, deren Studenten überproportional häufig im Umfeld der Jachtclubs entlang der Atlantikküste aufgewachsen waren.[9]

Große Teile des Jahres 1942 verbrachte Jack im Motor Torpedo Boat Squadron Training Center in Melville, Rhode Island, wo die künftigen Besatzungen der Schnellboote ausgebildet wurden. Seine Unterkunft, eine halbrunde Wellblechhütte, teilte er sich mit seinem Freund Torby Macdonald. Die praktische Ausbildung fand in der Narragansett Bay statt, nicht einmal 100 Kilometer von Hyannis Port entfernt, und mitunter übten sie in Gewässern, die er auch mit der *Victura* befahren hatte – und das bei jedem Wetter. »Heute Abend hat Jack angerufen«, schrieb Bobby in einem Brief an seinen Vater, »und gesagt, dass sie mit dem PT-Boot nach Edgartown gefahren sind. Die Temperatur dort beträgt 25 °C unter null. Das muss eine wahre Freude gewesen sein. Aber Jack ist so stolz auf sich, auf seine Auswahl für die PT-Boote und auf die Reise, dass er trotz einer starken Grippe durchhält.«[10]

Der nahende Kriegseintritt der USA führte auch auf Cape Cod zu massiven Veränderungen.

Parallel zum Ausbau von Camp Edwards wurde das Personal der Küstenwache aufgestockt, die das Gebiet zwischen Sandwich und Provincetown kontrollierte, in Woods Hole entstand ein Marinestützpunkt, am Scorton Neck Beach eine Marineartillerieschule, und im abgelegenen, naturbelassenen Cotuit sowie in Waquoit, unweit von Falmouth, wurde je ein Landungsgeschwader stationiert. Auf dem Flughafen von Hyannis simulierten angehende Marineflieger das Starten und Landen auf einem Flugzeugträger, später wurde daraus ein Stützpunkt zur Bekämpfung feindlicher U-Boote. Und damit die Soldaten unter möglichst realistischen Bedingungen trainieren konnten, wurde ein komplettes deutsches Dorf nachgebaut, das aus 15 Häusern bestand und sogar als typisch geltende Details wie Blumenkästen und Vogelhäuser aufwies.[11]

Im Juli wurde zur Vorbereitung auf mögliche Angriffe mehrfach die vollständige Verdunkelung angeordnet.

Dennoch konnte Jack dann und wann die freien Tage nutzen, um nach Hyannis Port zu fahren und in den Schoß der Familie zurückzukehren. Im Juni nahm er mit der *Victura* an einer Regatta teil und belegte den dritten Platz. Sein Bruder Robert hingegen kam bei einer Regatta, die von Wianno nach Lewis Bay führte und die militärische Ausbildung etwas auflockern sollte, als einer der Letzten ins Ziel. An einer Wettfahrt zwischen drei Jachten des Typs Wianno Junior nahmen Pat und Eunice mit der *Tenovus* beziehungsweise der *One More* teil, der Sieg aber ging an das einzige Boot, auf dem kein Mitglied der Kennedy-Familie saß.[12]

Um zu beschreiben, was er bei der Marine erlebte, nahm Jack mitunter auch auf Segelerfahrungen Bezug, die seine Geschwister mit ihm teilten. In einem Brief an seine Eltern schreibt Robert: »Bevor Jack nach Florida musste, hat er mir noch geschrieben. Er war nicht sicher, ob er dem, was ihm bevorsteht, gewachsen ist. Schließlich sei es ihm ja nicht einmal immer gelungen, vor Hyannis Port die richtigen Wendemarken zu finden.«[13] Mit dem Rückgriff auf solche Anekdoten machte es Jack seiner Familie leichter, sich in seine Situation zu versetzen, und sich selbst nahm er damit wohl auch ein bisschen das Heimweh. Diese Strategie sollte sich später in den Briefen aus dem Südpazifik wiederholen.

Im selben Sommer 1942 schrieb Joe sen. an seinen ältesten Sohn, Joe jun.: »Jack kommt nach Hause, und im Vertrauen gesagt, hat er entsetzliche Probleme mit seinem Rücken.« Trotzdem war Jack stets bemüht, sich nichts anmerken zu lassen und die Rückenschmerzen vor seinen Vorgesetzten beim Militär zu verbergen. Seiner Familie konnte er nichts vormachen, und die hatte große Sorgen, wie sein Rücken wohl darauf reagieren würde, wenn das Patrouillenboot durch die Wellen stampfte. Ein bisschen graute Jack davor wohl auch selbst.

Er schiffte sich in San Francisco ein und erreichte im April 1943 den Südpazifik. Seine Einheit war in Tulagi auf den Salomon-Inseln stationiert, die aus fast tausend Inseln bestehen und sich über mehr als tausend Kilometer entlang der Küste Papua-Neuguineas und Australiens erstrecken. Tulagi liegt etwa dreißig Kilometer nördlich der Hauptinsel Guadalcanal, ist gut zwei Kilometer lang und einen knappen Kilometer breit. Acht Monate zuvor war die Insel von fünfhundert japanischen Soldaten besetzt worden. Im August 1942 eroberten US-Marines die Insel zurück. Dabei kam es zu heftigen Kämpfen, denen fast alle Japaner und 45 US-Amerikaner zum Opfer fielen. Im selben Monat begann die Schlacht um Guadalcanal, die länger dauerte und mehr Opfer forderte. Sie begann mit der Landung von elftausend Marinesoldaten und war die erste größere Offensive der Alliierten im Südpazifik. Die japanische Marine war der amerikanischen in allen Belangen überlegen, nicht zuletzt, weil sie auch für nächtliche Operationen ausgerüstet war, aber die Alliierten behielten trotzdem die Oberhand, sodass die Japaner die Insel im Februar, zwei Monate vor Jacks Ankunft auf Tulagi, aufgeben mussten. Die Kämpfe waren so heftig und verlustreich, dass die Gewässer rund um die Insel den Namen »Iron Bottom Sound« erhielten – so viel Metall lag dort auf Grund.[14]

Während Jack sich in dem Camp auf Tulagi gewissermaßen in Sichtweite des Feindes an den Dienst gewöhnte, schrieb er seiner Schwester Kick einen Brief, in dem von Heimweh und anderen Gefühlen die Rede ist, die für Marinesoldaten im Kriegseinsatz charakteristisch sind. »Vielen Dank für Deinen Brief und dafür, dass Du Dir Zeit genommen hast – aber vielleicht fasst Du Dich beim nächsten Mal etwas kürzer. Dass Du das kannst, steht außer Frage – der *Post* war Dein nüchterner und klarer Stil immerhin 40 Mäuse pro Woche wert ... Meine Vorstellung, auf eine Pazifikinsel zu kommen, wo mich eine Inselschönheit mit Bananen versorgt, hat sich längst in Wohlgefallen aufgelöst.«

Dann schreibt Jack, dass er einen alten Freund getroffen habe.

> Ich bin mit ihm in das Offizierskasino gegangen und habe ihm meine Schnapszuteilungen überlassen. Er hat fünf Gläser Scotch runtergekippt, ohne dass ihm etwas anzumerken war, aber als wir gehen wollten, konnte er sich kaum auf den Beinen halten. Er sollte noch in derselben Nacht auslaufen. Zum Glück befehligt er ein Landungsboot, das auf den Strand fahren soll, und das bekommt er auch besoffen hin ... Er schwärmt vom Leben als Ehemann, aber das tun eigentlich alle hier ... Du kannst Dir gar nicht vorstellen, wie monoton manche Jobs sind. Viele

Männer bekommen gar nicht die Chance, sich vor Angst in die Hosen zu machen. Es ist ein bisschen wie beim Segeln. Da haben wir auch die meiste Zeit an Land und mit dem Versuch verbracht, das Schiff schneller zu machen. Aber hier geht es nicht darum, Daly eine lange Nase zu drehen, sondern den eigenen Arsch zu retten.[15]

»Black Jack« Daly, auf den Jack hier anspielt, war einer der Hauptkonkurrenten bei den Regatten der Wianno Seniors auf dem Nantucket Sound.

In seinem Brief erwähnt Jack auch einen Artikel im Magazin *Life* vom Mai 1943, in dem die Besatzungen mehrerer PT-Boote porträtiert werden. Der Autor war John Hersey, jener Journalist, der Jacks Exfreundin Frances Ann Cannon geheiratet hatte, als Jack und Ann erst vierzehn Monate getrennt waren. »Und da ich gerade von ihm rede: Sein neues Buch scheint sich gut zu verkaufen. Offenbar ist er ein Glückskind: einen Bestseller, meine Freundin zur Frau, zwei Kinder, ein gefragter Mann bei *Time*. – Ich habe derweil eine verdammte Pechsträhne erwischt. Aber bei Gott, so ist das Leben wohl.«[16]

Für gut situierte Ostküstenbewohner und Ivy-League-Studenten wie Jack war mit dem Kriegsdienst oft die erste Begegnung mit Landsleuten aus der Arbeiterklasse verbunden, die weder Internate noch Jachten oder Sommerhäuser kannten – Bauern, Arbeiter aus der Schwerindustrie, Kinder der Mittelschicht. Als Hersey seinen Artikel für *Life* schrieb, hatte er Männer wie Jack im Sinn. Der Text handelt von Patrouillenbooten und ihren Crews, die sich aus dem eigentlichen Kriegsgeschehen ausgeschlossen fühlen, weil sie dazu verdonnert sind, den Gegner zu beschäftigen, während die entscheidenden Schlachten anderswo geschlagen werden. Der Artikel ist aus der Perspektive von drei Kommandanten und in der 1. Person Plural geschrieben, eine Erzähltechnik, in der sich Herseys spätere journalistische Neuerungen bereits ankündigten. Er schreibt:

> So schwer uns der Abschied nach dem Ende des Dienstes auch fiel, schieden wir doch als Freunde. Diese Erfahrung relativierte für uns Kommandanten all die grauenvollen Dinge, die wir erlebt hatten. Wir hatten Colleges der Ivy League besucht. Wir waren behütet aufgewachsen. Man könnte auch sagen, wir waren Snobs. Um zu lernen, wie Männer ticken, die unter anderen Umständen aufgewachsen sind, hätten wir es nicht besser treffen können.
>
> Wer seinen Dienst auf einem PT-Boot verrichtet, hat wenig Aussicht auf Ruhm und Ehre, aber wir wären ohne diese Männer aufgeschmissen gewesen. Ihre Loyalität und Freundschaft bedeuten uns sehr viel. Einer von uns Kommandanten hat das sehr genau auf den Punkt gebracht. Auf die Frage, was ihm am nachhaltigsten in Erinnerung bleiben wird, hat er nicht den Zerstörer genannt, den er versenkt hat, oder die Tapferkeitsmedaille, mit der er dafür ausgezeichnet wurde. Das eindrücklichste Erlebnis sei es gewesen, wie eines Tages einer seiner Männer auf die Brücke gekommen sei und gesagt habe: »Sir, ich sollte das vielleicht nicht sagen, aber ich hoffe bei Gott, dass wir eines Tages Gelegenheit haben, uns gemeinsam zu betrinken.« Es sollte nicht bei dem Wunsch bleiben.[17]

Gemeinsam auf einem Boot vor Cape Cod zu segeln mag eine gute Gelegenheit sein, Freundschaften zu schließen, aber der Aufenthalt an Bord eines Kriegsschiffes schweißt dann doch ganz anders zusammen. Im Südpazifik konnte Jack das Vertrauen seiner Kameraden gewinnen und auch noch auf sie bauen, wenn es ernst wurde. Nicht selten erwuchs daraus eine lebenslange Freundschaft. Unmittelbar nach seiner Ankunft legte er die Basis dafür, weil er sich nicht zu fein war, sich die Hände schmutzig zu machen und gemeinsam mit seinen Männern das arg ramponierte Schiff, das er kommandieren sollte – die PT 109 –, zu reparieren und neu anzustreichen. Viel Gutes werden die Besatzungsmitglieder von dem neuen Kapitän, der an einer Universität der Ivy League studiert hatte und aus einer bekannten Familie stammte, im Vorfeld nicht erwartet haben, doch Jack besaß das Geschick, jeden Menschen gleich zu behandeln und aus seiner Herkunft und seinem Werdegang kein Aufheben zu machen. Er trat auf wie ein Gleicher unter Gleichen. Und während er mit seinen Männern das Schiff auf Vordermann brachte, den Rumpf sandstrahlte und Ratten und Kakerlaken von Bord vertrieb, erzählte er ihnen, wie er zu Hause die *Victura* für die Saison vorbereitet hatte.

Doch damit endete der Vergleich mit der Heimat auch schon, und wenn sie bei Nacht mit ihrem vergleichsweise kleinen, mit Torpedos bestückten hölzernen Schnellboot auf Patrouillenfahrt waren, gesellte sich zu der Begeisterung über die Schönheit des Südpazifiks die Angst, auf den Feind zu stoßen. In einem Brief an seine Eltern schreibt Jack: »In klaren Nächten ist es wirklich großartig. Das Wasser phosphoresziert, Fliegende Fische springen aus dem Wasser und leuchten kurz auf, und meist werden wir von zwei oder drei Delfinen begleitet, die knapp vor dem Bug schwimmen und selbst bei voller Fahrt mühelos mithalten.«[18] Die Regel waren solche Nächte sicherlich nicht, aber die Schilderung war geeignet, die Eltern zu beruhigen.

Während seines Dienstes im Südpazifik schloss Jack Freundschaften, die für ihn neu waren, mit Männern, die er im Internat oder am Strand von Cape Cod nie kennengelernt hätte. So grausam der Krieg auch war, trug er doch zur allmählichen Überwindung von Klassenunterschieden bei. Wahr ist allerdings auch, dass an Bord der PT-Boote keine schwarzen Matrosen waren und die Marine beharrlicher als andere Waffengattungen an der Rassentrennung festhielt. Im Sommer desselben Jahres legten weiße Arbeiter eines Werkes in Detroit, das Schiffsmotoren auch für PT-Boote herstellte, die Produktion lahm, weil sie nicht mit Schwarzen an einem Fließband stehen wollten.[19]

»Die Besatzung der PT-Boote sollte idealerweise aus Katzen bestehen«[20], schreibt Hersey. Die Schnellboote waren meist bei Nacht unterwegs und machten sich die Dunkelheit zunutze, um nach feindlichen Schiffen Ausschau zu halten. Sie fuhren ohne Positions- und andere Lichter, sodass die Schwärze der Nacht nur vom Mond, von den Sternen und einer gelegentlichen Reflexion am Ufer aufgehellt wurde, die vom Feind genauso gut wie vom Freund stammen oder sich einer Einbildung verdanken konnte. Umgeben waren die Boote von einer Vielzahl kleiner Inseln, von denen einige der Feind hielt, andere die Alliierten, wiederum andere waren unbewohnt. Jacks Gedanken gingen zu nächtlichen Segeltörns in heimischen Gewässern, sein Blick wanderte zum Himmel, zu den Sternen und zum Mond, den alle Menschen sehen können, in allen Ländern und zu allen Zeiten.

Der Südpazifik zu jener Zeit war der falsche Ort, um in der Freizeit Regatten zu segeln, aber mitunter ging Jacks Begeisterung für Geschwindigkeit und Nervenkitzel auch hier mit ihm durch. Wenn er mit seinem Schiff ins Dock musste, kam es vor, dass er mit voller Fahrt voraus auf sein Ziel zulief, um die Maschinen erst im letzten Moment achteraus laufen zu lassen und das Schiff kurz vor der Kollision zum Stehen zu bringen. Das war ein gewagtes Manöver, zumal mit einem PT-Boot, deren Motoren unzuverlässig waren und jederzeit ausfallen konnten. Dann glich das Boot einem Rennwagen, dessen Bremsen versagten. Das widerfuhr eines Tages auch Jack. Er rammte das

Dock und verursachte erheblichen Schaden. Einer Bestrafung für seinen Leichtsinn entkam er nur, weil seine Vorgesetzten zu beschäftigt waren, um der Sache nachzugehen.

Die PT-Boote, wie Jack eines kommandierte, waren in erster Linie auf den sogenannten Tokio-Express angesetzt. So hieß die Flotte aus besonders schnellen Zerstörern, mit denen die Japaner nachts ihre Truppen verlegten. Um das zu verhindern, sollten sie abgefangen, beschossen und nach Möglichkeit versenkt werden. In einer Augustnacht war es so dunkel, dass man die Hand vor Augen nicht sah, oder, wie es einer von Jacks Männern beschrieb, »so dunkel wie auf der Toilette, wenn das Licht aus und die Tür zu ist«.[21] Und Jack formulierte es so: »Es war eine jener tropischen Nächte, in denen weder der Mond noch Sterne die Dunkelheit erhellen. Das wollten die Japaner nutzen, um ihre Garnison in Kolombangara abzulösen. Unsere Aufgabe war es, sie daran zu hindern.«[22]

Die Besatzung von Jacks PT 109 bestand aus dreizehn Mann, und in jener Nacht standen fast alle an Deck und starrten in die Dunkelheit. Weil das phosphoreszierende Kielwasser feindlichen Flugzeugen Aufschluss über ihre Position hätte geben können, ließ Jack nur einen der drei Motoren eingekuppelt und fuhr betont langsam. Einer der Männer meinte, voraus einen Schatten zu erkennen, aber in der Dunkelheit war es unmöglich, zu sagen, was dort vorne war.

»Ein Schiff drei Strich an Steuerbord«, rief jemand. Bei wenig Fahrt reagieren Schiffe, gleich ob motorisiert oder unter Segeln, auf Ruderbewegungen entsetzlich träge, und die PT 109 wurde von nur einer Maschine angetrieben. Jack drehte am Ruderrad. Kaum eine Reaktion. Manche meinen, dass Jack die beiden inaktiven Motoren zu schnell einkuppeln wollte und sie dabei abwürgte. Sicher ist hingegen, dass sein Schiff kaum manövrierfähig war und keine Zeit blieb, das zu ändern.

»Informiert das Hauptquartier«, rief Jack. Dann sahen sie den japanischen Zerstörer, der mit hoher Geschwindigkeit auf sie zuhielt und mit jeder Sekunde, die verging, größer und größer wurde. Der Bug schnitt durch die Wellen und schließlich auch durch den hölzernen Rumpf der PT 109. Zwei Besatzungsmitglieder, Harold Marney und Andrew Jackson Kirksey, wurden auf der Stelle getötet. Jack knallte gegen die Cockpitwand und konnte von Glück sagen, dass er nicht zerdrückt worden war. An seinem Arbeitsplatz im Maschinenraum hatte Patrick McMahon das Unheil nicht kommen gesehen. Er prüfte gerade Öldruck und Temperatur eines der ausgekuppelten Motoren, als er plötzlich von Flammen umgeben war und im nächsten Moment unter Wasser gedrückt wurde. Im Gesicht und an den Händen erlitt er schwere Verbrennungen. Charles »Bucky« Harris war vom Rufen seiner Kameraden alarmiert worden. Als er aufsah, ragte direkt über ihm der Bug des Zerstörers auf. Bucky sprang, und noch ehe er auf der Wasseroberfläche aufschlug, wurde er von einem harten Gegenstand am Bein getroffen. Ebenfalls im Wasser fand sich William Johnston wieder, der genau wie Jack mit ansehen musste, wie der massige Rumpf des Zerstörers durch das Wrack pflügte. Johnston konnte sogar die Besatzung des feindlichen Schiffes erkennen, aber dann zog ihn der Sog der Schiffsschrauben nach unten. Wie McMahon fand er sich schließlich an der Wasseroberfläche wieder, wo die Flammen ihnen den Atem zu rauben drohten.

Aus der Entfernung hatte die Besatzung eines anderen PT-Bootes den Zusammenstoß der beiden Schiffe verfolgt. Die Akten geben keinen genauen Aufschluss, aber viel spricht dafür, dass die Männer meinten, ihr Schwesterschiff sei explodiert, und die Aussicht, Überlebende aus dem Wasser zu ziehen, sei zu gering, um sich dem Risiko auszusetzen, ebenfalls von einem japanischen Zerstörer versenkt zu werden. Doch es gab nicht nur Überlebende, Jack und drei seiner Männer befanden sich sogar noch auf den Überresten dessen, was einmal ihr Schiff gewesen war. Auftriebskörper hielten das Wrack über Wasser. »Alle Mann über Bord!«, rief Jack seinen Mitstreitern zu, weil er befürchtete, dass sein Schiff in der Feuersbrunst explodieren könnte. Das Kielwasser des Zerstörers hatte jedoch eine Schneise in die Flammen geschlagen, und dort sprangen sie über Bord. Von der dreizehnköpfigen Besatzung waren lediglich zwei Männer an seiner Seite, John Maguire und Edgar Mauer. Wenigstens erlosch das Feuer ganz allmählich, und damit sank die Gefahr einer Explosion. Die drei Männer kletterten zurück auf das Wrack und entzündeten eine Laterne, damit sich die Kameraden, die noch im Wasser schwammen, orientieren konnten.

Als sie eine Stimme hörten, sprang Maguire ins Wasser. Obwohl alles um ihn herum in dichten Rauch gehüllt war, konnte er drei Kameraden aufspüren und zurück zum Boot begleiten. An einer anderen Stelle riefen andere Männer um Hilfe, und denen schwamm Jack entgegen. Inzwischen waren auch die letzten Flammen erloschen, und die stockfinstere Nacht stellte sie vor neue Probleme. »Wo seid ihr?«, rief Jack in die Dunkelheit. »Hier drüben«, erhielt er zur Antwort. Jack konnte sie zwar aufspüren, aber McMahon, der Maschinist, war zu schwer verletzt, um aus eigener Kraft zum Wrack zu schwimmen. Und daran konnte auch die Schwimmweste nichts ändern, die er trug. Der zweite Mann, Harris, hatte Verletzungen am Bein davongetragen, schien aber ansonsten in vergleichsweise guter Verfassung zu sein. Von den Rufen der Kameraden geführt, brachte Jack McMahon vorsichtig zur PT 109. Harris war nur mit Mühe imstande, ihm zu folgen, weil er sein linkes Bein nicht benutzen konnte und der Erschöpfung nahe war. Immer, wenn Jack ihn anspornte, machte Harris einige Schwimmzüge, um gleich darauf wieder in eine Art Dämmerzustand zu verfallen. Als er

McMahon wohlbehalten abgeliefert hatte, schwamm Jack zurück, um Harris abzuholen. Glücklicherweise war der noch in der Lage, ihm durch Rufen die Richtung zu weisen.

»Für einen Mann aus Boston ziehst du hier eine ganz schöne Show ab, Harris«, sagte Jack, als er seinen Kameraden erreicht hatte. Harris stieß einen Fluch aus, ehe er Jack aufforderte, ihm aus dem dicken Pullover und der Jacke herauszuhelfen, die ihn unter Wasser zu ziehen drohten. Als das geschafft war, konnte er aus eigener Kraft zurück zum Wrack schwimmen. Nun benötigte Johnston Hilfe. Seine Lunge und sein Magen waren mit heißem Rauch angefüllt, er hustete und erbrach sich. Leonard Thom zog ihn auf das Wrack zurück. Raymond Starkey trieb unterdessen mutterseelenallein im Wasser und war unsicher, was er tun sollte. Doch dann konnte er schemenhaft die Umrisse seines Bootes erkennen und hinschwimmen. Nun fehlten noch zwei Männer, und niemand wusste, was aus ihnen geworden war. Die ganze Nacht über spähten die Geretteten in die Dunkelheit und riefen die Namen der Vermissten: »Kirksey ... Marney.« Das Geräusch der Kollision hatte sie vorübergehend betäubt, und nur langsam wurden sie wieder Herr ihrer Sinne. Im selben Maße wuchs ihre Ratlosigkeit darüber, was sie zur Rettung ihrer Kameraden noch tun könnten. Irgendwann nahmen sie der Klang einer geräuschlosen Nacht auf See und das Bewusstsein ihrer Schwäche in Beschlag.

Bei Tagesanbruch setzte die Diskussion, was sie zu tun und zu lassen hatten, wieder ein. In seiner Eigenschaft als Kapitän und Schiffsführer ergriff Jack zunächst eine ungewöhnliche Maßnahme. »Über eine Situation wie diese steht nichts in den Lehrbüchern«, sagte er. »Also lasst uns auch das vergessen, was da über militärische Dienstgrade und Befehlsstrukturen steht, und unsere Lage gemeinsam analysieren.«[23]

Ihre geografische Position kannten sie, aber das war allenfalls ein schwacher Trost, denn sie trieben hilflos auf dem Wasser, wo der Feind sie jederzeit entdecken konnte. Um sie herum waren lauter Inseln, die vielleicht von Japanern besetzt waren, vielleicht auch nicht. Die Gewehre, die ihnen geblieben waren, funktionierten vielleicht noch, vielleicht auch nicht. Sie hatten einige Messer, aber kein Verbandszeug. Gegen Mittag klaubten sie alles zusammen, was an Ausrüstung und Waffen noch an Bord war, zogen die Schwimmwesten an und ließen sich in der Hoffnung ins Wasser gleiten, vor Sonnenuntergang auf eines ihrer Schwesterschiffe zu stoßen, die in diesen Gewässern kreuzten. Jack kümmerte sich um den schwer verletzten McMahon, die anderen klammerten sich an eine hölzerne Planke und begannen zu paddeln und zu strampeln.

1961 veröffentlichte Robert J. Donovan ein Buch über die PT 109, in dem die Begebenheit eindringlich geschildert wird.

> McMahon, der den Tod vor Augen zu haben meinte, sprach kein Wort, während Jack ihm ins Wasser half. Beim Kontakt mit dem Salzwasser brannten seine Wunden wie Feuer. Am Rücken seiner Schwimmweste war ein etwa ein Meter langer Ledergurt befestigt, der vom Hals quer über den Rücken reichte und unten mit einer Schnalle befestigt war. Kennedy schwamm um McMahon herum und versuchte den Gurt zu lösen, doch durch den Kontakt mit dem Salzwasser war er so hart und steif geworden, dass er sich nicht öffnen ließ. McMahon war überrascht, mit welcher Ruhe und Klarheit Jack vorging. Es war, als wäre er täglich mit solchen Dingen konfrontiert. Nachdem er mehrere Male mit dem Versuch, den Gurt aus der Schnalle zu lösen, gescheitert war, nahm er ein Messer und schnitt ihn einfach durch. Dann steckte

er das lose Ende zwischen die Zähne, zog McMahon rücklings auf seinen Rücken und schwamm los. Während McMahon ungehindert atmen konnte, wurde sein Retter immer wieder unter Wasser gedrückt.[24]

Stunde um Stunde dauerte diese Tortur, und in dieser Zeit schluckte Jack Unmengen Wasser. Der Kiefer schmerzte vom Zug des Ledergurtes. Wenn Jack mal eine Pause einlegte, fragte McMahon: »Wie lange soll das noch so gehen?« Jacks Antwort war sinngemäß immer die gleiche: »Wir kommen gut voran. Bist du okay, Mac?« Dann erwiderte McMahon: »Mir geht es gut, Mr Kennedy. Aber wie geht es Ihnen?«[25]

Nach fünf Stunden und sechseinhalb Kilometern erreichten sie Plum Pudding Island, im Durchmesser etwa hundert Meter groß und grün genug, um sich zu verstecken. Seit der Zerstörer sie gerammt hatte, waren fünfzehn Stunden vergangen, und von kurzen Momenten auf dem Wrack seines Schnellbootes abgesehen, hatte Jack die gesamte Zeit im Wasser verbracht. Wie er waren auch seine Männer vollkommen erschöpft. Trotzdem versuchten sie sich Klarheit über ihre Lage zu verschaffen und wurden sich schnell einig, dass ihre einzige Chance darin bestand, eines der PT-Boote auf sich aufmerksam zu machen, die nachts nur wenige Kilometer entfernt in der Ferguson-Passage patrouillierten. Sie hatten eine Laterne und eine Signalpistole retten können, die hoffentlich noch funktionierte. Trotz allem, was er hinter sich hatte, kündigte Jack an, sich selbst auf den Weg zu machen. Seine Männer hielten das für keine gute Idee und versuchten sie ihm auszureden. Doch Jack bestand darauf, und nach Einbruch der Dunkelheit ging er los, nur mit Unterhose und Schuhen bekleidet. Dafür hatte er eine Schwimmweste umgelegt, auch die Laterne und die Signalpistole nahm er mit. Der Weg führte ihn durch seichtes Wasser und über einen

Meeresboden, der mit Korallen übersät und entsprechend uneben war. Dann wieder stieß er auf tiefere Stellen, die er durchschwimmen musste, begleitet von den Schemen großer Fische und ohne zu wissen, was sich unter ihm befand.

Es dauerte mehrere Stunden, bis er sein Ziel erreichte. In der Hoffnung, dort auf ein Patrouillenboot zu stoßen, schwamm er weit in die Ferguson-Passage hinaus. Mehrere Stunden trieb er in der Dunkelheit, sah Lichter von Schiffen, die sich bewegten. Doch die waren meilenweit entfernt, und keines von ihnen machte Anstalten, in die Passage einzufahren. Es fiel Jack denkbar schwer, sich einzugestehen, dass die PT-Boote in dieser Nacht offenbar in einem anderen Seegebiet patrouillierten als an all den Tagen zuvor. Auch waren weder Flugzeuge noch Schiffe zu erkennen, die gezielt nach der vermissten PT 109 und deren Crew suchten. Viele Stunden lang hatte Jack McMahon durchs Wasser gezogen, sich viele Stunden lang bis zur Ferguson-Passage vorgekämpft und dort im Wasser verharrt. Nun war er am Ende seiner Kräfte.

Jack konnte nicht mehr, er wollte zurück an Land und zu seinen Kameraden. Doch ausgerechnet jetzt geriet er in eine Strömung, die ihn in eine andere Richtung zog, und er hatte nicht mehr die Kraft, sich dagegenzustemmen. »Jack hatte manches erlebt, aber nie zuvor in vergleichbaren Schwierigkeiten gesteckt«, heißt es in einem Bericht, der auf einem Gespräch mit Jack wenige Monate nach dem Vorfall fußt.

> Er stellte die Schwimmbewegungen ein. Alles schien ihm egal. Sein Körper trieb widerstandslos durchs Wasser und kühlte dabei allmählich aus. Sein Geist war derweil außerstande, einen klaren Gedanken zu fassen. Wenige Stunden zuvor hatte Jack noch gehofft, sich zur Marinebasis auf Rendova durchschlagen zu können. Nun

wünschte er sich nur noch zurück auf das Inselchen, das er in derselben Nacht verlassen hatte. Doch es blieb bei dem Wunsch, denn um ihn umzusetzen, fehlte ihm die Kraft. Körper und Geist trennten sich voneinander, die Dunkelheit legte sich auch über den Verstand. Zwischendurch schlief er immer wieder ein, um sich im nächsten Augenblick wie wahnsinnig aufzuführen, oder er trieb willenlos durchs Wasser wie in Trance.[26]

So ging es bis zum Morgengrauen, doch mit dem Licht kehrten auch seine Lebensgeister zurück. Erstaunlicherweise befand er sich noch immer oder wieder dort, wo ihn in der Nacht die Kräfte verlassen hatten – ganz in der Nähe der kleinen Insel und seiner Kameraden. Rund um die Inseln verlaufen die Strömungen meist im Kreis, und das hatte ihm das Leben gerettet. So konnte er ans Ufer schwimmen und sich in Sicherheit bringen. Am Strand angekommen, schlief er auf der Stelle ein.

Seine Kameraden hatten unterdessen die Hoffnung aufgegeben, ihren Kapitän lebend wiederzusehen. Dann aber sah Maguire im Wasser einen Schatten, der sich dem Inselchen näherte. Kurz darauf erkannten sie Jack. Ihre Freude wurde durch den Umstand gedämpft, dass er zum Fürchten aussah. Sie halfen ihm in ihren Unterstand, wo er erneut einschlief. Zuvor aber sah er George »Barney« Ross an und sagte: »Barney, heute Nacht bist du dran.« Ross hatte Jacks Plan von vornherein abgelehnt, aber wenn sein Kapitän die Tortur überstanden hatte, traute er sich das ebenfalls zu. Er war ausgeruhter, als Jack es gewesen war, und konnte von dessen Erfahrungen profitieren. So gelangte er vergleichsweise problemlos an die Passage, doch wieder zeigte sich kein Schiff. Im Morgengrauen schlief Ross fast an derselben Stelle ein, an der Jack gelegen hatte, ehe er zu seinen Kameraden zurückkehrte. Die waren niedergeschlagen, litten Hunger und Durst, gegen den sie mit wenigen Tropfen Kokosmilch, die ihnen geblieben waren, vergebens ankämpften. McMahons Wunden bedurften dringend der Behandlung, aber sie mussten davon ausgehen, dass man in ihrer Basis die Hoffnung, sie lebend zu finden, längst aufgegeben hatte. Nicht ahnen konnten sie, dass ihnen zu Ehren schon eine Trauerfeier stattgefunden hatte, und ein Offizier hatte in einem Brief an seine Mutter verkündet, dass George Ross und Jack gefallen waren. »Jack Kennedy, der Sohn des Botschafters, war mit George auf einem Boot und ist wie er ums Leben gekommen. Es heißt, im Krieg fallen die Besten, und das ist nicht übertrieben, sondern entspricht den grausigen Tatsachen.«[27]

Die Männer beschlossen, sich nach Olasana Island durchzuschlagen, einer Insel, die etwa drei Kilometer entfernt war und näher an der Ferguson-Passage lag. Erneut kümmerte sich Jack um McMahon, und erneut klammerten sich die übrigen Männer an eine hölzerne Planke. Zu ihrer Erleichterung stießen sie am Ziel nicht auf Japaner, dafür gab es auf der Insel reichlich Kokospalmen und damit neuen Proviant. In der Nacht verzichteten sie darauf, einen Mann zur Passage zu schicken. Sie waren erschöpft und tranken dankbar das Regenwasser, das von den Palmenwedeln tropfte.

Die Kollision mit dem Zerstörer hatte sich am Montag, den 2. August, um 2:30 Uhr ereignet; als sie aus dem Schlaf erwachten, war der Donnerstag angebrochen. Gedankenversunken ließ Jack den Blick übers Wasser schweifen. Einen knappen Kilometer entfernt lag Naru, ein weiteres Inselchen des Archipels. Ohne sagen zu können, warum, forderte Jack Ross auf, gemeinsam mit ihm hinüberzuschwimmen und die Insel zu erkunden. Dort angekommen, überquerten sie das Eiland und stellten fest, dass es unmittelbar an die Ferguson-Passage grenzte –

was es auch für Japaner interessant machte. Im seichten Wasser entdeckten sie das Wrack eines kleinen Schiffes, und am Strand stießen sie auf eine flache Kiste mit Bonbons. Dann ereignete sich ein regelrechtes Wunder: Sie fanden einen Einbaum, in dem eine Dose mit Regenwasser stand. Das seetüchtige Gefährt eröffnete ihnen ungeahnte Möglichkeiten. Und mit dem Regenwasser löschten Jack und Ross ihren Durst.

In Hyannis Port wurde derweil Joe sen. von Freunden darüber informiert, dass sein Sohn im Südpazifik vermisst wurde. Das Familienoberhaupt verzichtete einstweilen darauf, seine Frau oder seine Kinder davon in Kenntnis zu setzen.

Weil die Japaner bis 1943 im Pazifik von Sieg zu Sieg eilten, fürchteten manche, dass auch Australien und Neuseeland bedroht waren. Auf den Inseln, die von Japan bereits besetzt waren, drohte ihnen von zwei Seiten Widerstand: zum einen von australischen Auswanderern, die alle verfügbaren Informationen über Schiffs- und Truppenbewegungen der Japaner sammelten und an die Alliierten weitergaben, zum anderen von Ureinwohnern, von denen viele bis heute in traditionellen Hütten leben, ohne Strom auskommen und sich von Kokosnüssen und anderen Früchten sowie Fisch ernähren, den sie mit Speeren jagen. Sie sind Nachfahren eines alten Volkes, das vor Zigtausend Jahren mithilfe von kleinen Einbäumen die Inseln des Südpazifiks besiedelte.

Unter diesen Ureinwohnern waren auch große Seefahrer, die in ihren kleinen Booten und mit der Kraft des Windes riesige Ozeane überquerten und über Routen, die bis heute nicht bekannt sind, noch die abgelegensten Inseln ansteuerten. Bis heute sprechen manche der Stämme eine Sprache, die nicht nur bei der Ankunft der Europäer im 16. Jahrhundert längst existierte, sondern auch älter ist als die austronesische Sprache jener Siedler, die sich vor 4000 Jahren hier niederließen. Sie leben in Kleinverbänden, die seit Jahrhunderten weitgehend autonom sind und ihren eigenen Dialekt, wenn nicht gar ihre eigene Sprache sprechen. So ist zu erklären, dass auf dem vergleichsweise kleinen Gebiet Melanesiens die weltweit größte Sprachenvielfalt herrscht. Mehr als 1300 verschiedene Sprachen werden auf der Ansammlung von Inseln und Inselgruppen im Norden Australiens gesprochen.[28] Die Menschen, die hier leben, sind zwar dunkelhäutig, haben aber nicht selten helles Haar, ohne dass es genetische Übereinstimmungen mit Europäern gäbe. Weil die japanischen Eroberer mit großer Brutalität gegen sie vorgingen, schlugen sich viele Stämme auf die Seite der Alliierten.

Zu den Einheimischen, die von den alliierten Streitkräften als Kundschafter eingesetzt wurden, gehörten auch Biuku Gasa und Eroni Kumana. Sie arbeiteten eng mit einem Australier namens Reginald Evans zusammen, einem Leutnant zur See, der auf der von den Japanern besetzten Insel Kolombangara knapp unter dem Gipfel eines Vulkans einen Spähposten eingerichtet hatte. Von dort konnte man auch die Blackett Strait einsehen, wo die PT 109 gesunken war. Gasa und Kumana paddelten mit ihrem Einbaum von Insel zu Insel und trugen Informationen über die japanische Flotte zusammen, die Evans per Funk an die Navy weitergab. Eines Nachts hörten die beiden Eingeborenen eine Explosion, dann sahen sie eine Feuersäule über dem Wasser. Evans, dem das Geschehen nicht entgangen war, entdeckte am nächsten Morgen ein Wrack, das im Meer trieb. Daraufhin schickte er seine beiden Kundschafter los, die das Wrack in Augenschein nehmen und nach Überlebenden Ausschau halten sollten. Doch weil die beiden das Wrack nicht finden konnten, kehrten sie unverrichteter Dinge zurück. Vier Tage später kamen sie an der Insel Naru entlang, wo sie, einen guten Kilometer vom Ufer entfernt, in einem Riff das Wrack eines japanischen

Schiffes entdeckten. Sie gingen an Bord, um es zu durchsuchen, als am Strand plötzlich zwei hellhäutige Männer auftauchten – Japaner, wie sie vermuteten. Gasa und Kumana liefen zu ihrem Einbaum und suchten das Weite. Bei den beiden Männern handelte es sich um Jack und Ross. Auch sie hatten die beiden anderen Männer gesehen und für Japaner gehalten, und so beeilten auch sie sich, sich in Sicherheit zu bringen.

Weil Gasa und Kumana Durst hatten, legten sie auf Olasana an, um einige Kokosnüsse an Bord zu nehmen. Und auch hier erwartete sie am Strand ein hellhäutiger Mann, woraufhin sie zurück zu ihrem Einbaum liefen. Ohne es auch nur zu ahnen, hatten sie die verschollene Crew der PT 109 aufgespürt, doch die wusste wiederum nicht, was sie von den beiden dunkelhäutigen Männern halten sollte. Schließlich fasste sich Lenny Thom ein Herz und ging auf die Fremden zu.

»Navy, Navy«, rief er. »Amerikaner, Amerikaner.«

Gasa und Kumana sprachen allenfalls einige Brocken Englisch, zudem misstrauten sie dem Mann, der auf sie zukam, zutiefst.

»Nix Japaner«, rief Thom nun und zeigte gen Himmel. »Weißer Stern, weißer Stern.« Man konnte förmlich hören, wie bei Gasa und Kumana der Groschen fiel. Sie wussten, dass amerikanische Flugzeuge mit einem weißen Stern versehen waren, und im Wissen, dass sie den Männern vertrauen konnten, zogen sie ihren Einbaum auf den Strand und versteckten ihn nicht weit von den weißen Männern entfernt in einem Gebüsch. Als Jack wenig später mit dem gefundenen Einbaum nach Olasana zurückkam, fand er eine gut gelaunte Crew sowie zwei ihm unbekannte Männer vor.

Auf die naheliegende Idee, die beiden Eingeborenen loszuschicken und Hilfe holen zu lassen, kam er jedoch noch nicht. Vielleicht widerstrebte es ihm auch, sich von einem der beiden

Boote zu trennen. Stattdessen forderte er Ross auf, mit ihm zusammen Richtung Ferguson-Passage zu fahren, in der Hoffnung, dort ein PT-Boot anzutreffen. Unterdessen hatte sich aber das Wetter verschlechtert, und die Wellen waren zu hoch, um das Riff mit einem Einbaum zu passieren. Jack wollte es trotzdem riskieren, aber Ross winkte ab. Weil Jack darauf bestand, fügte er sich schließlich, doch der Versuch schlug fehl, der Einbaum kenterte.

»Das hätte ich dir gern erspart, Barney«, sagte Jack, während sie mit dem Boot und den Wellen kämpften.

»Ich könnte jetzt sagen, dass ich dich gewarnt habe, aber das verkneife ich mir lieber«, erwiderte Ross.

Am nächsten Tag fuhren Jack und Gasa nach Naru hinüber, um nachzusehen, ob in der Ferguson-Passage Schiffe patrouillierten. Kaum angekommen, fiel ihm ein, was sie tun könnten: die Eingeborenen mit einem Einbaum losschicken, um Hilfe zu holen. Und wie es der Zufall manchmal will, hatte auf Olasana zur selben Zeit Thom dieselbe Idee. Weil Jack nichts zu schreiben hatte, nahm er sein Taschenmesser und ritzte eine Botschaft in die Schale einer Kokosnuss:

NAURO ISLAND, ÜBERBRINGER
KENNT POSITION. ELF ÜBERLEBENDE.
SCHICKT HILFE. KENNEDY

Thom schrieb eine ähnliche Nachricht, aber er hatte Papier und Bleistift zur Hand. Als alle Männer wieder vereint waren, erhielten Gasa und Kumana je eine Botschaft und den Auftrag, jeweils mit einem Einbaum zum Marinestützpunkt Rendova Harbor zu fahren. Bis dorthin waren es immerhin sechzig Kilometer, aber glücklicherweise entschlossen sich die beiden, unterwegs einen Halt einzulegen und Reginald Evans zu informieren. Der schickte schon tags darauf ein stabiles Kanu mit sieben eingeborenen Kundschaftern als Besatzung Richtung Naru los. Sie nahmen Jack an Bord und versteckten ihn unter Palmwedeln, wo er dem Rhythmus der ins Wasser tauchenden Paddel lauschte. Sie brachten ihn zu Evans, und noch in derselben Nacht stach Jack mit zwei PT-Booten in See. Am 7. August, sechs Tage nach dem Untergang der PT 109, erreichte er Olasana Island.[29]

Jahre später brachte Ted Kennedy während eines Interviews, in dem es um das Segeln vor Cape Cod ging, das Gespräch auf die PT 109. »Ich bin mir sicher, dass es Jack ohne die Erfahrungen mit der Wianno Senior und dem Regattasegeln und ohne das Wissen über die Tücken des Meeres nicht gelungen wäre, die Besatzung des von den Japanern versenkten Schiffes zu retten. So aber konnte er zunächst zwei Kameraden und schließlich auch die übrige Crew in Sicherheit bringen. Ohne die Lektionen, die er auf der *Victura* und im fairen Wettstreit mit anderen Seglern gelernt hatte, wäre ihm das nicht möglich gewesen.«[30]

Nach einem Termin in Osterville war Joseph P. Kennedy sen. auf dem Heimweg, das Autoradio lief. Plötzlich hörte er den Namen seines Sohnes, dessen Boot von einem japanischen Zerstörer im Südpazifik versenkt worden war. Die Crew und ihr Kapitän galten sechs Tage lang als verschollen. Nun hatte man sie gefunden, und John F. Kennedy war wohlauf. Die Nachricht kam so überraschend, dass sein Vater von der Straße abkam und im Graben landete.[31] Noch hatte er niemandem davon erzählt, dass Jack überhaupt vermisst wurde. Doch als er schließlich zu Hause eintraf, kam seine Frau weinend auf ihn zugelaufen. Auch sie hatte Radio gehört. »Sie sagen, Jack sei gerettet worden, aber nicht, was überhaupt passiert ist.«[32] Der elfjährige Teddy fuhr in Begleitung seiner Schwester und einiger

Freunde mit dem Fahrrad in den Ort, um aktuelle Zeitungen zu kaufen. Ein Titelblatt fiel ihm besonders ins Auge. Der *Boston Herald* machte mit der Zeichnung eines Patrouillenbootes auf, das von einem wesentlich größeren Schiff gerammt wurde. Es folgte ein Bericht darüber, was Jack und seine Crew durchgemacht hatten.[33]

»Ich war wie vor den Kopf gestoßen«, erinnert sich Ted. »Die Nachricht traf mich völlig unvorbereitet.«[34]

Mitunter ist zu lesen, dass Jacks ältester Bruder Joe zwar froh über die Rettung seines kleinen Bruders war, ihm aber die unvermittelte Berühmtheit neidete. Zu diesem Zeitpunkt flog Joe noch immer Einsätze in den USA, und weil seine Familie nichts von ihm hörte, schrieb der Vater ihm einen Brief, in dem er sich darüber beklagte, dass Joe an Jacks Schicksal offenbar keinen Anteil nahm. Darauf antwortete Joe am 29. August mit einem äußerst ironisch gehaltenen Brief. »Viel ist über die Aktivitäten irgendeines Kennedy wo auch immer in der Welt zu lesen, aktuell sind die Zeitungen voll mit Artikeln über unseren jungen Helden – nun tritt der Kämpfer an der Heimatfront ans Mikrofon und gibt in knappen Worten Auskunft darüber, was ihm in letzter Zeit widerfahren ist.«[35]

Einige Wochen später hatte sein Vater Geburtstag, Joe bekam ein paar Tage frei und reiste nach Hyannis Port. Als er dort mit der *Victura* segelte, achtete er darauf, dass er sich dicht vor dem Familienanwesen hielt, damit sein Vater ihn sehen konnte. Und um seine neu erworbenen Fähigkeiten als Pilot vorzuführen, lieh er sich am Flugplatz von Hyannis eine Maschine und donnerte über den Hafen und das Ufer. Weil mehrere Beschwerden eingegangen waren, bekam er Ärger mit der Flugaufsicht.[36] Bei der Feier für Joe sen. brachte der Polizeipräsident Joe Timilty einen Toast auf den Jubilar aus: »Auf den Botschafter Joe Kennedy, den Vater des Kriegshelden, den Vater *unseres* Kriegshelden John F. Kennedy, Lieutenant der US-Marine.« Dass er in dem Toast unerwähnt blieb, muss Joe jun. tief gekränkt haben. Timilty, der die Nacht im Anwesen der Kennedys verbrachte, behauptete später jedenfalls, er habe Joe weinen hören.[37]

Am nächsten Morgen stand Joe jun. auf, ließ seinen Blick kurz über das Haus und den Nantucket Sound schweifen und machte sich auf den Weg nach Norfolk. Er sollte nie wieder nach Hyannis Port zurückkehren.

Die Besatzung der PT 109 war nach Tulagi gebracht worden, wo sie sich von den Strapazen erholen konnte. Jack sah allerdings noch der Manöverkritik mit seinen Vorgesetzten entgegen. Für seine Männer war er ein Held, und bei ihrer Rückkehr auf den Stützpunkt waren sie von Journalisten erwartet worden, die die Geschichte ihres Überlebenskampfes um die Welt getragen hatten. Doch Jack war sich unsicher, wie die Marineleitung den Verlust eines Bootes und zweier Männer bewerten würde. Den Feind anzugreifen ist die eine Sache, ohne es zu merken einem japanischen Zerstörer in die Quere zu kommen, den man eigentlich mit seinen Bordtorpedos abschießen sollte, eine andere. Sein Bruder Joe konfrontierte Jack später mit einer Frage, die ihm auch seine Vorgesetzten hätten stellen können: »Mich würde interessieren, wo zum Teufel du deine Augen hattest, als der Zerstörer in Sicht kam, was genau du dann getan hast und warum du eigentlich Radar an Bord hattest.«[38] Auch ohne solche Vorwürfe litt Jack unter Schuldgefühlen. Er war Kapitän des Schiffes und hatte am Ruder gestanden, die beiden Toten waren folglich ihm anzulasten. Wenn er auf seine vermeintlichen Heldentaten angesprochen wurde, antwortete er noch Jahre später: »Mir blieb keine andere Wahl. Schließlich haben sie mein Boot versenkt.« Hingegen brannte er darauf, sich an den Japanern zu rächen, was seine Risikobereitschaft und seine

Unbesonnenheit erhöhte. Während andere in seiner Lage sich auf den Standpunkt zurückgezogen hätten, ihre Pflicht erfüllt zu haben, war er bereit, sich auch für gefährliche Einsätze freiwillig zu melden.

Was die Menschen vor allem beeindruckte, war das, was Jack nach der Kollision für seine Männer getan hatte. Dafür wurden er und Thom befördert, erhielten ein neues Kommando und die Navy and Marine Corps Medal, die vom Marineministerium der USA verliehen wird. Für seine erlittenen Verwundungen wurde Jack zudem mit dem Tapferkeitsorden Purple Heart ausgezeichnet. Sein Vater bemühte sich um die Versetzung seines Sohnes in die Heimat, aber Jack wollte im Pazifik bleiben und ein neues Boot übernehmen. Dieser Wunsch ging in Erfüllung, und Jack wurde Kapitän der PT 59. Mit an Bord gingen auch einige der Besatzungsmitglieder der PT 109. Sie hatten sich freiwillig gemeldet, obwohl das »neue« Boot in Wahrheit alt, umgerüstet und der Torpedos entledigt war. Mit Jack als Kapitän wurde es bei der Bergung und Evakuierung von Marinesoldaten eingesetzt, erneut überwiegend bei Nacht. Dabei geriet es einmal unter feindlichen Beschuss, als es etwa 45 Marinesoldaten aufnehmen sollte, bei deren Boot die Motoren versagt hatten. Von viel Lärm begleitet, stiegen die Matrosen um und beanspruchten jeden Quadratzentimeter Platz an Deck. Einer der Männer, Corporal Edward James Schnell aus Wilmette, Illinois, war schwer verwundet. Er wurde unter Deck und in Jacks Koje gebracht. Während die PT 59 die anderen Männer auf einem größeren Schiff der Marine ablieferte, das sie zum Stützpunkt bringen sollte, blieb Schnell an Bord. Auf der Fahrt zum Marinehospital sah Jack von Zeit zu Zeit nach seinem Patienten, dessen Zustand sich jedoch von Mal zu Mal verschlechterte. Und noch bevor sie ihr Ziel erreichten, verstarb er in Jacks Koje.

Im September, den Untergang seines Schiffes noch frisch vor Augen, äußerte Jack in einem Brief an seinen Vater die Auffassung, dass Bobby noch zu jung für den Militärdienst im Pazifik sei. »Das Leben hier draußen ist nichts für einen Achtzehnjährigen … Dass der Krieg kein Spaß ist, stellt man schneller fest, als einem lieb ist, und ich glaube nicht, dass Bobby dem gewachsen ist. Auch Joe scheint ganz versessen darauf zu sein, hierher versetzt zu werden. Dabei leistet er mit der Fliegerei doch schon mehr, als irgendjemand verlangt.«[39]

Auch Inga bekam einen Brief, der von Jacks Kriegsmüdigkeit kündet und von Gefühlen erzählt, die er seinen Geschwistern gegenüber wohl nicht eingestanden hätte. So versucht er darin, das Herz einer Frau zu erreichen, die er sehr gern wiedersehen wollte. Und vielleicht hatte er auch im Sinn, dass sie Journalistin war und seine Sichtweise auf den Krieg und die Erlebnisse an der Front zu schätzen wissen würde.

> Der Krieg geht hier nur sehr schleppend voran, er ist ungleich träger, als es in den Zeitungsartikeln zu Hause den Anschein hat. Um ermessen zu können, wie zäh hier alles vonstattengeht, dürftest Du einen Monat lang keine Zeitungen lesen, sondern müsstest anhand einer Seekarte unseren Vormarsch verfolgen. Aber was heißt schon Vormarsch! Die Japaner haben sich in ihren Stellungen regelrecht eingegraben, und von einer Handvoll unserer Marineeinheiten möglicherweise abgesehen, gibt es niemanden auf der Welt, der ihnen im Dschungelkampf ebenbürtig wäre. Dass sie mit Freuden bereit sind, im Kampf um eine Stadt wie Munda ihr Leben zu lassen, macht sie uns haushoch überlegen. Diese Opferbereitschaft bringen wir nicht auf. Natürlich gibt es auch von dieser Regel Ausnahmen, aber selbst dann ist es vielleicht

einer unter Tausenden ... Aber Munda und all die anderen Orte sind ja auch unerträglich heiße und stinkende Kaffs auf winzigen Inseln in einem Teil der Weltmeere, den keiner von uns je wiedersehen will ...

Und noch etwas spricht gegen uns: Die Russen fürchten, ihr Land könnte überfallen werden, die Chinesen genauso. Die Engländer wurden bereits bombardiert. Aber wir kämpfen um ein paar Inseln, die einem englischen Konzern gehören, der Seife herstellt ... Als Anteilseigner der Firma Lever hätten wir dafür sicherlich Verständnis, aber um auf die Idee zu kommen, dass man mit dem Heldentod vor Munda zum Weltfrieden beiträgt, benötigt man mehr Fantasie, als ein Mensch normalerweise aufbringt ...

Die Japaner haben einen weiteren Vorteil: Ihre Ergebenheit zu Hirohito lässt sie förmlich darauf brennen, den Feind zu töten. Ein Amerikaner ist in dieser Hinsicht etwas gespalten: Er ist bereit zu töten, aber gleichzeitig versucht er alles, um selbst nicht getötet zu werden ...

Der Krieg ist ein schmutziges Geschäft. Es sagt sich so leicht, dass man in den Krieg zieht, um die Japaner zu schlagen, und wenn es Jahre dauert und Millionen Soldaten erfordert. Wer so redet, sollte seine Worte jedoch noch einmal überdenken. Milliarden von Dollar, Millionen Soldaten – wie leicht geht uns das über die Lippen. Da scheint es auf ein paar Tausend tote Männer nicht anzukommen. Aber wenn diese tausend Soldaten so sehr am Leben hängen wie die zehn Männer, die ich habe sterben sehen, dann sollten diejenigen, die über das Warum und Wofür entscheiden, verdammt genau wissen, welches Ziel sie mit einem Krieg verfolgen. Und wenn dieses Ziel erreicht ist, sollten wir sagen können, dass es die Mühen und Verluste wert war. Denn wenn es das nicht ist, erweist sich all das Gerede als hohl und leer, und noch Jahre nach dem Ende des Krieges werden wir unter den Folgen zu leiden haben …

Heute habe ich einen Brief von der Frau meines Maschinisten bekommen. Der hatte an den Händen und im Gesicht schwerste Verbrennungen erlitten, und bis wir ihn zu einem Arzt bringen konnten, vergingen sechs Tage. Er war zu schwach, um zu schwimmen, also habe ich ihm geholfen. Nun hat sich seine Frau bei mir bedankt, und sie schreibt: »Für Sie war das wahrscheinlich Teil Ihres Dienstes, aber Mr McMahon war ein Teil meines Lebens, und wenn er gestorben wäre, hätte auch ich wohl nicht mehr weiterleben wollen.«

Es gibt viele McMahons, die nicht durchkommen. Zu der Crew meines Bootes gehörte ein junger Mann, der erst 24 war und schon drei Kinder hatte. Eines Nachts gingen zwei Bomben knapp neben unserem Boot nieder, zwei meiner Männer wurden getroffen, einer von ihnen stand direkt neben mir. Der junge Mann hat das nie verwunden. Er hat kaum noch ein Wort gesprochen. Eines Nachts hat er mir erzählt, dass er in jenem Moment sicher war, sterben zu müssen. Ich hatte mir vorgenommen, ihm einen Posten an Land zu besorgen. Ich wünschte, ich hätte es getan. Als der Zerstörer uns rammte, stand er an der Bugkanone …

Ich weiß selbst nicht genau, warum ich Dir das alles schreibe, und wahrscheinlich ergibt es für Dich so recht auch keinen Sinn. Aber Du hast gesagt, Du stellst Dir vor, dass ich nach Texas reise und meine Erlebnisse aufschreibe – doch ein Buch wie das, das dabei herauskommt, würde ich selbst nicht in die Hand nehmen. Im Grunde ist die ganze Sache dumm und unsinnig, und auch wenn ich zugebe, dass es auf manchen von uns, darunter auch ich, eine eigentümliche Faszination ausübt, möchte ich es, sobald ich hier wegkomme, so weit wie möglich hinter mir lassen.

Inga Binga, wie gern würde ich Dich wiedersehen. Aber erst einmal bin ich müde. Wir waren jede Nacht auf Patrouille, und tagsüber zu schlafen ist nicht jedermanns Sache. Aber es heißt, dass sie einige von uns nach Hause schicken, wo sie eine neue Einheit bilden und in ein paar Monaten zurückkommen sollen. Unterm Strich hatte ich hier keine schlechte Zeit, trotzdem würde ich den Krieg gern eine Weile hinter mir lassen. Bis jetzt hatte ich immer die Gewissheit, dass ich alles durchstehe, was mir an Gefahren begegnet …

Vielleicht ist es ja sogar so, dass man tatsächlich alles durchsteht, wenn man nur fest genug daran glaubt. Das fällt mir zunehmend schwerer, aber ehrlich gesagt mache ich mir nichts daraus. Sollte mir etwas zustoßen, gehe ich mit dem tröstlichen Gedanken, dass mein Leben zwar länger, aber nicht besser gewesen wäre, wenn ich mit hundert gestorben wäre. Das klingt so verdammt trübselig … Also Schluss damit … Du bist der einzige Mensch, dem ich das je anvertrauen würde. Dass ich Dich kennengelernt habe, war der Höhepunkt meiner an Höhepunkten nicht eben armen 26 Lebensjahre.[40]

Längere Zeit auf einem Patrouillenboot Dienst zu schieben war für einen Mann mit angegriffener Gesundheit, Magenproblemen und einem kaputten Rücken Gift. Prompt traten die Symptome, unter denen Jack zum Teil seit frühester Kindheit litt, erneut und verstärkt wieder auf. Seine Haut war gelblich, was ein

Marinearzt einem Zwölffingerdarmgeschwür zuschrieb, auch die Rückenschmerzen machten Jack wieder zu schaffen. Und sein Gewicht sank bis auf 55 Kilogramm. Als er in Tulagi geröntgt wurde, stellte ein Arzt ein chronisches Bandscheibenleiden fest.[41] Neun Monate nach seiner Ankunft auf den Salomonen wurde Jack zurück nach Hause geschickt. Die Hoffnung, Weihnachten mit der Familie verbringen zu können, zerschlug sich jedoch, denn erst am 7. Januar 1944 erreichte er San Francisco.

Von dort reiste er nach Los Angeles, um Inga zu treffen. Er liebte sie noch immer, und welcher Kriegsheimkehrer hegt nicht die Hoffnung, dass daheim eine schöne Frau wartet und ihn mit offenen Armen empfängt? Doch Inga hatte unterdessen einen neuen Verehrer und hieß Jack zwar als Freund willkommen, aber nur als Freund. Sie arbeitete nach wie vor als Journalistin, und aus der Unterhaltung der beiden entwickelte sich ein Interview. Alle Regeln des objektiven Journalismus ignorierend, formte Inga daraus einen hochemotionalen Text, der Jacks Heldenmut pries. Binnen einer Woche nach Jacks Rückkehr wurde der Text vom *Boston Globe*, von der *Pittsburgh Post-Gazette* und mehreren anderen Zeitungen gedruckt. Der Anfang klang wie folgt: »Dies ist die Geschichte eines heldenhaften Kapitäns unserer Marine, des 26-jährigen Lieutenant John F. Kennedy, Sohn des früheren US-Botschafters in Großbritannien Joseph P. Kennedy und derzeit auf Heimaturlaub. Obwohl er dreien seiner Männer das Leben gerettet hat und dafür viele Stunden in einem von Haien verseuchten Meer schwimmen musste, sagt er: ›Ich bin kein Held und will auch keiner sein.‹«

Bei ihren Recherchen für den Artikel sprach Inga auch mit der Frau jenes Matrosen, den Jack auf den Rücken genommen und in Sicherheit gebracht hatte. Im Text klingt das so: »Mit Tränen in den Augen und zittriger Stimme sagte sie: ›In einem

Brief hat mein Mann geschrieben, dass Lieutenant Kennedy der gesamten Besatzung das Leben gerettet hat und jeder einzelne Soldat auf der Marinebasis ihn dafür bewundert. Daraufhin habe ich Lieutenant Kennedy geschrieben, dass das für ihn wahrscheinlich Teil seines Dienstes war, aber Mr McMahon war ein Teil meines Lebens, und wenn er gestorben wäre, hätte auch ich wohl nicht mehr weiterleben wollen.‹«[42] Genau diesen Satz hatte Jack in seinem Brief an Inga zitiert.

Nur wenige Tage später tauchte eine weitere ehemalige Freundin von Jack im Zusammenhang mit einem viel beachteten Bericht über seine Heldentaten auf, anders als Inga allerdings nur indirekt. Als er in New York war, stattete er auch Frances Ann Cannon und ihrem Ehemann John Hersey einen Besuch ab. Als der von Jacks Erlebnissen im Südpazifik hörte, war er gleich Feuer und Flamme und beschloss, daraus einen Artikel für das Magazin *Life* zu machen. Herseys ergreifender Bericht mit Jack als Hauptfigur beginnt mit dem Satz: »Der ärgste Feind, dem sich unsere Männer, die im Südpazifik kämpfen, gegenübersehen, ist die Natur, deren Urgewalt sie mehr fordert, als es eine gegnerische Armee je könnte.« Zur Entstehung des Textes sagte Hersey: »Ich habe Kennedy gefragt, ob er mir seine Geschichte nicht erzählen will, damit ich daraus einen Artikel machen kann. Er willigte unter der Bedingung ein, dass ich zuvor mit einigen seiner Männer spreche.« Hersey traf sich mit drei Crewmitgliedern, und alle drei sprachen in den höchsten Tönen von ihrem Kapitän. Anschließend unterhielt er sich lange mit Jack, der sich gerade von einer Rückenoperation erholte, der er sich in Boston unterzogen hatte. Obwohl Hersey schon ein bekannter Journalist war und im selben Jahr für seinen Roman *A Bell for Adano* den Pulitzer-Preis gewann, lehnte *Life* seinen Bericht über die PT 109 mit der Begründung ab, er sei zu lang. So erschien er unter dem Titel »Survival« am 17. Juni

1944 im *New Yorker*. Auch wenn sie der Text freute, wäre es den Kennedys lieber gewesen, er wäre in *Life* erschienen, denn dieses Magazin hatte die höhere Auflage und damit auch die größere Reichweite. Doch dank seiner ausgezeichneten Beziehungen konnte Jack, der bekanntlich erst zufrieden war, wenn alles in seinem Sinne lief, erreichen, dass der *Reader's Digest* im August eine leicht gekürzte Fassung des Textes nachdruckte. Der *Reader's Digest* hatte eine noch höhere Auflage als *Life*, aber sicherheitshalber ließ Joe zusätzlich 150 000 Exemplare auf eigene Rechnung drucken. Damit waren die Voraussetzungen dafür geschaffen, dass das Schicksal der PT 109 einen prominenten Platz in der Geschichte der Seefahrt einnehmen konnte.

Den Sommer 1944 verbrachte Jack in Hyannis Port, wo er sich von einer Rücken- und einer Darmoperation erholen wollte, die beide nicht viel gebracht hatten. Meistens saß er in einem Korbstuhl auf der Veranda und sah den Booten nach, die den Hafen verließen oder ihn anliefen. Bob, mittlerweile neunzehn Jahre alt, Reservesoldat der Marine und angehender Student in Harvard, segelte derweil die *Victura*, allerdings mit wenig Erfolg. Im Jahr zuvor hatte er bei der Regatta von Edgartown gar den letzten Platz belegt. Bob segelte zwar gern, aber nicht gut, und schon gar nicht so gut wie seine Brüder. Trotzdem hätte es ein schöner Sommer werden können: Der Krieg lag in weiter Ferne, Jack war daheim und konnte sich als frischgebackener Kriegsheld fühlen. Stattdessen wurden die fünf Monate von Mai bis September 1944 eine der aufreibendsten und niederschmetterndsten Phasen im Leben der Kennedys, einer Familie, die zahllose Schicksalsschläge über sich hat ergehen lassen müssen.

Ein Jahr zuvor, im Sommer 1943, war Kick aus London zurückgekehrt. Um ihrem Land in Kriegszeiten zu dienen, arbeitete sie für das Rote Kreuz. Zugleich bekam sie so die Chance, nach England zurückzukehren, einem Land, das sie in den Jahren, in denen ihr Vater dort als Botschafter tätig gewesen war, lieb gewonnen hatte. Ein bisschen galt das wohl auch für Billy Cavendish, Marquis von Hartington, künftiger Duke of Devonshire und einer der begehrtesten Junggesellen Englands. Schon vor Kicks Abreise war über eine Beziehung gemunkelt worden, und dass sie nun erneut gemeinsam in der Öffentlichkeit auftauchten, brachte die Gerüchteküche zum Brodeln – nicht zuletzt, weil er englischer Protestant und sie irische Katholikin war.

Auch Joe jun. wurde nach England abkommandiert, wo er kurz nach seiner Schwester eintraf, im Gepäck ein Geschenk aus Hyannis Port für sie. Beim Flug über den Atlantik äußerte er gegenüber einem Kameraden, dass sie – einen Ausfall des Motors ausgenommen – in jedem Falle pünktlich landen würden. »Ich kann es mir nicht erlauben, herumzutrödeln und Kreise zu fliegen. Ich habe ein Schock Eier für meine Schwester dabei.«[43] Eine ziemlich wertvolle Fracht, wenn man bedenkt, dass Eier in England zu jener Zeit rationiert waren. Ein Pilot aus Joes Einheit äußerte sich später gegenüber Kathleen so: »Ich bin sicher, Sie haben sich die Eier schmecken lassen. Um sie heil und pünktlich abzuliefern, hat Mr Kennedy unserem Flugzeug alles abverlangt.«[44] Joe war zunächst außerhalb von London stationiert, aber er und Kick telefonierten zwei- oder dreimal pro Woche miteinander, und wenn er dann und wann für ein paar Tage in London war, trafen sie sich, gingen zusammen aus und nahmen am gesellschaftlichen Leben teil. So trafen sie den Verleger und gelernten Journalisten William Randolph Hearst im Savoy zum Essen, und auf einer Party, die Kick für Joe gab, setzte sich Irving Berlin ans Klavier und animierte die Gäste zum Mitsingen.

Zu Beginn des Jahres 1944 zeichnete sich ab, dass Kick und

Billy Cavendish zusammenbleiben und heiraten wollten. Als Kick ihre Eltern darüber informierte, protestierten sie energisch, allen voran Rose. Eine Katholikin, so ihre Überzeugung, gibt für die Liebe eines Mannes nicht ihren Glauben auf. Sie schrieb ihrer Tochter ein Telegramm, in dem es heißt: »Bin untröstlich ... Du bist auf dem falschen Weg. Erzbischof Spellmans Kollege [Erzbischof Godfrey] wird sich bei Dir melden. Was Du für den Herrn tust, wird hundertfach vergolten.«[45] Das Brautpaar stand vor der Herausforderung, die Heirat und die Erziehung künftiger Kinder so anzugehen, dass die religiösen Autoritäten ihren Segen dazu geben konnten, aber weder die katholische Kirche noch die protestantische beziehungsweise die anglikanische Kirche bot für dieses Problem Lösungen an, die alle Interessen hätten befriedigen können. Eine Weile lang hofften sie, dass Joe sen. seine Beziehungen spielen lassen und den Weg ebnen könnte, aber die Hoffnung erwies sich als trügerisch. Doch der Krieg gegen Hitlerdeutschland trat erkennbar in seine entscheidende Phase, und weil Billy an die Front ziehen würde, wollten die beiden die Hochzeit nicht auf die lange Bank schieben. Am 4. Mai 1944 verlobten sie sich offiziell, zwei Tage später wurden sie standesamtlich getraut. Joe jun. war das einzige Familienmitglied, das bei der Zeremonie unter den Gästen war.

Durch Joes regelmäßige Briefe aus England war die Familie daheim über die Hochzeitsvorbereitungen informiert. Joe half seiner Schwester dabei, all die Papiere zu beschaffen, die sie für die Hochzeit benötigte. Es war noch nicht lange her, da hatte sein Vater ihn dafür gescholten, dass er nach Jacks dramatischen Erlebnissen im Südpazifik so lange nichts von sich hatte hören lassen. Nun drehte Joe jun. den Spieß um und telegrafierte seinem Vater: »Dein Schweigen ist angekommen.« Joe sen. wiederum schickte seiner Tochter ein Telegramm, in dem es heißt: »Vertrau auf Gott, dann kannst Du nichts falsch machen. Und denk immer daran, dass Du mein Kind bist und bleibst. In Liebe, Dad.«[46] Rose äußerte sich gar nicht. Sie sah sich in ihrer Ablehnung dadurch bestätigt, dass die Liaison auf beiden Seiten des Atlantiks von der Presse ausgeschlachtet wurde. Es war, als spiegelte sich in der Liebesbeziehung die so gar nicht konfliktfreie militärische Kooperation der USA und Großbritanniens kurz vor dem D-Day.

Kick äußerte später über ihren ältesten Bruder:

> Nie hatte jemand einen so starken Halt, wie Joe es mir in den schweren Tagen vor meiner Hochzeit war. Von Anfang an hat er mir kluge und wertvolle Ratschläge gegeben. Von dem Moment an, als mein Entschluss feststand, hat er zu mir gehalten. Er hat meine Entscheidung mitgetragen und mich darin bestärkt. Den erforderlichen Mut besaß er im Überfluss, und wenn er glaubte, dass ein Schritt richtig für mich war, dann hat er mich bedingungslos unterstützt – selbst auf die Gefahr hin, dass man ihn dafür verantwortlich macht. Ich hätte mir keine größere Hilfe wünschen können. Er war der perfekte große Bruder, der, so hat er das selbst gesehen, das Beste für seine Schwester in der Hoffnung tut, dass es am Ende das Beste für die ganze Familie ist. Und damit hat er ja auch recht behalten![47]

Der Juni 1944 war ein Monat, der für die Familie Kennedy beinahe täglich Ereignisse von einschneidender Wichtigkeit bereithielt. Kick und Bill waren erst einen Monat verheiratet, als am 6. Juni alliierte Truppen in der Normandie landeten. Am 13. Juni setzten die Deutschen eine neue Waffe gegen London ein – die V1. Die *buzz bomb* oder *doodlebug*, wie die Engländer sie nannten, war ein ferngesteuerter düsengetriebener Marschflugkörper, der so furchterregend war wie seine Sprengstofflast vernichtend. Um die Abschussrampen unweit von Calais in Nordfrankreich zu zerstören, war ein Gegenschlag der USA geplant, für den eine ganz andere Art fliegende Bomben eingesetzt werden sollte, als die Deutschen sie benutzten. An der gefährlichen Mission sollte auch Joe teilnehmen. Am 17. Juni, Jack erholte sich noch in Hyannis Port, erschien der Artikel über die PT 109 im *New Yorker*. Und am 20. Juni erhielt die Einheit von Kicks Ehemann Billy den Marschbefehl.

Joe jun., der in allen Lebenslagen vom Ehrgeiz getrieben war, der Erste und Beste zu sein, musste mit ansehen, wie sein kleiner Bruder Jack ihn überflügelte. Joe wurde zum Oberleutnant befördert, aber erst geraume Zeit nach Jack. Der war ein renommierter Segler, ein in Harvard ausgebildeter Autor und ein gefeierter Kriegsheld. Joe mag Zweifel daran gehabt haben, ob auch er das Zeug dazu hatte, doch vom Regattasegeln wusste er genauso gut wie sein Bruder, dass ein Winddreher und eine günstige Strömung genügten, um ein vermeintlich abgeschlagenes Boot auf der letzten Kreuz noch an die Spitze des Feldes zu befördern. Es wäre ein Leichtes, Joe als Motiv für sein Handeln Gefühle wie Eifersucht und Neid auf den kleinen Bruder zu unterstellen. Den Gründen, aus denen er sich freiwillig auch für die riskantesten Einsätze meldete, würde man damit aber sicherlich nicht gerecht. Joe war ohne Zweifel ein mutiger und unerschrockener Mann, der zur Stelle war, wenn die Pflicht rief. Und welche Motive ihn dazu auch immer bewogen haben mögen, so ist das doch wohl die Definition eines Helden.

Joes Stubenkamerad Louis Pappas erinnert sich so: »Es gab keine riskante Mission, für die sich Joe nicht freiwillig gemeldet hätte. Wir haben zu ihm aufgesehen und ihn für den Mut, die Begeisterung und die Entschlossenheit bewundert, selbst die gewagtesten Einsätze zu übernehmen.«[48]

Es gibt Stimmen, die meinen, dass Joe von dem Wunsch beseelt war, seinem Vater etwas zu beweisen. Der hatte seine Kinder zwar auf Sieg getrimmt, war aber dennoch um sie besorgt und hatte nicht das geringste Interesse daran, dass sie sich in Gefahr brachten. Als Joe im März schrieb, dass er über die dreißig Einsätze hinaus, nach denen ihm Heimaturlaub zustand, zehn weitere fliegen wolle, antwortete sein Vater: »Ich hoffe sehr, dass bei dreißig Schluss ist.«[49] Am 26. Juli schrieb Joe erneut einen Brief an seine Eltern, darin heißt es: »In den kommenden drei Wochen steht etwas Neues an. Es ist noch geheim, und ich kann Euch nichts dazu sagen, nur, dass es nicht gefährlich ist. Also macht Euch keine Sorgen. Es heißt aber auch, dass ich vor September nicht nach Hause komme.«[50] Joe sen. erwiderte: »Ich vermag nicht zu beurteilen, was die Verlängerung für Dich bedeutet, aber bitte stell Dein Glück nicht auf die Probe.«[51]

Zu Spitzenzeiten gingen Tag für Tag Hunderte V1 auf London und den Südosten Englands nieder. In ihrem Tagebuch beschreibt Kick den Beschuss und beklagt »die Unmöglichkeit, sich gegen einen unsichtbaren Feind zu wehren«. Weiter heißt es: »Die Menschen sind total verängstigt, man kann ihre Furcht förmlich mit Händen greifen, wenn sie auf das Geräusch der herannahenden Bedrohung lauschen und schließlich Stille einsetzt, wenn der Motor erstirbt.«[52] Dann waren die V1 bereits in den Sturzflug übergegangen und konnten jeden Moment in der Nähe heruntergehen und detonieren. Joe jun. schrieb an seine Eltern, Kick lebe »wie alle anderen in Angst und Schrecken. Sie tut gut daran, sich möglichst wenig in London aufzuhalten.«[53]

Die V1 war in der Erprobungsstelle der Luftwaffe in Peenemünde auf der Insel Usedom entwickelt worden. Dort wurde auch fieberhaft an der »Wunderwaffe« V2 gearbeitet, einer Weiterentwicklung der V1, die am 8. September 1944 zum ersten Mal Richtung London startete. Die V2 hatte ein geradezu futuristisches Design und erreichte mehrfache Schallgeschwindigkeit. Die Deutschen profitierten von der Großrakete mit Flüssigkeitsantrieb weniger als erhofft, aber sie war der Vorläufer der mit Atomsprengköpfen bestückten Marschflugkörper, die sich während des Kalten Krieges gegenüberstanden, und auch jener Raketen, die Menschen ins All und zum Mond beförderten.

Treibende Kraft hinter Entwicklung und Bau der V2 war Wernher von Braun. Als die Alliierten Deutschland besetzten, stellten sich von Braun und einige seiner Mitarbeiter den Amerikanern. Wenig später fanden sie sich in den USA wieder, wo sie nun für den ehemaligen Feind Raketen bauten. Im Wettlauf zum Mond, den Jack Kennedy als Präsident initiierte, war von Braun eine der zentralen Figuren. Doch bis dahin sollten noch fast zwei Jahrzehnte vergehen. Zu der Zeit, als Joe seinen Militärdienst in England ableistete, stand von Braun im Dienste Adolf Hitlers.

Entlang der französischen Küste standen zahlreiche Abschussrampen für die V1. Sie waren in Bunkern untergebracht, denen mit konventioneller Artillerie und herkömmlichen Bomben kaum beizukommen war. Dem sollte die Operation Aphrodite Abhilfe schaffen, ein gewagtes Projekt, für das sich Joe freiwillig meldete. Dafür wurden alte und ausgediente B-17-Bomber, auch Fliegende Festungen genannt, sowie Patrouillenbomber vom Typ PB4Y von allem befreit, was für den Start nicht unbedingt nötig war, und mit zwölf oder mehr Tonnen Sprengstoff vom Typ Torpex bepackt, dessen Sprengkraft dem Anderthalbfachen von TNT entspricht. Die Flugzeuge sollten also keine Bombe abwerfen, sie waren selbst Bomben, die per Fernsteuerung an ihr Ziel gelangen sollten.

Deshalb war auch die Kanzel des Cockpits entfernt worden, sodass der Pilot und der Bordingenieur nach dem Start noch über der britischen Insel abspringen und sich per Fallschirm in Sicherheit bringen konnten. Die Steuerung der Bomber sollte von einem Begleitflugzeug aus erfolgen. Dafür waren im Cockpit zwei Kameras installiert, von denen eine auf das Instrumentenbrett gerichtet war, während die andere den Blick der Piloten simulierte. Damit man sie gegen den dunklen Hintergrund der Erdoberfläche besser sehen konnte, waren die Flugzeuge oben weiß lackiert.

Auf diesen fliegenden Bomben wurden ausschließlich Freiwillige eingesetzt, und die ersten Erfahrungen waren ernüchternd: Es hatte ein halbes Dutzend Probeflüge gegeben, fast alles klägliche Misserfolge, keiner wirklich erfolgreich, zwei gar mit tödlichem Ausgang für die Piloten. Joe meldete sich dennoch, und am 12. August 1944 sollte er zum Einsatz kommen. Tags zuvor rief er Lorelle, die Frau von William Randolph Hearst, in London an und sagte: »Morgen geht's los. Wenn ich nicht zurückkomme, sag meinem Dad, dass ich ihn – trotz aller Differenzen – sehr liebe.«[54]

Am Abend vor dem Einsatz fuhr Joe mit dem Fahrrad zu seinem Flugzeug, um es einer letzten Inspektion zu unterziehen. Das jedenfalls berichtet Doris Kearns Goodwin. »Der große und plumpe Bomber stand auf dem Flugfeld, mit Sprengstoff so vollgestopft, dass die Reifen zusammengequetscht wurden … Dann fuhr Joe zurück zur Kaserne, bereitete für sich und seinen Stubenkameraden Rührei zu, ehe er schließlich niederkniete und betete.«[55]

Der Start sollte am frühen Abend erfolgen, und erst um zwei Uhr nachmittags erfuhr Joe das Ziel seiner Mission: eine Abschussrampe in dem kleinen Ort Mimoyecques, knapp fünfzehn Kilometer südlich von Calais. Keine lag näher an London.

Ingesamt sollten vier Flugzeuge starten, und an Bord des einen befand sich zufälligerweise Elliott Roosevelt, der Sohn von Franklin Roosevelt – ein Umstand, der dem Ganzen tragische Züge verleiht, die, wie ein Kommentator schreibt, an die *Ilias* denken lassen, weil er den Sohn des aktuellen Präsidenten mit dem Bruder eines künftigen Präsidenten zusammenbringt. Elliott wollte den Absprung der Piloten fotografieren.

Fähnrich James Simpson half Joe, dessen Flugzeug startklar zu machen: »Bis zum Start waren es noch drei Minuten, ich hatte die Systeme ein letztes Mal überprüft. Dann reichte ich ihm die Hand und sagte: ›Guten Flug und viel Glück, Joe. Ich wünschte, ich könnte dich begleiten.‹ Da erwiderte er: ›Danke, Jim. Vielleicht wird's ja beim nächsten Einsatz was. Ach ja: Wenn ich nicht wiederkomme, könnt ihr die restlichen Eier unter euch aufteilen.‹«[56]

Kurz vor achtzehn Uhr quälte sich Joes Flugzeug über die Startbahn und hob ab. Verglichen mit dem, was er von einer PB4Y mit weniger Beiladung kannte, reagierte sie ausgesprochen träge auf Ruderbewegungen. Joe gelang es, sie zu stabilisieren und Kurs auf Calais zu nehmen. Dann erreichte er die Flughöhe von 2000 Fuß, auf der er für das deutsche Radar noch unsichtbar blieb. Das Ziel lag eine Stunde voraus. Joe meldete sich über Funk und nannte das Codewort »Spade Flush« – damit forderte er das Begleitflugzeug auf, die Kontrolle über seine Maschine zu übernehmen. Die Übergabe klappte reibungslos, und die beiden Kameras lieferten gut erkennbare Bilder, an denen sich die Besatzung des Begleitflugzeugs orientieren konnte. Um 18:20 Uhr erreichte Joes Maschine Newdelight Wood, wo er die Aufforderung erhielt, eine leichte Linkskurve zu fliegen. Doch ehe er dazu kam, ereigneten sich im Abstand von wenigen Augenblicken zwei gewaltige Explosionen.

Elliott Roosevelt wurde Augenzeuge des Unglücks, doch dann wurde die zweimotorige Mosquito, in der er sich befand, von der Druckwelle erfasst und durchgerüttelt. Eine B-17, die sich in der Nähe befand, wurde derart durchgerüttelt, dass die Besatzung erwog, das Flugzeug aufzugeben und abzuspringen. Die Männer waren sicher, nie zuvor eine vergleichbare Explosion erlebt zu haben, allenfalls die Atombombe konnte einige Zeit später daran heranreichen. Von Joe jedenfalls fehlte jede Spur.

Am Sonntag, den 13. August, lud das Wetter in Hyannis Port dazu ein, den Lunch in zwangloser Atmosphäre auf der Veranda einzunehmen. Anschließend ging Joe sen. wie üblich in sein Zimmer im Obergeschoss, um ein Mittagsschläfchen zu halten. Die Kinder – versammelt waren Jack, Ted, ihr Cousin Joey Gargan, Jean, Eunice und eine ihrer Freundinnen – blieben derweil auf der verglasten Veranda, dämpften die Stimmen, um ihren Vater nicht zu stören, und hörten sich eine Schallplatte von Bing Crosby mit einer Aufnahme des Liedes »I'll Be Seeing You« an. Plötzlich klopfte es an der Tür. Als Rose öffnete, stand sie zwei katholischen Pfarrern gegenüber, die Joe sen. sprechen wollten. Dass Geistliche zu Besuch kamen, war nichts Ungewöhnliches, also erklärte Rose ihnen, dass ihr Mann seinen Mittagsschlaf halte, und bat sie ins Wohnzimmer, um dort auf Joe zu warten. Doch sie erwiderten, die Angelegenheit sei dringend und dulde keinen Aufschub. Es gehe um Joe jun., der seit einem Einsatz am Vortag als vermisst gelte.

»Ich lief die Treppe hinauf, hielt inne, taumelte«, sagte Rose später. Dann weckte sie ihren Mann und erzählte ihm von den

Besuchern und deren Anliegen. Die Kinder hatten von dem Gespräch nur Brocken wie die Worte »verschollen« und »unauffindbar« mitbekommen. Joe und Rose baten die Geistlichen in einen Raum, in dem sie ungestört waren. Dort erfuhren sie weitere Details. Da es sich um eine geheime Mission gehandelt hatte, wussten die Pfarrer selbst nicht allzu viel. Es war jedoch genug, um mit Sicherheit sagen zu können, dass Joe tot war.[57]

Die Kinder warteten derweil mit dem sicheren Gefühl, dass etwas Schreckliches passiert war. Als ihr Vater schließlich die Tür öffnete, kündete sein Gesichtsausdruck ebenso von seiner inneren Verfassung wie seine Stimme. Mit Tränen in den Augen sagte er: »Kinder, euer Bruder Joe wird vermisst. Er war auf einem freiwilligen Einsatz, von dem er nicht zurückgekommen ist.« Er fügte hinzu: »Ich möchte, dass ihr jetzt besonders lieb zu eurer Mutter seid.«[58] Dann ging er die Treppe hinauf, während seine Kinder weinend im Erdgeschoss zurückblieben.

Normalerweise gingen sie sonntags nach der Mittagsruhe zum Segeln. Das taten sie auch an diesem Sonntag. Wie es dazu kam, darüber sind jedoch zwei Varianten in Umlauf. Die einen Quellen besagen, dass der Vater die Kinder ausdrücklich aufgefordert habe, alles wie immer zu machen, also auch wie gewohnt segeln zu gehen. Während sie sich auf den Weg zum Hafen machten, sei Jack allein am Strand spazieren gegangen. Laut der anderen Version, die unabhängig voneinander Joey und Ted geäußert haben, war es Jack, der sagte: »Joe würde nicht wollen, dass wir hier rumsitzen und heulen. Er würde wollen, dass wir segeln gehen.«[59] Fest steht einzig, dass die Kinder das Haus verließen, um auf den Nantucket Sound hinauszufahren – aller Wahrscheinlichkeit nach mit der *Victura*.

Timothy Reardon, der sich in Harvard mit Joe jun. ein Zimmer geteilt hatte, verfasste einen Nachruf auf seinen Freund, der wie folgt endet: »Wenn ich ein Maler wäre, würde ich Joe so porträtieren, wie ich ihn in Erinnerung behalten werde: mit bloßem Oberkörper, braun gebrannt und kräftig, das Haar von der Sonne gebleicht, mit strahlenden Augen, auf den Lippen ein Lächeln, am Ruder eines weißen Segelbootes vor einem strahlend blauen Himmel und dem blaugrünen Ozean. Darunter würde ich die Worte setzen: Ein ganzer Kerl und ein wahrer Freund.«[60]

In ihrem Buch stellt Goodwin die These auf, dass Joe seinem Bruder den Rang als Kriegsheld abgelaufen hätte, wenn seine Mission erfolgreich gewesen wäre. Als Grund führt sie an, dass er, anders als Jack, in vollem Bewusstsein der Gefahr losgeflogen war, der er sich aussetzte. Er riskierte sein Leben für den Versuch, die Deutschen jenes Waffensystems zu berauben, mit dem sie England bombardierten und terrorisierten.[61] Das Schicksal wollte es anders.

Drei Wochen nach Joes Tod, am Wochenende vor dem Labor Day, bekam Jack in Hyannis Port Besuch von einigen Crewmitgliedern seines PT-Bootes, darunter Männer wie Red Fay, Jim Reed, Lenny Thom und Barney Ross. Die Freude darüber, mit Freunden und Kameraden zusammen zu sein, muss Jack eine willkommene Ablenkung von der Trauer um den Bruder gewesen sein. Sie sprachen über vergangene Zeiten und hatten viel Spaß daran, sich gegenseitig aufzuziehen. Das aber konnte Joe sen. nicht ertragen. Irgendwann riss er das Fenster seines Zimmers auf und rief herunter: »Jack, habt ihr denn gar keinen Respekt vor deinem toten Bruder?«[62] Viele Jahre lang war es Joe unmöglich, über seinen ältesten Sohn zu sprechen, ohne feuchte Augen zu bekommen. Irgendwann stellte Jack auf eigene Kosten einen Band mit Erinnerungen an seinen Bruder zusammen; er trägt den Titel *As We Remember Joe*. Der Verlust seines ältesten Sohnes schmerzte Joe sen. noch immer so sehr, dass er sich zeitlebens weigerte, das Buch auch nur zur Hand zu nehmen.

Zur selben Zeit, als Jack auf der PT 109 im Südpazifik Dienst tat, kreuzte in den Gewässern rund um die Salomonen auch die USS *Warrington*, ein Zerstörer mit mehr als 300 Mann Besatzung. Und wie Jack machte sich die *Warrington* 1944 auf den Heimweg. Auf dem Weg nach New York kam sie an Bora Bora vorbei und passierte den Panamakanal, bis sie am 15. Juli am Kai der Marinewerft festmachte. Dort wurden Reparatur- und Wartungsarbeiten durchgeführt. Im Monat darauf ging es weiter nach Norfolk, wo die *Warrington* umgebaut wurde, ehe sie im September zu einem Einsatz in der Karibik aufbrach.

Am 9. September wurde bei einem Aufklärungsflug nordöstlich von Puerto Rico ein Hurrikan gesichtet, der sich in nordwestlicher Richtung amerikanischem Festland näherte. Die Warnung, dass sie direkt auf ein Sturmtief zulief, erreichte die *Warrington* zwei Tage nach dem Ablegen in Norfolk. Wie später ermittelt wurde, sah sich die 321-köpfige Besatzung Windgeschwindigkeiten bis zu 250 Stundenkilometern und Wellenhöhen bis zu zwanzig Metern ausgesetzt. Eine Nacht lang schlugen sich Schiff und Crew tapfer, doch am Morgen des 13. September, etwa 700 Kilometer östlich der Küste Floridas, waren Menschen und Material mit ihren Kräften am Ende. Die *Warrington* verlor an Fahrt und nahm durch undichte Ventile Wasser auf, das erst die Stromversorgung, dann die Hauptmaschine und schließlich auch die Rudermaschine lahmlegte. In der Hoffnung, dass sich in der Nähe Schiffe befanden, wurden Notrufe abgesetzt. Doch weil die *Warrington* zu sinken drohte, gab der Kapitän den Befehl, von Bord zu gehen. Kaum saß die Besatzung in den Rettungsbooten, versank ihr Schiff in den aufgepeitschten Fluten. Dasselbe Schicksal ereilte schließlich auch die meisten Seeleute, denn nur 73 der 321 Besatzungsmitglieder konnten gerettet werden.[63]

Anders als heute bekamen Hurrikans damals noch keine Namen, aber weil der betreffende so außerordentlich stark war, nannte die Wetterbehörde ihn den Großen Atlantischen Hurrikan. Auf seinem Weg zur Küste traf er auch auf die USS YMS 409, ein Minensuchboot der US-Marine, das sank und 33 Seeleute in den Tod riss. Dann raste der Sturm über die Inselkette der Outer Banks Richtung Rhode Island und Cape Cod. Zwei Boote der Küstenwache, die *Bedloe* und die *Jackson*, erlitten Schiffbruch, der Kohlefrachter *Thomas Tracy* lief vor der Küste von Delaware auf Grund.[64]

Am Abend des 14. September war der Sturm im Anmarsch auf Cape Cod. Etwa sechzig Kilometer südwestlich von Hyannis Port und nur fünfzehn Kilometer westlich von Martha's Vineyard lag das Feuerschiff *Vineyard Sound*, das die Einfahrt in die Buzzards Bay und den Vineyard Sound markierte. Der Sturm riss es aus seiner Verankerung, es sank, zwölf Menschen fanden den Tod.[65]

Jack hielt sich derweil in Hyannis Port auf, wo er sich von einem Eingriff erholte, dem er sich einen Monat zuvor in der Hoffnung unterzogen hatte, damit seine Unterleibsschmerzen lindern zu können.[66] An diesem Tag setzte er sich in seinen Buick und fuhr zum Hafen, wo die *Victura* an ihrer Mooring lag. Der Sturm, so erinnerte er sich später, »hatte den Hafen leer gefegt, diejenigen Boote, die nicht aufs Meer hinausgespült worden waren, lagen in Einzelteilen am Ufer«. Auch mehrere Häuser an der Uferpromenade waren zerstört, und die Brandung riss eine komplette Mole samt dem Haus eines Jachtclubs mit. In den Gärten vieler Häuser lagen entwurzelte Bäume, aus Veranden war Kleinholz geworden. Wie durch ein Wunder wurde das Haus der Kennedys nur wenig beschädigt, und die *Victura* lag zwar am Strand, aber Jack gelang es, das zwei Tonnen schwere Boot gegen die Brandung zu schützen. Verglichen mit anderen Booten, waren die Schäden an der *Victura* zu vernachlässigen.

Doch als Jack zu seinem Wagen zurückkam, musste er feststellen, dass die Flut die Straße überspült und ihm den Rückweg abgeschnitten hatte. Er setzte sich ins Auto und wartete geduldig, bis sich das Wasser langsam zurückzog. Das Angebot eines Passanten, das Ende des Sturms bei ihm zu Hause abzuwarten und einen Kaffee zu trinken, schlug er dankend aus. Am nächsten Nachmittag hatte sich der Sturm gelegt. Im Zentrum von Hyannis zogen Nationalgardisten auf, die die Geschäfte sicherten, bis die Schaufenster ersetzt waren, und beim Aufräumen halfen. Zwei Schwestern beobachteten, wie sich Jack und ein anderer Mann einen Weg durch die Trümmer rund um den Hafen bahnten. Der Fremde war Redakteur des Magazins *Life* und für eine Recherche in der Stadt, und es sah Jack ähnlich, dass er den Kontakt zu dem Journalisten gesucht hatte. Jack – blaues Basecap, weißes Hemd mit offenem Kragen, Kakihose und Bootsschuhe – kam auf die Schwestern zu und stellte ihnen den Gast vor.

»Jack sah nicht gesund aus«, erinnerte sich später eine der Frauen, »und das war mit Sicherheit nicht gespielt. Aber sein Lächeln war unglaublich charmant.« Ihr fiel auch auf, wie jung Jack trotz seiner immerhin 27 Jahre wirkte. Nachdem Jack den beiden Frauen einige Komplimente gemacht hatte, forderte er sie auf, ihn und den Journalisten zum Essen zu begleiten. Anschließend lud er sie in das Familienanwesen ein, wo er »eine zerknitterte, ungebügelte Uniform« anzog, weil er meinte, damit für das Dinner richtig gekleidet zu sein. Nach dem Essen führte er sie zum Tanzen aus, schließlich verabredeten sie, am nächsten Tag gemeinsam das Center Theatre in Hyannis zu besuchen. Auch am dritten Tag wollten sie sich treffen, doch im letzten Moment musste Jack absagen. In der Familie habe sich ein Notfall ereignet, und er müsse umgehend nach New York.[67]

In den fünf Monaten von Mai bis September 1944 hatte Kathleen ihrer Mutter das Herz gebrochen, weil sie aus der katholischen Kirche ausgetreten war, Jack hatte sich zwei schmerzhaften, aber wenig erfolgreichen Operationen unterziehen müssen und war zum Kriegshelden avanciert, über den Zeitungen und Illustrierte berichteten, die Deutschen beschossen London mit neuartigen Waffen, und mit der Invasion der Alliierten wurden auch Joe jun. sowie Kicks Mann tiefer in das Kriegsgeschehen verstrickt. Joe jun., der hoffnungsvolle Erstgeborene, hatte seinen Einsatz mit dem Tod bezahlt. Schließlich und endlich war der schlimmste je gemessene Wirbelsturm über Neuengland und Hyannis Port hinweggezogen und hatte eine Schneise der Verwüstung hinterlassen.

Am 9. September, dem Tag, an dem der Hurrikan zum ersten Mal gesichtet wurde, richtete ein deutscher Heckenschütze in Belgien sein Gewehr auf einen britischen Soldaten und drückte ab. Die Kugel traf das Herz von Billy Cavendish. Kick und er waren erst seit vier Monaten verheiratet, lediglich fünf Wochen hatten sie als Ehepaar zusammengelebt. Der Tod von Joe jun. lag nicht einmal einen Monat zurück. Dass ihr Mann ihm gefolgt war, erfuhr Kick erst eine Woche später. Da war sie gerade mit einigen Familienangehörigen in New York.

»So endet die Geschichte von Billy und Kick«, notierte die junge Witwe in ihr Tagebuch. Ihren Eltern schrieb sie: »Wenn Eunice, Pat und Jean erst einmal fünfzig Jahre verheiratet sind, können sie sich glücklich schätzen, wenn sie auf fünf gemeinsame Wochen mit ihrem Ehemann zurückblicken können, wie sie mir vergönnt waren. Und richtet Jack aus, er soll vorläufig nicht heiraten. Einstweilen kümmere ich mich um seinen Haushalt.«[68]

In einem Brief an Jacks Freund Lem Billings zitiert Kick die Worte einer Freundin, die gesagt habe: »Geh davon aus, dass das Leben niemanden mehr schrecken kann, der mit 25 Jahren schon die Liebe, die Ehe und den Tod kennengelernt hat.«[69]

»Zum Glück bin ich eine Kennedy«, so Kick weiter. »Ich bin davon überzeugt, dass mir das dabei hilft, mit den Dingen, die mir widerfahren, umzugehen. Ich habe erlebt, wie Dad und Mom um Joe getrauert haben, und ich weiß, dass unsere Familie sich nicht unterkriegen lassen wird. Viele Jahre liegen noch vor mir, und die Welt hält so viel Schönes bereit – selbst wenn es momentan nicht immer leichtfällt, daran zu glauben.«[70]

TEIL II
KURSÄNDERUNG

Jack

Gott schert es nicht, wer das Rennen gewinnt,
und auch uns interessiert das nicht sehr.
Es gibt Dinge, die wichtiger sind,
wie der Wind, der Himmel und das Meer.*

Als ich wieder zu Hause und aus der Armee entlassen war, habe ich bei einer Zeitung angefangen, dem *Chicago Herald American*.« So beschrieb Jack seinen Werdegang, nachdem er in die Politik gegangen war. »Und dann bin ich wieder zu Hause in Boston gelandet. Ich hatte einen älteren Bruder, von dem ich annahm, dass er in die Politik gehen würde, aber er ist als Soldat in Europa gefallen. Ich hatte nie vor, Politiker zu werden, ich wollte es eigentlich erst von dem Moment an, in dem ich es war. Schreiben hat mich immer interessiert. Eine Weile lang wollte ich auch Lehrer werden. Der Krieg hat mein Leben stark verändert, und wenn er nicht gewesen wäre, hätte ich wahrscheinlich einen anderen Weg eingeschlagen.«[1]

Der Wandel Jack Kennedys vom intellektuell angehauchten Zweitgeborenen zum politischen Bannerträger der Familie war weder selbstverständlich noch vorhersehbar. Sein Vater äußerte einmal, Jack und sein älterer Bruder seien »grundverschieden«.

---

* Aus dem Gedicht »Windy Song« von Jacqueline Bouvier aus dem Jahr 1943, demselben Jahr also, in dem die PT 109 versenkt wurde. Das Original liegt heute zusammen mit frühen Zeichnungen von Ankern, Leuchttürmen und gaffelgetakelten Segelbooten im JFK Library and Museum. Als sie das Gedicht schrieb, war Jacqueline Bouvier 14 Jahre alt. Zehn Jahre später wurde sie John F. Kennedys Frau.

Joe jun. bezeichnete er als »dynamischer, geselliger und unbeschwerter. Jack war als junger Mann eher schüchtern, in sich gekehrt und still. Seine Mutter und ich konnten uns ihn nicht als Politiker vorstellen. Wir gingen davon aus, dass er Lehrer oder Schriftsteller wird.«[2]

Jacks Karriere als Journalist war nur kurz, aber ereignisreich. Sie dauerte von Mai bis August 1945. Sein Vater hatte ihm zu einem Job als Reporter bei William Randolph Hearsts Chicagoer Zeitung verholfen. Artikel, die Jack schrieb, erschienen auch in anderen Blättern Hearsts. Aus San Francisco berichtete er über die Gründung der Vereinten Nationen, aus London über die englischen Parlamentswahlen. Bei dieser Gelegenheit sagte er die Abwahl Winston Churchills voraus und bewies damit für einen Amerikaner ein erstaunlich tiefes Verständnis für die Wählerstimmung. Jack war aufgeschlossen und neugierig und traf mehrere große Politikerpersönlichkeiten seiner Zeit.

So dämmerte ihm bald, dass diejenigen Menschen, die wichtige Dinge tun, eher einer Berufung folgen als diejenigen, die über solche Menschen nur berichten. Das Leben als Reporter befriedigte ihn auf Dauer nicht.[3] Deshalb ging er zurück nach Harvard und schrieb sich für Jura ein.

Als ein Kongressabgeordneter aus Boston sein Mandat niederlegte, um Bürgermeister zu werden, begriffen Joe sen. und Jack das als Chance, in die Politik einzusteigen. Der Wahlkreis war so sehr von den Demokraten beherrscht, dass die Aufstellung durch die Partei eine höhere Hürde war als die eigentliche Wahl im November des Jahres. Joe finanzierte die Kampagne und steckte erhebliche Beträge in Werbe- und Imagekampagnen. Laut dem Historiker Michael O'Brien war er seiner Zeit damit voraus.[4] Zwar hatte Jack nur als Kind in Boston gewohnt, aber sein Großvater war einst Bürgermeister der Stadt gewesen, sein

Vater war reich und berühmt, sodass der Name Kennedy durchaus ein Pfund war, mit dem sich wuchern ließ.

Jack wurde als Kriegsheld präsentiert, und die Geschichte der PT 109 wurde nicht nur für diesen Wahlkampf ausgeschlachtet, sondern auch für jede weitere Stufe auf der Karriereleiter, die Jack erklomm. Eine Kurzfassung des Artikels von John Hersey im *New Yorker* wurde an alle Haushalte im Wahlbezirk verteilt, Radiospots verbreiteten die Geschichte der PT 109, und ein Besatzungsmitglied ließ sich willig als Unterstützer Kennedys vor dessen Werbekarren spannen.

Weil Jack die Berufung auf die irischen Wurzeln als politisches Mittel ablehnte, vermied er nach Möglichkeit das dazugehörige Händeschütteln und Schulterklopfen, was zu einem gediegeneren und weniger altbackenen Image beitrug. Bei öffentlichen Auftritten glänzte er mit Wissen und Selbstbewusstsein. Zur Abstimmung im Juni traten zehn Kandidaten der Demokraten an, Jack erhielt 42 Prozent der Stimmen. Das Mandat für den Kongress war damit nur noch eine Formsache. Ein Freund, der ihn auf Cape Cod besuchte, schaute versonnen auf den Nantucket Sound und versuchte sich vorzustellen, wie sich dort die Präsidentenjacht machen würde.

Der parteiinterne Wahlkampf hatte viel Kraft gekostet, und Jack zog sich nach Hyannis Port zurück, um auszuspannen. Noch stand die eigentliche Wahl für ihn und die anderen demokratischen Kandidaten aus Massachusetts aus, aber da der wichtigste Schritt geschafft war, konnte er guten Gewissens mit der *Victura* hinausfahren und darüber nachdenken, wohin der Weg, den er eingeschlagen hatte, wohl führen würde. Unterstützung erhielt er dabei von einem neuen Freund, dem erst jüngst ordinierten katholischen Pfarrer Edward C. Duffy. Kennengelernt hatten sie sich bei der Einweihung des neuen Altars der St.-Francis-Xavier-Kirche in Hyannis, für den die Kennedys zur Erinnerung an Lieutenant Joseph P. Kennedy jun. das Geld gegeben hatten. Mehrmals in diesem Sommer lud Jack Pfarrer Duffy zum Segeln ein, dann fuhren die beiden Männer mit der *Victura* hinaus aufs Meer und unterhielten sich angeregt. Bei dieser Gelegenheit sprach Jack auch offen über seine Zweifel daran, ob es richtig war, Politiker zu werden und damit einen Weg einzuschlagen, der für seinen älteren Bruder vorgesehen gewesen war.[5]

Die Kennedys hatten mehrere Hausangestellte, und in jenem Sommer kam mit der sechzehnjährigen Joanna Barboza eine weitere hinzu. Sie erinnert sich daran, dass Joe sen. selten zu Hause war. Wenn, dann sprachen die Kinder mit ihm, als erstatteten sie Bericht.

> Diese Jachten sind ausgelaufen, jene Jachten liegen im Hafen, die haben dies gemacht, jene das und wir jenes. So oder ähnlich liefen die Unterhaltungen ab.
> Nichts deutete darauf hin, dass dieser hagere junge Mann mit dem strubbeligen Haar ... einmal Präsident der Vereinigten Staaten werden und im Leben der Menschen auf der ganzen Welt seine Spuren hinterlassen würde ... Jack war ein normaler Junge, blond und aufgeweckt, dabei aber ein ausgezeichneter Segler. Sonst war da nichts. Wirklich nicht.

Im Sommer darauf beobachtete Joanna Barboza jedoch eine Veränderung an Jack. War er im Jahr zuvor noch nachdenklich und in sich gekehrt gewesen – »wie Rauch, man bekam ihn nicht zu fassen« –, so wirkte er nach dem Einzug in den Kongress offener und warmherziger. »Seine Persönlichkeit hatte sich gewandelt, vor allem emotional.«[6]

Während Jack seine politische Karriere begann und Freude

daran fand, in der Öffentlichkeit zu stehen, war seine Schwester Kick jenseits des Atlantiks damit beschäftigt, den Tod ihres Mannes zu verwinden und ein neues Leben zu beginnen. Dabei sollte ihr ein neuer Mann helfen, in den sie sich verliebt hatte. Lord Peter Fitzwilliam trug die Eigenschaften jener drei Kennedy-Männer in sich, die Kicks Leben maßgeblich bestimmt hatten: die des Vaters und die der beiden ältesten Brüder. Für seine militärischen Verdienste im Zweiten Weltkrieg hatte er das Distinguished Service Cross erhalten, die zweithöchste militärische Auszeichnung Großbritanniens. In Sachen Tapferkeit stand er Joe und Jack also in nichts nach. Er stammte aus einer wohlhabenden Familie, war neun Jahre älter als Kathleen, ein wenig undurchsichtig und wie ihr Vater ein Geschäftsmann, der mit harten Bandagen kämpfte. Er konnte aber auch überaus charmant sein. Kick liebte ihn sehr, und die Beziehung zu ihm gab ihr die Fröhlichkeit zurück. Leider musste sie den Grund dafür vor ihren Eltern verbergen. Peter war Protestant und zudem noch verheiratet. Die Scheidung lief zwar, aber ihr war klar, dass ihre Eltern die Verbindung niemals gutheißen würden. Jack hingegen konnte sie sich anvertrauen.

Als Rose und Jack in London waren, um Kick zu besuchen, reisten Mutter und Tochter zu einer Einkaufstour nach Paris. Jack blieb derweil in London, wo er unvermittelt schwer erkrankte. Doch anders als die amerikanischen Kollegen konnten ihm die englischen Ärzte endlich sagen, woran er litt. Die Diagnose Morbus Addison war ein schwerer Schlag, denn in den 1930er-Jahren waren die Patienten noch meist binnen weniger Monate verstorben. Die gute Nachricht war, dass es 1947 Methoden gab, um die fehlenden, weil von der erkrankten Nebennierenrinde nicht produzierten Hormone zu substituieren. Dadurch stieg die Lebenserwartung zwar beträchtlich, als Todesurteil galt die Diagnose aber gleichwohl.

An Bord der *Queen Mary* kehrte Jack nach Amerika zurück. Im Hafen brachte man ihn auf einer Trage an Land. Presse und Öffentlichkeit wurde aufgetischt, dass er sich von einer Malariaerkrankung erhole, was zwar nicht stimmte, aber durchaus glaubwürdig war. Wenn Journalisten über Jacks Rückenprobleme schrieben, brachten sie die oft in Verbindung mit der Versenkung der PT 109. Diesen Zusammenhang hat es nie gegeben, die Probleme mit dem Rücken hatte Jack schon lange vor seiner Armeezeit. Nun musste die erfundene Malariaerkrankung herhalten, um auch die aktuellen Beschwerden als Folge seines Dienstes am Vaterland erscheinen zu lassen. Eine Zeit lang konnte Jack nicht an den Sitzungen des Kongresses teilnehmen, und manche hatten den Eindruck, dass er es mit der Rückkehr nicht sonderlich eilig hatte.

Kathleens Beziehung zu Peter wurde derweil immer enger, und nach einigen Monaten fasste sie sich ein Herz und erzählte ihren Eltern von ihrer neuen Liebe. Rose war entsetzt. Sollte Kick Peter heiraten, verkündete sie, wäre sie nicht länger ihre Tochter. Kicks Vater pflichtete seiner Frau wortlos bei.[7]

Vielleicht war es sein Schweigen, das in Kick die Hoffnung weckte, ihn umstimmen zu können. Einige Monate später hatte Joe geschäftlich in Paris zu tun. Kurzerhand beschlossen Kathleen und Peter, auch dorthin zu reisen und mit Jack zu sprechen. Zuvor aber wollten sie nach Cannes fliegen, um ein paar Tage an der Riviera zu verbringen. Das kleine, achtsitzige Flugzeug geriet in schlechtes Wetter, und der Pilot verlor die Kontrolle über die Maschine. Sie prallte gegen einen Berg, alle Insassen fanden den Tod. Das war am 13. Mai 1948.

Das Goldene Trio war endgültig Geschichte, Jack blieb als Einziger übrig. Und Jack war ständig krank. Die beiden anderen, die gesund und lebensfroh gewesen waren, die die Herzen der

Menschen erreicht und voller Möglichkeiten gesteckt hatten, sie waren tot. Die Familie kam in Hyannis Port zusammen. Joe sen., der noch in Paris war, reiste nach Südfrankreich, um den Leichnam der Tochter zu sehen. Mit der Organisation der Beerdigung war er aber überfordert. Billys Familie konnte ihn schließlich dazu bewegen, sie in Chatsworth neben ihrem verstorbenen Ehemann bestatten zu lassen.

Für Jack war der Tod der Schwester ein herber Schlag. Seinen älteren Bruder hatte er geliebt, auch wenn sie emotional nicht auf einer Wellenlänge lagen. Mit Kick war das anders gewesen. Jacks Freund Lem berichtet, dass Jack ihn wieder und wieder gefragt habe: »Warum?« Nachts konnte er nicht schlafen, weil er daran zurückdachte, wie oft Kick und er bis zum Morgengrauen diskutiert hatten. Wer das Glück gehabt hatte, die junge Kick kennenzulernen, musste sie einfach lieb haben, und auch wenn Jack ihr Bruder war, hatten ihre Persönlichkeit und ihr scharfer Verstand, die andere Jungen magisch anzogen, auch auf ihn gewirkt. Es gab niemanden, dem er sich intellektuell und emotional so tief verbunden fühlte.

Der Verlust eines Bruders, einer Schwester und eines Schwagers, dazu das Wissen um die eigene Sterblichkeit, all das warf einen dunklen Schatten auf Jacks Leben. Lem Billings erinnert sich: »Er ging davon aus, dass es unsinnig war, irgendwelche Pläne zu schmieden.« Er lebte im Moment, »bestritt jeden Tag, als wäre er der letzte, lebte intensiv, suchte Abenteuer und Genuss«.[8]

Sicherlich hat er sich gelegentlich auch gefragt: »Wozu soll das alles gut sein?« Jacks Antwort bestand darin, dass er mit neuem Schwung zu Werke ging, um die wenige Zeit, die ihm blieb, zu nutzen. Die Begeisterung für die Politik kehrte zurück, die Positionen, die er bezog, und die Reden, die er hielt, empfanden viele als kühner und gehaltvoller denn je. Kurz erwog er sogar, sich um das Amt des Gouverneurs von Massachusetts zu bewerben. Seine Unterstützer initiierten Unterschriftenaktionen, die Jacks Fähigkeit belegten, auch außerhalb demokratischer Hochburgen Wähler zu gewinnen. Auch wenn er die Kandidatur letztlich verwarf und im Kongress blieb, hatte er ein Zeichen gesetzt, seine Bereitschaft bekundet und die Eignung für höhere politische Ämter unter Beweis gestellt.

In einem Sommer dieser ersten Jahre Jacks im Kongress, irgendwann in den späten 1940er-Jahren also und noch ehe Ted das Internat abschloss und nach Harvard ging, rief Jack ihn an. Es war Juli, Ted war im Haus auf Cape Cod, die Regatta von Edgartown sollte am Wochenende darauf stattfinden. Bei dieser Wettfahrt durften die Kennedys nicht fehlen. Ted und sein Cousin Joey Gargan hatten sich mit der *Victura* angemeldet. Jack informierte Ted darüber, dass er mitsegeln wolle, konnte aber nicht sagen, ob er es pünktlich zum Start schaffen würde. Wenn nicht, sollten sie ohne ihn lossegeln.

Die Aussicht, mit seinem Bruder, dem Kriegshelden und Kongressmitglied, gemeinsam eine Regatta zu segeln, elektrisierte Ted. Am Tag vor dem Start fuhr er mit der *Victura* die dreißig Kilometer von Hyannis Port über den Nantucket Sound nach Martha's Vineyard. Am Sonntag, dem Tag des Rennens, machten Ted und Joey das Boot startklar und warteten mit wachsender Ungeduld auf Jack. Um ihn mit an Bord zu haben, waren sie sogar bereit, später als die anderen und folglich mit erheblichem Rückstand zu starten. Wieder und wieder gingen die Blicke auf der Suche nach Jacks Flugzeug gen Himmel, bis sie zwischen den Wolken endlich eine einmotorige Maschine entdeckten. Als sie sich der Graspiste unweit des Hafens näherte, sahen sie Jack, der ihnen mit einem Strahlen im Gesicht zuwinkte.

Offenbar hatte er von oben unter den vielen Segeln das mit der Nummer 94 ausgemacht.

Die Regatta von Edgartown war der Höhepunkt der Segelsaison auf Cape Cod, und zwar sowohl in sportlicher als auch in gesellschaftlicher Hinsicht. Und wie jedes Jahr drängten sich auch in diesem Freunde und Familien der beteiligten Segler rund um den Hafen. An der Landebahn hatte Jack ein Taxi bestiegen, das ihn zum Kai brachte. An diesem Tag standen Wettfahrten in zwei Bootsklassen mit jeweils zwanzig Teilnehmern an. Die Veranstaltung war gut organisiert, die Regeln allen Startern bekannt. Um sie als Teilnehmer kenntlich zu machen, mussten alle Crewmitglieder ein rotes Abzeichen tragen. Jack hatte keines, als er sich nun im blauen Anzug, mit Krawatte und Aktentasche einen Weg zum Ende der Mole bahnte, wohin Ted derweil die *Victura* steuerte. Ein Mitglied der Wettfahrtleitung roch den Braten und rief: »Hey! Ihr könnt hier nicht einfach ein Crewmitglied an Bord nehmen!« Jack scherte sich nicht darum und sprang an Deck. Im selben Moment ertönte der Startschuss. Die Startlinie war ein gutes Stück entfernt, aber sie brachten die *Victura* auf Kurs und trimmten die Segel. Jack verkroch sich in die Schlupfkajüte und zog sich rasch um. Anschließend überließ Ted ihm das Ruder.

Als sie die Startlinie querten, begann es zu regnen, und so begaben sie sich auf den Dreieckskurs, ohne genau sagen zu können, wo sich die anderen Boote befanden. Nach kurzem Abwägen ihrer Chancen wählte Jack einen anderen Kurs als die Konkurrenten. Manche Kurse sind schneller als andere, und am schnellsten wird ein Segelboot normalerweise dann, wenn der Wind in einem Winkel von etwa neunzig Grad auf das Segel trifft. Tatsächlich drehte der Wind bald, und Jack hatte alle Vorteile auf seiner Seite. Die anderen waren gezwungen, noch einmal zu wenden, was die Geschwindigkeit senkte und die Entfernung vergrößerte. Jacks Taktik war jedenfalls aufgegangen, denn die *Victura* mit Jack, Ted und Joey an Bord beendete die Wettfahrt als Erste.

Wegen des geringen Freibords ist das sportliche Segeln auf einer Wianno Senior eine feuchte Angelegenheit, und am Ziel war Jack klitschnass. Erneut kroch er in die Schlupfkajüte und wechselte die Kleidung, ehe er mit einem großen Satz auf die Kaimauer sprang. Schon bald darauf sah Ted Jacks kleinem Flugzeug nach, das schnell an Höhe gewann und schließlich in den Wolken verschwand.[9]

1948 war die klinische Erforschung von Cortison weitestgehend abgeschlossen. Wegen seiner entzündungshemmenden Wirkung wurde es zunächst gegen rheumatische Arthritis eingesetzt, die Entdecker erhielten 1950 den Nobelpreis für Medizin. Schon bald aber zeigte sich, dass sich Cortison, oral eingenommen und in der Leber zu Cortisol umgewandelt, auch für die Substitutionstherapie bei einer Nebennierenrindenunterfunktion eignete. Etwa im Jahr 1951 begann Jack daher, regelmäßig cortisonhaltige Tabletten gegen die Addison-Krankheit zu nehmen. Schnell war eine dramatische Verbesserung seines Gesundheitszustandes feststellbar. Es ist nur schwer vorstellbar, dass er den strapaziösen Wahlkampf 1960 überstanden hätte oder auch nur alt genug geworden wäre, um zu kandidieren, hätte ihn nicht das Cortison von Beschwerden befreit, die ihn jahrelang massiv beeinträchtigt hatten.

Um sein außenpolitisches Profil zu schärfen, unternahm Jack im Herbst 1951 eine Reise in den Mittleren und Fernen Osten. Bobby und Patricia begleiteten ihn. Bobby hatte gerade sein Jurastudium an der Universität von Virginia abgeschlossen. Wegen des Altersunterschieds von acht Jahren hatten die beiden Brüder bislang wenig miteinander zu tun gehabt, doch die Reise über 40 000 Kilometer bot Gelegenheit, das zu ändern. Schon im Jahr darauf übertrug Jack Bobby die Leitung des Wahlkampfes für einen Sitz im US-Senat, bei dem er gegen den republikanischen Amtsinhaber Henry Cabot Lodge antrat, ein Mitglied der Bostoner Oberschicht. Jack setzte sich wider Erwarten durch, und wie früher beim Segeln kämpften die Kennedy-Geschwister von da an auch auf der politischen Bühne gemeinsam um Erfolge. Die meisten der kommenden Wahlkämpfe, bei denen ein Kennedy antrat, wurden von Geschwistern oder nahen Verwandten geleitet.

Seit 1946 hatte Jack insgesamt fünf Wahlkämpfe bestritten und dabei jedes Mal auf ein Flugzeug zurückgreifen können. Darauf setzte er auch vor den Präsidentschaftswahlen 1960. Für Wahlkampftermine benutzte er eine zweimotorige Convair, die wie seine Tochter auf den Namen *Caroline* getauft war. Es war das erste Mal, dass ein Präsidentschaftskandidat ein privates Flugzeug einsetzte. Dass Flugzeuge, Segelbooten vergleichbar, Namen bekamen, war seinerzeit gang und gäbe, und glaubt man dem Kennedy-Biografen Julius Fanta, dann hieß die Maschine, der Jack bis zur Geburt seiner Tochter 1957 vertraute, *Victura*.[10]

Zur Presse hatte die Familie Kennedy jahrzehntelang ein Verhältnis, das sich mit den Interessen und Umständen ändern konnte und sich wechselweise mit den Worten symbiotisch, antagonistisch, einträchtig, vertraulich, vergiftet, kalkuliert, kompliziert und respektvoll beschreiben lässt.

Unter die Kategorie »einträchtig« fällt die Beziehung zum *Washington Times-Herald*, der in den Nachkriegsjahren die *Washington Post* überflügelt hatte und auffällig viele junge und attraktive Frauen aus Jacks Umfeld beschäftigte. Nach Abschluss des Colleges schrieb Kick für den *Times-Herald*, und dort lernte sie Inga Arvad kennen, die sie mit Jack bekannt machte, woraus sich eine von Jacks intensivsten Liebesbeziehungen entwickelte. Arthur Krock, der Jack schon bei der Publikation seiner Schrift *Why England Slept* geholfen hatte, arbeitete 1951 im Washingtoner Büro der *New York Times*. Krock, der auch mit der einflussreichen Familie Auchincloss befreundet war, rief den Herausgeber des *Times-Herald* an und empfahl ihm eine junge, unerfahrene Stieftochter des Clanchefs Hugh Dudley Auchincloss jun. »Sie hat große Augen, ist intelligent und will in den Journalismus.« Der Name der jungen Frau war Jacqueline Bouvier.[11]

Zum ersten Mal begegneten sich Jack und Jacqueline im Mai 1951 auf einer Dinnerparty in Georgetown. Anschließend ging Jacqueline gemeinsam mit ihrer Schwester Lee für sechs Monate nach Europa. Als sie im Herbst zurückkam, trat sie beim *Times-Herald* eine Stelle als Fotografin und Journalistin an. Und sie begann sich häufiger mit Jack zu treffen.

»Zunächst sahen wir uns nur unregelmäßig, weil er die halbe Woche in Massachusetts war. Dann rief er mich von einem Münztelefon in irgendeiner Bar aus an und fragte, ob ich Lust hätte, am nächsten Mittwoch mit ihm zusammen ins Kino zu gehen ... Er war keiner, der einer Frau Blumen oder Pralinen überreicht hätte, aber dann und wann brachte er mir ein Buch mit.«[12]

Nicht einmal der Wahlkampf für den Posten des Senators von Massachusetts, in den sich Jack 1952 stürzte, konnte der Beziehung etwas anhaben. Im Gegenteil, denn immer öfter tauchte Jacqueline bei Jacks Veranstaltungen auf, und im Sommer reisten sie gemeinsam zum Haus der Familie in Hyannis Port.

Weil Bobby als Erster geheiratet hatte, war seine Frau Ethel die »dienstälteste« Schwiegertochter, und sie fügte sich bemerkenswert gut in die Familie ein. Wie ihre Schwägerinnen zeichnete sie sich durch Sportlichkeit, Unbekümmertheit und eine positive Lebenseinstellung aus. Während Ethel also rasch in die Familie integriert war, brachte Jacqueline eine andere Kultur mit ins Haus. Die Kennedy-Männer genossen ihre Anwesenheit regelrecht, und sie war sich ihrer Wirkung durchaus bewusst. Die Frauen der Familie behandelten sie entsprechend unfreundlich. Die Schwestern nannten sie despektierlich »die Debütantin« – als Studentin war sie zur »Debütantin des Jahres« gewählt worden – und nahmen mit Befremden zur Kenntnis, dass sie die zweite Silbe ihres Vornamens betonte. »Jacqueleen reimt sich auf Queen«, notierte Ethel. Jacqueline ihrerseits machte »Haare auf den Zähnen« von Jacks Schwestern aus und nannte sie »Klatschbasen«.[13] Mit der Zeit jedoch, bedingt durch gemeinsame Erfahrungen und die zahllosen Aufs und Abs im Leben der Kennedys, kamen sie sich näher.

Zunächst einmal musste sich Jacqueline jedoch behaupten, was ihr mit einiger Bravour gelang. Dinah Bridge, eine Freundin aus England, die in jenem Sommer im Haus von Bobby und Ethel auf Cape Cod zu Besuch war, erinnert sich:

> Ich glaube, ich war eine der Ersten, die sie im Familienkreis erlebt haben. Wir saßen zusammen mit Jack und Jean beim Frühstück, als diese wunderschöne junge Frau ins Zimmer kam. Sie trug eine Reithose und wollte Jean zum Reiten abholen … Wenig später war sie im Haus der Kennedys zum Abendessen eingeladen, anschließend wurde gespielt. Währenddessen wurde Jacqueline auf Herz und Nieren geprüft, durchleuchtet, wenn man so will, aber sie hielt der Befragung souverän stand … Die Fragen prasselten nur so auf sie ein, und weil alle durcheinanderredeten, musste sie gewissermaßen auf Verdacht antworten. Aber soweit ich mich erinnere, hat sie sich toll geschlagen.[14]

Das Lieblingsspiel der Kennedys war seinerzeit ein Ratespiel namens »The Game«, ähnlich einer Scharade, bei dem es auf Intelligenz und rasche Auffassungsgabe ankam. Wie sich erwies, war Jackie darin kaum zu schlagen. Sie war athletisch genug, um sich auch am Touch-Football im Garten zu beteiligen, auch ohne die Regeln zu kennen. Und nachdem sie ihre Fitness und Sportlichkeit nachgewiesen hatte, blieb es ihr künftig erspart, den körperlich anstrengenden Sport, dem die Familienmitglieder nachgingen, mitzumachen.

Wie und warum Jackie Jacks Herz gewonnen hatte, war den Kennedy-Schwestern klar, aber was sie überraschte, war das Tempo, mit dem ihr das auch bei Joe gelang. In einem Interview sagte Doris Kearns Goodwin, Jackie habe ihr erzählt, »dass sie sich anfangs sehr zu ihrem künftigen Schwiegervater hingezogen gefühlt, mit ihm zusammengesessen und klassische Musik gehört habe. Er habe sie auch ermutigt, sich nicht am Touch-Football zu beteiligen und sich stattdessen mit ihm zu unterhalten. Er liebte klassische Musik und war ein interessanter Mensch, und für eine Frau in Jacquelines Alter waren die Gespräche mit ihm sicherlich wesentlich ergiebiger als beispielsweise die mit Rose. Er war weltgewandt, kannte viele Frauen und konnte ausgesprochen charmant sein. Ich kann gut verstehen, dass sie ihn gemocht hat.«[15]

Im November 1952 gewann Jack die Wahlen zum Senat, und als sein Manager hatte Bobby im Schnelldurchlauf erste Erfahrungen im Wahlkampf um ein hohes politisches Amt gesammelt. Kaum war Jack als Senator vereidigt, teilte er der Familie mit, dass er die Absicht hatte zu heiraten. Joe war entzückt. Die Verlobung fand am 24. Juni 1953 statt. Damit verloren die amerikanischen Frauen »unseren Goldjungen, den begehrtesten Junggesellen von ganz Neuengland«, wie eine Journalistin schrieb, die einst selbst von Jack umgarnt worden war.[16]

Bot sich den Kennedys die Gelegenheit zu einer Medienoffensive, dann ließen sie sie selten ungenutzt. Die Verlobung war eine solche Gelegenheit, und wieder einmal wurde eine Zusammenarbeit mit dem Magazin *Life* vereinbart. Der Fotograf Hy Peskin, der sich durch die Arbeit für *Sports Illustrated* einen Namen gemacht hatte, wurde von *Life* nach Hyannis Port geschickt.

1953 hatte erst etwa die Hälfte aller amerikanischen Haushalte einen Fernseher. Radio, Zeitungen und Wochenschauen waren die wichtigsten Informationsquellen. Auch Magazine übernahmen diese Rolle, und bevor das Fernsehen gedruckten Medien den Rang ablief, gehörte *Life* zu den bevorzugten Quellen, die mittels Bildern über das Geschehen in der Welt berichteten. Dafür wurden die besten Fotografen engagiert, und *Life* erschien in einem Format, das fünfzig Prozent größer als das vergleichbarer Illustrierter war. 1950 erreichte die Zeitschrift ein Fünftel aller US-Amerikaner, 1960 waren es bereits doppelt so viele.

Einige Fotos des frisch verlobten Paares, die in der Zeitschrift abgedruckt waren, zeigen Jacqueline im Garten von Hyannis Port, mal mit einem Football unterm Arm, mal einen Baseballschläger schwingend und dem Fänger Jack gegenüberstehend. Dass sie diese Sportarten nicht mochte, überspielte sie geschickt. Eine Bildunterschrift merkt an, dass Jackie »auf dem großen, bestens gepflegten Rasen des Anwesens eine zwar unkonventionelle, aber durchaus dynamische Schlagtechnik an den Tag legt«. Unter einem anderen Foto heißt es: »Die Kennedy-Schwestern Jean und Eunice wollen von Jackie wissen: ›Wie hat er dir den Antrag gemacht?‹« Ein ganzseitiges Foto zeigt Jackie auf dem Geländer der Veranda sitzend, die Beine ausgelassen nach oben geschwungen, auf dem Kopf ein Sonnenhut, in ihrem Rücken Schaumkronen auf den Wellen des Nantucket

Sound. Laut Bildunterschrift hat sie »am Vassar College, an der George Washington University und schließlich an der Pariser Sorbonne studiert. Ihr letzter Auftrag für den *Washington Times-Herald* führte sie vergangenen Monat zur Krönung der englischen Königin Elizabeth II.« Es klingt kaum glaublich, dass Männer, die Jackie von früher kannten, sie noch vor Jahresfrist als wenig attraktiv empfunden hatten. 1953 konnten die Kameras sich gar nicht an ihr sattsehen, und *Life* attestierte ihr darüber hinaus Klugheit und Kultiviertheit.[17]

Besonders beeindruckend war das Titelblatt der Ausgabe von *Life*. Eine durchschlagende Wirkung hatten die Kennedys durchaus beabsichtigt, doch es geriet zu einem Musterbeispiel der politischen Imagebildung im 20. Jahrhundert. 1940, dreizehn Jahre zuvor, hatte die Familie es für das Beste gehalten, Alfred Eisenstaedt mit zum Segeln zu nehmen, wo er Joe jun. an der Pinne abgelichtet hatte. Jack war seinerzeit zwar auch an Bord, ist auf dem Foto aber nicht zu sehen. Nun nahmen Jack und Jackie Peskin mit zum Segeln, und wieder war es die *Victura*, die als Transportmittel herhalten musste. Das Foto, das dabei entstand, zeigt Jack und Jackie mit einem strahlenden Lächeln vor dem Mast sitzend, die weißen, vom Wind geblähten Segel reflektieren das Sonnenlicht – ein Bild als jugendliches Versprechen. Die *Victura* krängt leicht, Jack wirkt trotzdem selbstsicher und entspannt. Mit bloßen Füßen stützt er sich am Süllbord ab, er trägt kurze Hosen, die vom Meerwasser feucht sind. Dieser Mann ist in seinem Element, voller Zuversicht und Vertrauen in sich selbst und sein Boot. Da es nichts zu tun gibt, liegen Arme und Hände entspannt über den Knien. Jackies kurzes Haar ist vom Wind zerzaust, ihr Hemdkragen hat sich aufgerichtet, ihre Gestalt wirkt schlank und mädchenhaft. Ihre Beine sind angewinkelt und berühren das Süllbord nicht, mit einer Hand hält sie sich am Mast fest, mit der anderen offenbar an Jack. Sie ist keine so erfahrene Seglerin, und die Schräglage scheint sie leicht zu verunsichern. »SENATOR KENNEDY AUF FREIERSFÜSSEN«, verkündet die Schlagzeile.

Jack war unterdessen heimisch genug auf dem politischen Parkett, dass der Hinweis auf seinen prominenten Vater ausbleiben konnte. Und wenn es ein Datum gibt, an dem die »Marke« Kennedy neu definiert wurde, dann ist es der 20. Juli 1953, jener Tag, an dem *Life* mit dem besagten Titelbild erschien. Journalisten, die über Jack schreiben wollten, mussten ihn von diesem Datum an nicht mehr als Sohn des früheren Botschafters vorstellen. Und das freute vor allem Joe.

Jahre später fiel einer Freundin das Titelblatt von *Life* in die Hände, und sie erkundigte sich bei Jackie, ob sie tatsächlich eine so begeisterte Seglerin war, wie es auf dem Foto den Anschein hatte. »Nein«, erwiderte sie. »Mein Mann segelt leidenschaftlich gern, aber ich war nicht länger auf dem Boot als für die Aufnahme notwendig.«[18]

Jack und Jackie heirateten am 12. September 1953, Bobby und Jackies Schwester Lee fungierten als Trauzeugen. Jackies Eltern hatten für eine Hochzeit in kleinem Kreis plädiert, aber Joe wollte ein rauschendes Fest mit einer entsprechenden medialen Aufbereitung. Er setzte seinen Willen durch. Während der Flitterwochen schrieb Jackie ein Gedicht über ihren Ehemann, das ihre Tochter Caroline viele Jahre später in einen Band mit Jackies Lieblingsgedichten aufnahm, »obwohl ich wusste, dass meine Mutter es als unpassend empfunden hätte, wenn sich unter den Gedichten, die sie so sehr geliebt hat, auch eines ihrer eigenen befindet«.[19] In dem Band ist Lyrik aus der Feder von Homer, Shakespeare, Shelley, Keats und Langston Hughes versammelt.

Jackies Gedicht hat 370 Wörter und ist von Stephen Vincent

Benéts Poem »John Brown's Body« inspiriert. Es heißt »Meanwhile in Massachusetts« und berichtet von Jacks Kindheit und Jugend in Neuengland, den irischen Wurzeln und seinem Militärdienst. Auch das Familienanwesen und Jacks verheißungsvolle Zukunft kommen darin vor.

Ted Sorensen, der seit 1953 als Berater und Redenschreiber für Jack arbeitete, äußerte sich so: »Nach der Heirat begann er sich ihr zuliebe für Kunst zu interessieren, sie ihm zuliebe für Politik.«[20]

Jackie liebte Poesie und las Proust und andere französische Autoren im Original. Und die von ihr selbst verfassten Gedichte illustrierte sie auch. Jack las für einen Politiker vergleichsweise viel und gern, ein Interesse, das die jungen Eheleute gemeinsam hatten. Dank Jackies Einfluss, aber auch dank der Ausbildung in Harvard, die Jack, wie auch Bobby und Ted, genossen hatte, fand er in den 1950er-Jahren zunehmend Gefallen an Lyrik. Wenn er und seine junge Frau in Hyannis Port waren, lasen sie sich gegenseitig Gedichte vor. Später half Jackie Bobby dabei, sich den klassischen Literaturkanon zu erarbeiten. Bobby übernahm auch die Angewohnheit, Bücher ganz oder teilweise laut vorzulesen. Als Jack nationale Bekanntheit erlangt hatte, tauchten in seinen Reden prompt regelmäßig Anspielungen und Verweise auf Gedichte und andere Literatur auf.

Zu Beginn seiner Karriere nahm er in seinen Reden gern Bezug auf historische Persönlichkeiten und streute Zitate von Jefferson, Madison, Lincoln, Churchill oder Clausewitz ein. Nachzulesen ist das in Edward Kleins Buch über Jack und Jackie. Und Sorensen beschreibt, wie das Paar abends zu Hause, umgeben von Bücherstapeln, auf dem Teppich lag und nach geeigneten Zitaten suchte. »Wie wär's hiermit?«, fragte Jackie dann und las eine Passage vor. »Das passt genau zu dem, was du sagen willst.« Laut Sorensen war Jackie »zwar keine Literaturwissenschaftlerin, aber eine Literaturkennerin mit einem enorm großen Wissensfundus«.[21]

Einer von Jacks Angestellten aus seiner Zeit als Senator erinnert sich folgendermaßen: »Sie machte Vorschläge, gab Tipps zu Positionen, die er beziehen, Gedichten, aus denen er zitieren, und historischen Bezügen, die er herstellen könnte ... Und er nahm ihre Ideen fast immer in seine Reden auf.« Charlie Bartlett, ein weiterer Mitarbeiter Jacks, ergänzt: »Sie lasen sich ständig gegenseitig etwas vor, und Jackie, die unglaublich gescheit war, machte Jack auf interessante Passagen aufmerksam ... So kam Jack an die meisten Zitate, die er in seine Reden für den Präsidentschaftswahlkampf einbaute.«[22]

Textstellen, die vom Meer und vom Segeln handelten, waren dabei besonders beliebt, und wohl weil sie Jacks Vorliebe kannte, lieferte Jackie die entsprechenden Quellen. »Ein Gedicht, das beide sehr liebten, war ›Ulysses‹ von Alfred Lord Tennyson«, berichtet ihre Tochter Caroline. »Meine Mutter hatte es von ihrem Großvater gelernt, als sie zehn Jahre alt war. Irgendwann hat sie es meinem Vater vorgetragen, der es anschließend oft in seinen Reden zitierte. Mein Onkel Bobby sollte es ihm später nachmachen.«[23] Und noch später auch ihr Onkel Ted.

Jackie stellte Jack das Gedicht kurz nach der Hochzeit vor. Es handelt von einem alternden König, der den Griechen aus Homers Epos als Odysseus geläufig ist. Als junger Mann war dieser Ulysses ein berühmter Seefahrer, der zahllose Abenteuer bestanden hat. Älter geworden, leidet er am Trott des Lebens am Hofe, und so fordert er seine gleichaltrigen Kameraden auf, gemeinsam mit ihm an die glorreiche Vergangenheit anzuknüpfen und erneut in See zu stechen. Es hat einen ganz eigenen Reiz, sich vorzustellen, wie Jackie Kennedy, eben erst 25 Jahre alt, mit Jack am Strand von Cape Cod sitzt, auf den Nantucket Sound hinausschaut und ihm ein selten schönes Gedicht vorstellt, das er künftig genau so in seinen Reden verwenden wird, wie es später seine beiden Brüder taten. Die letzten Zeilen des Gedichtes klingen so:

> Ihr Freunde, kommt, noch bleibt
> die Zeit, nach einer neuen Welt zu schau'n.
> Stoßt ab, nehmt Platz und pflügt mit voller Kraft
> die Ruder durch das Wasser, denn ich will
> nach Westen fahren bis zum Tod, weil dort
> das Licht der Sonne und der Sterne sinkt.
> Vielleicht liegt dort ein Sog, der uns verschlingt,
> vielleicht das Inselreich Elysion,
> wo heut' Achillus lebt und uns'rer harrt.
> Zwar ist uns viel genommen, dennoch bleibt
> uns viel; wohl kaum die Macht wie einst, als wir
> den Lauf der Welt bestimmt, und doch die Kraft,
> zu bleiben, was wir sind: ein fester Bund
> entschloss'ner Herzen, schwach, doch eins im Wunsch
> zu streben, suchen, finden bis zuletzt.

In den 1950er-Jahren gründeten auch die Kennedy-Schwestern – Eunice, Patricia und Jean – eigene Familien. In den dreizehn auf den Mai 1953 folgenden Monaten liefen Jack und zwei seiner vier noch lebenden Schwestern in den Hafen der Ehe ein. Jean folgte dem Beispiel 1956. Die Männer, die so in die Familie aufgenommen wurden, sollten wichtige Rollen im privaten wie im öffentlichen Leben der Kennedys spielen.

Die erste Schwester, die heiratete, war Eunice. Ihr Auserwählter war Robert Sargent Shriver, den sie durch ihren Vater kennengelernt hatte. Wie Jack war auch Shriver Leutnant der Navy, und auch er hatte im Südpazifik gedient, wo er an Kämpfen auf den Salomonen und speziell auf Guadalcanal beteiligt war.

Nach dem Krieg hatte Joe ihn mit der Aufgabe betraut, den Merchandise Mart in Chicago zu managen, das bei seiner Erbauung größte Gebäude der Welt, in dem der gesamte Großhandel Chicagos konzentriert war. Als Präsident übertrug ihm sein Schwager wichtige politische Funktionen, später trat Shriver selbst als Präsidentschaftskandidat der Demokraten an.

Gelegentlich ist zu lesen, dass die Kennedy-Schwestern erst durch Jacks Einzug ins Weiße Haus ins Rampenlicht der Öffentlichkeit gerieten. Tatsächlich aber war es so, dass Eunice zunächst mehr Ehrgeiz und soziales Engagement an den Tag legte als ihr Bruder. Und Patricia war nicht auf Jacks Hilfe angewiesen, um in die Schlagzeilen zu kommen. Ihre Hochzeit mit dem Schauspieler Peter Lawford 1954 war als gesellschaftliches Ereignis ebenso bedeutend wie die von Jack und Jackie. Zu beiden Anlässen fanden sich laut *New York Times* jeweils dreitausend Zaungäste ein. Seit den 1940er-Jahren war Lawford eine feste Größe in Hollywood und noch zum Zeitpunkt der Eheschließung weitaus bekannter als Jack. Auf dem Höhepunkt seiner Karriere bekam Lawford Woche für Woche Tausende Briefe und Autogrammwünsche. 1953 trat er mehrfach in der Fernsehsendung *General Electric Theater* auf, die später von Ronald Reagan moderiert wurde. Ende der 1950er-Jahre gehörte er zum engsten Freundeskreis von Frank Sinatra, genannt das »Rat Pack«. Sinatra wurde ein wichtiger Unterstützer Kennedys im Wahlkampf und war maßgeblich daran beteiligt, dass über den Graben zwischen Politik und Showgeschäft eine Brücke geschlagen wurde – ein Prozess, der unter Kennedys Vorgängern Eisenhower und Harry Truman oder später unter Richard Nixon undenkbar gewesen wäre.

Jean hielt sich hingegen viele Jahre lang im Hintergrund, aber ihr Ehemann Stephen Edward Smith brachte wirtschaftliche Kompetenz und strategisches Denken in die Familie ein. Er kümmerte sich viele Jahre um die Finanzen des Clans und managte die Kampagne für Jacks Wiederwahl als Präsident, bis sie 1963 mit dem Attentat von Dallas jäh endete. 1968 organisierte Smith den Wahlkampf seines Schwagers Bobby, ehe auch der einem Attentat zum Opfer fiel.

1954 verschlimmerten sich Jacks Probleme mit dem Rücken derart, dass er wochenlang auf Krücken angewiesen war. Er konsultierte mehrere Ärzte, und alle rieten ihm zu einer Operation, nicht zuletzt, weil wegen seiner Erkrankung am Morbus Addison die Gefahr einer Infektion bestand. Jack sah sich vor die Wahl gestellt, ein Leben mit Schmerzen führen zu müssen und auf Krücken angewiesen zu sein oder das Risiko einzugehen, sich am Rücken operieren zu lassen, und darauf zu hoffen, so die Probleme in den Griff zu bekommen, die ihn seit Kindertagen plagten. »Lieber sterbe ich, als den Rest meines Lebens mit diesen Dingern herumzulaufen«, sagte er entschlossen und schlug zur Bekräftigung mit der Faust auf seine Krücken.[24]

Bei dem komplizierten Eingriff sollte das Kreuzbein fest mit dem Hüftbein verbunden werden. Eine Metallplatte sollte die Aufgabe übernehmen, die Lendenwirbelsäule zu fixieren. Die Operation fand im Oktober 1954 in New York statt. Und wie die Tatsache, dass Jack an der Addison-Krankheit litt, wurden sowohl der Eingriff selbst als auch der Umstand geheim gehalten, dass der Patient, wie mehrere Quellen berichten, beinahe gestorben wäre. In Palm Beach, Florida, besaßen die Kennedys ein weiteres Anwesen, und dorthin zog sich der Rekonvaleszent zurück. Er musste liegen und litt ständig unter Schmerzen. Im Februar 1955 reiste er wieder nach New York, wo in einer weiteren Operation die Platte im Rücken entfernt wurde. Zurück in Palm Beach, leistete ihm Jackie Gesellschaft, pflegte und umsorgte ihn oder las ihm etwas vor, um ihn auf andere Gedanken zu bringen. Am 1. März 1955 konnte Jack zum ersten Mal seit Monaten wieder ohne Krücken gehen. Tags darauf zog er sich Shorts an, setzte eine Baseballkappe auf, und gestützt auf Jackie und seinen engen Freund Dave Powers, ging er zum Strand. »Als das warme Salzwasser seine Zehen umspülte, lächelte er selig«[25], erinnert sich Powers.

Noch vor der ersten Operation hatten Jack und sein Berater Ted Sorensen die Idee für ein Buch mit Porträts einiger besonders mutiger amerikanischer Politiker diskutiert, die aus innerer Überzeugung an unpopulären Positionen festgehalten hatten, auch wenn dadurch ihre politische Laufbahn bedroht war. Im Wissen, dass nach der Operation viel Zeit zum Schreiben bleiben würde, konzipierten sie das Buch, das 1956 unter dem Titel *Profiles in Courage* erschien. Als Jack nach der zweiten Operation endlich das Bett verlassen und sich einigermaßen frei bewegen konnte, setzte er sich ans Meer und arbeitete wechselweise an dem Buch und an Unterlagen, die ihm in seiner Eigenschaft als Senator zugestellt wurden.

Seine Mutter Rose schildert das Bild, das ihr Sohn in der malerischen Kulisse Floridas abgab, wie folgt:

> Unweit des Hauses gab es einen kleinen Felsvorsprung, nicht größer als ein Erker und genauso geformt. Wer dort saß, war auf drei Seiten von Strand und Meer umgeben. An sonnigen Tagen war das Jacks Büro ... Der Blick aus dem Haus ging über den grünen Rasen und die hohen Königspalmen auf das blaue Meer mit den weißen Schaumkronen, die Wolken am Himmel und die Schiffe am Horizont, und inmitten dieser Szenerie saß Jack mit einer Schreibunterlage und einem Notizblock, neben sich einen Klapptisch oder zwei, auf denen sich Bücher, Kladden und Ordner stapelten. Damit sie nicht wegflogen, hatte

er sie mit Briefbeschwerern oder Steinen vom Strand gesichert. Den Kopf gesenkt, war er mit dem Herzen und dem Verstand ganz in die Arbeit vertieft.[26]

Zivilcourage, so der deutsche Titel von *Profiles in Courage*, wurde 1956 mit dem Pulitzer-Preis ausgezeichnet, und die Journalisten, die Jacks Karriere begleiteten, müssen ihm diese Ehrung mehr geneidet haben als irgendetwas sonst. Allerdings hat das Buch wohl mehr als einen Vater, und die Frage, wie groß Jacks Anteil an der Autorschaft tatsächlich war, ist bis heute umstritten. Viele meinen, der eigentliche Verfasser sei Sorensen gewesen. Im Vorwort nennt Kennedy die Namen von Personen, die ihm geholfen haben, allen voran Sorensen. »Ihm schulde ich mehr als nur Dank«, schreibt Jack, was durchaus wörtlich zu verstehen ist, weil Sorensen einen Teil der Tantiemen bekam. Als sicher darf gelten, dass Jack bei der Entstehung des Buches zumindest die Fäden in der Hand gehalten hat, eines Buches, dessen Qualität die zahllosen vergleichbaren Werke von Politikern, die sich eines Ghostwriters, eines Herausgebers oder anderer Hilfen bedienten, bei Weitem übersteigt. Jack wusste aus eigener Erfahrung, was Mut und Zivilcourage sind, und als er auf seinem Felsvorsprung saß und auf das Meer hinausblickte, hatte er genügend Zeit, darüber nachzudenken, was beide in der Politik bedeuten könnten.

Obwohl das junge Paar über die finanziellen Mittel verfügte, sich eine standesgemäße Unterkunft zu leisten, wohnten Jack und Jackie während der ersten Monate nach der Hochzeit bei seinen Eltern, die meiste Zeit davon in Hyannis Port. Erst 1955 erwarben sie Hickory Hill, ein Anwesen in Virginia auf dem Washington gegenüberliegenden Ufer des Delaware.

Jack, der weitgehend genesen war und gesünder aussah denn

je, wurde von Adlai Stevenson in dessen Team für den Kampf um das Weiße Haus berufen. Derweil hatten Jack und Jackie den Wunsch, ein Kind zu bekommen. Im ersten Ehejahr hatte Jackie eine Fehlgeburt erlitten, nun war sie erneut schwanger. Dennoch begleitete sie ihren Mann im Sommer 1956 zum Parteikonvent der Demokraten in Chicago, wo sie als Frau eines aufstrebenden Hoffnungsträgers ein anstrengendes Programm erwartete.

Es galt als ausgemacht, dass Stevenson für die Demokraten gegen Präsident Eisenhower antreten würde, entsprechend viel Aufmerksamkeit galt der Frage, wer sein Kandidat für den Posten des Vizepräsidenten werden würde. Obwohl noch jung und politisch vergleichsweise unerfahren, erhielt Kennedy überraschend viel Unterstützung der Delegierten. Das letzte Wort hatte jedoch Stevenson. Wenige Wochen zuvor hatte Sargent Shriver, der Mann von Eunice Kennedy, mit dem Präsidentschaftskandidaten in einem Flugzeug gesessen. Shriver kannte ihn, und zwar sowohl aus seiner Tätigkeit in Illinois, wo Stevenson Gouverneur gewesen war, als auch als Mitglied der Familie Kennedy. Die beiden Männer kamen ins Gespräch. Stevenson äußerte sich besorgt über Jacks Gesundheit, und auch wenn er das Thema nicht direkt ansprach, machte es den Eindruck, als wäre das Gerücht, Jack leide an der Addison-Krankheit, auch bis zu ihm vorgedrungen. Er erkundigte sich bei Shriver nach Jacks Kriegsverletzungen, der Malaria und der Rückenoperation.

Jack wurde aufgefordert, den Kommentar zu einem Film zu sprechen, der auf dem Parteikonvent gezeigt werden sollte. Der Film erzählte die Geschichte der Demokratischen Partei nach und endete mit dem Auszug einer Reede Franklin Roosevelts, die wiederum einen Passus enthält, der ebenso gut von Kennedy selbst hätte stammen können: »Ich bin bereit, vorauszusegeln. Wenn wir den Hafen erreichen wollen, müssen wir die Segel setzen, nicht vor Anker liegen – vorwärtsstreben, nicht uns treiben lassen."[27]

Einem unspektakulär verlaufenden Parteikonvent verlieh Stevenson ungeahnte Dramatik, indem er auf sein Recht verzichtete, den Kandidaten für das Amt des Vizepräsidenten selbst zu bestimmen. Stattdessen legte er die Entscheidung in die Hand der Delegierten. Im ersten Wahlgang konnte sich keiner der fünf Kandidaten durchsetzen. Jack landete hinter Estes Kefauver aus Tennessee auf dem zweiten Platz und erhielt überraschend viel Unterstützung aus Staaten wie Georgia und Texas. Bislang war man bei den Demokraten davon ausgegangen, dass für einen Katholiken dort nichts zu holen war. Auch im folgenden Wahlgang konnte sich Jack nicht durchsetzen, doch der zweite Platz war ein großer Erfolg, der ihm für die Zukunft alle Chancen eröffnete. Dazu hatte auch die überzeugende Bewerbungsrede vor dem Konvent beigetragen. Bei der Präsidentenwahl war das Gespann Stevenson und Kefauver dem Duo Eisenhower und Nixon heillos unterlegen.

Jack hatte zwar die Nominierung verloren, aber die Partei für sich eingenommen. Weil er aus allen Landesteilen Stimmen bekommen hatte, personifizierte er die Zukunft der Demokraten. Zudem blieb ihm durch die Niederlage auf dem Parteikonvent das Stigma des Verlierers im Wahlkampf erspart. Selbst Stevensons Bedenken hinsichtlich Jacks Gesundheit erfuhren eine bittere Pointe: Im August 1963 erlitt Kefauver auf den Fluren des Senats einen Herzinfarkt, er starb drei Monate vor den Schüssen von Dallas.

Im August 1956, nach dem Parteikonvent, brauchte Jack Urlaub. Jackie, die im Oktober ihr Kind erwartete, blieb bei ihrer Mutter und ihrem Stiefvater auf der Hammersmith Farm in Newport, Rhode Island. Jack überredete seinen Bruder Ted und seinen Studienfreund und Zimmergenossen Torby Macdonald, ihn zu begleiten. Gemeinsam charterten sie eine zwölf Meter lange Segeljacht samt Besatzung für einen Mittelmeertörn, der in Cannes starten sollte. So sehr wie das Segeln liebte Jack es, mit Freunden unterwegs zu sein, aber Gerüchte besagen, dass bei diesem Törn auch Frauen mit an Bord gewesen sein sollen – was weder der erste noch der letzte Fall von Untreue gewesen wäre. Zumindest der Zeitpunkt war jedoch denkbar schlecht gewählt. Am 23. August stellten sich bei Jackie zu Hause auf der Hammersmith Farm Blutungen ein, und sie wurde ins Krankenhaus gebracht. Die Ärzte versuchten, das Kind mit einem Kaiserschnitt zu retten, doch es war bereits tot. Bobby Kennedy fuhr zu seiner Schwägerin, um an ihrer Seite zu sein, während Eunice sich bemühte, Jack zu informieren. Nach drei Tagen erreichte sie ihn endlich über Funk.

Unermüdliche Nachforschungen von Menschen, die sich mit solchen Dingen befassen zu müssen glauben, brachten ans Licht, dass einige männliche Mitglieder der Familie Kennedy keine sonderlich guten Ehemänner waren. Jack war ein besonders schlechter. Da Jackies Leben nicht in Gefahr war, wollte er den Segeltörn fortsetzen. Ändern könne er ja doch nichts mehr. Schließlich und endlich konnte er davon überzeugt werden, dass seine Frau ihn benötigte. Der *Boston Herald* titelte: »Senator Kennedy auf See, kein Kontakt zu seiner Frau«, und suggeriert damit, dass höhere Mächte Jack davon abgehalten hätten, rechtzeitig bei seiner Frau zu sein. Die war am Boden zerstört und benötigte in der Tat Jacks Unterstützung, nicht zuletzt, weil in ihrem direkten Umfeld zeitgleich mehrere gesunde Kinder geboren wurden. So brachte ihre Schwägerin Patricia Lawford zwei Tage nach Jackies Fehlgeburt ihr zweites Kind zur Welt. Wenige Tage darauf machte Ethel ihren Mann Robert Kennedy zum fünften Mal zum Vater. Beide Neugeborenen waren Mädchen.

Und während die einen sich freuten, erhielten Jack und Jackie Tausende Beileidsbriefe, was Jacks anfängliche Gleichgültigkeit in ein noch schlechteres Licht rückt.[28]

Immerhin waren die beiden zusammen und hatten Zeit füreinander, doch schon bald rief Jack wieder die Pflicht, in diesem Fall Stevensons Wahlkampf. Jacks wachsende Beliebtheit bei den Wählern konnte und sollte dem Kandidaten zugutekommen, und so musste Jack durch die Lande reisen und Reden halten. Er hetzte von Termin zu Termin und erhielt überall viel Beifall. Bobby begleitete derweil Stevensons Wahlkampftross. Von den Erfahrungen, die er dabei machte, profitierte er später bei der Kampagne für seinen Bruder.

In die Vorbereitungen auf die Geburt hatte Jackie auch Hickory Hill einbezogen, aber der Gedanke, dorthin zurückzukehren, war ihr unerträglich geworden. Deshalb verkauften sie es nach nur einem Jahr an Bobby und Ethel. Sie selbst erwarben in Georgetown ein dreigeschossiges Haus aus dem frühen 18. Jahrhundert, ließen es renovieren und zogen anschließend ein. Ebenfalls 1956 kauften sie ein Haus in Hyannis Port, das in direkter Nachbarschaft zu jenem Anwesen lag, in dem Jack und seine Geschwister aufgewachsen waren. Und weil Robert und Ethel es ihnen einige Jahre später nachtaten, entstand auf Cape Cod eine Art »Kennedy-Komplex«, der noch einmal vergrößert wurde, als zunächst Eunice und ihr Mann, dann auch Ted ein Haus in unmittelbarer Nachbarschaft erstanden. Und ganz gleich, wie weit sich die Kennedys auch zerstreuen mochten, ihr Zentrum war und blieb auch für die kommenden Jahrzehnte Hyannis Port.

Je mehr sich die Familie durch Heirat und Geburt vergrößerte, desto mehr potenzielle Crewmitglieder für entspannte Segelausflüge oder anspruchsvolle Regatten gab es. Als Präsident war Jack später Oberbefehlshaber aller Streitkräfte, doch in jenen Jahren brachten ihm die neuen Mitsegler nicht immer den Respekt entgegen, den er von ihnen erwarten zu können glaubte. Bei einer Regatta vor Martha's Vineyard bediente Ethels lebhafter und eigensinniger Bruder George die Schoten. Er nahm sich heraus, Jacks Kommandos kritisch zu hinterfragen.

»Jack, warum willst du mir immer erklären, wie ich das Segel trimmen soll? Das weiß ich allemal besser als du«, sagte George.

Jack, einst Kapitän der Navy und in der engeren Auswahl als Teilnehmer für die Olympischen Spiele, sah George mit finsterer Miene an. »Halt dein Maul und tu, was ich dir sage«, erwiderte er schließlich. George lief rot an, ballte die Hand zur Faust, öffnete sie wieder und zeigte Jack den Stinkefinger. Dann stand er auf, sprang über Bord und schwamm zurück an Land. Jack blieb außer sich vor Wut und ohne Crew zurück.[29]

Nach zwei Fehlgeburten wurde Jackie 1957 ein drittes Mal schwanger. Jack war viel unterwegs, um sich durch Besuche der Parteibasis die Unterstützung bei einer eventuellen Kandidatur um das Präsidentenamt zu sichern. Jackies Frauenarzt hielt eine Entbindung per Kaiserschnitt für geboten, und weil sich der Termin dafür im Vorhinein festlegen ließ, konnte Jack es einrichten, dass er bei der Geburt ihrer Tochter Caroline Bouvier Kennedy am 27. November 1957 im Krankenhaus war. Mutter und Vater waren überglücklich, nicht zuletzt, weil sich die Angst, anders als Bobby und Ethel keine Kinder bekommen zu können, in Wohlgefallen aufgelöst hatte.

Nachdem Stevenson die Präsidentschaftswahlen verloren hatte, begann sich die Boulevardpresse vermehrt für die Kennedys zu interessieren: An erster Stelle stand Jack, an zweiter das Paar

Jack und Jackie, an dritter Stelle folgte die Familie als Ganzes. Schließlich hatte sich erwiesen, dass die Kennedys nicht nur vielfältig talentierte Individuen waren, sondern auch wie Pech und Schwefel zusammenhielten und entschlossen waren, Jack in seiner politischen Karriere zu unterstützen.

In jenen Jahren sorgten moderne Medien mit einer Reichweite von der Atlantik- bis zur Pazifikküste dafür, dass Ruhm und Bekanntheit nicht mehr an den Grenzen der Bundesstaaten haltmachten. Entsprechend groß war der Bedarf an Geschichten und Geschichtchen, die von den einen in die Welt gesetzt und von den anderen dankbar aufgegriffen wurden und sich von Zeitungen ins Radio und vom Radio ins Fernsehen fortpflanzten – wie ein Virus, könnte man sagen, auch wenn das Wort seine übertragene Bedeutung erst im Internetzeitalter erhielt. Die *Saturday Evening Post* druckte ein Porträt mit dem Titel »The Amazing Kennedys«, *American Mercury*, *Catholic Digest*, *McCall's* und *Redbook* veröffentlichten Artikel über Jack, die Familie und natürlich über Jackie. Jack brachte es auf die Titelseite der Magazine *Time* und, bereits zum zweiten Mal, *Life*.[30] 1957 erschien eine Schallplatte von Patti Page mit dem Lied *Old Cape Cod*, die quasi über Nacht in den Top Ten landete.

»Ich habe keine Ahnung, wie er das macht«, klagte der demokratische Senator Hubert Humphrey, der ebenfalls Ambitionen auf das Präsidentenamt hatte. »Ich lande in *Photoplay*, er in *Life*.«[31]

Nicht wenige nahmen daran Anstoß, dass ein Politiker wie ein Konsumgut vermarktet wurde. Der Kolumnist William V. Shannon schrieb in der *New York Post*: »Monat für Monat blicken Jack und Jackie Kennedy von den Hochglanzseiten des Magazins *Life* und den bunten Titelseiten von *Redbook* ein Millionenpublikum an, er mit zerzaustem Haar und einnehmendem Lächeln, sie mit dunklen Augen in einem wunderschönen Gesicht. Wir erfahren von ihrer Schwangerschaft, von seinen Heldentaten und beider Vorliebe für das Segeln. Aber was hat das alles mit Politik und Staatsführung zu tun?«[32] Der Kennedy-Biograf Michael O'Brien weist jedoch darauf hin, dass es nicht die Kennedys, sondern die Medien waren, die das Schüren von Emotionen über die inhaltliche Auseinandersetzung stellten.[33]

Jackie, die sich der Macht der Bilder durchaus bewusst war, versuchte, Einfluss darauf zu nehmen, welches Image von ihr und ihrem Mann kursierte. Bei einer Zusammenkunft in Georgetown wurde sie gefragt, ob Jack nach ihrem Geschmack nicht zu sehr ins Rampenlicht dränge. »Unfug«, erwiderte sie. »Jack ist so beschäftigt, dass er kaum noch Zeit zum Segeln und für andere schöne Dinge hat. Aber er ist halt unglaublich neugierig, wie ein Forscher, der allem nachgeht und nie ruht. Wenn ich Jack zeichnen müsste, säße auf einem schmächtigen Körper ein riesiger Kopf.«[34] Natürlich fand Jack noch Zeit zum Segeln, und immer öfter nahm er Fotografen mit an Bord. Mitunter muss Jack und Jackie das Gefühl beschlichen haben, dass sie auf einem Tiger ritten. Das brachte ihnen zwar Aufmerksamkeit und Bewunderung ein, war aber alles andere als ungefährlich. Dieser Tiger hörte auf den Namen Presse, die maßgeblich daran beteiligt war, dass die Grenzen zwischen Berühmtheit und Berufung, zwischen Popularität und Politik zusehends verschwammen.

Im Mai 1957 wurde Jack der Pulitzer-Preis zugesprochen, was ihm die Möglichkeit eröffnete, sich ein neues, seriöseres Image zuzulegen. Doch die Eheleute zogen es vor, weiter auf die Karte Boulevardmedien zu setzen. Anfang 1958 luden sie das Magazin *Life* für eine weitere Titelstory zu sich ins Haus, wobei auch Aufnahmen der kleinen Caroline in ihrem Kinderzimmer entstanden. Nur sieben Jahre später schuf Andy Warhol seine Serie von Bildern mit Jackie als Motiv. Warhols Arbeit, die ausschließlich bereits publizierte Pressefotos verwendet, reflektiert die Funktionsweise der Massenmedien und die Darstellung der Kennedys als öffentliche Personen.

Als Jugendliche brachten die Kennedy-Kinder häufig Freunde oder Schulkameraden übers Wochenende mit nach Hyannis Port. Als Jack sich auf die Präsidentschaftskandidatur vorbereitete, lud er vermehrt Intellektuelle und Politikerkollegen ein. Zu diesen Gästen gehörte auch Arthur Schlesinger, der als Berater und Geschichtsprofessor viele Jahre zwischen Universität und Politik pendelte, Reden für Präsidentschaftskandidaten verfasste und dann wieder ein Buch über einen Aspekt der amerikanischen Geschichte, gelegentlich auch über einen Politiker, für den er zuvor gearbeitet hatte. An den zwei gescheiterten Kandidaturen Stevensons hatte Schlesinger mitgewirkt, später wurde er ein enger Freund von Jack, Jackie, Bobby und anderen Mitgliedern der Familie Kennedy. Kennengelernt hatte er Jack im Juli 1959, kurz darauf lud Jack ihn zum Abendessen in das Anwesen auf Cape Cod ein. Schlesingers Frau war verhindert, sodass sie nur zu dritt am Tisch saßen. Schlesinger erinnert sich:

> Wir haben etwa von acht bis halb eins zusammengesessen und uns unterhalten. Ich hatte nur zwei Zigarren mitgebracht, und eine davon hat Jack geraucht, der (wie typisch) keine im Haus hatte ... Jackie war eine ausgesprochen charmante Gastgeberin, aber wie sie über Politik redete, war schon abenteuerlich. Mit einem naiven Augenaufschlag formulierte sie Fragen wie die, warum Jack nicht einfach kundtut, dass er es ablehnt, sich diesen ganzen unnötigen Vorwahlen zu stellen. Sollen sie ihn doch gleich zum Kandidaten küren! Jack war zu gut gelaunt,

um ungehalten zu reagieren, aber auch ihm war klar, dass ihn solche Bemerkungen, andernorts geäußert, um Kopf und Kragen bringen könnten. Zumal Jackie, wenn es um andere Themen geht, ja durchaus etwas Intelligentes zu sagen hat. Als ich eintraf, las sie ein Buch von Proust; wir haben uns über den Komponisten Nicolas Nabokov, den Journalisten Joe Alsop und andere Berühmtheiten unterhalten, aber sobald das Gespräch auf das Thema Politik kam, schien es, als bereite es ihr eine diebische Freude, sich dümmer zu stellen, als die Polizei erlaubt.

Jacks Konkurrenten äußerten Bedenken wegen seines Gesundheitszustandes und streuten das Gerücht, er leide an der Addison-Krankheit, was Jack selbst stets bestritten hatte. Schlesinger fragte ihn ohne Umschweife, wie es darum bestellt sei, woraufhin Jack erneut nicht wahrheitsgemäß antwortete. Stattdessen wärmte er die Mär von der im Krieg erlittenen Malaria wieder auf, die unterdessen aber geheilt sei. Dann behauptete er, dass nicht eines der Symptome der Addison-Krankheit je an ihm beobachtet worden sei, und fügte hinzu: »Wer diese Krankheit hat, sollte sich nicht um das Amt des Präsidenten bewerben. Ich habe sie aber nicht und hatte sie auch nie.«[35]

Wie immer es um Jackies politische Klugheit bestellt gewesen sein mag – ihre Liebe zur Literatur schlug sich in einigen der denkwürdigsten Passagen von Jacks Reden nieder. Einige Wochen vor dem geschilderten Essen mit Schlesinger sollte Jack in Yakima im Bundesstaat Washington eine Rede halten, in der er, wie viele Male zuvor, auf Persönlichkeiten der Geschichte Bezug nehmen wollte. Der Entwurf zitiert drei US-Präsidenten, den Historiker Vernon Louis Parrington, den Bundesrichter Oliver Wendell Holmes sowie den britischen Staatsmann David Lloyd George. Doch auch Bezüge zur Literatur waren nun öfter enthalten, und im Manuskript der Rede von Yakima finden sich Zitate aus Shakespeares *König Lear* und des amerikanischen Dramatikers Robert Sherwood. An dieser Rede arbeitete Jack bis zum letzten Moment. Vor allem der Schluss behagte ihm noch nicht.

Neben ihm auf dem Podium saß seine Frau Jackie. Jack notierte etwas auf der Rückseite einer Manuskriptseite und reichte sie seiner Frau. »Wie heißt es in dem Gedicht von Tennyson nach ›Ihr Freunde, kommt‹?« Auf dem Manuskript, das in der Kennedy Library aufbewahrt wird, sind die fehlenden Worte in Jackies Handschrift zu erkennen: »noch bleibt die Zeit, / nach einer neuen Welt zu schau'n«. Jack wusste, dass Jackie das Gedicht als Kind auswendig gelernt hatte, und tatsächlich schrieb sie aus dem Gedächtnis die folgenden zehn Zeilen hin, um wie das Gedicht mit den Worten zu enden: »zu streben, suchen, finden bis zuletzt«.

Ein Jahr später, im Juli 1960, fuhr Jack nach Los Angeles zum Konvent der Demokratischen Partei. Er war nur einer von mehreren Politikern, die sich um die Kandidatur für das Amt des Präsidenten bewarben. Erst spät in das Rennen eingestiegen waren Lyndon B. Johnson und Adlai Stevenson. Johnson, der mächtige Mehrheitsführer im Senat, wusste viele Delegierte hinter sich, wenn auch nicht so viele wie Jack. Und nach zwei derben Niederlagen gegen Eisenhower kämpfte Stevenson einen ziemlich aussichtslosen Kampf. Jack gewann bereits im ersten Wahlgang, und Johnson willigte ein, für das Amt des Vizepräsidenten zu kandidieren. Die Ernennung kam jedoch erst nach allerhand undurchsichtigen Manövern zustande, im Zuge derer sich Bobby Kennedy und Johnson so sehr zerstritten, dass die Beziehung nie wieder in Ordnung kam.

Kurz darauf kamen die Republikaner zu ihrem Konvent zusammen, der die Aufmerksamkeit der Presse auf sich zog. Das verschaffte Jack die Möglichkeit, nach Hyannis Port zu fahren, um sich ein wenig auszuruhen und wichtige Gespräche zu führen, ehe er in den Wahlkampf zurückkehren musste. In Hyannis Port wartete Jackie bereits auf ihn. Sie war erneut schwanger, und statt ihren Mann zum Konvent zu begleiten, war sie am Kap geblieben und hatte das Geschehen auf einem geliehenen kleinen Fernsehapparat verfolgt. Und sie hatte ein Bild gemalt, mit dem sie Jack überraschen wollte.

Je näher Jack auf der Fahrt vom Flugplatz seinem Zuhause kam, desto mehr Menschen standen am Straßenrand, die ihm zuwinkten und Transparente hochhielten. Selbst das Grundstück der Kennedys war von Nachbarn umlagert, von denen sich manche auf das Mäuerchen gestellt hatten, das die große Rasenfläche umgab. Als Jack aus dem Auto stieg, sah er zum Strand und zum Ozean. Ihn überkam die Lust, schwimmen zu gehen, doch zuvor musste er ins Haus und Caroline begrüßen. An die Zaungäste gerichtet, sagte er: »Ich denke, Sie alle wissen, was mir der Empfang bedeutet. Und als Nachbarn werden Sie ermessen können, wie es in mir aussieht. Liebend gern würde ich mich mit Ihnen unterhalten, aber ich muss ins Haus, bevor meine Tochter schlafen geht. Ihnen allen eine gute Nacht und meinen aufrichtigen Dank. Gott segne Sie.«[36]

Im Haus erwartete ihn bereits die zweieinhalbjährige Caroline mit dem Geschenk, das Jackie vorbereitet hatte: einem Bild, das Jack an Bord der *Victura* zeigt. Auf dem Kopf trägt er einen Dreispitz, und auch die Körperhaltung zitiert jenes berühmte Gemälde von Emanuel Leutze, das George Washington bei der Überquerung des Delaware zeigt – nur dass Jack nicht in die Schlacht gegen die hessischen Truppen zieht, sondern einen Kai in Hyannis Port ansteuert, auf dem ihn Kinder und Großmütter, Haustiere und eine Blaskapelle erwarten. Auf dem Dreispitz ist das Wort »Senator« zu erkennen, und auf einem Spruchband im

Hintergrund steht: »WILLKOMMEN DAHEIM, MR JACK«. Gerührt hob Jack seine Tochter hoch und ging mit ihr zur Eingangstür, um sich noch einmal den Nachbarn zu zeigen. Insgeheim fragte er sich allerdings, wie seine Frau auf die Idee gekommen war, ihn als Feldherrn zu malen.

Zwei Tage lang nahm sich Jack Zeit, gemeinsam mit Bobby und Ethel auf der *Victura* zu segeln oder an Bord der *Marlin*, des familieneigenen Motorkreuzers, zu picknicken. Das hätte Jack wohl gern noch länger gemacht, doch ab dem dritten Tag seines Aufenthaltes musste er wichtige Besucher empfangen. Zu ihnen gehörte auch Adlai Stevenson, der Unterstützung aus dem liberalen Lager organisieren konnte. Außerdem war ein Sieg in Illinois Pflicht, dem Heimatstaat Stevensons, der im Erfolgsfall ein Amt in der Kennedy-Regierung übernehmen wollte. Jack und Jackie trafen sich auch mit dem Ehepaar Johnson, und Präsident Eisenhower, der es nicht mehr für ausgeschlossen hielt, dass sein Vizepräsident Richard Nixon gegen den demokratischen Herausforderer den Kürzeren ziehen könnte, ließ Jack durch den Direktor der CIA, Allen Dulles, in die nationale Sicherheitslage einweihen. Einen Fototermin sagte der Pressesprecher Pierre Salinger allerdings in letzter Minute ab. Das Wetter war ideal zum Segeln, und Jack zog es vor, mit der *Victura* rauszufahren.

Unter den Gästen, die Jack empfing, war auch Norman Mailer, der spätestens seit dem Erfolg seines Romans *Die Nackten und die Toten* ein berühmter Mann war. Wie John Hersey, der im *New Yorker* über die PT 109 geschrieben hatte, experimentierte Mailer mit neuen literarischen Formen, indem er Stilmittel des Romans auf Sachbücher und Reportagen anwandte. Er schrieb an einem Text für den *Esquire*, der Jack und dessen Sieg auf dem Nominierungsparteitag der Demokraten thematisiert und bis heute als eine der wegweisenden Arbeiten des New Journalism gilt.

Als die beiden Platz genommen hatten, »lächelte Kennedy höflich und erklärte, dass er meine Bücher gelesen habe«, schreibt Mailer. Dann zögerte Jack, weil ihm spontan kein Titel einfiel. Schließlich sagte er: »Zum Beispiel *Der Hirschpark* und ... die anderen auch.«

Die Antwort überraschte Mailer: »Ähnliche Situationen habe ich Hunderte Male erlebt, aber das war das erste Mal, dass jemand nicht gesagt hat: ›Ich habe *Die Nackten und die Toten* gelesen und die anderen auch.‹ Falls Kennedy für das Gespräch gebrieft worden sein sollte (was ich nicht glaube), haben seine Berater außerordentliches Fingerspitzengefühl bewiesen.«

Mailer weiter:

> Was den Tag überdauert, ist der Eindruck von Kennedys Umgangsformen, die wirklich ausnehmend gut, wenn nicht gar exzellent waren und weit über das hinausgingen, was man in Choate und Harvard lernt. Man hatte den Eindruck, dass alles, was an diesem Mann kreativ oder schöpferisch ist, in seine Manieren einfließt ... Von ihm ging eine subtile, nur schwer zu beschreibende Intensität aus, eine Art aufgestauter trockener Hitze. Seine Augen waren weit geöffnet, die Pupillen grau, das Weiß markant, fast schockierend und sein auffälligstes Merkmal. Es waren die Augen eines Mannes aus den Bergen. Seine Erscheinung änderte sich verblüffenderweise mit seiner Stimmung, und dieses Phänomen machte ihn stets interessanter als das, was er sagte. In einem Moment wirkte er älter, als er tatsächlich war, vielleicht wie 48 oder 50, ein großer, schlanker, sonnengebräunter Professor mit einem sympathischen, vom Wetter gegerbten Gesicht, das nicht einmal sonderlich hübsch war. Fünf Minuten später gab er im Garten seines Hauses eine Pressekonferenz,

drei Mikrofone und eine Fernsehkamera auf ihn gerichtet, und hatte eine Metamorphose durchlaufen. Da wirkte er wie ein Filmstar, mit gesunder Gesichtsfarbe, formvollendet, die Gesten schnell und präzise gesetzt, ein Ausbund an Vitalität, wie ein erfolgreicher Schauspieler sie nun einmal ausstrahlt. Kennedy hatte ein Dutzend Gesichter.

Weiter räsoniert Mailer über Kennedys Nahtoderfahrungen, die zahllosen Krankheiten, die er überstanden hatte, den Heldenmut nach dem Untergang der PT 109 und die Furchtlosigkeit, die er im Südpazifik bewiesen hatte.

In ihm begegnen wir der Weisheit eines Mannes, der weiß, dass er den Tod in sich trägt, und ihn dadurch überlisten will, dass er sein Leben riskiert. Es ist die Therapie, zu der ihm der Instinkt rät, und wer maßt sich an, das irrational zu nennen? Sein Versuch zeugt vom Selbsthass eines Mannes, dessen Verbitterung und Ehrgeiz zu groß sind, um in seinen Körper zu passen. Nicht jeder kann seinen Zorn auf der Couch eines Analytikers abarbeiten, mancher Groll kann nur durch Macht aufgewogen werden, manch eine Wut ist so stark, dass nur der Versuch, ein Held zu werden, sie besänftigen kann, oder aber der Tod, der bereits in den Körperzellen lauert, gewinnt die Oberhand. Doch wer diesen Kampf besteht, kann ungeahnte Energie freisetzen.

Mailer begegnete einem Mann, der Kennedy in Hyannis Port erlebt hatte und an ihm eine »tiefe Müdigkeit« beobachtet zu haben glaubte.

»Beim Parteikonvent hat er alles andere als müde gewirkt«, wandte Mailer ein.

»Da hatte er ja auch drei Tage Urlaub hinter sich. Und drei Tage für ihn sind wie sechs Monate für unsereins.«[37]

Auch von Jackie war Mailer sehr beeindruckt, und als er ein zweites Mal eingeladen war, brachte er seine Frau mit. Nachdem die beiden Männer ihre Unterredung beendet hatten, wollten Jack und Jackie gemeinsam mit Ted auf der *Victura* segeln. Als es Zeit war, zum Hafen zu gehen, drehte sich Jackie zu Adele Mailer um und sagte: »Ehrlich gesagt hängt mir das Segeln zum Halse raus. Viel lieber würde ich mich jetzt mit Ihnen unterhalten.«[38]

Etwa zur selben Zeit hielt sich ein Fotograf von *Sports Illustrated* auf Cape Cod auf, der für eine Titelstory auch ein Bild von Jack an der Pinne der *Victura* schoss, das im Artikel eine Doppelseite einnahm. Als er nach seinen Segelerfahrungen gefragt wurde, gab Jack zwar bereitwillig Auskunft, aber anders als erwartet. »Ich schreibe es Ihnen auf«, sagte er, und auf einem der Fotos ist zu sehen, wie er mit Papier und Stift in der Kabine der *Marlin* sitzt und seine Meriten als Segler niederschreibt, als wollte er eine ambitionierte Crew zusammenstellen.

> Victura (auf dem Weg zum Sieg)
> 31 Jahre
> seit 20 Jahren auf dem Nantucket Sound unterwegs
> Edgartown
> Nantucket
> Starboote
> Nantucket Sound Champion
> Erfahrungen auf dem Atlantik
> Küstenmeisterschaft
> gemeinsam mit seinem Bruder Joe
> auch auf anderen Booten aktiv

Gewinner der McMillan Trophy
(Studentenmeisterschaft der Ostküste)
Mitglied der Segelauswahl von Harvard[39]

Dann war es für Jack an der Zeit, in den Wahlkampf zurückzukehren. Jackie war froh, mit der Schwangerschaft einen guten Grund dafür vorweisen zu können, zu Hause zu bleiben. Zu den wichtigsten Terminen begleitete sie ihn aber doch, etwa nach Wisconsin, einem jener Staaten, die im Kampf gegen Richard Nixon auf der Kippe standen. Nur wenige Tage vor der Wahl im November trat Jack dort auf. Seine Rede endete mit den Worten von Carl Schurz, einem Einwanderer aus Deutschland, der sich in Wisconsin politisch engagiert und für die Sklavenbefreiung eingesetzt hatte. Später zog Schurz für Minnesota in den Senat ein und hielt in der Faneuil Hall in Boston eine denkwürdige Rede, von deren Wortlaut Jack etwas abwich. »Ideale sind wie Sterne«, sagte er. »Man kann sie nicht mit Händen greifen. Doch jeder Seefahrer folgt ihnen auf seinem Weg in den Hafen. Und wenn wir uns von ihnen leiten lassen, werden auch wir unser Ziel erreichen.«[40]

In Milwaukee, der größten Stadt Wisconsins, hatte Jack zuvor schon einmal Station gemacht, und zwar in einem Blindenheim, dessen Bewohner ihn mit einer Hommage an seine Zeit bei der Marine überraschen wollten. Als Jack das Gebäude betrat, begann der Pianist das Lied »Anchors Aweigh« zu spielen, die inoffizielle Hymne der US Navy. Als der Chor der Bewohner einsetzte, kamen Jack vor Rührung die Tränen, und als er sich schließlich verabschiedete, versuchte er sich nicht anmerken zu lassen, dass er ein Taschentuch benötigte, um die feuchten Augen zu trocknen.[41]

Am Tag vor der Wahl trat er in seinem Heimatstaat auf. In seiner Rede sagte er: »Wenn wir aufhören, tatenlos herumzu-

1 Das Haus in Hyannis Port, das Joe und Rose 1925 zum ersten Mal gemietet und bald nach dem Kauf erweitert haben.

2 Die wahrscheinlich älteste erhaltene Aufnahme der *Victura*, die mit weißem Rumpf ausgeliefert und erst später blau lackiert wurde.

3 Die für katgetakelte Boote bekannte Crosby-Werft entwickelte und baute auch den Bootstyp Wianno Senior, zu dem die *Victura* zählt, und dessen kleinere Schwester, die Wianno Junior. Das erste Exemplar der Wianno Senior lief 1914 vom Stapel.

4 Dieses Foto wurde im *Daily Boston Globe* abgedruckt, die Bildunterschrift lautete: »Bob erklärt seinem Bruder John, wie er die Fock an das Fall der *Victura* anschlagen soll.«

5 Für diese Aufnahme des achtjährigen Ted (vorn) sowie seiner Verwandten Jean, Rose, Joe, Bobby, Patricia und Eunice (von links nach rechts) hat sich der Fotograf Alfred Eisenstaedt am Mast der *Victura* aufgestellt.

6 Als die Familie auf zehn Mitglieder angewachsen war, wurde eines der Boote auf den Namen *Tenovus* getauft. Nach Teds Geburt wurde ein neues Boot angeschafft und *One More* genannt. Das Foto zeigt es mit Eunice und einer Freundin an Bord.

7 Teddy lächelt in die Kameras englischer Journalisten. Im selben Jahr war sein Vater zum Botschafter der USA im Vereinigten Königreich ernannt worden.

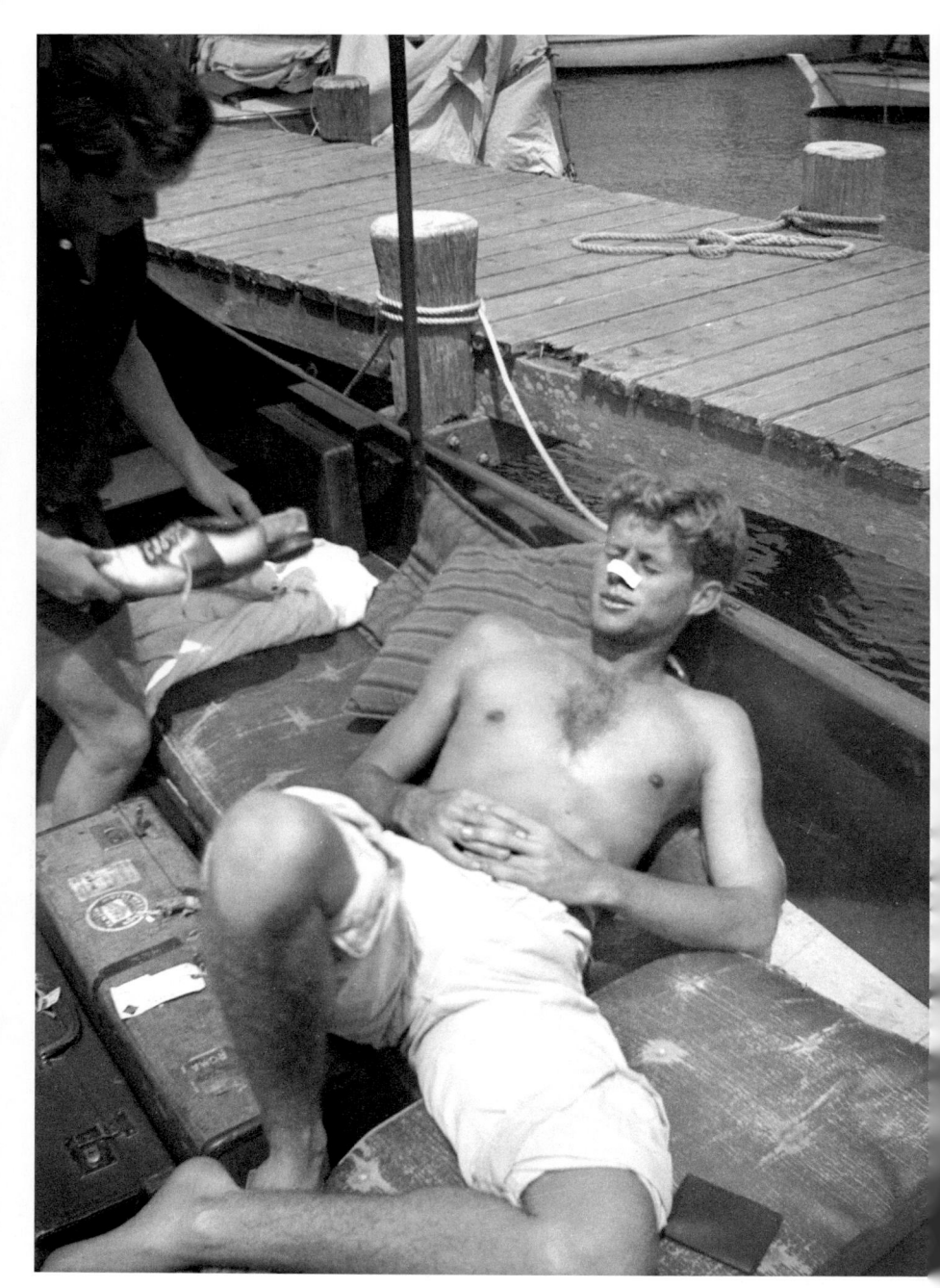

8 Kurz vor seinem Eintritt in die Marine legt Jack bei der Regatta von Edgartown ein Nickerchen ein. Die Regatta ist bis heute der Höhepunkt im Kalender der Segler von Cape Cod.

9 Jack (ganz rechts) und die Besatzung der PT 109.

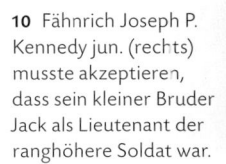

10 Fähnrich Joseph P. Kennedy jun. (rechts) musste akzeptieren, dass sein kleiner Bruder Jack als Lieutenant der ranghöhere Soldat war.

11 Die Aufnahme von Ted und Jack auf der *Victura* entstand nicht lange nach Kriegsende. Jack war 15 Jahre älter als Ted.

12 Als frisch Verlobte zeigen sich Jack und Jackie auf dem Bug der *Victura* und auf dem Titel des Magazins *Life* vom 20. Juli 1953.

13 Viele Fotos des jungen Senators und seiner Braut entstanden am und auf dem Wasser. Die beiden verstanden es, das Interesse an ihrem Privatleben für politische Zwecke einzusetzen.

14 Jack als Präsidentschaftskandidat der Demokraten mit Jackie an Bord der *Victura*.

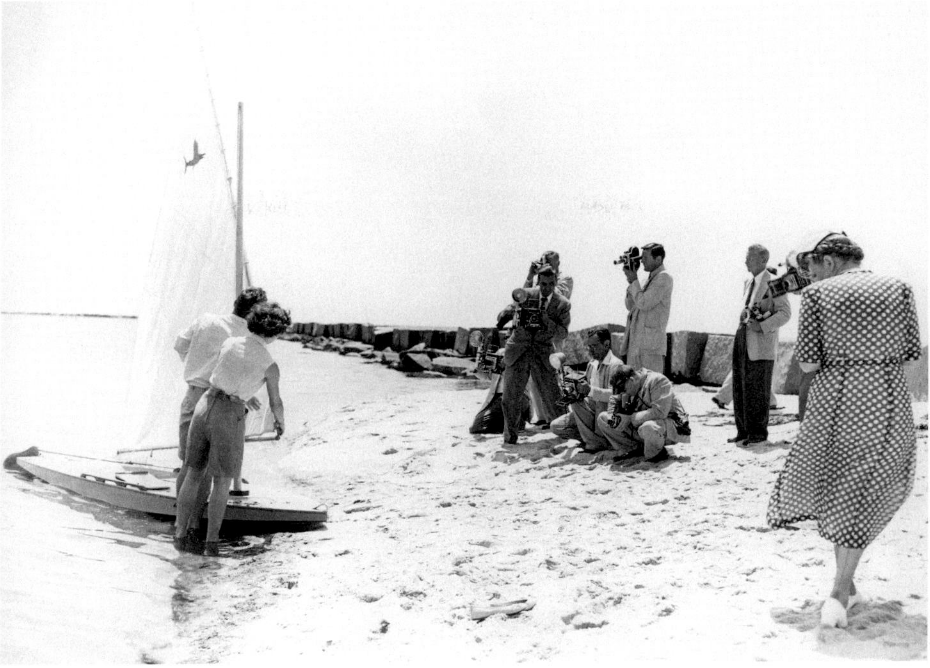

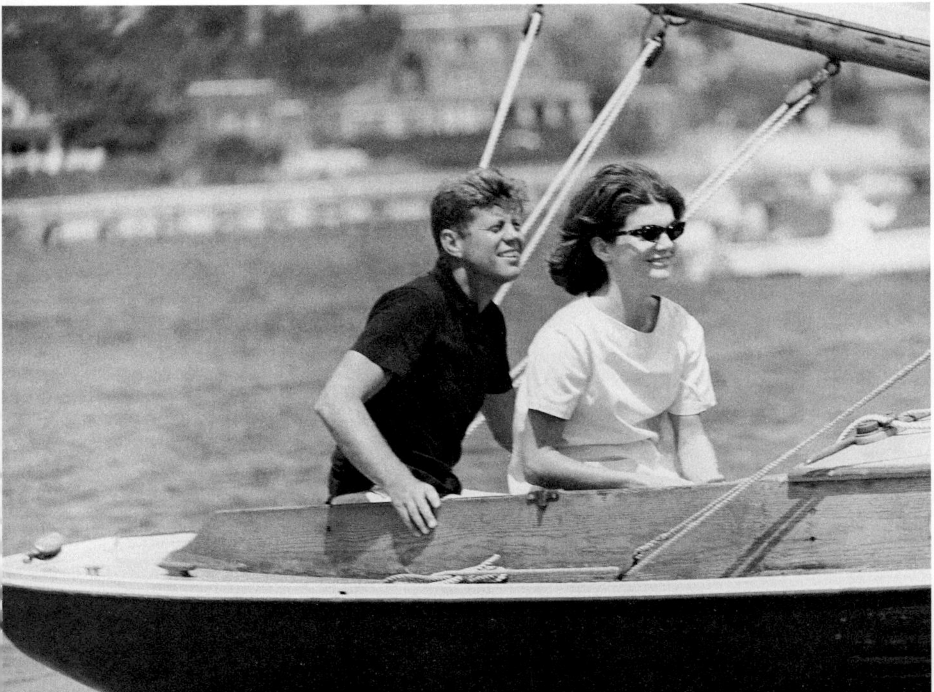

15 a–c Der Präsident beim Segeln.

16 Der Präsident beim Segeln.

17 Ein schöner Segelausflug endete mit Schlagzeilen, die den Präsidenten ärgerten: »Kennedy steuert sein Boot in den Schlick«, titelte der *Boston Globe* tags darauf.

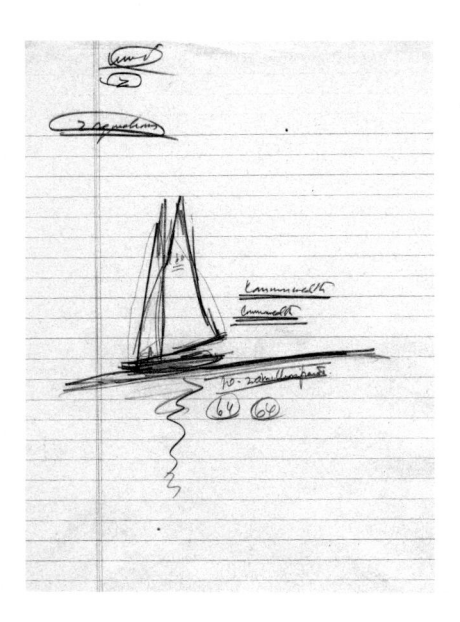

18 Diese Skizze des Präsidenten John F. Kennedy entstand während der Kubakrise.

19 Auf der Suche nach einem Weihnachtsgeschenk für ihre Ehemänner kamen drei Kennedy-Schwestern auf die Idee, bei dem Maler Henry Koehler drei Bilder in Auftrag zu geben. Jedes zeigte einen der drei Brüder Jack, Bob und Ted, wie sie in Begleitung ihrer Frauen mit der *Victura* segeln. Als das Attentat auf Jack stattfand, befand sich eine der drei Schwestern in Koehlers New Yorker Atelier. Welche es war, kann Koehler heute nicht mehr sagen. Auf dem hier gezeigten Bild sind Robert und Ethel zu sehen.

20 Robert F. Kennedy steuert die *Victura*. Mit an Bord (von links nach rechts): Maria Shriver, Courtney Kennedy, Bobby Shriver, Robert Kennedy jun., Pat Prusyewski (ein Mündel der Shrivers), David Kennedy und Kathleen Kennedy.

21 Im zarten Alter von 13 Jahren probiert Joseph P. Kennedy II., der Sohn von Bob und Ethel, mit der *Victura* (Nummer 94) einen neuen Satz Segel aus, der für die soeben erworbene *Resolute* (Nummer 132) gedacht ist.

22 Ethel mit zwei ihrer Kinder an Bord der *Resolute*.

23 Die *Resolute* in Schwierigkeiten.

24 Ted Kennedy und sein gleichnamiger Sohn am Thanksgiving Day 1979.

25 Joe Kennedy II., Mitglied des Repräsentantenhauses, Senator Ted Kennedy und Präsident Bill Clinton versammeln sich während der feierlichen Eröffnung des zur John F. Kennedy Presidential Library gehörenden Museums in Boston am Heck der *Victura*.

26 John F. Kennedy jun. steuert die *Headstart*, eine Wianno Senior im Besitz der Familie Shriver. Das Motorboot davor wird von seinem Cousin Joe Kennedy II. gelenkt.

27 Ted Crosby, ein Nachfahre des Werftgründers, bei Reparaturarbeiten an der »neuen« *Victura*. Am Rumpf, einem der letzten aus Holz, waren 2012 mehrere kleine Undichtigkeiten aufgetreten.

28 Von Paparazzi verfolgt: Conor Kennedy mit seiner damaligen Freundin Taylor Swift an Bord der *Ptarmigan*. Das Foto gleicht jenen mit Jack und Jackie aus den 1950er- und 1960er-Jahren.

29 Mark Shriver, der Sohn von Eunice und Sargent, winkt von der kurz zuvor gekauften *Dingle* aus in die Kamera. Mit an Bord sind unter anderen sein Bruder Bobby Shriver und dessen Ehefrau Malissa.

30 Der Autor (links) gemeinsam mit Ethel Kennedy, Ted Kennedy jun., Max Kennedy, Sheila Kennedy (die Frau von Chris), Kiki Kennedy (die Frau von Ted jun.), Chris Kennedy und David Nunes, einem Freund der Familie (von links nach rechts), am 6. August 2012 an Bord der *Glide*.

treiben und vor Anker zu liegen, wenn wir aufhören, die Augen vor den Schwierigkeiten zu verschließen, die vor uns liegen, ja, wenn dieses Land aufsteht und sich an die Arbeit macht, wenn es sich Ziele steckt und verfolgt, wenn es Ausdauer und Beharrlichkeit an den Tag legt, dann, dessen bin ich sicher, gibt es nichts, was dieses Land nicht schaffen kann.«[42]

Am Tag der Wahl kam die Familie aus allen Himmelsrichtungen zusammen, um sich in Hyannis Port zu treffen und voller Spannung auf die Ergebnisse zu warten. Noch konnte niemand ahnen, dass es die spannendste und knappste Entscheidung um das Präsidentenamt im 20. Jahrhundert werden sollte. Auf dem Weg vom Flugplatz zu ihrem Haus kamen Jack und Jackie auch am Hafen vorbei, wo »sich ein einsames weißes Segel vom blauen Novemberhimmel abhob«.[43] Jack frühstückte mit seinem Vater und anderen Familienmitgliedern, warf sich mit seinen Brüdern auf dem Rasen einen Football zu und ging schließlich zum Haus von Bobby und Ethel, das an diesem Tag zur Kommandozentrale umfunktioniert worden war. Mehrere Tische waren in T-Form aufgestellt, vierzehn Telefonistinnen waren einsatzbereit, um Berichte und Ergebnisse entgegenzunehmen. Der Demoskop Lou Harris hatte eines der Kinderzimmer in Beschlag genommen, um die Daten zu analysieren, die über die Fernschreiber eintrafen. Mit ihm hielt sich in dem pinkfarbenen Zimmer Peter Lawford auf, der die Geräte im Blick behielt. Im anderen Kinderzimmer standen weitere Telefone, die von Ted und Stephen Smith beaufsichtigt wurden.

Die Vorhersagen, Prognosen und Hochrechnungen sahen mal den einen Kandidaten vorn, mal den anderen. Erst in den frühen Morgenstunden zeichnete sich ab, dass Jack knapp die Nase vorn hatte. Nixon trat vor die Presse und erklärte, dass Kennedy nach Stand der Dinge zwar vorn liege, es aber für ein endgültiges Fazit zu früh sei. Damit enttäuschte er alle, die ein Ende des Hoffens und Bangens herbeisehnten. Jack ging zu Bett und riet den anderen, es ebenfalls zu tun. Als er wiederauftauchte, stand fest, dass er Nixons Heimatstaat Kalifornien gewonnen hatte. Nach dem Frühstück nahm Jack Caroline an die Hand, um mit ihr zum Strand zu gehen. Er forderte Ted auf, sie zu begleiten, andere Familienmitglieder sowie Ted Sorensen schlossen sich an. Mit etwas Abstand folgten die Männer des Secret Service.

Kurz nach Mittag trafen die Ergebnisse aus Minnesota ein. Der Staat im Norden hatte für Jack gestimmt, der damit die Mehrheit der Wahlmänner hinter sich wusste. Nixon weigerte sich, die Niederlage persönlich einzugestehen, und schickte einen Sprecher vor, der eine Stellungnahme verlas. Jack ging zur provisorischen Kommandozentrale und öffnete die Tür. »Als Jack den Raum betrat, war er ein anderer geworden«, erinnert sich ein Augenzeuge. »Vor uns stand der Präsident der Vereinigten Staaten von Amerika. Alle haben sich erhoben – sogar sein Bruder Bobby. Das war nicht abgesprochen, sondern spontan.«[44]

Um den historischen Moment festzuhalten, stand der Fotograf Jacques Lowe bereit. Nun versuchte er, die Familie Kennedy zusammenzutreiben und in Reih und Glied aufzustellen. Doch wer verschwunden blieb, war Jackie. In einem unbeobachteten Moment hatte sie ihren Mantel genommen und das Haus verlassen. »Durchs Fenster konnte ich sehen, wie sie zum Wasser lief«, erinnert sich Lowe. »Offenbar wollte sie in jenen Stunden allein sein. Während die übrige Familie feierte und sich gegenseitig umarmte, war Jackie regelrecht aufgewühlt. Ich denke, sie stand unter Schock. Sie tat mir so leid.«[45]

»Einen Moment«, sagte Jack zu Lowe. »Ich hole sie.« Er lief zum Strand, legte den Arm um seine Frau und führte sie zurück zum Haus. Jackie ging nach oben und kam in einem eleganten roten Kleid mit U-Ausschnitt zurück. Um den Hals trug sie eine dreireihige Perlenkette. Jack ging seiner Frau entgegen, hakte sich bei ihr unter und wandte sich der Familie zu. Alle Anwesenden – die Brüder und Schwestern, die Eltern Joe und Rose, die Angeheirateten und die Gäste – erhoben sich und applaudierten dem künftigen Präsidenten und seiner First Lady.[46]

Auch während Jacks Zeit als Präsident kamen Jackie und er von Zeit zu Zeit nach Hyannis Port, um mit der *Victura* zu segeln oder an Bord der *Marlin* zu faulenzen. In der Nähe mieteten sie ein Haus, das scherzhaft das Weiße Sommerhaus genannt wurde. Doch nie wieder sollte es für ihn und seine Frau so werden wie früher. Die Neugierigen, Gaffer und Glotzer, die Ausflugsboote, die den Touristen das Anwesen der Kennedys zeigen wollten, der Secret Service auf dem einen Boot, Journalisten auf dem anderen – all das machte es dem Präsidentenpaar unmöglich, sich auf Cape Cod zu Hause zu fühlen. Ob sie an jenem Tag daran gedacht haben, als sie allein am Strand standen und auf das Meer schauten, auf dem die Kennedys segeln gelernt hatten? Die übrigen Familienmitglieder konnten sich etwas Normalität bewahren, doch Jack und Jackie war das nicht vergönnt. Ob sie es als Verlust empfanden?

Thoreau beschreibt, wie die Dünen von Cape Cod zu dieser Jahreszeit, dem Spätherbst, aussehen:

> Trotz der allgemeinen Ödnis und der unmittelbaren Nähe der Wüste sah ich nie eine so wunderbar gefärbte Herbstlandschaft wie diese. Es war, als wäre der reichste Teppich, den man sich vorstellen konnte, über eine unebene Oberfläche ausgebreitet worden; weder Damast noch Samt, noch tyrrhenischer Purpur oder Stoff, noch die Arbeit irgendeines Webstuhls konnte ihm jemals gleichkommen. Da gab es das unglaublich strahlende Rot

der Heidelbeere und das rötliche Braun der Wachsmyrte, durchsetzt von dem hellen und lebhaften Grün der kleinen Pechkiefern, und auch das eintönigere Grün der Wachsmyrte, der Scheinbeere und Pflaume, das Gelbgrün der Buscheichen und die verschiedenen goldenen und gelben und hellbraunen Farbtöne von Birke, Ahorn und Espe – ein jedes bildete sein eigenes Muster, und mittendrin sahen die wenigen gelben Sandhänge an den Seiten der Hügel aus wie ein weißer, durch Risse im Teppich durchscheinender Boden.[47]

Jackie sollte ihr zweites Kind Mitte Dezember zur Welt bringen. Bis zum Tag der Vereidigung ihres Mannes bliebe ihr also ein Monat. Doch auch diese Schwangerschaft verlief nicht ohne Komplikationen, und am 27. November holte ein Krankenwagen die hochschwangere Jackie in ihrem Haus in Georgetown ab. John F. Kennedy jun. kam zwar etwas zu früh auf die Welt, aber glücklicherweise gesund.

Die Präsidentschaft

Nach ihrem Einzug ins Weiße Haus verwandelten Jack und Jackie das Oval Office, das Büro des Präsidenten, in ein Museum der amerikanischen Seefahrtsgeschichte. Wenige Tage nach der Vereidigung stieß Jackie im Senderaum des Weißen Hauses auf einen vergessenen, ungepflegten alten Schreibtisch. Eisenhower hatte ihn ausschließlich für Radio- und Fernsehansprachen genutzt. Er war aus dem Holz der HMS *Resolute* gebaut worden, eines britischen Schiffs, das im Jahr 1854 von der Besatzung aufgegeben worden war, weil es im Eis der kanadischen Arktis festsaß. Jackie ließ den Schreibtisch ins Oval Office bringen.

Die *Resolute*, als *Ptarmigan* vom Stapel gelaufen und später umbenannt, war eines von mehreren Schiffen, die nach den verschollenen Mitgliedern einer Arktis-Expedition unter der Leitung von Sir John Franklin suchen sollten. Franklin und seine Männer waren 1845 von Großbritannien aus aufgebrochen, um die Nordwestpassage zu finden, doch seit 1848 fehlte jedes Lebenszeichen von ihnen. Nachdem auch die *Resolute* aufgegeben werden musste, trieb die Bark wie ein Geisterschiff mit dem Packeis, bis sie 1855 etwa zweitausend Kilometer von dem Punkt entfernt, an dem die Crew von Bord gegangen war, von der Besatzung eines amerikanischen Walfängers gesichtet wurde. Die *Resolute* wurde in den Hafen von New London in Connecticut geschleppt und generalüberholt. Kurz darauf, das

Verhältnis der USA zu Großbritannien war mal wieder angespannt, wurde sie nach England überführt und als Geschenk des amerikanischen Volkes Königin Victoria übereignet. Viele Jahre später, 1880, machte die britische Königin den Schreibtisch dem US-Präsidenten Rutherford B. Hayes zum Geschenk. Eine Inschrift besagt: »Dieser Schreibtisch ist aus dem Holz des Wracks der *Resolute* gefertigt und soll als Geschenk der KÖNIGIN VON GROSSBRITANNIEN UND IRLAND an den PRÄSIDENTEN DER VEREINIGTEN STAATEN VON AMERIKA an die großzügige und liebenswürdige Rückgabe der *Resolute* erinnern.«

Eines der berühmtesten Fotos aus Jack Kennedys Zeit als Präsident zeigt den kleinen John F. Kennedy jun., der sein Köpfchen durch eine Klappe in der Schreibtischfront steckt, während über ihm sein Vater Papiere wälzt.

Auf dem geschichtsträchtigen Schreibtisch fanden sich folgende Gegenstände wieder:
- die in einer Vitrine aufbewahrte Kokosnuss, in deren Schale Jack nach dem Untergang der PT 109 den Notruf geritzt hatte,
- Teile von Jacks Sammlung von Schnitzereien, darunter die Darstellung einer Fregatte unter vollen Segeln,
- ein Kristallglas von Steuben mit der Abbildung eines PT-Boots und des präsidialen Siegels, überreicht von einem Verbund von Navy-Veteranen,
- als Buchstützen dienende Miniaturen von Kanonen der *Constitution*, des letzten segelnden Kriegsschiffes der US-Marine. Jacks Großvater John F. Fitzgerald hatte maßgeblichen Anteil daran, dass das ausgemusterte Schiff der Verschrottung entging. Später hat er seinen Enkel gelegentlich über das Schiff geführt. Jack schrieb dazu: »Als kleiner Junge war ich mehrfach an Bord der USS *Constitution*, die

in Charlestown, Massachusetts, lag. Der Anblick der historischen Fregatte mit den zahllosen Spieren und den schwarzen Kanonen hat meine Fantasie befeuert und Geschichte greifbar gemacht.«[1]
- zwischen den Buchstützen einige Exemplare der Bücher *As We Remember Joe* und *To Turn the Tide*, eine Sammlung von Reden und Vorträgen John F. Kennedys aus dem ersten Jahr seiner Präsidentschaft,
- eine kleine Bronzetafel mit dem »Gebet des Bretonischen Fischers« als Inschrift: »Herr, dein Meer ist so groß und mein Boot ist so klein.« Die Tafel ist ein Geschenk des Vizeadmirals Hyman G. Rickover.

Die Sammlung von Objekten, die im Oval Office zu sehen waren, vergrößerte sich auch dank der Hilfe von Kennedys Marineberater Tazewell Shepard, der Fundstücke im Map Room des Weißen Hauses ausstellte, damit der Präsident sie sich dort ansehen und seine Auswahl treffen konnte. Mit der Zeit gelangten so Schiffsuhren, Barometer und Modelle historischer Segelschiffe ins Oval Office, darunter die *Constitution*, die *Wasp* und die *Saratoga*. Ein Modell, das aus Jacks persönlicher Sammlung stammte, war das des dreimastigen Klippers *Sea Witch*, der 1850 als erstes Schiff in weniger als hundert Tagen von der Ostküste der USA rund um Kap Hoorn nach San Francisco gesegelt war. Drei Seiten des Oval Office waren mit Gemälden und Fotografien großer und kleiner Segelboote dekoriert. Hinzu kam der Stander der USS *Raleigh*, einer Fregatte, die 1778, während des Amerikanischen Unabhängigkeitskrieges, südlich von Boston von der britischen Marine angegriffen wurde und auf Grund lief. Eines der Ölgemälde im Oval Office zeigte die *Constitution* im Kampf mit der britischen *Guerriere*. In dieser Schlacht während des britisch-amerikanischen Krieges von 1812 sollen die feindlichen Kanonenkugeln an der Bordwand der *Constitution* abgeprallt sein, was ihr den Beinamen »Old Ironside« eintrug. Ein großes Ölbild der *Bonhomme Richard*, des Flaggschiffs aus dem Amerikanischen Unabhängigkeitskrieg, hing über dem marmornen Kaminsims.[2]

Zum Mobiliar des Büros gehörte auch ein Schaukelstuhl, ein Geschenk von Captain William F. Bringle und der Besatzung des Flugzeugträgers *Kitty Hawk*. Die Lehne aus Mahagoni war so geformt, dass Jacks Rückenschmerzen auf wundersame Weise verschwanden, wenn er auf dem Stuhl Platz nahm. So nimmt es nicht wunder, dass er laut Angaben des Herstellers P & P Chair Company in Troutman, North Carolina, im Lauf der Jahre insgesamt vierzehn Exemplare bestellte.

Anregungen für die Gestaltung seines Büros mag Jack auch aus einer Ausstellung von Druckgrafiken aus dem Besitz von Franklin Roosevelt bezogen haben, die im Sommer 1962 in den National Archives in Washington gezeigt wurden. Jack ließ es sich nicht nehmen, die Ausstellung persönlich zu eröffnen. In seiner Rede heißt es: »Die Stiche können uns etwas über einen sehr wichtigen Teil unseres Lebens erzählen – unser Leben auf See. Wir begreifen uns als Landlebewesen, aber unser Blick geht aufs Meer, auf den Atlantik und den Pazifik, die uns Schutz vor Feinden bieten, Sicherheit geben und Wohlstand verleihen. Die Geschichte der amerikanischen Seefahrt gehört zu den wichtigsten und aufregendsten Kapiteln der langen Geschichte unseres Landes, und das Schicksal jener Männer, die ihrem Land zur See gedient haben, dem Meer ihr Leben, ihre Energie und ihr Wissen gewidmet haben, gehört der Nachwelt überliefert.« Dass Jack selbst ein leidenschaftlicher Sammler war, erweist sich darin, dass er nach der Eröffnung mit seinem Katalog zum Kurator der Ausstellung, einem anerkannten Marinehistoriker, ging und ihn um ein Autogramm bat.[3]

Ein kleines Objekt, das Jackie ihrem Mann geschenkt hatte, war dazu angetan, die Erinnerungen an die Kindheit auf Cape Cod wachzuhalten: eine schlichte, handbemalte Seeschwalbe aus Holz, jener Seevogel, der das Kap früher bevölkert hatte, dessen Population in den letzten Jahrzehnten aber stark zurückgegangen ist.

Mit dem Beginn der Präsidentschaft wandelte sich die maritime Bildsprache von einer lieb gewonnenen Familienangelegenheit zu etwas Staatstragendem, weil Jack mit ihrer Hilfe Wesensmerkmale der USA beschrieb: ihre Macht, ihren globalen Einfluss, ihre Beharrlichkeit gegenüber Widrigkeiten jedweder Art und ihre Bestimmung. Der mächtigste Führer der westlichen Welt, ein Politiker, der als Historiker und Autor reüssiert hatte und die Wirkung von Metaphorik und Symbolik sehr genau kannte, benutzte sein unmittelbares Arbeitsumfeld, um anhand von Kunst und Kunsthandwerk den glorreichen Weg nachzuzeichnen, den Amerika zurückgelegt hatte. Nach ihrer Heirat hatte Jackie ihre Liebe zur Literatur durch Studien zur amerikanischen Geschichte unterfüttert, nun ließ sie ihr Wissen in Jacks Reden einfließen. So schöpfte das Präsidentenpaar auf ganz individuelle Weise aus der maritimen Vergangenheit des Landes, um es in das Zeitalter der Raumfahrt zu führen.

Bei einer Rede, die er vor Studenten und Lehrkräften der französischen Militärhochschule Institut des Hautes Études de Défense Nationale im Garten des Weißen Hauses hielt, zeigte Jack auf eines der Schiffsmodelle, die er aus dem Büro hatte herausbringen lassen. Es war ein Geschenk des französischen Ministers für kulturelle Angelegenheiten, André Malraux. Jack sagte: »Das Modell, das Sie hier sehen, habe ich vergangene Woche von M. Malraux bekommen. Im Januar hatte er uns mit seinem Besuch beehrt, um die Mona Lisa auf ihrem Weg in die

USA zu begleiten. Er wusste um meine Leidenschaft für die See, und nach seiner Rückkehr ließ er im Marinemuseum ein Modell der *La Flore* anfertigen, eines französischen Schiffes, das während des Unabhängigkeitskrieges aufseiten der Amerikaner gekämpft hat. Nun steht es unter Vollzeug in meinem Büro und dient als willkommene Erinnerung an die lange und enge Verbindung unserer Länder.«[4]

Wie schon während des Wahlkampfes benutzte Kennedy auch in seinen Reden als Präsident das Meer als Metapher. Am 30. Oktober 1963 auf dem Parteitag der Demokraten in Philadelphia, aber auch bei anderen Gelegenheiten, bediente er sich dieser Metapher, um die wirtschaftliche Lage des Landes zu beschreiben: »Wir steuern auf das ökonomisch stabilste und erfolgreichste Jahr zu, das die Vereinigten Staaten in Friedenszeiten je erlebt haben. Wenn wir Kurs halten, liegt es in greifbarer Nähe.«[5]

Eine Rede zur Lage der Nation vor dem Kongress beendete er mit den Worten:

> Auch wenn das Meer derzeit ruhig und der Himmel blau ist, bleiben wir wachsam. Wir wissen, wie tückisch der Ozean sein kann, wir haben erlebt, wie schnell ein Sturm am Horizont aufzieht. Der Wind der Veränderung weht stärker denn je, und die kommunistische Welt ist davon ebenso betroffen wie wir. 175 Jahre lang war dieser Wind uns und der Freiheit der Menschen gewogen. Wir steuern unser Schiff in der Hoffnung, wie Thomas Jefferson sagte, »die Angst achteraus zurückzulassen«. Der Wind der Veränderung ist uns auch heute willkommen – und wir haben guten Grund anzunehmen, dass er uns weiterhin gewogen bleibt. Wir danken dem allmächtigen Gott dafür, dass er uns durch gefährliche Passagen geführt hat, und wir bitten ihn, den Schiffsverband, als den Oliver Wendell

Holmes unser Vaterland bezeichnet hat, auch weiterhin sicher zu geleiten.

Das Gedicht, auf das Jack hier Bezug nimmt, schrieb der Bostoner Arzt und Dichter Oliver Wendell Holmes während des Bürgerkrieges als Metapher für die junge Nation, deren Einheit durch den Streit über die Sklaverei bedroht war. 1830 hatte Holmes ein Gedicht auf die USS *Constitution* verfasst, das eine Welle der Solidarität auslöste und so maßgeblich dazu beitrug, dass das Schiff der Verschrottung entging. Als Mitglied des Kongresses konnte Jacks Großvater bewirken, dass die *Constitution* repariert und nach Massachusetts verlegt wurde. Als Präsident plädierte Jack dafür, dass die *Constitution* in den Hafen von New York segeln sollte, wo 1964 die Weltausstellung geplant war, doch die Navy widersprach mit dem Argument mangelnder Seetüchtigkeit. »Wenn etwas passiert, und sei es durch ein Naturereignis, würde man den Präsidenten verantwortlich machen«, schrieb ein Gutachter der Marine, »und die Einwohner von Massachusetts würden wie einst bei der Boston Tea Party erneut gegen die Obrigkeit aufbegehren.«[6]

Jack bediente sich natürlich auch anderer als maritimer Metaphern. Als Präsidentschaftskandidat forderte er die Amerikaner immer wieder dazu auf, Neuland zu betreten – ein Bild, das eher an Planwagen denn an Segelboote denken lässt. Mit der Seefahrt gemein aber hat es das Motiv des Reisens, des Abenteuers und der Entdeckung. Jack wusste um die Macht großer Reden und gut gewählter Metaphern. Das All geriet ihm schon einmal zum »neuen Ozean«, das Land wurde nicht geführt, sondern »gesteuert«, und die Freiheit kam als »Flut« über die Welt.

Zu Jacks Amtseinführung als Präsident hielt auch der Dichter Robert Frost eine Ansprache. Dreißig Jahre zuvor hatte er in einer anderen Rede über die wundersame Macht der Metapher gesprochen, die sich zum Guten ebenso nutzen lasse wie zum Schlechten:

> Ich glaube nicht, dass irgendjemand mit Metaphern umzugehen oder ihre Verwendung zu beurteilen weiß, der nicht mit den Feinheiten der Poesie vertraut ist. Poesie steckt selbst in den einfachsten Bildern, in gefälligen und »anmutigen« Metaphern, und führt zum tiefsinnigsten Denken, das uns möglich ist. Poesie ist die einzige statthafte Art und Weise, das eine zu sagen und das andere zu meinen ... Ich habe in den zurückliegenden Jahren den Versuch unternommen, mein gesamtes Denken in Metaphern zu strukturieren ... Solange man nicht in Metaphern zu Hause ist, solange man nicht seine poetische Erziehung an ihnen durchlaufen hat, so lange fühlt man sich nirgends sicher, weil man mit der Bedeutung der Bilder nicht vertraut ist. Man kennt die Stärke und die Schwäche der Metapher nicht. Und man weiß nicht, wie sehr man sie belasten darf und ab welcher Last sie zusammenbricht – und man selbst mit ihr.[7]

In jüngster Zeit befassen sich vermehrt auch Neurowissenschaftler und Psychologen mit der Wirkweise von Metaphern. So auch James Geary, der in seinem Buch *I Is an Other* von 2011 schreibt:

> Metaphern findet man nicht nur in Kunst und Literatur, sondern in allen Bereichen menschlichen Wirkens, in der Ökonomie und der Werbung, in der Politik und im Geschäftsleben, in der Wissenschaft und der Psychologie.
> Metaphern bestimmen unsere Aktivitäten am Aktienmarkt und, vermittelt durch Werbung, unsere Kaufent-

scheidungen. Aus den Mündern unserer Politiker kommend, formen sie die öffentliche Meinung, Geschäftsleute lassen durch sie ihre Kreativität und ihren Erfindungsgeist anregen, in der Wissenschaft sind Metaphern die bevorzugten Mittel zur Beschreibung neuer Theorien und Entdeckungen, und in der Psychologie werden mit ihnen zwischenmenschliche Beziehungen und Emotionen beschrieben.[8]

Ted Kennedys Sohn Patrick wurde einmal nach der Äußerung seines Vaters gefragt, dass für ihn der Ausdruck Segeln ein anderes Wort für Leben sei – eine klassische Metapher. Hatten das Segeln und die dabei gemachten Erfahrungen tatsächlich das öffentliche Auftreten und die politische Rhetorik seines Vaters, möglicherweise aber auch seiner Onkel und Tanten geprägt?

»Allerdings«, erwiderte Patrick, »und zwar in ganz erheblichem Maße. ›Die Flut hebt alle Schiffe an, egal, wie groß sie sind.‹ Diese Denkweise schlägt sich auch in der Auffassung der Demokratischen Partei nieder, dass alle davon profitieren, wenn möglichst viele am wirtschaftlichen Aufschwung teilhaben. Dieser Gedanke wurde von meinen Onkeln und meinem Vater und im Grunde der ganzen Familie verinnerlicht ... ›Die Flut hebt alle Schiffe an‹ – das beschreibt auch, dass niemand ausgeschlossen ist ... Wie an Bord, wo jedes Mitglied einer Crew seine ganz spezielle Aufgabe hat.« Patrick und andere Kennedys der Enkelgeneration erwähnen gelegentlich eine Erfahrung, die sie als Kinder gemacht haben, die Erfahrung nämlich, dass sie beim Segeln wichtige Aufgaben übernehmen konnten, bei denen ihnen ein vermeintlicher Nachteil wie das geringe Gewicht zum Vorteil geriet. Das war etwa dann der Fall, wenn eine Leine bedient werden musste, ohne dabei die Trimmung des Bootes zu beeinträchtigen. In dieser Erfahrung sieht Patrick auch einen der Gründe dafür, dass sich die Kennedys jahrzehntelang für die Gleichberechtigung von Schwarzen und Behinderten engagierten.[9]

Dass sich Jacks Liebe zum Meer in seiner Rhetorik niedergeschlagen hat, steht außer Frage, aber gilt das auch für seine konkrete Politik? Wenn es ihn ins Freie zog, war sein Ziel stets eher die Küste als das Binnenland – was selbst seinem eigenen Innenminister missfiel, der ihm, erst recht im Vergleich mit den beiden konservativen Präsidenten Franklin und Teddy Roosevelt, mangelndes Interesse vorhielt. »Ich vermisse ein Mindestmaß an Begeisterung für die überwältigende Schönheit des Landes und seiner Natur«, schrieb Stuart Udall über Jack. Anders als die Roosevelts empöre sich Kennedy nicht über »Umweltfrevel« und zeige sich wenig beeindruckt von den »Naturschönheiten unserer Heimat«.[10]

Wenn sich Jack für den Naturschutz einsetzte, dann in Regionen, in denen er sich heimisch fühlte. Gegen Ende seiner Zeit als Senator unterstützte er eine Gesetzesinitiative zur Gründung eines Naturschutzgebietes entlang der Küste von Cape Cod. Das Gesetz wurde verabschiedet, und noch in seinem ersten Jahr als Präsident setzte Jack es mit seiner Unterschrift in Kraft. Später initiierte er vergleichbare Schutzgebiete an den Küsten von Point Reyes in Kalifornien und Padre Island in Texas.

Nirgends ist die Wirkung der Metapher vom Meer auf das Denken der Amerikaner so deutlich nachzuweisen wie im Diskurs über die ersten Ausflüge in den »neuen Ozean«, wie Kennedy das All nannte. Dass die ersten Astronauten mit Kolumbus und Magellan verglichen wurden, war in den Medien gang und gäbe, und nachdem Jack entschieden hatte, die Raumfahrt zu fördern und die Landung auf dem Mond voranzutreiben, kam er in seinen Reden zu diesem Thema fast immer auf die großen Entdecker und Seefahrer zu sprechen. Die Rhetorik, deren sich Kennedy und andere bedienten, war so visionär wie das, was sie zu beschreiben suchte: Die Besiedlung des Mondes und der Flug zum Mars schienen die nächsten logischen Schritte zu sein. Erst im Rückblick wurde erkennbar, dass die Raumfahrt nur wenige Gemeinsamkeiten mit den großen Entdeckungsfahrten und Weltumsegelungen des 15. und 16. Jahrhunderts hatte. Den Mond konnte der Mensch zwar betreten, aber die Besiedlung des Alls und die Bergung seiner Schätze erwiesen sich als weitaus schwieriger, als die meisten gedacht hatten.

In seiner Präsidentschaftskampagne kam Jack häufig auf das zu sprechen, was er selbst »missile gap« nannte. Damit war die Annahme beschrieben, dass die USA der Sowjetunion hinsichtlich der Anzahl und Reichweite der Langstreckenraketen unterlegen waren. Die Sowjetunion hatte 1957 mit dem *Sputnik* den ersten Satelliten ins All geschickt, und im Wahlkampf hielt Jack den Konservativen vor, durch Untätigkeit dafür gesorgt zu haben, dass die USA ins Hintertreffen geraten waren. Bei einer Rede an der Universität von Idaho entwarf er folgendes Szenario: »Die Menschheit hat erlebt, dass die Sowjets als Erste im All waren. Sie hat bestaunt, wie sie als Erste die Erde umrundet und sich dem Mond genähert haben ... Sie muss annehmen, dass für die Sowjetunion Flut herrscht und für uns Ebbe. Es ist an der Zeit, dass wir diesen Eindruck korrigieren.«[11] Nach seiner Nominierung erhielt Jack in Hyannis Port Besuch vom CIA-Direktor, der ihn über die Sicherheitslage der USA informierte. So erfuhr Jack, dass die viel diskutierte »Raketenlücke« nicht existierte. Weder Satellitenbilder noch andere geheimdienstliche Quellen hatten belegen können, dass die Sowjets tatsächlich mehr Interkontinentalraketen als die USA besaßen.

Nicht wegzudiskutieren waren allerdings die Angst vor einer möglichen Bedrohung und der Vorsprung der Sowjets in Sachen Raumfahrt. Sie besaßen zwar weniger, aber größere Raketen, die entsprechende Lasten ins All befördern konnten. Und nur drei Monate nachdem Jack den Amtseid abgelegt hatte, startete tatsächlich eine sowjetische Rakete. An Bord befand sich der Kosmonaut Juri Gagarin – der erste Mensch im All.

Der Beschluss, eine neue Rakete für die Raumfahrt zu konstruieren, war bereits unter Eisenhower gefallen, das Geld zum Bau der Saturn-Rakete war im Etat vorgesehen. In den Monaten vor Gagarins Start hatten die Kennedy-Regierung und Vizepräsident Lyndon B. Johnson mehrfach erwogen, die Mittel freizugeben. Zwei Tage nach Gagarins erfolgreichem Flug empfing Jack seine wichtigsten Berater und Experten der NASA im Konferenzraum des Weißen Hauses. Mit Hugh Sidey war auch ein Reporter von *Life* vor Ort. Im Gegenzug für die außergewöhnliche Maßnahme musste er sich jedoch verpflichten, über bestimmte Punkte nicht zu berichten. Laut Sideys Erinnerungen waren bereits mehrere ernüchternde Einschätzungen der Lage abgegeben worden, als Jack sich nervös mit der Hand durchs Haar fuhr und orakelte: »Offenbar haben sie uns fürs Erste abgehängt.«

»Noch mal von vorn«, sagte er schließlich. »Gibt es irgendein Gebiet, auf dem wir sie packen können? Wenn ja, auf welchem? Und wie? Können wir vor ihnen den Mond mit einer bemannten Rakete umrunden? Einen Mann auf den Mond bringen? ... Können wir sie da überholen?« Nachdem die Experten die horrenden Kosten und den gigantischen Aufwand ins Feld geführt hatten, erwiderte Jack: »Ich brauche genauere Informationen, um entscheiden zu können, ob es das wert ist oder nicht. Ich brauche jemanden, der mir sagen kann, ob der Vorsprung einzuholen ist. Irgendwer muss doch in der Lage dazu sein – und wenn es der Saaldiener dort hinten ist. Hauptsache, ich bekomme eine Antwort.« Er unterbrach sich und sah in die Gesichter der Männer am Tisch. »Es gibt fürs Erste nichts, was wichtiger wäre.«[12]

Die ohnehin bedrückte Stimmung wurde durch einen Vorfall weiter getrübt, der sich in der Woche nach Gagarins Flug ereignete und für die USA in einem Desaster endete: die Invasion in der Schweinebucht. Die USA hatten von der CIA eine Gruppe aus 1400 Exilkubanern militärisch ausbilden lassen, um sie nach Kuba zu entsenden und den Sturz des Revolutionsführers Fidel Castro herbeizuführen. Doch der vom Präsidenten abgesegnete Plan wurde halbherzig ausgeführt, die offizielle Unterstützung seitens der USA blieb aus. Die Mission scheiterte, und nach nur zwei Tagen hatten Castros Truppen die Eindringlinge zurückgeschlagen. Fast schlimmer als die militärische Niederlage war das politische Debakel, für das Jack öffentlich die Verantwortung übernahm. Jackie berichtete später, dass er geweint habe.

Als das Debakel der Schweinebucht einigermaßen in Vergessenheit geraten war, traf sich Jack erneut mit seinem Vizepräsidenten, um über das Weltraumprogramm zu beratschlagen. Er ersuchte Johnson, möglichst bald eine Einschätzung der Optionen zu erstellen, die den Amerikanern als Antwort auf die Erfolge der Sowjets blieben. Durch Ted Sorensen ließ er Johnson eine Aktennotiz mit einer Liste von Fragen übergeben, auf die er dringend Antworten benötigte: »Wie können wir die Sowjets am ehesten überflügeln: durch eine Raumstation, durch einen bemannten Vorbeiflug am Mond, durch eine Rakete, die auf dem Mond landen kann, oder indem wir einen Mann zum Mond und wieder zurück auf die Erde bringen? Gibt es möglicherweise ein anderes Szenario, das rasche Erfolge verspricht?« Ein Historiker bezeichnete das Schreiben später als »Ausdruck der Panik des Präsidenten«.[13]

»Rasche Erfolge«, um nichts anderes ging es. Jack suchte nach einem Befreiungsschlag, der sein Land nicht nur in die Geschichtsbücher, sondern in das kollektive Bewusstsein der Menschheit bringen würde. Die Sowjets hatten hinlänglich bewiesen, dass sie in der Raumfahrt überlegen waren – *Sputnik*, Laika und *Lunik 2* lauteten die Stichwörter, hinter denen sich Großtaten wie der erste Satellit und das erste Lebewesen im All sowie der erste Flug zum Mond verbargen. Kurz nach Jacks Amtsantritt hatten sie sogar den ersten Menschen in den Weltraum geschickt, und der war als Held zurückgekehrt. Wie seine Aktennotiz deutlich macht, war Jack schmerzlich bewusst, dass sich der Rückstand gegenüber der Sowjetunion nicht durch viele kleine Schritte, sondern nur durch einen veritablen Sprung aufholen ließ, der nach Möglichkeit mit der Landung eines Menschen auf dem Mond enden sollte. Dieser Wettlauf war noch im Gange, und die Amerikaner hatten das Zeug, ihn für sich zu entscheiden.

Einstweilen jedoch verfügten die USA nicht einmal über Raketen, die entsprechende Lasten tragen konnten, und so blieben sie für weitere Demütigungen durch die Sowjets empfänglich. Die Ausgangslage verschlechterte sich weiter, als unbemannte Probestarts vor den Augen der Weltöffentlichkeit scheiterten, weil die Raketen kurz nach dem Start explodierten, außer Kontrolle gerieten oder sich gar weigerten, vom Boden abzuheben.

Johnson, der von Kennedy mit der Leitung des amerikanischen Weltraumprogramms beauftragt worden war, zog zunächst Experten zurate. In einem Brief vom 29. April 1961 legt Wernher von Braun dar, dass die Sowjetunion technisch in der Lage sei, ein einfaches Weltraumlabor zu betreiben und Raketen mit mehrköpfiger Besatzung ins All zu bringen. Wesentlich näher waren sie auch dem Ziel, eine Nutzlast so zum Mond zu bringen, dass sie bei der Landung nicht zerschellte. Immerhin räumt von Braun den USA in diesem Wettrennen ebenso eine »faire Chance« ein wie für den Versuch, mit einer dreiköpfigen Besatzung den Mond zu umrunden. Die Sowjetunion könnte den USA jedoch zuvorkommen und einen einzelnen Kosmonauten zum Mond schicken – notfalls auf die Gefahr hin, ihn zu verlieren.

»Wir haben jedoch gute Chancen, eher als die Sowjetunion Menschen zum Mond (und natürlich wieder zurück) zu bringen«, so von Braun, »weil die dafür erforderlichen Raketen zehn Mal leistungsfähiger sein müssten als die heutigen. Wir verfügen bislang über keine solche Raketen, und wir gehen davon aus, dass das auch für die Sowjetunion gilt. Wenn wir uns die Mondlandung zum Ziel setzten, gingen wir also nicht mit einem erheblichen Rückstand auf die Sowjets ins Rennen. Und wenn wir alle Kräfte bündelten, könnten wir dieses Ziel bis 1967/68 erreichen.«[14] In der Sprache des Segelns ausgedrückt, beschränkte sich die Raumfahrt im Jahr 1961 auf beiden Seiten darauf, auf kleinen Booten Tagestörns in die untersten Schichten des Alls zu unternehmen. Nun war Amerika im Begriff, einen Schoner zu bauen, der alles Dagewesene in den Schatten stellte und neue, noch unbekannte Gestade erreichen sollte.

Noch war der Rückstand auf die Sowjets ebenso groß wie die Gefahr, unmittelbar nach dem Scheitern der Invasion in der Schweinebucht eine erneute Blamage zu erleben. Trotzdem wagten die Amerikaner am 5. Mai 1961 den ersten bemannten Start einer US-Rakete. Alan Shepards Flug war denkbar kurz, eine Erdumkreisung, die den Sowjets längst gelungen war, war nicht einmal vorgesehen. Doch nur sechs Wochen nach Gagarins und drei Wochen nach Shepards Flug berief Kennedy den

Kongress zu einer Sondersitzung ein und hielt eine flammende Rede, in der er ein ambitioniertes Weltraumprogramm ankündigte. »Ich kann Ihnen nicht versprechen, dass wir die Ersten sein werden, aber ich verspreche Ihnen, dass jeder Rückschlag uns zusätzlich motivieren wird«, heißt es darin. »Und ich bin der Überzeugung, dass dieses Land versuchen sollte, noch vor Ablauf des Jahrzehnts Menschen zum Mond und heil wieder zurück zur Erde zu bringen.«[15]

Was Kennedy bezweckte, war klar, und im privaten Umfeld machte er auch keinen Hehl daraus: Ihm ging es nicht um wissenschaftlichen Fortschritt, sondern schlicht darum, den Wettlauf zum Mond zu gewinnen und der Welt die technische Überlegenheit Amerikas zu beweisen. »Es gibt kein anderes Projekt der Raumfahrt, das die Menschheit mehr beeindrucken könnte«, sagte er vor dem Kongress. Für einen Mann, dem Konkurrenzdenken und Siegeswillen von klein auf vertraut waren, der mit der *Victura* Regattabahnen abgesegelt und alles darangesetzt hatte, die Wendemarken als Erster zu umrunden, für einen solchen Mann war der Wettlauf zum Mond eine Herausforderung, der er sich weniger entziehen konnte als andere. Selbstverständlich wäre es eine unzulässige Vereinfachung, hinter Jacks Entscheidung allein die Liebe zum Regattasegeln als Grund zu vermuten, aber ein gewisser sportlicher Ehrgeiz dürfte dabei gewesen sein. Der Historiker Michael Beschloss nennt drei Motive: Jacks Wunsch, dem wachsenden Rückstand gegenüber der Sowjetunion »ein deutliches und weithin sichtbares Zeichen entgegenzusetzen«, Lyndon B. Johnsons Bestreben, seinen Einflussbereich zu vergrößern, und schließlich das Bemühen des Verteidigungsministers Robert McNamara, die Überkapazitäten der heimischen Luftfahrtindustrie sinnvoll zu nutzen.[16] Jack ließ sich fraglos auch von geopolitischen Überlegungen leiten, denn zu Zeiten des Kalten Krieges standen viele Länder vor der Frage, auf welche Seite sie sich schlagen sollten. Hinzu kamen innenpolitische Gründe, denn nach zahllosen Niederlagen gegen die Sowjetunion sehnten sich die amerikanischen Wähler nach Erfolgsmeldungen.

Jack sah in der Umsetzung des kühnsten Unternehmens der Menschheitsgeschichte jedoch auch einen Wert an sich. Daraus erklärt sich, dass er den Kampf der Systeme in einen Wettlauf zum Mond umdefinierte – eine Entscheidung, die andere Politiker wohl nicht getroffen hätten. In einem Brief an einen Freund nannte Eisenhower Jacks Entscheidung »geradezu hysterisch« und »ziemlich naiv«. Öffentlich drückte er sich kaum diplomatischer aus. Als der Astronaut Frank Borman den ehemaligen Präsidenten bat, das Raumfahrtprogramm zu unterstützen, beklagte Ike in seinem Antwortschreiben, dass es »nach dem Fiasko der Invasion in der Schweinebucht grundlegend verändert und erweitert wurde ... mit der Folge, dass aus einem sorgfältig geplanten und durchgeführten Programm, in dem es um zukunftsträchtige Themen wie Kommunikation, Meteorologie, Forschung sowie militärischen und wissenschaftlichen Fortschritt gehen sollte, mit der Mondlandung ein einzelner Punkt herausgegriffen und, unglücklicherweise, wie ich finde, zu einem Wettrennen oder, um es drastisch zu sagen, zu einem sinnfreien Kunststück umfunktioniert wurde«.[17]

Wahr daran ist, dass es um das Wettrennen ging, nicht um dessen wissenschaftliche Erträge. Im November 1962 empfing Jack Kennedy James Webb, den Vizepräsidenten der NASA, im Konferenzraum des Weißen Hauses. Anwesend waren zudem weitere hochrangige Mitarbeiter der NASA und mehrere besorgte Haushaltsexperten. Als es an die Diskussion der Prioritäten der Weltraumbehörde ging, erkundigte sich der Präsident bei Webb:

»Halten Sie die Mondlandung für das wichtigste Vorhaben der NASA?«

»Nein, Sir«, erwiderte Webb, »das tue ich nicht. Die Mondlandung ist sicherlich eines der wichtigsten Projekte, aber nicht außer Acht lassen darf man …« Es folgte eine Reihe weiterer wissenschaftlicher und technischer Zielsetzungen.

Das war nicht die Antwort, die Jack erwartet hatte, und in seiner Erwiderung klingt die Reaktion seines Vaters an, wenn die Kinder es bei einer Regatta an Ehrgeiz vermissen ließen.

> Ich halte sie aber für das wichtigste Projekt der NASA. Und ich glaube, wir sollten uns da nichts vormachen. Andere Vorhaben können problemlos sechs oder auch neun Monate auf Eis liegen …, aber die Mondlandung ist schon aus politischen Gründen wichtig, vor allem auf internationaler Ebene. Denn ob wir es wollen oder nicht, befinden wir uns in einem Wettlauf. Wenn wir den Mond als Zweiter erreichen, ist das ein schöner Erfolg, aber dann sind wir für alle Zeiten Zweiter. Wenn wir also in einem halben Jahr nur Zweiter sind, weil wir nicht alles für den Erfolg getan haben, dann hätte das sehr ernste Konsequenzen. Deshalb glaube ich, dass die Mondlandung oberste Priorität genießen sollte, und ich erwarte, dass Sie sich diese Sichtweise zu eigen machen.

Wann immer Webb bei diesem Treffen auf andere wissenschaftliche Ziele zu sprechen kam, unterbrach Jack ihn und lenkte das Gespräch wieder auf den Wettlauf zum Mond:

> Ich weiß, wie viel Wert Sie auf Satelliten legen, auf Kommunikation, das Wetter und all das andere Zeug. Das ist ja auch alles wichtig, aber es hat Zeit … Warum lassen

wir uns die Gewinnung von Trinkwasser aus Salzwasser sieben Millionen Dollar kosten, wenn wir sieben Milliarden Dollar für die Erkundung des Weltraums benötigen? Für Sie hat die Raumfahrt offenbar nur unter dem Aspekt der Landesverteidigung Wichtigkeit. Aber vergessen Sie nicht, dass die Sowjetunion die Mondlandung zu einem Prüfstein der politischen Systeme erklärt hat. Darum machen wir das doch überhaupt. Und daher bin ich davon überzeugt, dass es derzeit nichts Wichtigeres gibt. Alles andere kann warten … Natürlich müssen wir uns darum kümmern, so wie es viele Dinge gibt, um die wir uns kümmern müssen. Zum Beispiel darum, mehr über Krebs und dergleichen zu erfahren.

Alles, was wir tun, sollte dem Ziel dienen, eher auf dem Mond zu sein als die Russen … Wir müssen darin einig sein, dass dieses Ziel allerhöchste Priorität hat, bei der NASA, aber, gleich nach der Landesverteidigung, auch bei der Regierung der Vereinigten Staaten von Amerika. Das ist die Position, auf die ich Sie einschwören möchte. Am Zeitplan ändert sich dadurch eher nichts, aber wir müssen diese Position offensiv vertreten, weil wir sonst keinen Grund haben, so viel Geld auszugeben, denn die Raumfahrt selbst interessiert mich offen gestanden nicht.

Und noch immer wie beseelt vom Denken seines Vaters, fügt er hinzu: »Wir reden über gigantische Summen, die unseren Haushalt extrem belasten und alle anderen Vorhaben für lange Zeit blockieren. Die einzige Rechtfertigung, es jetzt und in der beschriebenen Art und Weise zu machen, ist die begründete Hoffnung, die Sowjetunion zu besiegen und der Welt zu beweisen, dass wir mit Gottes Hilfe einen Rückstand von mehreren Jahren aufholen und uns an die Spitze setzen können.«[18]

Der Wettlauf zum Mond rief immer mehr Kritiker auf den Plan, die sich der Auffassung Eisenhowers anschlossen. Auch die Unterstützung durch die Öffentlichkeit schwand. Roger Launius, der Chefhistoriker der NASA, resümierte später: »Unter den zahllosen Mythen, die sich um das Apollo-Programm und die bemannte Raumfahrt ranken, ragt die Geschichte eines entschlossenen Volkes heraus, das in die unbekannte Welt jenseits der Erde aufbricht.«[19]

Im September 1962 hielt Jack in der Rice University eine Rede, bei der er ein weiteres Mal auf die Metapher des weit gereisten Seemanns zurückgriff.

> Unsere Vorfahren haben sichergestellt, dass dieses Land ein Vorreiter der industriellen Revolution war, ein Vorreiter der Moderne und der Atomkraft. Unsere Generation ist nicht gewillt, das Zeitalter der Raumfahrt im Kielwasser anderer Nationen anzusteuern ... Was dieses Land der Welt versprochen hat, kann nur erfüllt werden, wenn wir an der Spitze segeln, und darum wollen wir die Ersten sein ... Wir sind es uns selbst und anderen schuldig, auch in Sachen Raumfahrt die führende Nation zu sein. Deshalb setzen wir die Segel und brechen zu einem neuen Ozean auf, der neues Wissen und neue Rechte verspricht, die zum Wohle der gesamten Menschheit eingesetzt werden müssen ... Nur wenn die Vereinigten Staaten ihre Vorrangstellung behalten, können wir darüber mitentscheiden, ob dieser neue Ozean ein Hort des Friedens oder Schauplatz künftiger Kriege sein wird ... Wir legen ab und bitten Gott um seinen Segen auf dem gefahrvollen Weg, der die größten Abenteuer in der Geschichte der Menschheit bereithält.[20]

Kennedy war nicht der Einzige, der die Herausforderungen der Raumfahrt mit den gewagtesten Unternehmungen der Seefahrt verglich. Irreführend war die Analogie trotzdem. Der Lohn für Kolumbus' Reise stellte sich schon nach wenigen Jahren in Form von unermesslichen Reichtümern und der Bekanntschaft mit bis dahin unbekannten Früchten ein, die wie Mais und Kartoffeln die Ernährung in Europa grundsätzlich veränderten. Fantasien von der Besiedlung und Ausbeutung des Mondes oder des Mars blieben hingegen Träume. Andererseits haben jene Anwendungen, die Jack als zweitrangig ansah – Wettersatelliten, GPS-Navigation und Kommunikation –, das Leben der Menschheit seit den 1960er-Jahren nachhaltig beeinflusst. Der Wettlauf zum Mond hat zahllose vor allem junge Menschen begeistert und inspiriert, und er hat den Blick auf unseren eigenen Planeten radikal verändert. Wahrscheinlich hat der Sieg in diesem Wettlauf den USA geopolitisch betrachtet wohl tatsächlich einen Vorteil gegenüber der Sowjetunion eingetragen. Und sicher ist, dass das Urteil der übrigen Welt über die beiden Supermächte lange davon geprägt wurde.

Glaubt man den zeitgenössischen Berichten, genoss Kennedy die Gesellschaft der neuen Entdecker und Seefahrer, die er in den Astronauten sah. Er lud sie ins Weiße Haus und nach Cape Cod ein, um sie mit interessierten Fragen regelrecht zu löchern. John Glenn wurde zu einem engen Freund der Familie, der auch nach Jacks Tod häufig in Hyannis Port und Hickory Hill zu Gast war.

Während sich Glenn auf seinen ersten Flug ins All vorbereitete, lud Jack ihn ins Weiße Haus ein und erkundigte sich nach der bevorstehenden Mission. Glenn beschreibt die Begegnung wie folgt:

Es war eine sehr ungezwungene und herzliche Begegnung. Kennedy wollte wissen, was das Ziel meines Fluges war, und ich habe ihm erzählt, was wir damit bezweckten. Als ich ihn nach meinem Flug wiedertraf, konnte er sich an einzelne Details aus unserer ersten Begegnung erinnern ... Offenbar hatte er so genau zugehört, dass ihm einiges im Gedächtnis geblieben war.

Er hat sich erkundigt, wie viel G ich beim Start ausgesetzt sein und wie sich das auf meinen Körper auswirken würde, ob sich die Boostersektion der Atlas-Rakete während des Startvorgangs kontrollieren ließ, ob wir die Rakete wie ein Flugzeug lenken konnten oder auf Gedeih und Verderb auf die automatische Steuerung angewiesen waren, bis wir endlich den Orbit erreichten, welchem Druck wir ausgesetzt waren und was bei Druckabfall zu tun war. Er interessierte sich auch für kleinste Details.[21]

Nach Glenns erfolgreicher Rückkehr fragte Kennedy ihn erneut aus. »Er wollte wissen, was auf so einem Flug passiert – was ich gesehen habe, wie die Dinge aussahen, wie ich mich beim Wiedereintritt in die Atmosphäre gefühlt habe, ob es heiß oder kalt war, wie ich den Aufprall auf dem Wasser erlebt habe, wie es war, aus der Kapsel zu steigen. Eher als für die wissenschaftlichen Details schien er sich für die Erfahrungen zu interessieren, die ich gemacht hatte. Wie ich als Mann den Flug erlebt hatte.«[22]

Alan Shepard, der vor Glenn ins All geflogen war, erlebte sehr Ähnliches mit Kennedy: »Ich habe nie recht verstanden, warum er so reagiert hat, warum er sich bei den Treffen mit uns, die ja außergewöhnlich zwanglos waren, so viel Zeit genommen hat. Das war nicht vielen Menschen vergönnt.«

Shepards Frau wartete mit einer Erklärung auf. Ihrer Meinung nach, so Shepard, »fühlte er sich euch als Gruppe und als

Individuen verbunden, und zwar nicht, weil ihr irgendwelche herausragenden Fähigkeiten gehabt hättet, sondern weil ihr bereit und in der Lage wart, eine Herausforderung zu erkennen und sie beim Schopf zu packen«.[23]

Glenn glaubte nicht, dass hinter Jacks Fragen die Sorge um die Machbarkeit der Mission stand. »Bei mir kam es so an, und ich glaube, so war es auch gemeint, dass sich der eine Mensch für den anderen interessiert, wie bei zwei Kumpeln, wenn Sie so wollen und wenn man den Präsidenten der Vereinigten Staaten so bezeichnen darf.«

Als Glenn bei einer Feier aus der Hand des Präsidenten einen Orden erhielt, sagte Jack: »Vor einigen Monaten habe ich der Hoffnung Ausdruck verliehen, dass jeder Amerikaner sich fragt, wie er seinem Land dienen kann. Glenn hat seine Antwort gegeben ... Der Wettlauf ins All ist noch lange nicht entschieden. Vor uns liegt ein neuer, noch unbekannter Ozean, und ich bin davon überzeugt, dass die Vereinigten Staaten ihn als Erste befahren müssen.«[24]

Schon bald teilte Glenn mit Kennedy die Leidenschaft für das, was nicht nur metaphorisch Segeln genannt wird. Bei einem seiner zahlreichen Besuche in Hyannis Port lud Ethel Kennedy ihn auf die *Victura* ein. Der Präsident und die First Lady waren nicht vor Ort, zumindest glaubte Glenn das. »Der Wind war mit sechs bis sieben Beaufort viel zu stark, als dass ich mich aufs Meer getraut hätte«, gestand Glenn, der als Kampfjetpilot den Koreakrieg mitgemacht und wenige Monate zuvor die Erde in einer Rakete umrundet hatte. »Aber Ethel meinte, das sei kein Problem. ›Wir fahren trotzdem raus‹, erklärte sie. ›Wir sind solche Bedingungen gewohnt.‹«

»Es war ein wirklich stürmischer Tag«, so Glenns Erinnerung. »Als ich mit meiner Familie aus dem Haus kam und zum Hafen ging, wo Ethel uns erwartete, konnten wir erkennen, dass sich zwei Menschen an der *Victura* zu schaffen machten. Sie trugen Lederjacken und alte Kleidung, und erst als wir die Mole erreicht hatten, dämmerte mir, wer diese Leute waren. Es handelte sich um den Präsidenten und seine Frau, und sie waren damit beschäftigt, die *Victura* seeklar zu machen. All meine Bedenken, bei diesem Wetter rauszufahren, waren gewissermaßen gegenstandslos geworden.«

Das Wetter war immerhin schlecht genug, dass Jack sich entschied, mit Rücksicht auf seinen Rücken nicht ans Ruder zu gehen. Die Rolle des Steuermanns übernahm stattdessen Glenns Sohn Dave. »Dave musste sich mit den Füßen abstützen und mit aller Kraft an der Pinne ziehen, um das Boot unter Kontrolle zu halten. Der Präsident erteilte ihm dann und wann Anweisungen, was er wie zu tun hatte, und gab die Kursänderungen vor.« So kreuzten der Präsident der Vereinigten Staaten, der erste Amerikaner, der die Erde umrundet hatte, sowie beider Familien vor jenem Hafen und in jenem Boot auf und ab, in dem Jack das Segeln gelernt hatte, entlang jenes Strandes, an dem sein Elternhaus stand.[25]

Seit 1953 findet jedes Jahr im Februar das Prayer Breakfast statt, und im Jahr 1963 war der berühmte Raketeningenieur Wernher von Braun Tischnachbar von Jacks Bruder Ted, der zu dieser Zeit Senator von Massachusetts war. »Dem, was Senator Kennedy gesagt hat, konnte ich entnehmen, dass die Kennedy-Brüder, wenn sie unter sich waren, vor allem ein Thema hatten – die Raumfahrt«, sagte von Braun nicht lange nach Jacks Tod. »Ted war sehr gut über unsere Arbeit informiert und stellte mir fast dieselben Fragen, die auch schon der Präsident gestellt hatte. Ich muss daraus schließen, dass sich die beiden Brüder intensiv über die Materie ausgetauscht haben.«[26]

Wenige Monate später stattete Jack von Braun in Cape Canaveral einen Besuch ab und ließ sich von ihm Modelle der zu bauenden Raketen zeigen. Da nahm Kennedy eines der kleineren Modelle in die Hand und sagte: »Das ist dann ja wohl die Redstone.« Die Redstone war die erste US-amerikanische ballistische Rakete, die nach dem Start des *Sputnik* zu einer Trägerrakete ausgebaut wurde, aber zu klein und zu schwach war, um den Orbit zu erreichen. Rechts neben dem Modell der Redstone stand die Nachbildung einer Saturn V, die seinerzeit noch in der Entwicklung war. Das Modell maß 25 Zentimeter, die Nachbildung der Saturn V I hingegen über 1,80 Meter. »Sind die Modelle maßstabsgetreu?«, wollte Jack wissen. Zur Antwort nickten von Braun und die anderen nur.

»Wie es aussieht, haben wir eine Menge geschafft«, stellte Jack zufrieden fest.

»Aus seiner Stimme klang eine geradezu jugendliche Begeisterung«, erinnert sich von Braun. »Das ließ ihn einerseits aufrichtig wirken und machte ihn andererseits überaus charmant.«[27]

Als Neil Armstrong, der sechs Jahre später als erster Mensch seinen Fuß auf den Mond setzen sollte, starb, lag der Moment, in dem Jack das Modell der Redstone in seinen Händen gehalten hatte, fünfzig Jahre zurück. Eugene Cernan, 1972 der bislang letzte Amerikaner, der den Mond betrat, weiß zu berichten, dass Armstrong – wie auch Jacks Bruder Joe und Cernan selbst – nie so stolz war wie in jenem Moment, als ihm die Fluglizenz und die dazugehörige Anstecknadel überreicht wurden. Armstrong starb 2012, seine Asche wurde dem Meer übergeben. »Die See hat ihn stets an die eigene Endlichkeit erinnert, das Ende einer langen Odyssee«, schrieb Ross Anderson in der Zeitschrift *Atlantic*. »Man muss sich vorstellen, wie er 43 Jahre zuvor aus dem Fenster der Mondfähre die geschrumpfte Erde am

Horizont sah, ein schwebender Trabant vor einem klaffenden Abgrund, eine Göttin, die von Leben spendenden Ozeanen umhüllt ist, deren Blau alles übertrifft, was das menschliche Auge bislang gesehen hat. Man stelle sich seine Erleichterung vor, als er drei Tage später zur Erde zurückkehrte und im Pazifischen Ozean landete. Welch eine Wohltat muss es gewesen sein, von den Wellen dieses friedlichen Meeres sanft gewiegt zu werden, und das nicht einmal eine Woche nach der Landung im Mare Tranquillitatis, dem Meer der Ruhe. Eine schönere Heimkehr lässt sich kaum denken.«[28]

John, Jacks und Jackies erster Sohn, kam kurz nach dem Wahltag im November 1960 zur Welt. Als er knapp ein Jahr alt war, erlitt sein Großvater Joe einen Schlaganfall. Bis er 1969 starb, musste Joe im Rollstuhl sitzen, und das Sprechen war ihm kaum mehr möglich. »Alte Menschen sind wie alte Schiffe«[29], sagte Jack über seinen Vater. Ferienaufenthalte am Kap in den Sommern der Jahre 1962 und 1963 ermöglichten es Jack und seiner Frau, Zeit sowohl mit den eigenen Kindern als auch mit dem gebrechlichen Familienoberhaupt zu verbringen. Rose erfreute sich hingegen bester Gesundheit, und so konnte sie die wachsende Schar ihrer Enkelkinder genießen, zu der in allererster Linie Bobby und Ethel mit ihren immerhin elf Kindern beitrugen.

Jack und Jackie kamen weiterhin gern ans Kap, aber so wie früher sollte es nie mehr werden. Schuld daran waren die Belagerung durch Touristen, der Andrang der Journalisten sowie die ständige Präsenz des Secret Service und seiner Sicherheitsmaßnahmen. Die Kennedys mieteten ein Haus, das nur wenige Hundert Meter von dem ihrer Eltern entfernt war. Es stand auf einer Anhöhe und bot einen fantastischen Blick aufs Meer. Vor allem aber hatte es den Vorteil, dass es für Neugierige und potenzielle Attentäter weniger leicht erreichbar war. So wurde es während der Sommermonate zu einer Art Regierungssitz – das Weiße Sommerhaus.

Der Sommer 1962 hielt einige Ereignisse bereit, die der Nachwelt übermittelt sind. An einem schönen Julitag unternahm Jack gemeinsam mit seinem Vater und seinem Bruder Ted einen Ausflug mit der Motorjacht *Marlin*. Als sie am Nachmittag in den Hafen von Hyannis Port zurückkehrten, hatte der Wind aufgefrischt und wehte mit sieben Beaufort. Auch die Wellenhöhe war beträchtlich.

»An ihrem Liegeplatz zerrte die *Victura*, das Kielboot, mit dem die Kennedy-Jungen manche Regatta bestritten haben, an den Leinen und nickte auffordernd mit dem Bug«, schreibt die *New York Times*. »Nachdem sich der Präsident vergewissert hatte, dass sein Vater sicher an Land war, stiegen er und sein Bruder Edward – begleitet von einigen weiteren Familienmitgliedern, deren Identität sich vom Presseboot aus nicht ermitteln ließ – auf die *Victura* um, setzten die Segel und fuhren los. Der Präsident steuerte das Boot entlang dem Wellenbrecher auf der Steuerbordseite Richtung Hafeneinfahrt. Kaum hatten sie den Molenkopf passiert, legte sich die *Victura* so stark auf die Seite, dass das Wasser über das Süllbord lief.« Nach einer Weile übergab Jack das Ruder einem jungen Mann, von dem nicht bekannt ist, wer er war. Er steuerte die *Victura* zurück in den Hafen, wo bis auf Jack und Ted alle Crewmitglieder ausstiegen. Dann setzten die beiden Brüder den wilden Ritt allein fort.

»Der Präsident hat den Rücken zuletzt häufig schonen müssen. Der heutige Segeltörn belegt, dass sich sein Zustand nachhaltig verbessert hat«, resümiert die *Times*.[30]

Wenige Tage später unternahm Jack zunächst gemeinsam mit seiner Tochter Caroline einen Törn mit der *Victura*, um sich anschließend mit seinem Vater an Bord der *Marlin* zu begeben. Sie ankerten vor Egg Island, einem Inselchen, das durch eine Sandbank mit Great Island verbunden ist, dem östlichen Abschluss der Lewis Bay, die wiederum Hyannis mit dem Nantucket Sound verbindet. Dort badeten und picknickten sie. Irgendwann vergrößerte sich die Gruppe, weil weitere Familienmitglieder mit der *Victura* und der *The Rest Of Us* zu ihnen stießen.[31] Egg Island sollte für viele Jahre ein beliebtes Ausflugsziel werden, das vor allem Ethel Kennedy in Begleitung ihrer Kinder und deren Freunde in den Sommermonaten nahezu täglich ansteuerte. Meist benutzten sie dafür die *Resolute*, ebenfalls eine Wianno Senior und baugleich mit der *Victura*.

Die Fülle der Nachrichten und Meldungen, die aus dieser Zeit überliefert sind, legt den Schluss nahe, dass die Kennedys bei ihren Aufenthalten am Kap von einem Schwarm Presseleuten begleitet wurden, die ihnen zu Lande und zu Wasser auf der Fährte blieben. Von wenigen Ausnahmen abgesehen, war die Berichterstattung freundlich und wohlwollend, doch die ständige Anwesenheit von Journalisten und Fotografen war dazu angetan, der Familie den einst so friedlichen Ort zunehmend zu verleiden. Und statt, wie früher die Fotografen von *Life*, die Presse zu sich ins Haus einzuladen, gingen die Kennedys mehr und mehr auf Distanz. Der Ausdruck »Paparazzi« tauchte zum ersten Mal 1960 auf. Damals war noch nicht abzusehen, wie sehr Jackie, John jun. und andere Familienmitglieder den Rest ihres Lebens unter den Vertretern dieser Berufsgruppe leiden sollten.

Mitte Juli 1962 unternahmen Jack und Jackie gemeinsam mit dem Schriftsteller William Styron und dessen Frau eine Bootsfahrt rund um Martha's Vineyard, wo die Styrons ein Haus besaßen. In einem Brief an seinen Vater berichtet Styron von dem Tag:

Wir saßen im offenen Cockpit an einem großen Tisch, als Jackie unvermittelt ihre Füße in JFKs Schoß legte und mit den Zehen wackelte, ganz so, wie man es von der Gattin des Präsidenten erwartet ... Wir nahmen Caroline an Bord, die während des Essens zusammen mit ihrer kleinen Cousine am Strand gewesen war. Ihr war so kalt, dass die Zähne klapperten. Sie scheint ein aufgewecktes Kind zu sein, und die irische Herkunft ist nicht zu übersehen. Unterdessen hatte sich offenbar herumgesprochen, dass die Kennedys in der Nähe waren, denn der Hafen quoll förmlich über vor Booten voller Menschen, die einen Blick auf das Präsidentenpaar erhaschen wollten ... Wir waren schon auf dem Weg in den Edgartown Yacht Club (die Mitglieder sind durchweg stockkonservative Republikaner von der Wall Street), als JFK dem Kapitän zurief: »Der Club ist nichts für uns. Versuchen wir es lieber am Stadtkai.« Zu mir gewandt, fügte er leise hinzu: »Hier gibt es weit und breit keinen einzigen Demokraten. Wenn ich jetzt dem politischen Gegner einen Besuch abstatte, würde man es mir wochenlang unter die Nase reiben.« Da begriff ich, dass für den Präsidenten der Vereinigten Staaten selbst eine harmlos anmutende Angelegenheit wie die Wahl des Liegeplatzes eine hochpolitische Angelegenheit sein konnte.[32]

Ebenfalls im Juli 1962 ereignete sich bei einem privaten Segeltörn ein Zwischenfall, der zum Ärger des Präsidenten in die Öffentlichkeit gelangte. Nach einem sonntäglichen Ausflug an Bord der *Victura* stand Jack am nächsten Morgen auf, ging an Bord der *Air Force One*, die ihn nach Washington bringen sollte, und widmete sich der Zeitungslektüre. Wie üblich saßen auch Pressevertreter im Flugzeug. Kurz nach dem Start bahnte sich

Pierre Salinger, der korpulente Pressesprecher des Präsidenten, einen Weg durch die Sitzreihen. Seine funkelnden Augen hielten Ausschau nach Al Spivak, dem Korrespondenten der Nachrichtenagentur United Press International. Als Salinger ihn gefunden hatte, richtete er ihm aus, dass der Präsident wütend sei. Dabei zeigte er auf die Titelgeschichte der *Washington Post*, die gleichlautend auch andere Zeitungen gedruckt hatten. Gezeichnet war sie mit UPI, sodass als Urheber nur Al Spivak infrage kam.

»Präsident und Familie laufen mit ihrem Boot auf Grund«, so hatte die *New York Times* die Geschichte überschrieben. Im nachfolgenden Artikel heißt es: »Präsident Kennedy und andere erfahrene Segler aus seiner Familie sind gestern bei dem Versuch, mit ihrem Kielboot anzulegen, auf Grund gelaufen. Kaum hatten sie das Boot mühsam aus dem Schlick befreit, rauschte zu allem Überfluss auch noch das Großfall aus, woraufhin das Segel im Wasser landete.«[33]

Der *Boston Globe* spitzte die Angelegenheit dramatisch zu:

> Präsident Kennedy, der als Schüler mit der *Victura* zahlreiche Regatten bestritt, musste gestern erkennen, dass es mit seinen seglerischen Fähigkeiten nicht mehr so weit her ist. Bei dem Versuch, die *Victura* auf ihren Liegeplatz zu bringen, schoss er am Ziel vorbei und steuerte das Boot direkt in den Schlick. Ein Begleitboot mit Mitarbeitern des Secret Service eilte zu Hilfe und befreite die *Victura*. Dabei machte sich jedoch das Großsegel selbstständig und landete im Wasser.[34]

Salinger teilte Spivak mit, dass der Präsident vor Wut außer sich sei. Er habe durchaus Verständnis, wenn die Presse einen symbolträchtigen Vorfall aufgreife und dafür verwende, Zweifel an der Eignung des Präsidenten als Staatsführer zu äußern. Doch der geschilderte Zwischenfall sei frei erfunden. Deshalb erwarte der Präsident eine Gegendarstellung. »Spivak, wollen Sie, dass ich meinen Job verliere?«, fragte Salinger mit einer Mischung aus Angst und Wut in der Stimme.

Spivak sah keinen Anlass, den Artikel zu widerrufen, doch da er kein Unmensch war, erklärte er sich bereit, Salingers Problem aus der Welt zu schaffen. Er griff in seine Aktentasche und holte ein Hochglanzfoto hervor, auf dem deutlich zu erkennen war, wie Jack und seine Crew im hüfttiefen Wasser standen und krampfhaft versuchten, die *Victura* frei zu bekommen. Salinger nahm das Foto an sich und brachte es seinem Chef. Der Vorfall fand nie wieder Erwähnung.[35]

Gegen Ende des Sommers 1962 fuhren Jack und Jackie nach Newport, Rhode Island, wo mit dem America's Cup die bedeutendste Segelveranstaltung der Welt ausgetragen wurde. Aus diesem Anlass wollte sich das Präsidentenpaar mit australischen und US-amerikanischen Diplomaten und Seglern treffen. Die Zusammenkunft mit Gleichgesinnten bot Jack die Gelegenheit, freimütig über seine Liebe zum Meer zu sprechen.

> Mir ist, ehrlich gesagt, nicht recht klar, was genau uns am Meer so fasziniert. Ein Grund wird sein, dass es nie gleich aussieht, dass sich das Licht ändert und die Schiffe, die es befahren. Ein weiterer Grund wird sein, dass wir letztlich alle aus dem Meer stammen. Es ist eine interessante biologische Tatsache, dass in unserem Blut etwa derselbe Salzgehalt herrscht wie in den Ozeanen. Dieses Salz findet sich in unseren Adern, in unserem Schweiß, in unseren Tränen. Wir sind dem Ozean organisch verbunden. Und wenn wir zum Meer zurückkommen – sei

es zum Segeln, sei es auch nur, um es zu betrachten –, kehren wir zu unseren Ursprüngen zurück. Deshalb ist es nur natürlich, wenn sich die Vereinigten Staaten und Australien hier und heute treffen, um diesen wunderbaren Segelwettstreit auszutragen. Wir sind zwar durch einen Ozean getrennt, aber auch diejenigen Nationen, die diesen Ozean als ihren Freund ansehen und durch ihn verbunden sind.

Dann erhob er sein Glas und brachte einen Toast auf die Crews des australischen Herausforderers *Gretel* und des amerikanischen Titelverteidigers *Weatherly* aus. »Wie Seine Exzellenz, der Botschafter, es so treffend ausgedrückt hat, treten die Boote zwar gegeneinander an, aber sie segeln auch miteinander im Kampf gegen Wind und Wellen.«[36] Skipper der *Weatherly* war Bob Mosbacher, der 1943 den McMillan Cup gewonnen hatte, den Pokal, den Joe und Jack 1938 für Harvard geholt hatten.

An jenem Tag im September des Jahres 1962 hätte Jack sicherlich viel dafür gegeben, als Crewmitglied der *Weatherly* an der Regatta teilnehmen zu können. Stattdessen ging er gemeinsam mit seiner Frau an Bord der USS *Joseph P. Kennedy Jr.* und verfolgte von dort, wie Mosbacher den ersten von vier Siegen einfuhr, die seinem Land den traditionsreichen Pokal sicherten. Im Monat darauf brach die *Kennedy* Richtung Kuba auf.

Die Kubakrise vom Oktober 1962 war die größte Herausforderung, vor die sich Kennedy als Präsident gestellt sah, und viele Beobachter sind der Auffassung, dass die Welt nie so dicht vor einem Atomkrieg stand wie damals. Für Jack jedoch war es auf persönlicher Ebene zugleich ein Ereignis, in dem Kindheitserinnerungen auf eigentümliche Weise in einige der folgenschwersten Entscheidungen einflossen, die je ein Mensch treffen musste.

Auf einer handschriftlichen Notiz, die aller Wahrscheinlichkeit nach von ihm selbst stammt, stehen über der Skizze eines gaffelgetakelten Segelbootes die Worte »Blockade« und »Castro«. Solche Skizzen, zum Teil ausgearbeitet, finden sich auch auf einem Notizblock aus jener Zeit, der Kennedy zweifelsfrei zuzuordnen ist. In den Sitzungen, während derer diese Zeichnungen entstanden, fielen Entscheidungen wie die, eine »Quarantäne« über Kuba zu verhängen, was nur eine Umschreibung für das aggressivere Wort »Seeblockade« war. Auch wenn sich der Streit an der Stationierung von Mittelstreckenraketen entzündete, wurde er auf dem Wasser ausgetragen. Als die US-Kriegsmarine die Zeit für gekommen hielt, eines der Schiffe, die Kuba ansteuerten, aufzubringen und zu durchsuchen, fiel die Wahl auf den libanesischen Frachter *Marucla*. Mit der Durchführung der Aktion wurde der Zerstörer *Joseph P. Kennedy Jr.* betraut.[37] Er war 1945 vom Stapel gelaufen, die Patenschaft hatte Jean Kennedy übernommen, Jacks jüngere Schwester. Zur Crew, die 1946 die ersten Testfahrten der *Kennedy* bestritt, gehörte auch Robert Kennedy, der im Oktober 1962 nicht nur amerikanischer Justizminister war, sondern darüber hinaus auch einer der wichtigsten Ratgeber seines Bruders.

Während des Sommers 1963 verzichtete Jack weitgehend darauf, mit der *Victura* zu segeln. Sicherheitsbedenken waren dafür ebenso verantwortlich wie sein Wunsch, den Rücken zu schonen. Stattdessen sah er zu, wie sich sein kleiner Bruder, Senator Ted Kennedy, als Regattasegler schlug. Mehrfach steuerte er mit der Familienjacht *Marlin* oder der präsidialen Motorjacht *Honey Fitz* die Regattabahnen an, auf denen sein Bruder mit der *Victura* startete. Am 19. Juli bejubelten sie gemeinsam den zweiten Platz in der Regatta von Edgartown. Die lokale Presse zeigte sich von Teds Auftritt sehr beeindruckt, weil, wie es hieß, die *Victura* »nicht zu den schnellsten Booten im Feld der Wianno Seniors gehört, eher zu den langsamsten«.[38]

Am Wochenende vor dem ersten Montag im September, an dem in den USA der Labor Day begangen wird, gingen Jack und Jackie, die fünfjährige Caroline, der zweijährige John sowie fünf weitere Kinder in Hyannis Port an Bord der *Honey Fitz*, um einen Ausflug zur Insel Nantucket zu unternehmen. Dort angekommen, aßen die Eltern an Bord zu Mittag, während die Kinder in Begleitung von vier Sicherheitsbeamten an Land gingen, wo sie auf den Leuchtturm der nahe gelegenen Station der Küstenwache kletterten. Anschließend ging es zurück nach Hyannis Port, wo sie gerade noch rechtzeitig ankamen, um zu erleben, wie Ted mit der *Victura* zu einer Wettfahrt startete, die er, wie es tags darauf in den Zeitungen hieß, »als souveräner Sieger seiner Klasse« beendete. Am Abend rief die Pflicht in Gestalt des Vizepräsidenten Lyndon B. Johnson, den die Kennedys im Weißen Sommerhaus empfingen.[39]

Als mit dem Sommer des Jahres 1963 auch die Segelsaison zu Ende ging, wurde es Zeit, die *Victura* ins Winterlager zu bringen. Bevor sie in der Crosby-Werft eingemottet wurde, sollte sie auf Wunsch der drei Schwestern Kennedy – Eunice, Patricia und Jean – aber noch einmal auf den Nantucket Sound hinaussegeln, um eine Idee, die ihnen gekommen war, in die Tat umzusetzen. 1960 hatte Jackie ihrem Mann ein Bild geschenkt, auf dem mehrere Segelboote zu sehen waren. Jackie hatte das Bild in einer Ausgabe von *Sports Illustrated* entdeckt, den Maler Henry Koehler ausfindig gemacht und das Bild erworben. Wenig später schrieb sie Koehler einen Brief, in dem es heißt: »Ihr Bild ist das mit Abstand schönste in unserem Haus und das einzige, das meinem Mann wirklich gefällt.«

Nun hatten die Schwestern Kontakt zu dem Künstler aufgenommen und bei ihm drei Bilder in Auftrag gegeben. Jedes sollte einen der drei Brüder Jack, Bob und Ted zeigen, wie sie in Begleitung ihrer Frauen mit der *Victura* segeln. Diese Bilder wollten die Schwestern ihren Brüdern zu Weihnachten schenken.

Anfang November reiste Henry Koehler aus New York an, die *Victura* wurde zu Wasser gelassen, und mit zwei Mitarbeitern der Werft an Bord ging es hinaus auf die Bucht, wo die *Marlin* sie schon erwartete. An Deck befand sich außer Koehler auch Joe sen. Auch wenn das Familienoberhaupt durch den Schlaganfall stark beeinträchtigt war, hatte die Familie ihn mit an Bord genommen, damit er zusehen konnte, wie der Maler die auf und ab kreuzende *Victura* auf die Leinwand bannte.[40]

Am 4. November saß Jack im Oval Office des Weißen Hauses und nahm ein Diktiergerät zur Hand, um seine Gedanken zu dem Militärputsch in Südvietnam festzuhalten, der zum Sturz und schließlich zum Tod des Präsidenten Ngo Dinh Diem und dessen Bruder geführt hatte. Mitten in der Arbeit wurde Jack von seinem Sohn John unterbrochen, der damals knapp drei Jahre alt war. Das Tonband belegt, wie mühelos Kennedy die Wandlung vom überlasteten Politiker zum geduldigen Vater gelang.

»Möchtest du auch etwas sagen?«, fragte Jack und hielt seinem Sohn das Diktiergerät hin. »Sag Hallo.«

»Hallo.«

»Noch einmal.«

»Papa ist frech.«

»Warum fallen die Blätter von den Bäumen?«

»Weil Herbst ist.«

»Wann rieselt der Schnee auf die Erde?«

»Im Winter.«

»Wann werden die Blätter grün?«
»Im Frühling.«
»Wann fahren wir nach Hyannis Port?«
»Im Sommer.«
»Genau, im Sommer.«
Daraufhin lachte John jun. laut aus, ehe er etwas hinzufügte, dessen Sinn sich nicht erschließt: »Deine Pferde.«[41]

Henry Koehler kehrte in sein Atelier nach New York zurück und machte sich daran, drei Bilder für drei Brüder zu malen. Dazu hörte er klassische Musik aus dem Radio. Ende November schaute eine der Kennedy-Schwestern vorbei, um sich vom Fortgang der Arbeit zu überzeugen. Als er fünfzig Jahre später über die Begegnung Auskunft geben soll, kann Koehler nicht mehr sagen, ob es Pat oder Jean war. »Eunice jedenfalls nicht«, weiß er nur. Kurz vor dem verabredeten Termin schaltete Koehler das Radio aus, damit die Musik nicht die Unterhaltung störte. Seine Kundin kam pünktlich, besah sich die Bilder, nickte zustimmend und bat ihn, sich zu beeilen. Bis Weihnachten war nicht mehr viel Zeit.

Kaum war die Kennedy-Schwester gegangen, klingelte Koehlers Telefon. Am anderen Ende war seine Verlobte.

»Hast du das Radio an?«, fragte sie.

Die Kennedy-Schwester war schon zu lange weg, als dass Koehler ihr noch hätte nachlaufen können. Er wusste ja nicht einmal, in welche Richtung sie gegangen war. Erst später erfuhr er, dass sie auf offener Straße angesprochen und mit jener Nachricht konfrontiert worden war, die ihm, Koehler, nun seine Verlobte überbrachte: Präsident Kennedy war in Dallas erschossen worden.

Auch noch mit Mitte achtzig, fünfzig Jahre nach dem Vorfall, hat sich Koehler nicht verziehen, dass er Jacks Schwester aus dem Atelier hat gehen lassen. Vielleicht hätte er ihr helfen, ihr beistehen können, bis der Secret Service sich ihrer angenommen hätte.[42]

Am Tag, an dem Kennedy starb, fanden im Rice Hotel in Houston, in dem Jack tags zuvor abgestiegen war, Zimmermädchen eine weitere Abbildung der *Victura*, wenn auch weniger kunstvoll ausgeführt.

Zur selben Zeit ging Ted den Pflichten eines frisch gewählten Senators nach und ließ eine langweilige Sitzung des Senats über sich ergehen, als unvermittelt ein Assistent vor ihm stand und ihn in einen Raum brachte, in dem per Fernschreiber die neuesten Nachrichten eintrafen. So erfuhr Ted vom Tod seines Bruders. Bobby saß mit seiner Frau Ethel in Hickory Hill zu Tisch, als ihn ein Anruf des FBI-Direktors J. Edgar Hoover erreichte.

Jack war das dritte der neun Kinder von Joe und Rose, das vor der Zeit starb. Ted rief seine Mutter in Hyannis Port an. Rose war bereits informiert, Joe schlief und wusste noch von nichts. Ted eilte per Flugzeug und Hubschrauber nach Hause, um seinen Vater zu informieren. Als er in Hyannis Port ankam, hatten sich bereits zahllose Verwandte und Freunde eingefunden. Doch selbst als Ted zu Bett ging, hatte er noch nicht mit seinem Vater gesprochen. Das verschob er auf den nächsten Morgen. Ted bekannte Jahrzehnte später, »dass mir bei der Erinnerung an dieses Gespräch heute noch die Tränen kommen«.[43]

In Anbetracht der furchtbaren Tragödie fürchtete Koehler auch um seinen Auftrag. Er konnte sich nicht vorstellen, dass die Familie jetzt noch an den Bildern interessiert war. Doch schon nach wenigen Tagen klingelte sein Telefon. Der Anrufer erkundigte sich, wie weit die Gemälde gediehen seien. »Fast fertig«, erwiderte Koehler.

»Ich habe mit beiden Händen gemalt, damit ich pünktlich fertig werde«, sagte er an anderer Stelle.

Die Kennedys ließen sich auch 1963 nicht davon abhalten, Weihnachten zu feiern, und zu den Geschenken, die verteilt wurden, gehörten Koehlers Bilder. Wenig später erhielt der Maler einen Brief von Jackie, in dem sie auf das Gemälde zu sprechen kommt, das sie an Jacks Seite zeigt. »Ich möchte Ihnen sagen, wie viel mir dieses Bild mit der *Victura* bedeutet«, schreibt sie. »Ich werde es in Ehren halten, und es wird mich fortan an glücklichere Zeiten erinnern.«

Der Brief war mit der Maschine geschrieben, doch kurz darauf erhielt Koehler einen weiteren Brief von Jackie, der mit der Hand und in gänzlich anderer Stimmung verfasst worden war. Auf Nachfrage erfuhr Koehler von Jackies Privatsekretärin Nancy Tuckerman, dass die Witwe sich angewöhnt hatte, nachts aufzubleiben und sich ihren Kummer von der Seele zu schreiben. Dabei gelangten auch Dinge zu Papier, die nicht für Dritte gedacht waren. »Ignorieren Sie den Brief nach Möglichkeit«, bat Tuckerman. In dem Schreiben erkundigt sich Jackie, ob Koehler das Bild nicht so umarbeiten wolle, dass sie, Jackie, vollständig verschwände und Jack unscharf und entrückt erscheine.

Koehler ließ den Brief unbeantwortet.[44]

Eine Woche nach Kennedys Tod erschien die aktuelle Ausgabe des Magazins *New Yorker*. Zwanzig Jahre zuvor war dort John Herseys Reportage über die PT 109 erschienen. Nun waren auf dem Titel mehrere kleine Segelboote abgebildet, die bei Windstille im Nebel vor dem Büro einer Werft im Wasser dümpeln. Über ihren Masten verläuft eine Eisenbahnbrücke, über die Pendlerzüge Richtung New York rattern. In ihrer Schlichtheit ist die Zeichnung mit Jacks Kritzeleien durchaus vergleichbar. In der Zeitschrift ist E. B. Whites Nachruf auf Jack abgedruckt, in dem es heißt: »Wenn wir an ihn denken, sehen wir ihn barhäuptig vor uns, Wind und Wetter trotzend. Regenjacken und Hüte waren ihm ein Gräuel, er zog es vor, sich den Elementen zu stellen. Er war allerdings auch jung und unverbraucht genug, um ihnen zu trotzen und der Kälte, die ihm im Wort- wie im übertragenen Sinne entgegenschlug, gewachsen zu sein. Diese Kälte sollte ihm den Tod bringen, aber auf eine Weise, die ihm nicht unsympathisch gewesen sein wird: bei der Ausübung seiner Pflicht und umgeben von Freunden, auf die er sich verlassen konnte, und Feinden, die ihm nach dem Leben trachteten. Über ihn lässt sich sagen, was man über wenige Männer in einer vergleichbaren Position sagen kann: Er fürchtete Wind und Wetter nicht und passte sich ihnen auch nicht an, sondern begriff sie als Herausforderung, Kurs zu halten und gegebenenfalls nachzusteuern, um das Beste zum Wohle seines Landes und der gesamten Menschheit zu erreichen.«[45]

In einem Interview sagte Jack einmal: »Wenn ich eine schwere Entscheidung zu treffen habe, komme ich am liebsten nach Cape Cod und gehe am Strand spazieren. Cape Cod ist der einzige Ort, an dem ich allein sein und nachdenken kann.«[46]

In den Tagen nach Jacks Tod unternahm Ted ausgiebige Strandspaziergänge am Kap. »Ich ging, bis mich niemand mehr sehen konnte«, erinnert er sich. »Mit dem Meer auf der einen und dem Strand auf der anderen Seite konnte ich endlich auch meine Selbstbeherrschung fallen lassen.« Ähnlich wie sein Bruder litt auch Bobby unter Jacks Tod – so sehr, dass Ted es mit der Angst zu tun bekam.[47]

Bobby und Ethel

Der Sarg wurde im East Room des Weißen Hauses aufgebahrt. Es war schon nach Mitternacht, als Bobby und Jackie gemeinsam an ihn herantraten, den Deckel anhoben und einige persönliche Dinge hineinlegten, die zusammen mit Jack bestattet werden sollten. Dazu gehörten Briefe von Jackie, Caroline und John, ein Paar Manschettenknöpfe, die Jackie ihm geschenkt hatte, und ein Andenken aus Elfenbein. Bobby trennte sich von einem silbernen Rosenkranz, Ethels Hochzeitsgeschenk für ihn. Dann nahm er seine Krawattennadel mit dem Abzeichen der PT 109, die im Wahlkampf zu einem populären Erkennungszeichen der Kennedys geworden war, und legte sie mit in den Sarg. Schließlich schnitt Jackie eine Locke aus Jacks Haar und nahm sie an sich.[1]

»Die gesamte Familie wirkte wie Überlebende eines schweren Schiffsunglücks«, erinnert sich Lem Billings. »Ohne Bobby hätten sie die Situation wohl nicht durchgestanden. Er kümmerte sich um alles und jeden. Wenn man ihn sah, hatte er fast immer einen Arm um einen Freund oder Verwandten gelegt, den er tröstete und aufforderte, nach vorn zu schauen.«[2]

Nach der Beerdigung verbrachte Jackie mehrere Monate in Hyannis Port, wo sie eine Sonderausgabe der Illustrierten *Look* vorbereitete und dafür unter anderem Zitate von ihren und Jacks Lieblingsautoren heraussuchte, darunter auch Verse aus Tennysons Gedicht »Ulysses«. 1964, weniger als ein Jahr nach

Jacks Tod, trat Bobby auf dem Konvent der Demokratischen Partei auf und zitierte in seiner Rede eine Passage aus Shakespeares Drama *Romeo und Julia*. Jackie hatte ihn zu diesem Ausflug in die Literatur ermutigt, ganz so, wie sie es zuvor so oft bei Jack getan hatte.

> Und stirbt er einst,
> Nimm ihn, zerteil in kleine Sterne ihn:
> Er wird des Himmels Antlitz so verschönen,
> Daß alle Welt sich in die Nacht verliebt
> Und niemand mehr der eitlen Sonne huldigt.[3]

Am Kap fand Jackie endlich auch wieder die Muße, am Strand zu sitzen und ihren Kindern beim Spielen zuzuschauen. Wenn Bobby und Ted segeln gingen, nahmen sie Caroline und John häufig mit. Leicht war Jackie die Zeit dennoch nicht, weil Hyannis Port mit den intensivsten Erinnerungen an Jack verbunden war. 1964 ging sie mit den Kindern nach New York und bezog im Sommer ein Haus auf Martha's Vineyard. Zum Anwesen der Kennedys war es nur eine kurze Fahrt mit dem Boot oder der Fähre. Damit war es nah genug, aber zugleich auch weit genug entfernt.

Bob teilte von klein auf mit seiner Familie die Leidenschaft für das Segeln, und als Erwachsener legte er sich mehrere besonders schöne Boote zu, darunter die fünfzehn Meter lange Yawl *Glide*, die bis heute von seiner Witwe Ethel, den gemeinsamen Kindern und der übrigen Familie genutzt wird. Doch den sportlichen Ehrgeiz seiner älteren Brüder entwickelte er nie.

Bobby war Jahrgang 1925, zwischen ihm und Jack lagen mithin acht Jahre und die Geburt von vier Schwestern. Fotos, die die beiden gemeinsam im Weißen Haus zeigen, gingen um die

Welt, doch in den 1930er-Jahren interessierte sich der Teenager Jack aufgrund des Altersunterschiedes kaum für seinen kleinen Bruder. Jack äußerte sich dazu so: »Meine erste Erinnerung an Bobby stammt aus einem Sommer am Kap, da war er dreieinhalb.«[4]

Schon früh entwickelte Robert das Bedürfnis und das Talent, anderen sympathisch zu sein. »Er war der süßeste kleine Kerl, den ich je erlebt habe«, erinnert sich ein langjähriger Freund Jacks. Von Natur aus eher schüchtern und ein wenig ungeschickt, ging ihm manches schief, was er dadurch auszugleichen versuchte, dass er schon als Kind extrem auf Pünktlichkeit bedacht war.[5] Ebenfalls schon früh zeichnete er sich durch Ernsthaftigkeit und Pflichtbewusstsein aus – Eigenschaften, die sich beim Erwachsenen als leidenschaftliches Engagement für soziale Gerechtigkeit artikulierten. Und vielleicht ist der fehlende sportliche Ehrgeiz beim Segeln dadurch erklärbar, dass ihm der Wettbewerbsgedanke fremd war, solange es um die Verfolgung persönlicher Interessen ging. Was hing schon davon ab, wer als Erster die Ziellinie überquerte? Anders war es, wenn es um Interessen der Allgemeinheit und gesellschaftlich relevante Ziele ging. Dann war Bobby in seinem Element.

Im Sommer 1940 berichtet Rose ihrem Mann in einem Brief über den »gänzlich unerwarteten Erfolg« von Jacks Buch *Why England Slept*, ehe sie auf Jacks jüngeren Bruder, damals vierzehn Jahre alt, zu sprechen kommt. »Bobby ist von gänzlich anderem Schlag«, schreibt sie. »Er scheint sich weder fürs Lesen noch fürs Segeln noch für seine Briefmarkensammlung zu interessieren. Und wenn er sich mit einem der drei Dinge beschäftigt, dann ohne jede Begeisterung.« Einige Wochen später schreibt sie Joe: »Ich versuche, Bobby zum Lesen zu animieren. Das Segeln macht ihm nicht annähernd so viel Spaß wie seinen Brüdern. Selbst zum Ausgehen fehlt ihm die Motivation.«[6]

1942 schickt Bobby einen Brief aus dem Internat, der die Einschätzung seiner Mutter bestätigt. »Beim Segeln stelle ich mich eher ungeschickt an. Gestern habe ich an einer Regatta teilgenommen, aber alles andere als geglänzt.« Aus dem Misserfolg zieht er die Konsequenz, seine sportlichen Aktivitäten an Land zu verlegen und es mit der Leichtathletik zu versuchen. »Vielleicht habe ich beim Laufen mehr Erfolg.«[7]

Im selben Jahr verbrachte Jack seinen Sommerurlaub in Hyannis Port. Im Juni nahm er mit der *Victura* an einer Regatta teil und belegte den dritten Rang. Wenige Wochen später versuchte Bobby es ihm bei einer anderen Wettfahrt nachzumachen, doch bei fünfzehn Teilnehmern wurde er nur Dreizehnter.

Als er nach den Sommerferien wieder im Internat war, schreibt Bobby an seine Mutter: »Am Mittwoch erfahre ich meine Zensuren. Ich fürchte, dass es in Mathe nicht reicht, aber ich habe das Gefühl, dass es ganz allmählich besser wird.« In einem Brief an seinen Vater aus derselben Zeit klingt er schon deutlich heiterer: »Am letzten Schultag hat unser Mathelehrer vor der versammelten Klasse eine kleine Ansprache gehalten und gesagt, dass ihn im zurückliegenden Jahr zwei Dinge besonders beeindruckt hätten: der erzwungene Rückzug Rommels aus Ägypten und der Umstand, dass Kennedy den Mathetest bestanden hat.«[8]

Am 20. November 1942 beging Bobby seinen siebzehnten Geburtstag, und wie es bei den Kennedys üblich war, schrieben ihm zu diesem Anlass sämtliche Geschwister. Aus dreien dieser schriftlichen Glückwünsche zitiert er in einem Brief an seine Eltern, in dem er zudem den Vorschlag macht, die entsprechenden Passagen in den nächsten Rundbrief aufzunehmen, mit dem seine Mutter die Familie regelmäßig über alles Wichtige auf dem Laufenden hielt. »Anbei ein paar Originaltöne Eurer älteren Söhne und einer vorwitzigen Tochter aus Washington«, heißt es in dem Brief.

»Die Armee und ich gratulieren Dir herzlich zum Geburtstag. Wir freuen uns jetzt schon auf den nächsten«, schreibt Joe in Anspielung auf den Umstand, dass Bobby mit achtzehn der Militärdienst winkte.

Jack stößt in dasselbe Horn: »Vater Staat und ich übersenden herzlichste Glückwünsche anlässlich Deines Geburtstags. General Hershey schließt sich aus vollem Herzen an.« General Hershey hatte kurz zuvor die Leitung der Einberufungsbehörde übernommen.

Und Kathleen schreibt: »Du bist zwar hässlich und erst 17, aber wir haben Dich trotzdem lieb und glauben an Dich.«[9]

Die schrecklichen Ereignisse der folgenden zwei Jahre beendeten Bobbys Jugend vorzeitig. Den Anfang machte der Vorfall mit Jacks PT 109, es folgten das viermonatige Drama um Kicks Heirat und Joes Absturz über dem Ärmelkanal sowie der Tod von Kicks neuer Liebe. Wenige Wochen nach Joes Tod wurde Bob in Harvard aufgenommen.

Zeitgleich mussten Joe sen. und Rose feststellen, dass ihnen die Kontrolle über das Leben ihrer Kinder, deren Werdegang sie bislang maßgeblich bestimmt hatten, zunehmend aus den Händen glitt. Möglicherweise erklärt das, warum Joe so emotional reagierte, als Robert kurze Zeit später seinen Studienfreund Kenny O'Donnell mit nach Hyannis Port brachte. Beim Essen scherzten Bobby und Kenny miteinander und zogen sich gegenseitig mit ihren Misserfolgen beim Segeln auf. Da platzte Joseph Kennedy der Kragen: »Was, zum Teufel, soll daran lustig sein?«, donnerte er los, stand auf und verließ ohne jeden weiteren Kommentar den Raum.[10]

Dass er sich von seinem Vater wenig wertgeschätzt fühlte, traf Bobby besonders schwer, weil er sich stets darum bemüht hatte, den hohen Ansprüchen an Wohlverhalten, Pünktlichkeit und

Disziplin zu genügen. Doch dann begegnete er einer Frau, die in allem anders war als er selbst – und damit die ideale Ergänzung. Bei einem gemeinsamen Skiurlaub in Québec im Winter 1945 stellte ihm seine Schwester Jean ihre Studienfreundin und Zimmergenossin Ethel Skakel aus Chicago vor. Ethel entstammte einer Familie, bei der mal um 17 Uhr, dann wieder um 22 Uhr zu Abend gegessen wurde. Ihr Vater hatte mit einem kleinen Unternehmen begonnen, aus dem unterdessen die Great Lakes Carbon Corporation geworden war, ein erfolgreicher Konzern, der ihm ein Millionenvermögen eingetragen hatte. Ethel hatte früh Reiten und Segeln gelernt, Letzteres im Larchmont Yacht Club und unter Anleitung von Cory Shields, einem renommierten Jachtdesigner und leidenschaftlichen Segler, der es 1953 auf den Titel des Magazins *Time* brachte.[11] Schon mit elf Jahren gehörte Ethel zu den Vorzeigeseglern in ihrem Club. In einem Jahrbuch heißt es über sie: »Eine aufgekratzte, heisere Stimme, ein schrilles Lachen, das in den Ohren klingelt, fliegende Hemdzipfel und ein zerzauster brauner Schopf – das ist Ethel! In ihrem Gesicht wechseln sich ohne jede Vorwarnung absolute Arglosigkeit und abgrundtiefer Schalk ab.«[12]

Doch kaum hatte Bobby Ethel kennengelernt, musste er sie auch schon wieder verlassen. Grund war die Gelegenheit zu einem zwar kurzen, aber geschichtsträchtigen Einsatz bei der Marine. In Harvard hatte er die Ausbildung für Reserveoffiziere durchlaufen, und als er erfuhr, dass der Zerstörer *Joseph P. Kennedy Jr.* für seinen ersten Einsatz vorbereitet wurde, bewarb er sich ohne das Wissen seiner Familie direkt bei dem Marineminister James V. Forrestal. Am 1. Februar 1946 stach die *Kennedy* mit Bobby an Bord in See, Ziel war die Guantánamo Bay auf Kuba. Anfangs wurde er, wie er nach Hause schrieb, »den niedrigsten Dienstgraden zugeteilt, die das Deck schrubben und die Aufbauten lackieren mussten«. Doch anders als viele seiner Kameraden erwies er sich als immun gegen die Seekrankheit und zeigte ein besonderes Talent für die astronomische Navigation.[13]

Nach vier Monaten schied er ehrenhaft aus dem Dienst aus und kehrte nach Hause zurück – gerade rechtzeitig, um die letzten Tage von Jacks Kampagne mitzuerleben, mit der er sich um einen Sitz im Repräsentantenhaus bewarb. In Anbetracht der Dominanz der Demokratischen Partei war der Sieg nur eine Formsache. Jean unterstützte ihren Bruder im Wahlkampf, und zur Verstärkung hatte sie ihre Freundin Ethel mitgebracht. So bekam Bobby Gelegenheit, die vor seinem Ausflug zur Marine locker geknüpften Bande zu festigen. Jack gewann die Wahl mit großem Vorsprung und gab Ethel wertvolle Tipps für ihre Abschlussarbeit, in der sie sich auf sein Buch *Why England Slept* beruft.

Bobby ging derweil nach Harvard zurück, um sein Studium fortzusetzen. Seine akademischen Leistungen waren eher mäßig, dafür brillierte er trotz seiner geringen Körpergröße in einem Football-Team, zu dem auch Veteranen gehörten, denen laut Gesetz der Zugang zum Studium unabhängig von ihrer Vorbildung gewährt werden musste. In seinem ersten Spiel gelang ihm früh ein Touchdown. Kurz darauf brach er sich ein Bein, spielte aber weiter, bis er irgendwann kollabierte.

Wie seine älteren Brüder ihm ihr seglerisches Können zu vermitteln suchten, so übertrug sich auch ihre Angewohnheit auf ihn, das Boot nach Belieben zu verlassen. In die DNA der Kennedys müssen ein oder zwei amphibische Gene eingebaut sein. Anders ist kaum zu erklären, dass sie mit großer Sorglosigkeit das Cockpit verlassen und ins Wasser springen, wenn ihnen danach ist. Auch Bob konnte Bekannte mit diesem Verhalten überraschen, etwa wenn sich die Essenszeit näherte, aber der Wind abflaute und keine Aussicht bestand, den Hafen segelnd zeitig genug zu erreichen, um pünktlich am Familientisch zu erscheinen.

»Bobby stand auf und hechtete mit einem Kopfsprung ins Wasser. Ehe er losschwamm, rief er mir noch zu, ich solle das Boot an die Mooring zurückbringen«, so erinnert sich James Noonan, der zu seinem Leidwesen gar nicht segeln konnte. »Nachdem ich eine halbe Ewigkeit vor der Einfahrt in den Innenhafen herumgetrieben und mehrfach nur knapp einer Kollision entgangen war, beschloss ich, im Vorhafen zu bleiben und mich aus allem herauszuhalten.« Irgendwann kam ihm ein anderes Boot zu Hilfe. Als sich die beiden Freunde am Abend wiedersahen, berichtete James von dem Malheur, das Bob mit seinem Kopfsprung angerichtet hatte. »Bob amüsierte sich königlich, bis er schließlich sagte: ›Nicht schlecht, aber an deinen seglerischen Fähigkeiten müssen wir noch arbeiten.‹« Übrigens: Bobby war zu diesem Zeitpunkt kein grüner Junge mehr, sondern ein junger Mann im Alter von 22 Jahren.[14]

Als Bobby und Ethel zum ersten Mal gemeinsam auf der *Victura* segelten, gerieten sie in einen Sturm. Möglicherweise war es im Jahr, in dem sie heirateten, denn Anfang September 1950 zog ein Hurrikan nur 300 Kilometer an Cape Cod vorbei – immer noch nah genug, um einen Segelausflug mit der *Victura* zu einem riskanten Unterfangen zu machen. Doch im Vertrauen auf die Robustheit des Bootes, das Wind und Wellen trotzte, genoss Ethel jede Minute an Bord. Der Törn führte sie bis nach Nantucket, mit an Bord waren Bobs Schwester Jean und sein Studienfreund George Terrien, der wenige Jahre später Ethels Schwester Georgeanne heiraten sollte. »In dieser Generation sind viele Beziehungen an Bord eines Bootes angebahnt worden«[15], resümiert Bobs Sohn Chris.

Bob war das siebte Kind der Kennedys, aber von denen, die

noch lebten, das erste, das heiratete. Am 17. Juni 1950 gaben sich Bobby und Ethel das Jawort – er war 24 Jahre alt, sie 22. 1951 machte Ethel ihre Schwiegereltern Joe und Rose zu Großeltern. In Gedenken an Kick, die drei Jahre zuvor gestorben war, und deren zweiten Ehemann nannten sie das Kind Kathleen Hartington Kennedy. Das zweite Kind kam ein Jahr später zur Welt und wurde auf den Namen Joseph Patrick Kennedy II. getauft – eher in Gedenken an Bobs verstorbenen großen Bruder als an seinen Vater. Neun weitere Kinder wurden Bobby und Ethel geschenkt, das jüngste war noch im Mutterleib, als sein Vater starb.

Bob hatte in Ethel eine Partnerin gefunden, deren Wesen ein Gegenmodell zu seinem eigenen war. Sie war humorvoll, aktiv, extrovertiert, streitlustig und stets zum Feiern aufgelegt. Ihre Augen verströmten Heiterkeit und Frohsinn. Bobs Introvertiertheit und Ernsthaftigkeit waren ihr fremd. Das Leben hielt auch für sie Rückschläge parat, aber davon ließ sie sich nicht aus der Bahn werfen. Als ihre Tochter Rory sie im hohen Alter für einen Dokumentarfilm interviewte, sagte sie mit großem Nachdruck: »Nabelschau und Selbstbezüglichkeit sind mir bis heute ein Gräuel.«[16] Sie lebte im und für den Augenblick, was in Anbetracht der Tatsache, dass viele ihrer Familienmitglieder früh starben, sicherlich keine nachteilige Lebenseinstellung war.

Im Herbst 1951 trat Bob gemeinsam mit seinem Bruder Jack, der zu dieser Zeit Kongressabgeordneter war, eine Asienreise an, die über 40 000 Kilometer führen und zwischen den ungleichen Brüdern ein festes Band knüpfen sollte. Im Jahr darauf, Bob arbeitete für das Justizministerium, entschloss er sich nach reiflicher Überlegung, die eigene Karriere hintanzustellen und seinen älteren Bruder zu unterstützen, der mit dem Amtsinhaber

Henry Cabot Lodge um einen Sitz im Senat konkurrierte. Bob übernahm die Leitung des Wahlkampfes, und obwohl er erst 26 Jahre alt war, erntete er für seine Arbeit viel Lob. Nur die alteingesessene Aristokratie der Demokraten aus Boston zeigte sich wenig beeindruckt und scheute auch nicht vor persönlichen Angriffen zurück. Über die »Chemie« zwischen Jack und Bob und die verschieden gelagerten Persönlichkeiten wurde viel geschrieben, auch darüber, dass Bob einer der kompliziertesten, aber auch der interessantesten Charaktere der gesamten Familie war. Er war weniger ein Kopf- als ein Bauchmensch, hasste Ungerechtigkeit und war der Familie gegenüber bedingungslos loyal. Es fiel ihm schwer, sich emotional zu distanzieren, umso mehr liebte er das Leben mit seiner Frau und den Kindern. Doch so unterschiedlich Bob und Jack auch waren, am Ende ergänzten sie sich ähnlich ideal, wie es bei Bob und Ethel der Fall war.

Als Jack den Einzug in den Senat geschafft hatte, brachte er mit Jackie auch seine Verlobte in die Familie. Doch die Bouviers aus East Hampton waren von den Skakels aus Chicago so verschieden, dass keine der beiden Frauen an der jeweils anderen großes Interesse hatte. Für die Kennedys verkomplizierte sich die Situation noch durch die Einheirat weiterer Personen: 1953 Sargent Shriver, 1954 Peter Lawford und Stephen Edward Smith, 1958 Joan Bennett Kennedy. Die Zahl der Heiraten wurde nur durch die Geburten übertroffen, und oft war Ethel daran beteiligt. Wenn man es, wie sie, auf elf Kinder bringt, erleichtert man sich das Leben sehr, wenn man, wie sie, davon überzeugt ist, dass man Kindern Freiraum geben muss, damit sie ihre Fehler selbst machen können. Manche hielten ihr ihre Erziehungsmethoden vor, aber die hatten ja auch nicht so viele Kinder.

Wie im Leben der Kennedys spielten Flugzeuge auch in dem der Skakels eine große Rolle. 1955 kamen Ethels Eltern zu Tode, als ihr Flugzeug unweit von Union City, Oklahoma, abstürzte.

Bob, der aus eigener Erfahrung wusste, was es heißt, einen Angehörigen zu verlieren, und viel Einfühlungsvermögen besaß, stand seiner Frau in ihrer Trauer bei. Trost fand die Katholikin Ethel auch in ihrem Glauben, den sie mit ihrer Schwiegermutter teilte und der beiden in schwierigen Zeiten, die sie zur Genüge durchmachen mussten, half.

Spätestens seit Joe im Kielwasser von Präsident Franklin Roosevelt nach der wirtschaftlichen auch politische Karriere gemacht hatte, war der Name Kennedy in den USA ein Begriff, und so wurde Jacks Aufstieg zu nationaler Bekanntheit von den Medien als individuelle Leistung, aber auch als Erfolg der Familie dargestellt. Mit Jacks Einfluss wuchs auch Bobs Renommee, und beides strahlte wiederum auf die Familie ab. Als Jack 1956 auf dem Parteikonvent der Demokraten das Rennen um die Kandidatur als Vizepräsident verlor und beschloss, vier Jahre später als Präsidentschaftskandidat anzutreten, war Bob als Diplomat gefragt und musste in den Parteigremien, die letztlich das Sagen hatten, viel Überzeugungsarbeit leisten.

In jenen etwa tausend Tagen zwischen 1961 und 1963, als die Menschheit Gefahr lief, sich mit der Atombombe selbst auszulöschen, und sich in den USA blutige Rassenunruhen abspielten, gab es wohl keine Familie, die mehr Macht besaß als die Kennedys. Und für eine solche Familie, deren Einfluss an den Landesgrenzen nicht haltmachte, war Hyannis Port der ideale Rückzugsort, um im privaten Kreis auszuspannen und sich den schönen Seiten des Lebens zu widmen. Aus Jacks erstem Sommer als Präsident ist ein Foto überliefert, das Bob mit freiem Oberkörper an der Pinne der *Victura* zeigt, im Cockpit vor ihm eine Schar Kinder: Maria und Bobby Shriver sowie Pat Prusyewski, ein Mündel der Shrivers, dazu Bobs eigene Kinder Courtney, Bobby jun., David und Kathleen. Für Bobs und Ethels

Umgang mit Kindern ist das Foto bezeichnend: Wann immer jemand mitwollte, fand sich irgendwo noch ein Eckchen.

Bob war Jacks Favorit für das Amt des Justizministers, Sargent Shriver war als Leiter des neu gegründeten Peace Corps vorgesehen, Ted sollte Jack als Senator beerben, und Stephen Smith stand bereit, um die Kampagne für Jacks Wiederwahl 1964 zu leiten. Es schien, als hätte jeder Kennedy ein Doppelleben zu führen: eines als öffentliche Person, das sich vor den Augen der Welt in der Hauptstadt Washington abspielte, und eines als Privatperson, das in Hyannis Port sein Zentrum hatte, wo die Familie zusammenkam, gemeinsam segelte und die Kinder großzog. Eine Ausnahme von der Regel bildeten Patricia und ihr Mann Peter Lawford, aber sie kamen oft aus Hollywood angereist, und ihre Kontakte in die Film- und Unterhaltungsindustrie waren auch in politischer Hinsicht von großem Wert.

Bob und Ethel segelten häufig mit der *Victura*, nahmen aber nur selten an Regatten teil. Die Wettfahrten des Jachtclubs wurden meist samstags und sonntags ausgetragen, die Crew war auf vier Personen beschränkt, allenfalls durfte ein weiteres Kind mit an Bord. Eine Teilnahme hätte für Bob bedeutet, das Wochenende ohne große Teile seiner Familie zu verbringen, was für ihn nicht infrage kam. Und segeln konnte er ja auch ohne Startschuss und Regattaleitung. Bobs Brüder beteiligten sich länger an den Clubregatten, aber sie gründeten ja auch erst später eine Familie. Bobs Sohn Chris vermutet sogar einen kausalen Zusammenhang zwischen der Geburt der Kinder, die ein Segler hat, und dem Zeitpunkt, an dem er sich von seinem geliebten Boot trennt.

Selbst in Washington machte sich die Begeisterung von Robert Kennedy und seiner Familie für das Element Wasser bemerkbar, wenn auch auf gänzlich andere Art und Weise als am beschaulichen Kap. Mit dem Einverständnis ihres Mannes, der es wohl eher duldete als begrüßte, veranstaltete Ethel rauschende Partys am Pool, zu denen die einflussreichsten Menschen der Zeit geladen waren. 1961 fand eine solche Party aus Anlass des elften Hochzeitstags des Paares statt, und zu Gast war auch der Historiker Arthur Schlesinger, der in seinem Tagebuch notierte:

> Zu fortgeschrittener Stunde übernahm Teddy Kennedy die Regie und sprang in voller Montur in den Pool, als wollte er demonstrieren, dass sich die notorische Lebensfreude der Kennedys noch auf die jüngsten Kinder vererbt hat. Judy Garland, Kay Thompson und Ethel stimmten ein Lied an, es wurde wild getanzt, ich beteiligte mich zwar begeistert, aber ebenso ungeschickt. Gegen vier Uhr in der Früh, die Stimmung wurde immer ausgelassener, und immer mehr Gäste landeten im Pool, kam mir das Sprichwort in den Sinn, laut dem der Klügere nachgibt. Und das Klügste wäre es, nach Hause zu gehen. Als Teddy aus dem Pool stieg, eine große tropfende Masse in einem heillos ruinierten Smoking, stöhnte Ben Bradlee: »Es ist wie in einem Horrorfilm.«[17]

Dass die illustren Gäste bei solchen Anlässen im Pool landeten, war eher die Regel als die Ausnahme. 1962 fand eine Party zu Ehren von Peter und Patricia Lawford statt, und dieses Mal war Ethel die Erste, die ein Bad nahm – »im Abendkleid, mit Schuhen und allem Drum und Dran«, wie der *Washington Star* schrieb. Ihr Stuhl hatte auf einer Planke gestanden, die über den Rand des Pools hinausragte, und war ins Rutschen geraten. Kaum lag Ethel im Wasser, folgten weitere Gäste, teils freiwillig, teils unfreiwillig. Und weil alle ihren Spaß daran hatten, entwickelte sich daraus eine Gewohnheit. Bekanntschaft mit dem Nass machten auf diese Weise neben Schlesinger auch der Verteidigungsminister Robert McNamara, Jacks Pressesprecher Pierre Salinger, Ethels Freundin Sarah Davis sowie zahllose weitere Prominente und Mitglieder des Kabinetts. Knapp davon kamen laut Presseberichten der Astronaut John Glenn und Byron White, Richter am Obersten Gerichtshof. Weil sich derlei Artikel häuften, soll Jack Ethel angerufen und sie gebeten haben, die Familie für ein paar Monate aus den Schlagzeilen herauszuhalten.[18]

Es stimmt, dass Jack und Bobby mit ihren Frauen nicht den gleichen sozialen Umgang pflegten. Es stimmt aber auch, dass die beiden Brüder einander ergänzten wie zwei Hälften eines Ganzen. »Wie oft haben mir Menschen gesagt, dass sie nichts verstehen, wenn sich die beiden unterhalten«, erinnert sich Ethel. »Und zwar deshalb, weil einer einen Satz begann und der andere ihn beendete. Sie wussten einfach, worauf der andere hinauswollte.«[19] John Seigenthaler beschreibt das mit ähnlichen Worten: »Einer fing einen Satz an, der andere beendete ihn … Es war fast, als schlüge in ihnen nur ein Herz, nur ein Puls.«[20]

Die Ausgelassenheit jener Tage endete abrupt mit Jacks Tod, und die ganze Welt wurde Zeuge der Trauer seiner Angehörigen. Jack war zum Opfer seiner Popularität geworden, und fortan klangen im Namen »Kennedy« Schmerz und Bitterkeit mit.

Die Beerdigung fand am Montag vor Thanksgiving statt. Die Tage rund um den Feiertag Ende November hatte die Familie bis dahin traditionell in Hyannis Port verbracht, doch Bob sah sich außerstande, das Haus dort auch nur zu betreten. Jahrzehnte später erklärte Ethel es ihrer Tochter Rory so: »Euer Dad wirkte damals, als hätte er beide Arme verloren.«[21] In den Tagen rund um die Beisetzung kümmerte sich Bobby um Organisatorisches, um Freunde und Familie, und noch am Tag der

Beerdigung selbst schrieb er jedem seiner Kinder einen Brief. Doch im darauffolgenden Winter ergriff die Trauer von ihm Besitz und bewirkte, dass er sich regelrecht in sich vergrub. Ein Biograf schreibt: »Er wurde immer weniger, bis er schließlich verkümmert und ausgemergelt wirkte. Seine Sachen passten ihm nicht mehr ..., auch nicht die lederne Fliegerjacke mit dem Siegel des Präsidenten, die wie ein nasser Sack auf seinen schmalen Schultern hing ... Der Kummer schien ihn aufzufressen.«[22]

Ethel hatte ihren Glauben, der ihr Trost spendete und sie darauf vertrauen ließ, dass die Toten im Himmel über uns wachen und auf uns warten. Bob konnte damit wenig anfangen. Auf der Suche nach einer Erklärung für das tragische Geschehen widmete er sich der Lektüre großer Tragödien von Aischylos bis Shakespeare, von Emerson bis Camus.

Im Frühjahr 1964 schenkte ihm Jackie Edith Hamiltons Buch *The Greek Way*. Über Aischylos schreibt Hamilton: »Für ihn war das Leben ein Abenteuer, zwar gefährlich, aber Menschen sind nicht dafür gemacht, in Sicherheit zu leben. Das wahre Leben erfährt man dann, wenn es in Gefahr ist. Und wenn es hart auf hart kommt, ist in uns eine Kraft, die eine Niederlage in einen Sieg verwandeln kann.«[23]

Eine Passage aus Aischylos' Drama *Agamemnon* brachte eine Saite im trauernden Bruder zum Klingen und grub sich tief in sein Gedächtnis ein. Unmittelbar nach der Ermordung von Martin Luther King sprach Bob spontan zu einer Menschenmenge in Indianapolis, zu der die Nachricht noch nicht durchgedrungen war. In einer der bewegendsten Reden der modernen Geschichte zitiert er die besagte Passage aus *Agamemnon*: »Träufelt im Herzen zur Stunde des Schlafs / Kummer, des Argen eingedenk, / Lernt Weisheit auch verstocktes Gemüt / Huld der Geister ist's, die fest / Am heiligen Steuer sitzen.«[24]

Die wachsende Zahl der Kinder, so erinnert sich Ethel, hinderte Bob daran, der Verzweiflung zu erliegen.[25] In jenem Sommer 1964 stand der älteste Sohn Joe kurz vor seinem zwölften Geburtstag und begeisterte sich zunehmend für das Segeln. Daher beschlossen Bob und Ethel, sich ein Boot zuzulegen, das gegen die *Victura* und die vielen anderen Wianno Seniors, die am Südufer von Cape Cod kreuzten, antreten konnte. Sie erwarben das Boot mit der Nummer 132 und tauften es auf den Namen *Resolute*. So hatte auch das britische Segelschiff geheißen, aus dessen Holz Jacks Schreibtisch im Oval Office gebaut worden war, und dass sich Robert und Ethel für diesen Namen entschieden, hatte sicherlich mit der besonderen Geschichte dieses Schiffes und dem Vorbild an Ausdauer und Lebenswillen zu tun, das seine Besatzung gegeben hatte.

Aus diesem Sommer ist ein Foto überliefert, das den jungen Joe an Bord der *Victura* zeigt, auf der jedoch, wie die Nummer eindeutig belegt, die Segel der *Resolute* gesetzt sind. Offenbar wollte er das neue Tuch auf dem älteren Rumpf ausprobieren. Ein anderes Foto von jenem Tag, an dem die Familie das neue Boot in Besitz nahm, hing viele Jahre lang im Obergeschoss von Ethels Haus auf Cape Cod. Darauf zu sehen ist der junge Joe, der im Cockpit Platz genommen hat, während das Boot ins Wasser gelassen wird. Wie zu dieser Zeit noch üblich, war der Rumpf aus Holz, gebaut hatte ihn die Crosby-Jachtwerft, nur wenige Kilometer vom Anwesen der Kennedys in Hyannis Port entfernt. Neben Joe ist auf dem Foto Jack Fallon zu erkennen, am Kap ein bekannter Segler und ein Freund und Vertrauter der jüngeren Kennedys.[26]

Die baugleichen *Victura* und *Resolute* boten den Kennedys die Möglichkeit, in unterschiedlichen Konstellationen segeln zu gehen, sei es im sportlichen Wettstreit, sei es zum bloßen Vergnügen. Das Wetter spielte dabei stets die geringste Rolle. Jackies Kinder John jun. und Caroline schlossen sich gelegentlich an. Die ersten beiden Kinder von Ted und Joan kamen 1960 beziehungsweise 1961 zur Welt und lernten früh das Segeln. Die Kinder von Joe sen. und Rose, die nun selbst Eltern waren, versuchten, ihrem Nachwuchs eine so unbeschwerte Kindheit zu ermöglichen, wie sie sie in den Dreißigern selbst erlebt hatten. Die Pressemeute und die Gaffer, die am Strand lauerten, erschwerten dieses Unterfangen jedoch ungemein.

Auch unter Jacks Nachfolger Lyndon B. Johnson diente Bob zunächst als Justizminister, doch nach nicht einmal einem Jahr trat er zurück, um für das Amt des Senators des Bundesstaates New York zu kandidieren. Bei der Wahl im November 1964 setzte er sich gegen seinen republikanischen Konkurrenten mit großem Vorsprung durch. In einer Rede, die er in der Wahlnacht vor Helfern und Parteifreunden hielt, tat er es seinem Bruder gleich und zitierte aus Tennysons Gedicht »Ulysses«: »Ihr Freunde, kommt, noch bleibt / die Zeit, nach einer neuen Welt zu schau'n.«[27]

Darin klingt auch der Einfluss Jackies an, der weiterhin groß war. In einem Brief an ihre Schwiegermutter Rose beschreibt sie, wie sie das Gedicht einst ihrem Mann vorgelesen hatte, und fügt hinzu: »Später habe ich es Bobby gezeigt, und er war sofort begeistert. Die Zeilen, in denen von der Suche nach einer neuen Welt die Rede ist, hat er in vielen Reden aufgegriffen, weil sie genau das aussagen, was er sich erträumte, nicht wahr?«[28] 1967, als Teil der Vorbereitung auf die Kandidatur als Präsident, veröffentlichte Bob ein Buch, in dem er sich zu den wichtigsten Fragen äußerte, vor denen die Nation seiner Ansicht nach stand. Es trägt den Titel *To Seek a Newer World* und beginnt mit den besagten Zeilen aus dem Gedicht von Tennyson.

In den Sommermonaten jener Jahre segelten Bob und Ethel häufig auf Jachten von Freunden die Küste von Maine ab. Mit sämtlichen Kindern und weiteren Gästen an Bord, herrschte meist ein heilloses Durcheinander aus Gepäck, Ausrüstung und Proviant. Ein Freund, bei dem sie auf einem der Törns Station machten, schwört Stein und Bein, dass sie nach Straßenkarten navigierten, obwohl das Revier mit seinen Riffs und Klippen schon mancher Jacht zum Verhängnis geworden war.[29]

Bobs beängstigendste Angewohnheit war es jedoch, selbst dann noch schwimmen zu gehen, wenn der gesunde Menschenverstand dringend davon abriet. Und die tückische Küste Maines war ihm dafür ebenso recht wie ein reißender Fluss, den er mit dem Kajak bezwingen wollte. Während seiner Präsidentschaft war Jack einmal mit der *Honey Fitz* unterwegs. Obwohl er recht schnell fuhr, gelang es Bobby, sich mit der *Marlin* neben ihn zu setzen. An Bord befand sich außer der halben Familie auch Jacks Hund. Aus Spaß rief Jack ihm zu: »Wie geht es dir, Charlie?« Als er die Stimme seines Herrchens hörte, sprang der Hund ins Wasser, um zum anderen Boot zu schwimmen. Die Gefahr, von der Schiffsschraube erfasst zu werden, war groß, doch ehe andere überhaupt begriffen, was vor sich ging, war Bobby dem Hund schon nachgesprungen, um ihn in Sicherheit zu bringen.

Nicht lange nachdem John F. Kennedy jun., Jacks Sohn, bei einem Flugzeugabsturz ums Leben gekommen war, schwärmte Ted gegenüber seiner Nichte Caroline davon, welch gute Schwimmer seine Brüder gewesen seien. »Wenn wir als Kinder in Florida waren, sind dein Vater und Bobby selbst bei schlechtem Wetter baden gegangen und weit hinausgeschwommen. Sie suchten förmlich die Gefahr und das Abenteuer. Sturmwarnungen ignorierten sie konsequent, und während die Flaggen im Wind knatterten, tobten sie wie junge Eisbären in der Brandung. Dein Bruder war aus demselben Holz geschnitzt, auch er liebte das Risiko. Keine Welle war ihm zu hoch, um sie mit dem Kajak zu nehmen, und er flog noch bei Bedingungen, bei denen auch erfahrene Piloten lieber am Boden blieben. Wie Bobby und dein Vater hatte er das unstillbare Bedürfnis, das Leben in vollen Zügen zu genießen.«[30]

1965 unternahmen Bobby, Ethel und mehrere der Kinder einen ausgedehnten Segeltörn. Der Wind war ziemlich stark, die See bewegt. Ausgerechnet an jenem Tag fiel ihre vierzehnjährige Tochter Kathleen, die an Land geblieben war, beim Reiten vom Pferd und verletzte sich so schwer am Kopf, dass sie das Bewusstsein verlor. Das Boot der Küstenwache, das daraufhin losgeschickt wurde, musste mehrere Stunde nach den Kennedys suchen. Sie setzten sich so dicht neben sie, wie der Seegang es zuließ, und informierten sie per Megafon über das Geschehen. Kurz entschlossen stürzte sich Bobby per Kopfsprung in die drei Meter hohen Wellen und schwamm zum Boot der Küstenwache, dessen Besatzung ihn an Bord zog und in den nächsten Hafen brachte.[31]

Bobs Abenteuerlust, man könnte es auch Abenteuergier nennen, hielt unvermindert an, auch wenn ihm durch die Geburt der Kinder und den Tod des Bruders zunehmend Verantwortung zufiel. Ein Berg im kanadischen Yukon, etwa sechshundert Kilometer östlich von Anchorage im Bundesstaat Alaska gelegen, wurde zu Ehren des ermordeten US-Präsidenten »Mount Kennedy« getauft. Mit 4250 Metern war er der höchste Berg Nordamerikas, der, soweit bekannt, die Erstbesteigung noch vor sich hatte. Bob schloss sich der Expedition an, die das in Angriff nehmen sollte. Geleitet wurde sie von Jim Whittaker, der als erster Amerikaner auf dem Mount Everest gewesen war. Dafür hatte ihm Präsident Kennedy 1963 im Rosengarten des Weißen Hauses den Hubbard Award der National Geographic Society überreicht. Die Besteigung des Mount Kennedy war für einen ungeübten Bergsteiger ein extrem anstrengendes Unterfangen, aber Whittaker sorgte dafür, dass Bobby den Gipfel als Erster betrat. Dort legte er drei jener Krawattennadeln ab, die der PT 109 nachgebildet waren und von denen er eine bereits in Jacks Sarg gegeben hatte. Hinzu fügte er eine Schatulle mit einer Kopie der Rede, die sein Bruder bei der Vereidigung als Präsident gehalten hatte. Das Bild, das Bobby auf dem Gipfel des Mount Kennedy zeigt, landete auf dem Titel von *Life*, *Sports Illustrated* brachte einen ausführlichen Bericht.

»Ich habe jede Minute dieser Reise verflucht«[32], bekannte Ethel später.

»Noch einmal würde ich das nicht machen«, gestand Bob nach seiner Rückkehr vom Gipfel. »Aber ich kann verstehen, warum manche das Bergsteigen so lieben. Es ist ein besonderer Menschenschlag. Ich musste oft daran denken, was General Maxwell Taylor gesagt hat, als er während des Zweiten Weltkriegs Freiwillige musterte, die sich als Fallschirmjäger gemeldet hatten. Auf die Frage, warum sie sich ausgerechnet zu dieser Einheit gemeldet hatten, gab jeder dieser Männer die Begeisterung fürs Fallschirmspringen an. Taylor erwiderte darauf: ›Ich selbst bin kein leidenschaftlicher Fallschirmspringer, aber ich bin gern mit Menschen zusammen, die es sind.‹ Da oben auf dem Berg ging es mir ähnlich: Ich genieße die Gesellschaft von Bergsteigern, will selbst aber keiner werden. Es war keine durchweg angenehme Erfahrung. Ehrlich gesagt habe ich mich oft gefragt, warum ich mir das antue.« Anschließend stieg er in ein Flugzeug, das ihn nach Seattle bringen sollte. Für den Flug zog er einen alten, abgewetzten Kaschmirpullover über. Am Halsausschnitt prangte noch das Namensschild des Besitzers: John F. Kennedy.[33]

Bob hatte die Gesellschaft von Jim Whittaker sehr genossen, und mit der Zeit wurde der ein enger Freund der Familie. Er besuchte sie in Hickory Hill und verbrachte mit ihnen die Ferien. Dabei unternahmen sie oft ausgedehnte Touren, auf denen sie weitere Freunde der Familie begleiteten, darunter Andy Williams und dessen Frau Claudine, George Plimpton, Henry Mancini und Art Buchwald. Auch Jackie, Caroline und John jun. waren manchmal mit von der Partie. Bei einem Abendessen erhob sich der Astronaut John Glenn spontan, um einen Toast auszubringen. »Auf Jim Whittaker«, sagte er, »den ersten Amerikaner, der den Mount Everest bestiegen hat. Und anders als mir ist ihm kein Schimpanse zuvorgekommen.«[34]

Drei Jahre nach der Besteigung des Mount Kennedy wurde Jim Whittaker mit der Organisation von Bobs Wahlkampf für das Präsidentenamt in den Bundesstaaten Washington und Oregon betraut. Im April 1968 sprach Bob auf einer Konferenz in Tualatin, Oregon, bei der Whittaker sicherlich anwesend war, vor Journalisten. In seiner Rede zitierte er erneut aus Tennysons Gedicht »Ulysses«:

> Das Licht versinkt bereits am Horizont,
> es funkelt dort am Fels, der Tag vergeht,
> der Mond zieht auf, und aus dem dunklen Meer
> mahnt es im Chor: Ihr Freunde, kommt, noch bleibt
> die Zeit, nach einer neuen Welt zu schau'n.

Zwei Monate darauf gelang Bob ein richtungsweisender Sieg in Kalifornien. Whittaker und seine Mitarbeiter hatten gemeinsam ausgeharrt und auf das Ergebnis gewartet. Als der Sieg feststand, herrschte große Erleichterung, und als Bob schließlich persönlich aus Los Angeles anrief, wurde der Lautsprecher angeschaltet, damit alle seine Dankesworte hören konnten. Die spontane Ansprache endete mit den Worten: »Danke, Jim, dass du mich auf den Gipfel gebracht hast.« Anschließend musste Bob in das Hotel Ambassador, um seinen Wählern Dank abzustatten und sich der Presse zu stellen. Um jedes Gedränge zu meiden, wurde er durch die Küche geführt. Dort lauerte ihm ein militanter palästinensischer Einwanderer mit einem Revolver Kaliber .22 auf. Von zwei Kugeln im Rücken und einer im Kopf getroffen, brach Bob zusammen.

Mehr als zwölf Stunden lang kämpfte er mit dem Tod. Whittaker, der von dem Anschlag informiert worden war, eilte zu seinem Freund ans Krankenbett.

»In dieser Nacht waren nur Ethel, Teddy und ich im Zimmer. Ich habe Bobs Hand gehalten und geweint«, erinnert sich Whittaker. »Um 13:44 Uhr, Ethel und ich saßen an seiner Seite, schlief Bob ein. Ethel wurde ohnmächtig. Ich nahm sie hoch, und während Teddy die Tür aufhielt, trug ich sie in einen Nebenraum, der für alle Fälle hergerichtet worden war. Ich blieb bei ihr, bis sie wieder bei Bewusstsein war.«[35]

Um wichtige Ereignisse festzuhalten, schicken sich Mitglieder der Familie Kennedy von Zeit zu Zeit Briefe. Einige Monate nach dem Tod seines Bruders schrieb Ted einen solchen Brief an Bobs und Ethels Kinder.

> Wenn ich an Bobby denke, sehe ich ihn an einem sonnigen Tag auf Cape Cod. Der Wind weht aus Südwest, die Wellen tragen weiße Kämme, und bei Flut drückt das Wasser durch die Ritzen im Wellenbrecher. Es ist kurz nach Mittag, und Bobby steht mit bloßem Oberkörper da und ruft: »Joe, Kathleen, Bobby und David, Courtney, Kerry und Michael, Chris und Max, holt eure Mutter, und dann ab zum Segeln!« Eines von Euch Kindern fragt:

> »Und was wird aus dem Baby?« Dann antwortet Euer Vater: »Douglas kommt nächstes Jahr mit.« Die *Resolute* sticht in See, der Wind fängt sich in den Segeln, das Boot legt sich auf die Seite, das Lachen von Kindern dringt an Land. Bob sagt: »Ich glaube, heute könnte es nass werden.« Wieder lachen Kinder, während die *Resolute* das Ende des Wellenbrechers passiert ... Irgendwann springt Bob über Bord und hält sich an der Leine fest, die achteraus treibt. Dann fordert er die Kinder auf, es ihm nachzutun. Ein Kind nach dem anderen lässt sich ins Wasser gleiten, greift nach der Leine. Wer sie verpasst, wird von den starken, sonnengebräunten Armen seines Vaters gepackt.[36]

Teds Brief findet sich auch in einem Buch, das zur Erinnerung an Bob von Patricia Lawford herausgegeben wurde. Jackies Beitrag dazu ist ein Zitat aus dem Buch *Leuchtende Orangen. Rhodos, Insel des Helios* von Lawrence Durrell. Es handelt sich um die Beschreibung der Krankheit »Islomania«, der Behexung der Seele durch Inseln, in diesem Falle durch das griechische Rhodos. Jackie wählte die Passage aus, weil ihre Empfindungen für Bobby darin zum Ausdruck kamen.

> Vor uns sammelt sich die Nacht, eine ganz andere Nacht, und Rhodos fällt hinab in das antwortlose Meer, in dem es nur die Erinnerung wiederfinden kann. Über Anatolien stehen hohe Wolken. Werde ich wieder auf Inseln leben, eine neue Zukunft haben?
>
> Wohl kaum, wenn man mit einer Meeresvenus gelebt hat. Die Wunde, die sie zufügt, trägt man bis zum Ende der Welt.[37]

In den darauffolgenden Jahrzehnten verging kaum ein Tag, an dem Ethel und Eunice nicht mit einer der beiden Wianno Seniors, der *Resolute* oder der *Headstart*, auf dem Wasser waren. Den Kennedys war stets bewusst, dass sie eine privilegierte Familie sind, und eines dieser Privilegien ist es, dass sie segeln gehen können, wann immer ihnen der Sinn danach steht, und das in einer überaus reizvollen Umgebung. An der Küste des Kaps mit ihren vornehmen Villen zu segeln ist selbst dann ein Vergnügen, wenn man sich mit mehreren Lagen Kleidung gegen die Kälte schützen muss. Wenn der Wind gut ist, gehen die Kennedys segeln. Und weil der Wind am Kap eigentlich jeden Tag gut ist, gehen die Kennedys jeden Tag segeln. Fast, zumindest, denn natürlich gibt es Ausnahmen von der Regel. Schließlich müssen auch Kennedys gelegentlich reisen, und ihren Lebensmittelpunkt haben sie in New York, Baltimore, Chicago oder Kalifornien, wo sie sich für soziale, politische und philanthropische Belange engagieren. Trotzdem bleibt ihnen viel Zeit für das Segeln, mehr jedenfalls als den meisten anderen. Manche von ihnen verbringen aus genau diesem Grund große Teile des Jahres in Hyannis Port.

Als Bob starb, war er 42 Jahre alt. Etwa einen Monat nach seinem Tod schrieb Arthur Schlesinger: »Ich bin nach Hyannis Port gefahren. In den vergangenen neun Jahren war ich sehr oft und immer sehr gern dort. Dann ist erst John Kennedy gestorben und nun auch Robert Kennedy. Der Versuch, an das Leben anzuknüpfen, wie es einmal war, kostet unendlich viel Mühe.« Als Schlesinger in Hyannis Port ankam, spielte Ethel gerade Tennis. »Wir wollten gemeinsam hinaus in die Bucht fahren, um wie früher zu picknicken. Spontan beschloss Ethel, das Segelboot zu nehmen.«[38]

An der Gewohnheit, mit dem Segelboot hinauszufahren und zu picknicken, hält Ethel bis heute fest, die Kinder zusammenzutrommeln und den Proviant in den Kühlboxen zu verstauen, wurde mit den Jahren zur lieb gewonnenen Routine. In den ersten Sommern nach Bobbys Tod hatten die Kinder am Hafen anzutreten, damit die Familie gemeinsam segeln gehen konnte – »Punkt halb eins, und wehe, man verspätete sich«, erinnert sich Chris. »Ausnahmen gab es nur, wenn es regnete. Aber im Grunde war das Wetter egal. Egal, ob Flaute herrschte oder der Wind blies, wir gingen segeln … Aufgrund der Thermik weht der Wind nachmittags meist ziemlich stark, fünf bis sechs Beaufort. Darauf kann man Wetten abschließen. Er setzt allmählich ein, ab drei, vier Uhr frischt er auf, und ab halb sieben oder sieben nimmt er wieder ab.«[39]

»Jeden Tag, ohne Ausnahme«, so beschreibt es Chris' Schwester Kerry. »Ganz gleich, wer alles zu Besuch war. Jeder war aufgefordert mitzukommen, und alle wussten, dass sie willkommen waren. Nie habe ich meine Mutter sagen hören: ›Wir sind zu viele, fahrt doch mit einem anderen Boot raus.‹ Sie genoss es, wenn viele Menschen an Bord waren. Wir segelten nach Great Island oder Egg Island, einer Sandbank in der Ausfahrt der Lewis Bay, und manchmal auch bis Stinkpot Cove.«[40]

Bei einem Gespräch im Jahr 2012 berichtete ein Jugendfreund von mehreren Kindern Bobs und Ethels über die Ausfahrten zum Picknick. Stets sei Proviant im Überfluss an Bord gewesen, einschließlich einer Flasche Pouilly-Fuissé für die Erwachsenen. »Die Picknicks auf der *Resolute* waren legendär«, schreibt Chris, »und die meisten unserer Cousins und Cousinen folgten uns überallhin, nur um etwas abzubekommen. Unsere Großmutter Rose sah uns aus dem Fenster nach. Sie war nicht sicher, was sie von solcher Opulenz halten sollte.«[41]

»Meist waren zwei oder drei Kühlboxen an Bord«, so Chris weiter, »darin befanden sich Dutzende Flaschen Cola, Root Beer, Ginger Ale, Orangenlimonade und Grapefruitsaft. Und dann gab es noch eine Kühlbox mit einer Flasche Pouilly-Fuissé, Bier, Daiquiri und Eistee – dem besten, den ich je getrunken habe.« Das Rezept stammte aus dem Royal Hawaiian Hotel auf Oahu, in dem Ethel und Bob ihre Flitterwochen verbracht hatten. »Blieb das Essen. Dazu gehörte eine Thermoskanne mit Muschelsuppe und Tupperdosen, die mit Thunfischsalat gefüllt waren. Wer Pech hatte und an der falschen Stelle, nämlich neben den Kühlboxen, saß, musste den Salat mit einem Löffel auf Cracker geben, und zwar für alle an Bord. Hinzu kamen etwa fünfzehn Sandwiches, die einen mit Kruste, die anderen ohne, belegt mit allem Möglichen vom Steak über Erdnussbutter bis hin zu Süßem. Und mehrmals pro Woche nahmen wir auch Brathähnchen mit.«[42]

Noch mehr als vierzig Jahre später, im Jahr 2012, packte Ethel auf einem Törn mit einigen Familienmitgliedern an Bord der *Glide* Brathähnchen, Muffins und, keine Frage, eine Flasche Pouilly-Fuissé aus.[43]

Meist fuhren sie nach Egg Island, jener Sandbank vor Hyannis Port, zu der Jack schon mit Jackie gesegelt war. Von Hyannis Port aus betrug die Entfernung gut drei Kilometer. Das Wort »Insel« im Namen ist eine maßlose Übertreibung, es handelt sich um nicht mehr als einen Sandstrand, der bei Ebbe über die Wasseroberfläche lugt, um bei Flut wieder zu verschwinden. Die Kennedys kamen gern hierher, um in der Sonne zu liegen, zu baden und Ball zu spielen. Derweil blieb Ethel meist an Bord und löste Kreuzworträtsel. In den frühen Jahren fuhr Joe häufig mit der *Marlin* vor, sodass die *Resolute* am größeren Schiff festmachen konnte. Ohne die *Marlin* war es deutlich komplizierter, auf Egg Island zu gelangen, weil die *Resolute* den eigenen Anker benutzen musste. Meist aber war Putt in der Nähe und konnte beim Aufholen behilflich sein.

Putt war ein guter Bekannter der Familie und hieß so, weil

der Außenborder seines Fischerbootes »putt, putt, putt« machte. Er hatte im Ersten Weltkrieg gekämpft und lebte in einer Bretterbude unweit des Hafens. Man erzählte sich, dass er bei einem Gasangriff im Schützengraben die Stimme verloren hatte. »Wenn er sah, wie wir auf Great Island anlegten, schüttelte er den Kopf«[44], berichtet Ethel. Sie erinnert sich daran, dass er immer dieselbe alte weite Hose trug. »Er war sehr dünn, aber kaum größer als wir Kinder«, erzählt Chris. »Und er hatte nur noch wenige Zähne.« Dafür war er stärker als die Kinder und stand immer bereit, wenn der schwere Anker aufzuholen war. »Er beobachtete die Strömung rund um die *Resolute*, achtete darauf, dass alle Leinen belegt waren, oder holte eine Schwimmweste zurück an Bord, die sich selbstständig gemacht hatte. Sicherlich fragte er sich, wie wir es ohne ihn hinausgeschafft hatten und wie wir ohne ihn zurückkommen wollten. Der Blick, mit dem Putt uns aus seinen funkelnden Augen in seinem zerfurchten Gesicht ansah, verriet uns, dass er die Gesellschaft von ausgelassenen Kindern genoss und stolz darauf war, für uns sorgen zu können«[45], so Chris.

»Sein Intelligenzquotient lag wahrscheinlich jenseits von Gut und Böse«, vermutet Ethel, »obwohl er kein Wort sprach, konnte er sich sehr gut verständigen.«[46] Zu ihrem Leidwesen hat sie aber nie einen der Zettel zu sehen bekommen, auf denen er sich fast pausenlos Notizen machte. Aber wenn sie mit ihrer Familie nach Egg Island aufbrach, hatte sie immer ein paar Flaschen Bier und ein Sandwich für Putt dabei.[47]

Mit der voll beladenen *Resolute* in diesem Gewässer zu kreuzen hieß, vor den Untiefen und Riffs, vor allem aber den Sandbänken auf der Hut zu sein, die ihre Position ständig veränderten. Nicht zuletzt deshalb haben die Wianno Seniors vergleichsweise wenig Tiefgang, doch für Ethel war auch das wenige noch zu viel: Saß sie am Ruder, war Grundberührung keine Seltenheit. »Ich habe mehrere Paar Schuhe bei dem Versuch eingebüßt, die *Resolute* von einer Sandbank zu bugsieren«[48], klagt Tim Fulham, ein Freund der Kinder.

Manche Grundberührung lastete Ethel ihrer Schwägerin an, die mit der *Headstart* der Familie Shriver unterwegs war und sich einen Spaß daraus machte, Ethel zu provozieren. »Eunice und ich haben uns oft inoffizielle Rennen geliefert. Dabei versuchte sie, mich auf eine Sandbank zu drücken, indem sie immer weiter anluvte, bis ich nicht mehr manövrieren konnte.«[49] Als Mark Shriver, der Sohn von Eunice, Ethels Version der Vorkommnisse hörte, widersprach er lachend. »Da ist natürlich nichts dran. Sowohl meine Mutter als auch Ethel haben ihr Schiff regelmäßig auf Grund gesetzt. Da musste niemand nachhelfen. Sie haben schlicht nicht auf die Gezeiten geachtet und sind einfach drauflosgesegelt.«

Wenn sich aber das Boot bei gutem Wetter und reichlich Wind auf die Seite legte, bis die Nock des Baums fast im Wasser war, dann erlaubte Ethel den Kindern, in der Takelage herumzutollen. »Wir kletterten auf den Baum und versuchten, uns über das Segel zum Masttop vorzuarbeiten, glitten herunter und landeten wieder auf dem Baum … Nur einmal gab es dabei ein Problem. Das war, als Rory unbedingt ihren Hund Spanky mitnehmen wollte«, berichtet Chris über seine Schwester. Mit seinen Krallen riss er ein Loch ins Segel und fiel hindurch. Mit einem perfekten Mann-über-Bord-Manöver bewahrte Ethel ihn vor dem Ertrinken. Ab dem Tag durfte kein Hund mehr mit in die Takelage.[50]

Bei einem Ausflug mit der *Resolute* kam es zu einem Vorfall, der eine außerplanmäßige Evakuierung des Bootes notwendig machte. Nach dem vorhergehenden Törn hatte sich niemand die Mühe gemacht, die Bilge zu lenzen, und so war das Schiff schon vor der Abfahrt schwerer als nötig. Nun hatte es noch nie zu den Sorgen der Kennedys gehört, ob ihr Boot überladen war, aber an diesem Tag übertrieben sie es dann doch, indem sie ihren fünfzehn-, laut anderen Berichten sogar zwanzigköpfigen Besuch aus Irland zum Segeln einluden, für ein Boot dieser Größe der reine Aberwitz. Noch heute brechen die Kinder in Lachen aus, wenn sie an die Geschehnisse zurückdenken – und vor allem daran, dass ihre Mutter sich daran partout nicht erinnern zu können meint. Das Wasser stand jedenfalls schon bis zu den Bodenbrettern, ehe auch nur einer an Bord gegangen war. Zur Besatzung kamen noch drei Kühlboxen, die derart vollgestopft waren, dass die Sandwiches im Cockpit verstaut werden mussten.

Egg Island erreichten sie ohne große Probleme. Dort ankerten und picknickten sie und vergaßen darüber die Zeit. Plötzlich hatten sie es eilig und wollten zurück in den Hafen. Ethel, die an der Pinne saß, meinte, eine Abkürzung über eine Sandbank nehmen zu können: Der Wind war stark, das Boot schnitt durch die Wellen. Dass sie sich verschätzt hatte, wurde ihr klar, als die *Resolute* jäh gebremst wurde, weil der Kiel den Grund berührt hatte. Erst richtete sich das Heck auf, dann legte sich das Boot auf die Seite, bis das Wasser ins Cockpit lief. Unter normalen Umständen wäre es durch die Speigatts abgelaufen, aber die waren nun von den Sandwiches verstopft. Bald stand das Wasser knietief im Boot.

»Eine Wianno Senior zum Kentern zu bringen, ist ein Ding der Unmöglichkeit«, betont Kerry, als sie den Vorfall Revue passieren lässt. »Jedenfalls dann, wenn sie genügend Wasser unterm Kiel hat. Sie verträgt viel Lage, und sie bleibt auch dann noch stabil, wenn das Segel die Wasseroberfläche berührt. Das alles haut sie nicht um. Etwas anderes ist es natürlich, wenn der Kiel Grundberührung hat. Dann fällt sie um wie ein Stein.« Und genau das war hier der Fall.

Je voller die *Resolute* lief, desto größer war die Gefahr, dass sie sank. Zu allem Überfluss stellte sich heraus, dass zwei der Gäste aus Irland nicht schwimmen konnten. »Trotzdem war die Situation eher komisch als bedrohlich«, beteuert Kerry. »Nein, bedrohlich war es wirklich nicht. Trotzdem mussten wir damit klarkommen, dass zwei aus der Besatzung nicht schwimmen konnten. Wie alle Übrigen saßen sie auf der Bordwand oder irgendwo im Cockpit inmitten von herumtreibenden Sandwiches und Colaflaschen.«

Eine Kühlbox wurde geleert, wieder fest verschlossen und mit einer Leine versehen, damit sich die Nichtschwimmer im Notfall daran festhalten konnten. »Auf Hilfe mussten wir aber höchstens zwei Minuten warten«, so Kerry. »Wir waren ja ganz in der Nähe der Fahrrinne, in der reger Verkehr herrschte. Vielleicht ist meine Mutter deshalb die ganze Zeit ruhig geblieben. Sie hatte schon immer die Gabe, auch in schwierigen Situationen Fröhlichkeit und Zuversicht auszustrahlen. Mit mir als Skipperin wären die anderen vielleicht nervös oder gar ängstlich geworden. Schließlich hatten sie nicht damit rechnen können, auf einem gekenterten Boot zu sitzen, das zu sinken drohte – schon gar nicht die Nichtschwimmer ... Aber meine Mutter ließ Angst gar nicht erst aufkommen, nicht bei den anderen und nicht bei sich selbst. Sie war so heiter wie immer. Sie hatte die Lage stets im Griff, und das wirkte auf die anderen ungeheuer beruhigend.«

Kerrys Bruder Chris stellt mit ironischem Unterton fest, dass ihr ältester Bruder Joe »einer der wenigen Einwohner von Hyannis Port war, die nicht mit an Bord waren«. So fiel ihm die Aufgabe zu, an die Unfallstelle zu fahren. »Einem exzellenten Segler wie ihm war es völlig unbegreiflich, wie so etwas passieren konnte.« Trotzdem stieg er ins Wasser, um die Segel zu sichern. Tags darauf schickte die Werft einen Schlepper, der die *Reso-*

lute barg. »Ein paar Tage später, am Labor Day, waren wir wieder auf dem Wasser«, erinnert sich Chris. »Das Boot sah allerdings noch ziemlich mitgenommen aus.«[51]

In der Fahrrinne, die zum Hafen von Hyannis führt, kommen sich Schiffe nicht selten bedrohlich nahe. Sie ist sehr eng, aber viel befahren. Hier begegnen sich Sportboote, Ausflugsdampfer und nicht mehr ganz taufrische große Fähren, die Autos, Lastwagen, Menschen und Fracht zwischen Cape Cod, Nantucket Sound und Martha's Vineyard hin und her transportieren. Die Regel besagt, dass Segelboote Vorfahrt vor Motorbooten haben, aber wie jede Regel kennt auch diese Ausnahmen, etwa für Schiffe, die zu großen Tiefgang haben, um auszuweichen. Wer die Fahrrinne nach Hyannis ansteuert, darf sich also keinesfalls blind auf die Vorfahrtsregeln verlassen.

Nun war Ethel nicht dafür bekannt, dass sie sich für Schifffahrtsregeln sonderlich interessierte. Sie war der Ansicht, dass alles, was einen Motor hat, der *Resolute* auszuweichen hatte. Die starre Haltung führte zu einem Dauerstreit zwischen den Kennedys und dem Betreiber der Fähre *Uncatena*. 1965 vom Stapel gelaufen, war sie kleiner und schneller als die älteren Fähren, die auf dem Nantucket Sound verkehrten. 1971 hatte der Eigner sie jedoch umbauen und um eine neue Mittelsektion erweitern lassen, was sie länger, aber auch plumper machte. Der Umbau, erinnert sich ein Einheimischer, »hat den ohnehin nicht sonderlich eleganten Riss noch hässlicher gemacht. Beispielsweise standen die Fenster schief, nachdem man die Rumpfteile wieder zusammengefügt hatte.«[52]

Von der Wasseroberfläche aus betrachtet, wirkte die *Uncatena* wie ein Hochhaus. Und genau das war die Perspektive, die sich von der *Resolute* aus bot, wenn man der Fähre zu nahe kam. Gleichwohl sah sich der Kapitän der *Uncatena* mehrfach genötigt, vom Kurs abzuweichen, um eine Kollision mit der *Resolute* zu vermeiden. Das war nicht nur lästig, sondern trug der Fähre jedes Mal auch eine gehörige Verspätung ein. Irgendwann reichte es dem Kapitän, und bei der nächsten Annäherung verließ er das Ruderhaus, um der Frau, die tief unter ihm an der Pinne des Segelbootes saß, von der Brückennock aus seine Interpretation der Vorfahrtsregeln kundzutun. Der Steuermann wartete derweil auf den Befehl, den Kurs zu ändern. Weil der ausblieb, steuerte die *Uncatena* auf eine Sandbank zu. Als sie auf Grund lief, nahm die Schraube Schaden, sodass Hunderte Passagiere dazu verdammt waren, in Sichtweite ihres Ziels an Bord auszuharren. Eine der Folgen war es, dass die Vorfahrtsregeln für die Fahrrinne modifiziert und größeren Fähren das Wegerecht eingeräumt wurde.[53] Als Ethel viele Jahre später, im Alter von 84 Jahren, auf den Vorfall angesprochen wurde, spitzte sie die Lippen und sah den Fragesteller aus funkelnden Augen an. »Wissen Sie«, erwiderte sie mit fester Stimme, »manchen Menschen steigt es zu Kopf, wenn sie auf andere herabblicken können.«[54]

»Meine Mutter ist eine geborene Skakel«, sagte Chris in anderem Zusammenhang über Ethel, »und die Skakels zeichnen sich seit jeher durch eine gehörige Portion Misstrauen gegenüber jeder Form von Autorität aus.«[55]

In Hyannis findet in jedem Jahr das Musikfestival statt, bei dem neben Nachwuchskünstlern auch etablierte Stars auftreten. Zu Letzteren gehörte Sammy Davis Jr., der von Ethel prompt zum Segeln auf der »Familienjacht« eingeladen wurde. Die Erinnerung daran ist bis heute lebendig, wie sich während eines gemeinsamen Segelausflugs mit Ethel und Chris herausstellte, bei dem der eine Lücken im Gedächtnis des jeweils anderen stopfen konnte. »Sammy nahm die Einladung mit Freuden an, hatte aber völlig falsche Vorstellungen davon, was ihn erwartete«, berichtete Chris. Der Ausflug begann am Kai, wo die Segler ein Dingi bestiegen. Auf ihrem Weg durch das Hafenbecken kamen sie an zahllosen Booten vorbei, die dort ankerten oder an Moorings lagen. Als Sammy die eindrucksvolle Jacht sah, auf die sie schließlich zusteuerten, lächelte er zufrieden. Dann aber fuhr das Dingi an der Jacht vorbei und nahm Kurs auf die *Resolute*. Irgendwann wurde Sammy klar, dass mit »Familienjacht« diese Nussschale gemeint war. Die Enttäuschung war ihm deutlich anzusehen. »Insgeheim hatte er wohl die Hoffnung, dass vor der Bucht doch noch ein standesgemäßes Schiff wartete«, glaubt Ethel zu wissen.

Zunächst musste Sammy gemeinsam mit seiner Frau und einem Mitarbeiter auf die *Resolute* umsteigen und sich den wenigen Platz im Cockpit mit den Kindern und Hunden der Kennedys teilen. Als sie den Hafen verlassen hatten, erwarteten sie Wind und Wellen, und schon nach kurzer Zeit fühlte sich Sammy reichlich unwohl. Deshalb wollte er in der kleinen Schlupfkajüte Zuflucht nehmen, was bei Seekrankheit zwar verständlich, aber keine gute Idee ist. Lieber sollte man an Deck bleiben und mit den Augen einen Punkt am Horizont fixieren. Den Kennedys war jedoch vor allem daran gelegen, dass er sich nicht in die Bilge erbrach. Weil die kaum zu reinigen war, würde sie der Geruch den ganzen Sommer über begleiten. Schließlich äußerte Sammy den Wunsch, an Land zurückzukehren. »Wir haben zur Bedingung gemacht, dass er uns unterwegs ein Ständchen bringt«, erinnert sich Chris.

Daraufhin stellte sich Sammy im Niedergang auf und »brachte ein Potpourri seiner größten Erfolge dar«, so Ethel. Auf dem Rückweg schlief der Wind ein, was das Konzert verlängerte und die Zahl der Zuhörer vergrößerte, weil Sammys tiefe Stimme über den Hafen schallte und noch auf dem Anwesen der Kennedys zu hören war.

Am selben Abend gab Sammy sein Konzert im Melody Tent, aber der Wind und wohl auch die Seekrankheit hatten seiner Stimme geschadet. In seinen Gesang schlichen sich ungewohnte Aussetzer ein, und das zahlende Publikum erlebte einen weitaus weniger eindrucksvollen Auftritt als die Besatzung der *Resolute*.[56]

In den frühen 1970er-Jahren unterstützte Sammy Davis Jr. Präsident Richard Nixon, was das Verhältnis zu den Kennedys etwas trübte.

»Unsere Mutter hat uns Kindern das Segeln beigebracht«, erinnert sich Ethels Tochter Kerry. Sie besuchten auch eine Segelschule, »aber der eigentliche Unterricht fand an Bord der *Resolute* statt«.

> Ganz nebenbei hatte sie so die Möglichkeit, Zeit mit den Kindern zu verbringen und sie sinnvoll zu beschäftigen. Egal, ob man die Vorschot, die Großschot oder die Pinne bedient, das Schiff beim Anlegen vertäut oder beim Ablegen die Leinen loswirft: Für Kinder sind das echte Herausforderungen, und wenn man einen Fehler macht, merkt man die Konsequenzen hautnah. Zu erleben, dass man auch in jungen Jahren Verantwortung übernehmen und zum Wohl einer Gruppe oder einer Gemeinschaft beitragen kann, ist für Kinder eine enorm wichtige Erfahrung. Und großen Spaß macht es obendrein.[57]

Wenn Max, einer der Söhne von Ethel und Bob, auf seiner Wianno Senior mit dem Namen *Ptarmigan* unterwegs ist, kneift er die Augen zusammen und reckt den Hals, um den Bug anzupeilen und gleichzeitig die Wasseroberfläche davor im Blick zu behalten. »Das hat mir meine Mutter beigebracht«, berichtet er und fügt erklärend hinzu: »Wenn das Boot in die Wellen taucht und wieder nach oben kommt, soll die Bugspitze kleine Kreise beschreiben. Bewegt sie sich seitlich oder zackenförmig, ist das Boot langsamer. Ideal sind kleine Kreise.«[58]

An einem düsteren Tag im November, die kürzer und kälter werdenden Tage kündeten bereits das Ende der Segelsaison an, erhielt Ethel in Washington den Anruf eines Barbesitzers aus Hyannis Port mit der Nachricht, dass Putt, ihr Freund und Helfer in der Not, gestorben war. Daraufhin rief Ethel William Barry an, einen Freund der Familie und ehemaligen FBI-Agenten, der beim Mord an Bob vor Ort gewesen war und dabei geholfen hatte, den Attentäter niederzuringen und zu überwältigen. Gemeinsam flogen sie von Washington nach Cape Cod, um an Putts Beerdigung teilzunehmen. Anschließend gingen sie zu der kleinen Bretterbude, in der er gelebt hatte. »Ich habe mich nie sonderlich gern fotografieren lassen«, sagte Ethel in einem Gespräch Jahre später. »Aber an der einen Wand seines Schuppens hing ein Schnappschuss, auf dem ich zu sehen war. Umgeben war er von lauter Fotos nackter Frauen.«[59]

Eunice

Unter den Töchtern von Joe und Rose Kennedy war Eunice sicherlich die beste Seglerin. Ihr das zu sagen hätte aber entschiedenen Protest ausgelöst.

»Die Einschränkung auf ›unter den Töchtern‹ hätte sie nicht akzeptiert«, sagt ihr Sohn Mark mit einem leisen Lachen. »In ihren Augen hatte sie von allen Kindern das meiste Talent, egal ob Junge oder Mädchen.«[1]

»Jack und Kathleen konnten sich seglerisch an Joe orientieren«, formuliert ein Biograf des ältesten Kennedy-Sohns. »Eunice brauchte keine Vorbilder. An der Pinne war sie mindestens so angriffslustig wie Joe.«[2]

Und in einem Buch, das sich mit den weiblichen Mitgliedern der Familie Kennedy befasst, heißt es: »Keines der Mädchen segelte mit so großer Leidenschaft wie Eunice. Vor dem Start verteidigte sie kompromisslos ihre Position, um auch ja als Erste die Luvtonne zu erreichen. Wenn andere schon refften, ließ sie die Segel noch stehen. Und wenn im Sommer Gewitter aufzogen, waren sie und ihr Bruder Joe die Letzten, die den sicheren Hafen ansteuerten.«[3]

Eunice selbst äußerte sich einst so: »Unsere Eltern haben größten Wert darauf gelegt, dass wir uns sportlich betätigten, und zwar nicht zum Vergnügen, sondern um des Erfolgs willen. Egal ob beim Segeln oder beim Schwimmen – Dad wollte, dass seine Kinder gewinnen. Einmal bin ich binnen einer Woche bei vierzehn Wettfahrten angetreten. Dabei war ich erst zwölf. Während des Sommers mussten wir zweimal pro Woche zum Schwimmtraining, und das acht Jahre in Folge. Wir haben uns wacker geschlagen, aber ich male mir lieber nicht aus, was los gewesen wäre, wenn wir in Dads Augen versagt hätten.«[4]

Doch auch der Sport konnte nicht verhindern, dass Eunice, die Jahrgang 1921 und damit vier Jahre jünger war als Jack, unter ähnlichen gesundheitlichen Problemen litt – Rückenschmerzen, Magenbeschwerden und Addison-Krankheit.[5] Der Umstand, dass sie körperlich nicht die Robusteste war, trug ihr den Spitznamen »Puny Eunie« ein.

Als Heranwachsende war Eunice nicht nur hager, sondern ihr fehlten auch der Charme und die Schlagfertigkeit, die ihre ältere Schwester Kick für das andere Geschlecht so attraktiv machten. Zudem wirkte sie über die Maßen nervös und sprach so schnell, dass sie für Fremde kaum zu verstehen war. Wenn Jack und Kathleen zu den Tanzveranstaltungen im Jachtclub gingen und dort das Interesse der anderen Gäste auf sich zogen, blieb Eunice daheim.[6]

Noch als junge Erwachsene wirkte sie schwächlich, doch der äußere Eindruck sprach ihrem Wesen Hohn. Das zeichnete sich durch Dickköpfigkeit, Durchsetzungsvermögen, Frömmigkeit, Moralität sowie die Entschlossenheit aus, mit Konventionen zu brechen. Und diese Charaktereigenschaften waren bereits in dem Teenager angelegt.

Als Eunice fünfzehn Jahre alt war, 1936, erschien im *Boston Globe* ein Bericht über eine Regatta des Hyannis Port Yacht Club, bei der, so die Zeitung, »wegen des starken Südwestwinds mit hohen Wellen fünf kleinere Jachten aufgeben mussten«. Eunice und Joe sind die einzigen Kennedy-Kinder, die in dem Artikel Erwähnung finden. Joe wurde mit der *Victura* Dritter, Eunice landete mit der *Tenovus* auf dem vierten Platz. Bedenken sollte man aber, dass Joe mit einer Wianno Senior unterwegs war, Eunice hingegen mit einer Wianno Junior, die gut zwei Meter kürzer und tendenziell entsprechend langsamer ist.

Eunice konnte in einem Moment stur und fordernd sein, im nächsten wieder geduldig und feinfühlig. Das zeigte sich bereits in den 1930er-Jahren in der historisch vielleicht bedeutsamsten Beziehung der Kennedy-Geschwister untereinander, nämlich der zwischen Eunice und Rosemary. Es war in jenen Jahren, dass Rosemarys Behinderung sich allmählich manifestierte, und es war Eunice, die sich mehr als irgendjemand sonst Zeit nahm, um mit ihrer Schwester zu spielen und sie am umtriebigen Familienleben teilhaben zu lassen. »Eunice' Helden waren die Jungfrau Maria, Mutter Teresa, Dorothy Day, ihre Mutter und ihre Schwester Rosemary«, erklärt Eunice' Tochter Maria viele Jahre später. Eunice' Liebe zur älteren Schwester mündete in ein lebenslanges Engagement für das Wohl Behinderter.

Ted erinnerte sich, dass bei Kinderspielen wie Dodgeball oder beim Segeln Eunice immer in der Nähe war, wenn Rosemary irgendwo auftauchte. Sie sorgte dafür, dass sich ihre Schwester zugehörig fühlen konnte. Später begleiteten Jack und Joe Rosemary zu Tanzveranstaltungen.[7]

Eunice beschreibt es in einem Zeitungsartikel so: »Wenn ich eine Regatta mitsegelte, gehörte Rosemary meistens zur Crew, und normalerweise konnte sie das, was von ihr verlangt wurde, auch leisten. Besonders gut war sie an der Fockschot, und zufrieden war sie nur, wenn wir als Erste über die Ziellinie fuhren. Wenn sie vorn lag, egal wobei, war sie glücklich.«[8]

Rosemary, 1941 eine attraktive 23-jährige Frau, litt darunter, dass sie von Überfliegern und Strebern umgeben war, was sie mit zunehmendem Alter immer mehr bedrückte. Sie galt als dickköpfig und jähzornig und war leicht erregbar. Die Kennedys besaßen genügend Geld und Kontakte, um die weltweit besten Neurologen zurate zu ziehen, und genau das taten sie. Einer dieser Experten empfahl eine Lobotomie, bei der bestimmte Nervenbahnen im Hirn durchtrennt werden. Die Operation wurde durchgeführt – und bewirkte das Gegenteil dessen, was beabsichtigt war. Den Rest ihres Lebens, immerhin 63 Jahre, verbrachte Rosemary in der Obhut katholischer Nonnen in Wisconsin. Nur selten wurde sie nach Cape Cod zu ihrer Familie gebracht, die jedoch den Gram über die falsche Entscheidung nie überwand. Vor allem Eunice setzten die Unzulänglichkeit der medizinischen Forschung und die unerfüllten Hoffnungen von Menschen wie Rosemary enorm zu.

Eunice' Mitgefühl für ihre Schwester mischte sich mit der Trauer über den Verlust zweier ihr nahestehender Menschen: ihres Bruders Joe und eines Studienfreundes aus Stanford, der bei einem Autounfall ums Leben gekommen war. Dass Kathleen gegen den ausdrücklichen Willen ihrer Eltern heiratete, belastete den Familienfrieden zusätzlich. Eunice reagierte darauf, indem sie ihr Pensum in allen Belangen erhöhte – mehr Arbeit, mehr Sport, mehr Zeit auf dem Wasser. Mancher in ihrem Umfeld fand ihre Umtriebigkeit schwer erträglich. Eine schwangere Freundin, die zwar nicht segeln konnte, aber bei einer Regatta am Labor Day mit an Bord war, beklagte sich anschließend, Eunice sei »grausam« gewesen, habe ihre Kommandos »gebellt« und jeden Fehler persönlich genommen.[9]

Bei Kriegsende war Eunice noch immer unverheiratet, sodass sich die Familie Fragen zu stellen begann. Schon als Eunice erst achtzehn, dünn wie eine Bohnenstange war und noch eine Klosterschule besuchte, schrieb Jack ihr einen Brief, in dem er seiner Sorge um sie Ausdruck verlieh – wenn auch erkennbar ironisch gemeint: »Du würdest Deinen Brüdern eine schwere Bürde von den Schultern nehmen, wenn Du Dich weniger mit Deinen Aussichten beschäftigen würdest, in den Himmel zu kommen, als vielmehr mit den Aussichten, einen Mann abzubekommen. Aber während die Chance dazu rapide abnimmt, nimmst Du immer mehr zu.«[10]

Mit Anfang zwanzig machte Eunice noch immer keine Anstalten zu heiraten, umso intensiver arbeitete sie daran, einen Beitrag zum Allgemeinwohl zu leisten. In diesem Punkt unterschied sie sich auch von ihren Schwestern, wie die Brüder hatte sie den Ehrgeiz ihres Vaters geerbt. »Eunice war die einzige Kennedy-Tochter, die ihre Aufgaben auch außerhalb des Dunstkreises der Familie suchte und fand.«[11]

1947, im selben Jahr also, in dem ihr Bruder Kongressabgeordneter wurde, zog Eunice nach Washington, D.C. Im Auftrag des Justizministeriums leitete sie ein Komitee, das Programme für jugendliche Straftäter entwickelte. Ihr Bruder Jack war im Kongress, aber seine jüngere Schwester war in den Schlagzeilen: »Eunice Kennedy will Kriminalität Jugendlicher eindämmen«, so oder ähnlich lauteten die Überschriften, die jeden Abgeordneten neidisch machen konnten.[12]

Eine Zeitung schrieb: »Miss Kennedy, die so schnell und scharf denkt, wie sie spricht, versucht derzeit händeringend, Bundesstaaten und Städte dazu zu bewegen, eigene Maßnahme zur Lösung des Problems zu ergreifen.«[13] Das Tempo, mit dem sie dachte und sprach, war fünfzig Jahre später immer noch hoch.

Erst als sie 31 und nach den Maßstäben der 50er-Jahre eine »alte Jungfer« war, entschloss sich Eunice zu heiraten. Da hatte sie den Auserwählten allerdings schon mehrere Jahre lang hingehalten. Er hieß Robert Sargent Shriver und war ein junger Kriegsveteran, den Eunice 1946 in New York kennengelernt hatte. Wie Jack hatte Shriver nach dem Krieg zunächst eine journalistische Laufbahn im Sinn gehabt, bis er zu der Erkenntnis kam, dass es interessantere Arbeiten gab, als über Menschen zu schreiben, die etwas Interessantes tun. Als Eunice ihn kennenlernte, arbeitete er als Redakteur der *Newsweek*. Er war erst ein Mal mit seiner späteren Ehefrau ausgegangen, als ihn zu seiner Verwunderung ein Anruf ihres Vaters erreichte. Die Stimme des berühmten und einflussreichen Joe Kennedy zu hören stürzte ihn zwar in einige Verlegenheit, doch Sarge, wie ihn alle nannten, hinterließ offenbar einen guten Eindruck, denn er erhielt eine Einladung zum Frühstück, bei dem ihm das Familienoberhaupt eröffnete, dass er einen Herausgeber für ein Buch über seinen verstorbenen Sohn Joe suche. Wie sich herausstellte, hatte Eunice ihrem Vater die Nummer von Sarge gegeben. Der war der Meinung, dass ein solches Buch in einer Zeit, in der der Markt mit Berichten über und Erinnerungen von Kriegsveteranen überschwemmt wurde, wenig Aussichten auf Erfolg hatte. Joe sah ein, dass der Einwand berechtigt war. Die Unterhaltung mit Sarge verlief jedoch so erfreulich, dass Joe ihm einen Job in seinem neuesten Projekt anbot, dem Merchandise Mart in Chicago, dem seinerzeit größten Gebäude der Welt, das Chicagos Großhandel beherbergte.

Um die Tochter seines neuen Chefs musste Sarge lange werben, und sein Freien kam nicht ohne Kuriositäten aus, etwa wenn er für Liebesbriefe an seine Freundin das Briefpapier ihres Vaters benutzte. Immerhin dachte er daran, den aufgedruckten Namen durchzustreichen und handschriftlich seinen eigenen einzusetzen.[14] Dass er ausgerechnet die Tochter seines Chefs heiraten wollte, mag nach Kalkül klingen, Fakt ist jedoch, dass die Ehe der beiden zu den glücklichsten jener Kennedy-Generation gehörte.

Bei ihrer Arbeit für das Justizministerium bewies Eunice zwar großen Tatendrang, ihre Unerfahrenheit konnte sie damit aber nicht kompensieren. Kurz entschlossen delegierte Joe deshalb Sarge von Chicago nach Washington, damit er Eunice unter die Arme greifen konnte. Nun warb Sarge nicht mehr nur um Eunice' Hand, sondern war auch ihr Angestellter. Viele Jahre später, als sich seine politische Laufbahn – die von verschiedenen Funktionen während der Präsidentschaft seines Schwagers bis hin zum gescheiterten Versuch, sich als Präsidentschaftskandidat der Demokraten aufstellen zu lassen, reichte – dem Ende zuneigte, arbeitete er ein weiteres Mal für seine Frau. Deren Karriere nahm den gegenteiligen Verlauf, und mit den von ihr initiierten Special Olympics und anderen sozialen Engagements hatte sie alle Hände voll zu tun. Doch als echte Frohnatur trat Sarge gern ins zweite Glied zurück und unterstützte seine Frau nach Kräften.

Etwa ab 1948 drängte Sarge zunehmend auf eine Heirat. Eunice weigerte sich hartnäckig, jedoch ohne ihm den Laufpass zu geben. Dieser Zustand dauerte einige Jahre an. Und obwohl sich Sarge auch mit anderen Frauen traf, blieb Eunice seine Herzensdame – auch noch 1953, als Eunice ihn bat, sie zur Heiligen Messe zu begleiten. Als der Gottesdienst zu Ende war, forderte sie ihn auf, mit ihr gemeinsam vor einem Altar, der der Jungfrau Maria geweiht war, niederzuknien. Dort betete sie zunächst, ehe sie sich zu Sarge umwandte und sagte: »Sargent Shriver, ich glaube, ich würde gern deine Frau werden.« Am 23. Mai 1953 nahm Kardinal Francis Spellman in der New Yorker St. Patrick's Cathedral die Trauung vor, assistiert von drei Bischöfen, vier Monsignori und neun Priestern. In einer Pressemitteilung der Familie war die Rede von »einer der wichtigsten und prächtigsten Hochzeiten der amerikanischen Geschichte«.[15] Wer vor Ort war, wird der Beschreibung sicherlich beipflichten. Und nur ein Jahr nach Eunice' Heirat waren auch ihre Geschwister Jack, Jean und Patricia unter der Haube.

Irgendwann waren die Kennedy-Kinder alt genug, um das Elternhaus zu verlassen und eigene Wege zu gehen. Sonderlich weit kamen sie dabei allerdings nicht. Seit 1925 war Hyannis Port der Ort, an dem Joe und Rose ihre Kinder versammelten, die auf verschiedenen Internaten oder Colleges lernten oder die ersten Schritte im Beruf unternahmen. Bald kamen die ersten Schwieger- und Enkelkinder hinzu, und dass das Haus nicht im selben Tempo wie die Familie wuchs, störte niemanden. Ab den 1950er-Jahren kauften sich die Kinder schließlich eigene Immobilien, und bald summierte sich der Kennedy'sche Besitz in Hyannis zu einem kleinen Dorf. So kam es, dass die weitverzweigte Familie sich auf einem geografisch kleinen Gebiet wiederfand.

Die Ersten, die sich hier niederließen, waren Jack und Jackie. Sie kauften 1956 ein kleines Haus mit der Adresse 111 Irving Avenue, das nicht nur wie das der Eltern aussah, sondern auch in unmittelbarer Nachbarschaft stand. 1959, ein Jahr nach ihrer Heirat, folgten Ted und Joan, deren Grundstück ebenfalls an das der Eltern grenzte. Nach zwei Jahren verkaufte Ted das Haus an Bob, Ethel und ihre stetig wachsende Kinderschar. Ted und Joan bezogen ein Haus auf Squaw Island, die ihren Namen aber zu Unrecht trägt, weil es sich um eine Halbinsel handelt. Von dort war das elterliche Anwesen nur einen Katzensprung entfernt. Jack und Jackie verbrachten zwei Sommer auf Squaw Island, den letzten in Brambletyde, einem Haus an der Küste, das für die Öffentlichkeit nicht einsehbar war, aber unweit von Teds und Joans Haus lag.

Die Männer, die in die Familie einheirateten, folgten dem Beispiel und bezogen mit ihren Familien Quartier in Hyannis Port. In den Sommern, die Jack und Jackie auf Squaw Island verbrachten, übernahmen Eunice und Sarge das Haus in der Irving Avenue. Später erwarben sie selbst ein Haus, wenige Schritte von den Eltern entfernt. Hier fand später die Heirat ihrer Tochter Maria mit Arnold Schwarzenegger statt, und die Kinder und Enkelkinder verbringen die Sommer bis heute dort.

Jean, die jüngste Tochter von Joe und Rose, hatte eine besonders enge Verbindung zu den Schwägerinnen Ethel und Joan. Schließlich war sie mit beiden seit Langem befreundet und hatte sie mit ihren späteren Ehemännern bekannt gemacht. Das hatte für sie den erfreulichen Nebeneffekt, dass sie die Sommermonate in Gesellschaft von Geschwistern und Freunden verbringen konnte. Nach der Hochzeit mit Stephen Edward Smith im Jahr 1956 erwarben sie und ihr Mann ebenfalls ein Haus in Hyannis Port. Von dort aus konnte sie verfolgen, wie sich die zahlreichen Kinder der von ihr gestifteten Ehen entwickelten.

Schon zu Beginn der 1960er-Jahre war der Grundbesitz der Kennedys in Hyannis Port beträchtlich, und seither hat er sich noch vergrößert. Robert F. Kennedy jun. besitzt dort inzwischen ebenfalls ein Haus, Chris und Sheila Kennedy haben 2011 Brambletyde erworben. Ethel hat Hickory Hill in Virginia verkauft und lebt ganzjährig auf Cape Cod. Ted jun. und seine Frau Kiki verbringen die Sommer in Jacks altem Haus in der Irving Avenue. Max und zahllose weitere Cousins und Cousinen kommen regelmäßig zu Besuch, viele besitzen eigene Segelboote. Auf Martha's Vineyard, jenseits der Bucht von Nantucket, hat sich Caroline Kennedy mitsamt ihrer Familie auf der Red Gate Farm niedergelassen, die einst Jackie gehörte.

Auch wenn es so klingen mag, musste nicht jeder, der eine oder einen Kennedy heiratete, die Sommer mit der restlichen Familie auf Cape Cod verbringen. Patricia lernte durch Eunice ihren späteren Mann kennen, den Hollywood-Schauspieler Peter Lawford. Auch Kalifornien hat seine Reize, und Santa Monica, wo sie lebten, ist ein Ort, an dem man es aushalten kann. Doch auch wenn die beiden nie ein Haus auf Cape Cod besaßen, kam zumindest Patricia häufig zu Besuch und engagierte sich in den Wahlkämpfen ihrer Brüder.

Eunice hielt bedingungslos zu ihrer Familie und tat alles, um den Zusammenhalt zu stärken. Ihre Heirat mit Sarge hatte ihr Vater zwar nicht eingefädelt, wäre aber ohne den Einfluss, den er auf seine Tochter ausübte, wohl nicht zustande gekommen. Sarges Loyalität glich wiederum der seiner Frau. Seine gesamte Karriere verdankte er den Kennedys, gleich ob vor der Ehe als Joes Angestellter oder später in verschiedenen Funktionen, die er während und nach Jacks Präsidentschaft bekleidete.

Jacks Einzug ins Weiße Haus betrachtete Eunice als Aufforderung, sich an die Spitze des Kampfes für Menschen mit Behinderungen zu stellen. Dass sie dazu weder ernannt noch berufen worden war, kümmerte sie nicht weiter. Der unermüdliche Einsatz im Wahlkampf ihres Bruders und vor allem in ihrer Arbeit für Menschen mit geistiger Behinderung rief bei denen, die sie erlebten, Angst, Frustration, Ehrfurcht und nicht zuletzt Respekt hervor. »Wäre sie als Mann auf die Welt gekommen, wäre sie ein fantastischer Politiker geworden«[16], sagte ihr Vater über sie.

»Meine Mutter trug Männerhosen, rauchte kubanische Zigarren und spielte Football – und zwar die Männervariante«[17], so äußerte sich ihre Tochter Maria, die ihre Mutter geradezu abgöttisch liebte. Auf ihren Mann Arnold Schwarzenegger sowie dessen Ehrgeiz und Tatendrang angesprochen, antwortete Maria mehr als nur einmal: »Ich habe meine Mutter geheiratet.«[18]

Eunice ließ jedenfalls nicht locker, und wie hätte sich der Präsident ihrem Anliegen beziehungsweise dem von Menschen wie seiner um ein Jahr jüngeren Schwester Rosemary widersetzen können? Er wollte es auch gar nicht, aber er wollte auch nicht ständig damit konfrontiert werden. »Eunice soll bekommen, was sie will«, sagte er zu seinem Bruder Bob. »Dann hört sie vielleicht endlich auf, mich ständig anzurufen, und ich kann mich um das kümmern, wofür ich gewählt wurde.«[19]

Eines Abends hatten der Präsident und die First Lady Leonard und Felicia Bernstein zu einem privaten Essen eingeladen, an dem auch der Journalist Tom Braden und dessen Frau Joan teilnahmen, eine feste Größe in der feineren Washingtoner Gesellschaft. Während des Essens rief Eunice an und redete so lange auf Jack ein, dass der den Hörer an den verdutzten Bernstein weiterreichte, der Eunice nie begegnet war. »Reden Sie mit ihr«, bat der erschöpfte Präsident, »ich kann nicht mehr.«

»Was treibt ihr da eigentlich?«, erkundigte sich Eunice bei Bernstein und verwickelte ihn in ein 20-minütiges Gespräch. »Ihr habt euren Spaß, und mich ladet ihr nicht ein. Was gab es denn zu essen?«[20]

Zu ihren ersten Erfolgen gehörte die Einrichtung einer landesweiten Kommission zur Erforschung geistiger Behinderungen durch den Präsidenten. Offiziell sollte Eunice diese Kommission beraten, aber auch wenn sie durch nichts und niemanden dazu ermächtigt worden war, trat sie als deren Leiterin auf. Dank ihrer Kontakte ins Weiße Haus sorgte sie dafür, dass Bundesbehörden, die ihrer Sache dienlich sein konnten, in ihrem Sinne instruiert wurden.

»Guten Tag, Wilbur«, sagte Präsident Kennedy, als Wilbur Cohen, sein Minister für Gesundheit, das Oval Office betrat. »Macht meine Schwester Ihnen mal wieder das Leben schwer?«

»Woher wissen Sie das?«, fragte Cohen verwundert.

»Ich kenne doch meine Schwester«, erwiderte Jack.[21]

Und Maria sagt über ihre Mutter: »Sie hat die Gabe, die Menschen in Angst und Schrecken zu versetzen. Sie ist eine Perfektionistin, die hohe Ansprüche an sich selbst stellt – und an ihre Mitmenschen.«[22]

Die Möglichkeiten, die sich im Windschatten ihres mächtigen Bruders boten, nutzte Eunice konsequent dafür, die amerikanische Bevölkerung auf das Schicksal jener Menschen hinzuweisen, die seinerzeit noch als »geistig zurückgeblieben« bezeichnet wurden. Mit Jacks Erlaubnis schrieb sie 1962 einen flammenden Artikel für die *Saturday Evening Post*, der mit einer ungeschönten Schilderung von Rosemarys Kindheit und Jugend beginnt, den Umgang der Familie mit der Behinderung beschreibt und auch die Einweisung ins Heim nicht ausspart – ein Thema, das andere Familien zu jener Zeit tunlichst totschwiegen.

»Wir stehen vor einem nationalen Problem, mit dem wir umgehen, als lebten wir noch im Mittelalter«, heißt es in dem Artikel. »Bis in die heutige Zeit kommt es vor, dass Kinder, die kaum einen Monat alt sind, wegen des bloßen Verdachts auf eine verminderte Intelligenz in ein Heim gegeben werden und die betroffenen Eltern Todesanzeigen veröffentlichen, um die Spur dieser Kinder zu verwischen.«[23]

Eunice gab sich aber nicht damit zufrieden, staatliche Hilfsprogramme zu organisieren und das Bewusstsein der Öffentlichkeit zu schärfen; zusätzlich nutzte sie ihren Einfluss, um mit Unterstützung ihres Vaters den Stiftungszweck der Joseph P. Kennedy Jr. Foundation neu zu formulieren. Fortan finanzierte die Familienstiftung mehrere Programme. 1968 stellte die 24-jährige Anne Burke, eine Sportlehrerin aus Chicago, die später Jura studierte und an den Obersten Gerichtshof von Illinois berufen wurde, einen Stipendienantrag. Die von den Kennedys finanzierten Forschungen ergaben, dass Menschen mit Behinderung von sportlicher Aktivität besonders profitieren, und zwar von Freizeitsport nicht minder als von Leistungssport. Auf dieser Grundlage entwickelte Burke das Konzept für eine Veranstaltung im Chicagoer Stadion Soldier Field, aus der schließlich die Special Olympics hervorgingen. Eunice, der der Leistungsgedanke sehr vertraut war, steuerte nicht nur Gelder bei, sondern fühlte sich der Sache auch bis an ihr Lebensende verpflichtet und arbeitete hart daran, das Konzept auf der ganzen Welt zu verbreiten. Als seine eigene Karriere beendet war, unterstützte ihr Mann Sarge sie dabei.

Eunice' Schwiegersohn Arnold Schwarzenegger beschrieb sie einmal so: »In meinen Augen hat sie mehr erreicht als die meisten Bürgermeister, Gouverneure, Senatoren und selbst Präsidenten. Sie hat nicht nur geschafft, dass die Bewegung der Special Olympics inzwischen 175 Staaten umfasst, sondern ihr ist es gelungen, das Denken der Menschen weltweit zu verändern. Viele Länder haben Menschen mit geistiger Behinderung als Bedrohung für die Gesellschaft und Gefahr für sich selbst empfunden, Betroffene wurden wie Aussätzige behandelt oder in geschlossenen Heimen versteckt. Eunice hat den Namen ihrer Familie eingesetzt und ihren Einfluss dafür genutzt, diese Menschen von ihrem Los zu befreien, damit sie endlich ein normales Leben führen und am gesellschaftlichen Leben teilhaben können wie andere Bürger auch.«[24]

Auf Cape Cod trat Eunice nicht als Diplomatin auf, sondern so, wie es ihrem Charakter entsprach: Mit vom Wind zerzaustem Haar schwirrte sie wie ein Kolibri umher, sah die Menschen aus ihren großen blauen Augen an und schenkte ihnen ein Lächeln, bei dem ihre strahlend weißen Zähne blitzten. Ihre Umtriebigkeit konnte für die Beteiligten aber auch ermüdend sein: Wo sie stand und ging, und selbst auf den Pullovern, die sie trug, hinterließ sie selbstklebende Notizzettel mit Dingen, die sie nicht vergessen wollte. So verfestigte sich bei Außenstehenden der Eindruck wilder, wenngleich unkoordinierter Entschlossenheit. Doch auch wenn sie mitunter wie eine Naturgewalt über ihre

Umgebung kam, konnte sie sich im nächsten Atemzug in das komplette Gegenteil verwandeln und einem Menschen, der ein Anliegen hatte, ihre ganze Aufmerksamkeit schenken. Hatte sie bei Gesprächen zwischen mehreren Personen den Eindruck, dass einer der Teilnehmer zu verschlossen und in sich gekehrt war, um sich Gehör zu verschaffen, nahm sie sich seiner an, hörte aufmerksam zu und half ihm, seinen Standpunkt zu vertreten. Wenn sie bei Anlässen rund um die Special Olympics auf behinderte Sportler traf, führte sie sich nicht als abgehobene Autoritätsperson auf, sondern sprang mit ins Schwimmbecken, maß sich mit ihnen auf der Laufbahn oder zeigte ihnen, wie man einen Tennisschläger richtig hielt. Wenn es galt anzupacken, packte sie mit an, und wenn jemand eine helfende Hand oder ein gutes Wort benötigte, stand sie bereit.

Sarge und Eunice hatten fünf Kinder, die zwischen 1955 und 1965 geboren wurden. Damit trugen sie erheblich zu der großen Zahl an Cousins und Cousinen bei, die während Jacks Präsidentschaft und in den Jahren danach die Familie vergrößerten. Gemeinsame Ausflüge konnten zu einer komplizierten Angelegenheit werden. Einen solchen Ausflug wollte die Familie eines schönen Tages auf der Präsidentenjacht *Marlin* unternehmen. Die Frauen hatten zugesagt, für Proviant zu sorgen. Ethel hatte den Auftrag an ihren Koch delegiert, und wie Jean und Pat schleppte sie am fraglichen Tag eine reiche Auswahl erlesener Köstlichkeiten an. Jackie brachte »üppig belegte Canapés und erlesene Petits Fours mit an Bord«. Eunice »kam als Letzte angelaufen, das Hemd hing aus der Hose, die Schnürsenkel waren offen, sie war ungekämmt. In der Hand hielt sie eine Papiertüte voller Weißbrot und großen Gläsern Erdnussbutter und Marmelade.« Während die anderen Frauen ihre Delikatessen auf der gedeckten Tafel ausbreiteten, schmierte Eunice Sandwiches und legte sie dazu. Dem Hörensagen nach kamen Weißbrot und Erdnussbutter bei den Kindern weitaus besser an als die vermeintlichen Delikatessen.[25]

Besonders beliebt waren Segelausflüge auf den Wianno Seniors der Familien Kennedy und Shriver. Nur Sarge zog es meistens vor, das familieneigene Motorboot zu benutzen. Wie die Kennedys wuchsen auch die Shriver-Kinder am, im und mit dem Wasser auf. Oft segelten sie gemeinsam bis nach Egg Island, wobei die *Resolute* der langsameren *Headstart* mal vorausfuhr, mal sich zurückfallen ließ. Mark Shriver erinnert sich so:

> Als Kinder waren wir jeden Tag auf dem Wasser. Sarge, der meist das Motorboot nahm, hat sich irgendwo draußen mit uns getroffen ... Oft segelten wir so dicht nebeneinander, dass man von Boot zu Boot springen konnte. Mitten auf dem Meer sind wir schwimmen gegangen, einfach ins Wasser gesprungen und zum anderen Boot geschwommen. Oder die *Resolute* hat sich in den Wind gestellt und uns aufgefischt. Wenn Sarge da war, sind wir auch zu ihm geschwommen. Tag für Tag haben wir uns am späten Vormittag im Hafen getroffen und sind bis gegen drei Uhr nachmittags gesegelt. Wir haben kaum einen Tag ausgelassen. Selbst wenn der Wind um die Häuser pfiff, sind wir rausgefahren.[26]

Als Eunice' Tochter Maria Anfang zwanzig war, wollte sie einen Freund zu einer Fahrt nach Hyannis Port überreden. Um ihm den Besuch schmackhaft zu machen, erklärte sie ihm: »Wir gehen segeln und lassen uns abwechselnd vom Boot ziehen, bis wir Egg Island erreichen. Wir haben jede Menge Spaß und sind fast nur im Wasser.« Von seinem ersten Abend im Anwesen der Kennedys ist Arnold Schwarzenegger vor allem in Erinnerung geblieben, dass Maria unbedingt mit ihm schwimmen gehen wollte, obwohl es längst dunkel war. »Wir sind ziemlich weit rausgeschwommen, bis wir ein Boot erreicht haben. Dort haben wir uns ausgeruht und sind wieder zurückgeschwommen. Maria war eine echte Wasserratte.«[27]

Mark Shriver schildert seine ersten Segelversuche wie folgt:

> Wir sollten segeln lernen, und unsere Mutter fuhr mit einem kleinen Motorboot neben uns her, um uns Anweisungen und Tipps zu geben ... Später gehörten zum Segeln immer auch Kühlboxen und Hunde, die mit an Bord kamen. Wenn der Wind dann auffrischte und sich das Boot auf die Seite legte, sind Kühltaschen und Hunde auch schon mal über Bord gegangen. Manchmal auch Menschen.

Mark segelt bis heute lieber mit Kielbooten wie der Wianno als mit großen Jachten, nicht zuletzt, weil auf kleineren Booten jeder eine Aufgabe hat.

> Wenn Eunice sagte »Ree«, dann musste der eine die Fockschot lösen und der andere sie auf der anderen Seite wieder dichtholen. Und wenn sie sagte: »Fier die Großschot«, dann hieß das, dass man das Großsegel weiter rauslassen musste ... Sie hat jeden Moment auf dem Wasser genossen, und solange ich mich zurückerinnern kann, war sie jeden Tag segeln, zumindest im Sommer ... Sie liebte es, Geschichten zu hören und zu erzählen, über andere Leute herzuziehen und sich über Gott und die Welt auszutauschen.

2012 legte sich Mark eine Wianno Senior zu, taufte sie auf den Namen *Dingle* und segelt sie seither zusammen mit seinen Kindern. Sein ältester Sohn ist in ein, zwei Jahren alt genug, allein mit der *Dingle* loszuziehen.[28]

In den Jahren nach Jacks und Bobs Tod nahmen Eunice und Ted einmal im Jahr mit der *Victura* an einer Regatta teil. Während Ted sich um eines der Segel kümmerte, maß sich Eunice an der Pinne mit den Konkurrenten. Es muss ein besonderes Vergnügen gewesen sein, die beiden erfahrenen Segler dabei zu belauschen, wie sie ihre Taktik besprachen.

Bei einer dieser Regatten war Ted Kennedy jun. mit an Bord: »Wir lagen an der Spitze, hatten den Spinnaker gesetzt und fuhren vom Southwest Rock Richtung Wellenbrecher. Eunice saß am Heck, lehnte sich zurück und fiel dabei über Bord.« Ted und sein Vater waren nicht nur um Eunice besorgt, sondern auch um die Führung, die sie durch das Einholen des Spinnakers und die Einleitung des Mann-über-Bord-Manövers eingebüßt hätten. Da rief Eunice ihnen aus dem Wasser zu: »Verschenkt auf keinen Fall den Sieg. Fahrt weiter bis zur Tonne und nehmt mich auf dem Rückweg auf.« Zwanzig Minuten musste sie sich über Wasser halten, bis ihre Verwandtschaft sie auf der nächsten Kreuz wieder an Bord nahm und mit ihr zusammen die Ziellinie als Erste überquerte.[29]

Wie sich Eunice für die politische Karriere ihrer Brüder starkgemacht hatte, so hielt sie es auch mit ihrem Schwiegersohn. Als Arnold Schwarzenegger erwog, in die Politik einzusteigen, riet sie ihm, sich auf ein Thema zu spezialisieren und sich damit einen Namen zu machen. So habe es schon Jack gehalten, gab sie ihm mit auf den Weg. Also bewarb sich Schwarzenegger um den Vorsitz des Nationalen Rates für Fitness und Sport und wurde von Präsident Bush tatsächlich berufen. Die

Wahl dieses Themenschwerpunktes lag nahe, obwohl der Ruf des ehemaligen Mister Universum durch die Einnahme von Steroiden, brutale Filme und ständiges Zigarrenrauchen arg ramponiert war.

»Eunice beteiligte sich aktiv an der Lobbykampagne zugunsten ihres Schwiegersohnes, indem sie Präsident Bush und anderen hochrangigen Politikern mehrfach schrieb und sie anrief«, berichtet der Journalist Joe Mathews, der Schwarzeneggers politische Laufbahn als Politiker verfolgt hat. »Schließlich gab sich Bush einen Ruck und berief Schwarzenegger gegen das Votum einiger seiner Berater. In einer handschriftlichen Notiz hat Bush festgehalten, was ihn dazu bewog: ›Ein Kerl, für den sich die eigene Schwiegermutter derart einsetzt, muss einfach was taugen.‹«[30] Bis 1990 kannte man Schwarzenegger vor allem durch seine Rolle als *Terminator*. Nun machte er sich plötzlich als Politiker einen Namen.

Auch mit zunehmendem Alter kümmerten sich Eunice und Sarge noch mit hohem persönlichem Einsatz um die Verbreitung der Special Olympics über die ganze Welt. Irgendwann musste Eunice der Belastung Tribut zollen und bekam massive gesundheitliche Probleme, von denen sie sich aber erstaunlich schnell wieder erholte.

1991 wurde sie bei einem Autounfall so schwer verletzt, dass Sarge, als er telefonisch davon in Kenntnis gesetzt wurde, annehmen musste, sie werde sterben. Eunice musste aus dem Wrack herausgeschnitten werden und wurde mit zwei gebrochenen Armen, einem Trümmerbruch des Ellbogens, einer gebrochenen Hüfte sowie zahllosen Fleischwunden ins Krankenhaus gebracht, wo sie sich trotz ihres Alters von immerhin 69 Jahren so schnell erholte, dass sie schon nach wenigen Tagen wieder per Telefon geschäftliche Angelegenheiten regeln konnte.[31]

Sechs Jahre später fand auf dem Grundstück des elterlichen

Anwesens ein Staffellauf zwischen den Enkelkindern statt. Dabei verstärkte Eunice das eine Team, ihr Bruder Ted das andere. Ted, immerhin einige Jahre jünger als seine Schwester, ging mit erheblichem Vorsprung in die Schlussrunde. Eunice aber holte ihn nicht nur ein, sondern zog an ihm vorbei. Dabei rief sie ihm zu: »Nicht so lahm, Dickerchen.«[32]

Im Jahr 2000 musste sie an der Bauchspeicheldrüse operiert werden. Während des Eingriffs kam es zu Komplikationen, und Eunice fiel ins Koma. Die Ärzte machten Sarge keine Hoffnungen, dass seine Frau noch einmal aufwachen würde. Selbst die Sterbesakramente hatte sie schon empfangen. Nachdem sich ihr Zustand über Wochen nicht verändert hatte, glaubte Sarge eines Tages gesehen zu haben, dass Eunice für einen kurzen Moment die Augen geöffnet hatte. Die Ärzte hielten das für ausgeschlossen, doch in den Tagen darauf wiederholte sich das Wunder – zunächst vereinzelt, dann immer öfter. In den folgenden Wochen gelangte sie langsam wieder zu Bewusstsein, bis sie irgendwann aufstehen konnte, zu Kräften kam und schließlich ihren gewohnten Alltag wiederaufnehmen konnte. 2001, einen Tag vor der großen Feier aus Anlass ihres 80. Geburtstags, hatte sie erneut einen Autounfall. Sie brach sich ein Bein und musste wochenlang das Bett hüten, erholte sich aber auch dieses Mal.[33]

Nach so vielen Missgeschicken wäre es zu verständlich gewesen, hätte Eunice sich aufs Altenteil zurückgezogen. Doch sie dachte gar nicht daran. Ihr Schwiegersohn Arnold Schwarzenegger hatte beschlossen, für das Amt des Gouverneurs von Kalifornien zu kandidieren, und leitete zu diesem Zweck ein Bürgerbegehren zur Abwahl des Amtsinhabers Gray Davis ein. »Schwarzeneggers erster großer Auftritt als Kandidat in Orange County fand in Huntington Beach statt. Ohne dass der Hollywood-Star oder einer aus seinem Team darüber informiert gewesen wäre, tauchte plötzlich Eunice auf und machte sich daran, bei einer Gruppe von Surfern und Bikinischönheiten, die sich in der Sonne aalten, für ihren Schwiegersohn zu werben. Einige Wochen später stellte sie ein Team aus Bildungsexperten zusammen, das ihren Schwiegersohn unterstützen sollte. Dazu gehörten auch Anhänger der Demokratischen Partei, die offenbar kein Problem damit hatten, dass Schwarzenegger Republikaner war und einen der Ihren aus dem Amt jagen wollte.«[34]

In all den Jahren ging Eunice, sofern ihre Gesundheit es zuließ, möglichst jeden Tag segeln, und das noch bis Mitte achtzig. Wenn sich kein Familienmitglied fand, das sie begleiten wollte, nahm sie ihre wenig begeisterte Pflegerin mit an Bord, damit sie die Schoten bediente und sich um die Festmacher kümmerte.

Nach einem langen Segelausflug mit der Familie ging Chris Kennedy am Hafen entlang, als er Eunice und deren Pflegerin begegnete, die auf dem Weg zu ihrem Boot waren. In den Augen der Pflegerin meinte Chris große Angst erkennen zu können.

»Was habt ihr vor?«, fragte er die beiden.

»Wir gehen segeln«, lautete die Antwort.

»Allein?«

»Warum fragst du?«, konterte Eunice.

»Ich würde gern mitkommen«, erwiderte Chris, auch wenn sein Motiv weniger die Lust aufs Segeln als vielmehr die Sorge um seine Tante war.

»Traust du uns etwa nicht zu, dass wir auch so klarkommen?«, fragte Eunice misstrauisch, während der Pflegerin unschwer anzusehen war, wie dankbar sie Chris für seinen Vorschlag war.

»Deine Frau und deine Kinder warten auf dich. Ich glaube, du solltest lieber mit ihnen an Land gehen.«

Nichts wollte Chris lieber als das, aber er hütete sich davor, es zuzugeben. Er verzichtete zwar darauf, Eunice von ihrem

Vorhaben abzubringen, informierte zur Sicherheit aber umgehend ihre Kinder.[35]

Ihr Sohn Mark erinnert sich so:

> Unsere Mutter starb im Alter von 88 Jahren, aber bis fast zuletzt segelte sie noch mit einer Herreshoff, einem Boot, das in der Wasserlinie kaum vier Meter lang ist und sehr wenig Freibord hat. Es ähnelt der Wianno Senior, ist aber nur etwa halb so groß. Bis ins hohe Alter konnte sie es mit Vicki Kennedy und anderen Vertretern der nächsten Generation aufnehmen. Wenn keines ihrer Kinder oder Enkel zur Verfügung stand, nahm sie ihre Pflegerin mit an Bord, dann und wann auch deren Sohn, der ein ausgezeichneter Segler war.[36]

Den Sommer des Jahres 2008 verbrachten Eunice und Sarge gemeinsam in Hyannis Port. Sie musste sich von mehreren leichten Schlaganfällen erholen, er litt unter Alzheimer. Ted ließ sich derweil wegen eines Gehirntumors behandeln. Den schweren Erkrankungen zum Trotz und im Wissen, dass es die letzte Gelegenheit sein könnte, beschlossen die drei, gemeinsam einen Segeltörn zu unternehmen. Die Wahl fiel auf Teds fünfzehn Meter langen Schoner *Mya*. Eunice wurde mit dem Rollstuhl zur Mole gebracht, Sarge folgte ihr schleppenden Schrittes. Teds Frau Vicki schloss sich den dreien an. Als sie den Hafen verlassen hatten, erwarteten sie leichte Winde. Sarge war das Boot nicht schnell genug, und er sah sich in seiner Auffassung bestätigt, dass ein Motorboot viele Vorteile hat. Eunice forderte ihn auf, die Zeit einfach zu genießen, und Ted, der zwischen ihnen saß, machte sich einen Spaß daraus, den Konflikt weiter anzuheizen.

Derweil saß Mark am Strand und beobachtete, wie die *Mya*

über die Bucht kreuzte. »Das Bild, wie die vier im Heck des Bootes saßen und Arme und Köpfe bewegten, werde ich nie vergessen. Ich versuchte mir vorzustellen, worüber sie sich unterhalten, aber dann habe ich mir gedacht, dass es Dinge im Leben gibt, die wir nie erfahren werden. Also habe ich das Denken eingestellt und einfach das Bild in mich aufgesogen, wie die vier zum letzten Mal gemeinsam auf den Nantucket Sound hinausfahren und die Schönheit der Schöpfung genießen.«[37]

Ted

»Teddy erzählt immer dieselben Geschichten und ist eher noch dicker geworden. Inzwischen wiegt er bestimmt an die sechzig Kilo.« Das schreibt Bob 1943 im Alter von achtzehn Jahren über seinen elfjährigen Bruder.[1] Das jüngste von neun Kindern war 1932 auf die Welt gekommen und damit satte vier Jahre jünger als das bisherige Nesthäkchen Jean. Zu Ehren des Nachzüglers wurde die neue familieneigene Wianno Junior auf den Namen *One More* getauft. Das alte Boot hatte den Namen *Tenovus* erhalten, bevor Ted die Familie auf elf Köpfe vergrößerte.

Als Ted elf wurde, war Joe jr. 28, Marineflieger und eher eine Vaterfigur denn ein großer Bruder. Ted war eine Frohnatur mit ansteckender Wirkung auf seine Umwelt. Nach Joes Tod und Jacks Rückkehr aus dem Krieg war auch Teds Babyspeck verschwunden, und in Harvard wurde er ein so guter Footballspieler, dass ihm ein Profivertrag angeboten wurde, den er jedoch nicht unterschrieb.

Ein Mitspieler aus dem Harvard-Team wurde ein lebenslanger Freund, der bei der gesamten Familie ausgesprochen beliebt war, obwohl er zur Erheiterung der Kennedys nicht nur nicht segeln konnte, sondern auch nicht das geringste Talent dafür besaß. Im Frühjahr 1951 hatte Ted einige Mitglieder des Football-Teams nach Hyannis Port eingeladen, darunter auch den Studienanfänger John Culver, dessen erstem Besuch später viele folgen sollten. Während sie sich auf dem Rasen des Anwesens einen Football zuwarfen, sah Culver, wie eine Limousine vorfuhr, Jack Kennedy ausstieg und grußlos ins Haus ging. Wenige Minuten später erschien er in einem Fenster über ihnen und rief: »Culver spielt miserabel!« Dabei waren sich Culver und Jack nie zuvor begegnet.[2] Schon bald aber gehörte Culver zum engsten Freundeskreis, der sich immer mehr erweiterte, als die Kennedy-Kinder an die Uni wechselten oder im Beruf Karriere machten. Culver arbeitete für mehrere Kennedys im Wahlkampf mit und saß sechzehn Jahre lang in einer der beiden Kammern des Kongresses, eine Wahlperiode lang als Senator des Staates Iowa.

Im Jahr 2009 wurde in der John F. Kennedy Library eine Trauerfeier für Ted veranstaltet, bei der Culver auf einen weiteren Besuch in Hyannis Port zu sprechen kam. Von dem Auftritt existiert ein Video. Am mit der US-Flagge geschmückten Sarg Ted Kennedys stehend, nimmt Culver seine Zuhörer mit auf eine Reise in den Sommer des Jahres 1953, als beide Männer in Harvard studierten und Ted seinen Kommilitonen aufforderte, ihn ans Kap zu begleiten und eine Regatta des Nantucket Yacht Club mitzusegeln.

»Ted, dein Angebot ehrt mich«, erwiderte Culver, »aber ich war noch nie auf einem Segelboot. Ich habe mal ein Foto gesehen, auf dem eins drauf war. Ich komme aus Iowa, und die einzigen Schiffe, die ich je gesehen habe, sind die Lastkähne auf dem Mississippi.«

»Das macht nichts«, sagte Ted beiläufig.

»Wir waren beide jung«, setzt Culver seine Rede fort. »Seine Erwiderung ergab für mich so recht keinen Sinn. Das tat es erst später.«

Sie fuhren nach Cape Cod. Unterwegs hörten sie Radio, als plötzlich die laufende Sendung für eine Sturmwarnung unterbrochen und ausdrücklich davon abgeraten wurde, auszulaufen.

»Das war's dann wohl mit unserer Regatta«, sagte Culver.

»Das macht nichts«, erwiderte Ted erneut, schüttelte den Kopf und schob die Unterlippe nach vorn.

Culver war davon überzeugt, dass sein Freund »weiß, was er tut. Schließlich ist er am Wasser aufgewachsen, und ich war noch nie auf dem Meer.«

Als sie am Anwesen der Kennedys ankamen, »hatten sich dunkle Sturmwolken zusammengebraut«.

»Das sieht nicht gerade vertrauenerweckend aus, findest du nicht?«, fragte Culver.

»Macht nichts«, lautete Teds wortkarge Antwort.

Für das Mittagessen waren sie zu spät gekommen, also gingen sie in die Küche, wo ihnen der Koch Sandwiches mit dem übrig gebliebenen Lachssalat zubereitete.

»Wir hatten nur wenig Zeit«, so Culver, »sodass ich nur zwei Sandwiches aß. Dazu trank ich ein großes Glas Milch.« Dann drängte Ted zur Eile.

Als Culver sah, wie klein die *Victura* und wie hoch die Wellen waren, bekam er es mit der Angst zu tun. »Das Boot ist nicht einmal acht Meter lang. Ted und ich wogen zusammen gut 180 Kilogramm, und wir waren beide über 1,80 Meter groß.«

Allen Bedenken zum Trotz stachen sie in See. »Die Wellen wurden immer größer, es donnerte und blitzte, der Himmel war schwarz. Ich hatte Mühe, überhaupt an Bord zu kommen, so sehr schwankte das Boot. Ted setzte sich ans Ruder. Plötzlich musste ich erleben, dass der Mensch, den ich für meinen Freund gehalten hatte und zu kennen glaubte, mich anschrie. Mich anschnauzte. Ich verstand die Welt nicht mehr, und nach einer Weile fürchtete ich mich vor Ted mehr als vor dem Sturm. Er war mir vollständig fremd geworden. Er hörte nicht auf, mich anzubrüllen, Worte wie ›Spinnaker, Fock, Backbord, fieren‹. Ted zu verstehen war nie leicht, selbst dann nicht, wenn man wusste, wovon er redete.

Das kleine Boot hüpfte wie ein Korken auf dem Wasser. Ich klammerte mich fest, um nicht über Bord zu gehen. Irgendwie hatten wir es geschafft, den Hafen zu verlassen und ein paar Hundert Meter weit hinauszufahren, als sich mir der Magen umdrehte und die Sandwiches wieder herauskamen. Ich dachte, ich müsse sterben. Nie in meinem Leben war mir so elend zumute – ich hing über der Bordwand, und Ted brüllte mir Kommandos zu.«

Das Wetter besserte sich nicht, und so segelten sie stundenlang, bis sie gegen 23 Uhr endlich Nantucket erreichten.

»In welchem Hotel übernachten wir?«, fragte Culver, der nass bis auf die Haut, ausgekühlt und erschöpft war.

»In keinem«, erwiderte Ted. »Wir schlafen auf dem Boot.«

»Unwillkürlich musste ich an Kapitän Ahab und Moby Dick denken.«

In der Schlupfkajüte der *Victura* gab es zwar zwei winzige Kojen, aber »dort stand das mit Seetang angereicherte Salzwasser knöcheltief«.

Am nächsten Morgen suchten sie in Nantucket nach einem dritten Mann, den sie für die Wettfahrt benötigten. Schließlich trafen sie einen Bekannten aus Harvard.

»Wir haben ihn auf der Stelle mitgenommen«, so Culver. »Nicht gefragt, sondern schanghait, so wie ich schanghait worden war.«

Das Rennen konnte losgehen. »Ab dem Start erinnere ich mich nur daran, dass Ted unaufhörlich brüllte und mich von einer Seite des Bootes auf die andere jagte. Später hat er behauptet, dass ich zu unserem Mitsegler mehrmals gesagt hätte: ›Kannst du nicht hören? Steh schon auf!‹ Aber das ist natürlich

Blödsinn. Schließlich war ich es, der ständig herumgescheucht wurde.

Irgendwann hatten wir die Ziellinie überquert, und der Spuk war Gott sei Dank vorüber. Ted wirkte einigermaßen zufrieden. Wie es mir ging, weiß ich nicht mehr, aber zufrieden war ich sicherlich auch. Immerhin hatte ich überlebt.«

Sie kehrten nach Nantucket zurück, und »wie durch ein Wunder wartete dort eine große weiße Jacht auf uns« – die *Marlin*.

»Ted hatte mir nichts davon erzählt, dass sein Vater herüberkommen wollte, um sich das Rennen anzusehen … Die Jacht war das Tröstlichste, was ich je zu sehen bekommen hatte.«

Ted erklärte ihm, dass sie für die Rückfahrt nach Hyannis Port an Bord der *Marlin* gehen und die *Victura* in Schlepptau nehmen würden. Culver, der nicht einmal mehr zu sagen wusste, seit wann er sich in dem erbarmungswürdigen Zustand befand, war die Erleichterung deutlich anzusehen.

Plötzlich meldete sich Vater Kennedy per Megafon. »Gut gesegelt, Teddy«, rief er. »Es gibt aber eine kleine Änderung. Der Kapitän sagt, dass die See zu rau ist, um die *Victura* zu schleppen. Ihr müsst also nach Hause segeln.«

»In diesem Moment wollte ich über Bord springen, um von der *Marlin* gerettet zu werden«, so Culver. Die Besatzung der Jacht ließ an einer Leine eine Thermoskanne mit heißer Suppe herunter. Culver zufolge hat Ted später immer behauptet, dass Culver die Kanne gierig geöffnet und bis auf den letzten Tropfen ausgetrunken habe. »Nur das, was auf meinem T-Shirt landete, hätte ich ihm übrig gelassen«, erzählt Culver.

Die Rückfahrt dauerte mehrere Stunden, doch dieses Mal waren die Wellen weniger hoch. Irgendwann waren am Horizont die Lichter des Anwesens der Kennedys zu sehen. »Seit 24 Stunden saß ich auf diesem Boot, und die Vorfreude auf eine heiße Dusche war grenzenlos.«

Doch wenige Hundert Meter vom Ufer entfernt schlief der Wind plötzlich ein. Das Boot bewegte sich keinen Zentimeter mehr vorwärts. Das Haus konnten sie zwar sehen, aber um hinzuschwimmen, war es zu weit entfernt. Ted meinte, die einzige Chance, an Land zu kommen, sei es, ins Wasser zu springen, damit einer das Boot ziehen und der andere es schieben konnte. Es war kurz vor Mitternacht, als sie endlich wieder festen Boden unter den Füßen hatten, und am nächsten Tag mussten sie zurück nach Harvard. »Es dauerte eine Woche, bis nicht mehr alles, was ich in den Mund nahm, nach Tang und Salzwasser schmeckte.«[3]

In den folgenden Jahrzehnten begleitete Culver Ted noch viele Male beim Segeln, aber richtig gelernt hat er es nie.

Teds Bilanz an der Universität fiel deutlich schlechter aus als die seiner Brüder. Weil er während einer Spanischprüfung beim Schummeln erwischt worden war, wurde er für ein Jahr relegiert. Irgendwie schaffte er trotzdem seinen Abschluss in Jura. Seine ersten Sporen verdiente er sich im Wahlkampf seines Bruders John für das Amt im Senat und später für das Präsidentenamt. 1962, ein Bruder war Präsident, der andere Justizminister, erbte er von Jack den frei gewordenen Sitz im Senat. Damit saßen drei Brüder gleichzeitig an den Hebeln der Macht.

Trotz aller Erfolge haftete ihm der Makel des »kleinen Bruders«, der seine Karriere vor allem seinem Namen zu verdanken hatte, noch viele Jahre lang an. Davon ausgenommen waren nur jene Erfolge, die er mit der *Victura* einfuhr. Auf dem Wasser kommt man selbst mit den besten Beziehungen nicht weit. Indirekt profitierte er gleichwohl von der Prominenz seines Bruders John, denn der sorgte dafür, dass Teds Erfolge als Segler die gebührende öffentliche Aufmerksamkeit fanden. Wenn der Präsident nach Cape Cod kam, brachte er nicht selten Mitglieder seines Kabinetts oder andere hochrangige Politiker mit und verfrachtete sie an Bord der *Honey Fitz* oder der *Marlin*, um von dort aus gemeinsam eine Regatta zu beobachten, an der Ted teilnahm.

»Das bekannteste Segelboot des Landes nahm am Freitag an einer Wettfahrt teil, und der Nantucket Sound hallte von den Rufen zahlloser junger Segler wider: ›Ich habe ihn gesehen!‹«, hieß es im Sommer 1963 im *Boston Globe* pathetisch. »Die Begeisterung galt nicht dem Präsidenten der USA, sondern seinem jüngsten Bruder, der am ersten Tag der 40. Auflage der jährlichen Regatta des Edgartown Yacht Club zu überzeugen wusste.« Zum Jubiläum dieser wichtigsten Veranstaltung im Segelkalender von Cape Cod traten 149 Boote an, darunter 22 Wianno Seniors. Bei den Wettfahrten vor Martha's Vineyard konnte Ted bis auf eine alle hinter sich lassen.

»Man könnte meinen, dass in einer Familie, in der nur erste Plätze zählen, ein zweiter Platz einer Niederlage gleichkommt«, schreibt der *Globe* weiter. »Aber man darf nicht vergessen, dass die *Victura* zwar landesweit bekannt, aber keine der schnelleren, um nicht zu sagen, eine der langsamsten Wianno Seniors ist. Die Segel sind alt, und falls sich ein Spinnaker überhaupt an Bord befand, war am Freitag davon nichts zu erkennen.«[4] Trotzdem kam Ted nur ganz knapp hinter dem Siegerboot *Venture* ins Ziel und vor der *Marna* des Angstgegners aller Kennedys, Jack Fallon, mit dem er und seine Familie später eng befreundet waren.

Die Aufmerksamkeit, die er auf sich zog, war Ted grundsätzlich nicht unangenehm, geradezu peinlich war es ihm jedoch, als er im darauffolgenden Monat unter den Augen seines Bruders, der auf der Präsidentenjacht *Honey Fitz* vor Ort war, bei einer Wettfahrt des Stone Horse Yacht Club mit der *Victura* einen Frühstart hinlegte, zur Strafe die Linie erneut überqueren musste und schließlich bei 26 Teilnehmern als 17. ins Ziel kam. Zu den Zeugen gehörten außer dem Präsidenten auch dessen Kriegskamerad Paul Fay, den Jack zum stellvertretenden Staatssekretär im Marineministerium ernannt hatte, sowie John Kenneth Galbraith, ehemaliger Botschafter in Indien und bekannter Ökonom. »Ted verliert Regatta«, titelte der *Boston Globe* am nächsten Morgen, und in der Dachzeile heißt es: »Familie wird Augenzeuge des Frühstarts«.[5] Eine solche Schlagzeile in der größten Zeitung seines Bundesstaates lesen zu müssen war für einen jungen Senator wie ein Schlag ins Gesicht.

Am Wochenende vor dem Labor Day rehabilitierte Ted sich und die *Victura* mit einem ersten Platz, der Präsident und die First Lady jubelten ihm von Bord der *Honey Fitz* zu. Der *Globe* schrieb anerkennend: »Senator Kennedy triumphierte in seiner Klasse.«[6] Leider stand der Satz nicht in der Überschrift, sondern irgendwo in dem Artikel versteckt.

Nach dem Attentat auf seinen Bruder fiel Ted die grausige Pflicht zu, nach Hyannis Port zu fahren und seinen Vater zu informieren. Mit Jacks Tod war Bob nun der älteste Sohn und als Justizminister sowie engster Berater quasi der politische Erbe seines Bruders. Mit entsprechender Spannung wurde erwartet, wie nach Ablauf der Trauerzeit Bobs Pläne für die Zukunft aussahen. Teds Zukunft schien hingegen geklärt, sein Weg vorgezeichnet. Seinen Sitz im Senat hatte er von Jack übernommen, und 1964 galt es, ihn in einer regulären Wahl zu verteidigen. Im Juni stieg er zusammen mit vier weiteren Passagieren in ein kleines Privatflugzeug, um nach West Springfield zu fliegen, wo die Demokratische Partei von Massachusetts ihren Konvent abhielt und er offiziell nominiert werden sollte. Beim Landeanflug verlor das Flugzeug unvermittelt an Höhe, bis es etwa fünf Kilometer vor der Landebahn gegen einen Baum prallte und abstürzte. Der Pilot und einer von Teds Begleitern erlitten tödliche Verletzungen, Teds Freund, der Senator Birch Bayh, und dessen Frau Marvella kamen mit leichten Blessuren davon. So konnte Bayh Ted aus dem Wrack bergen. Er hatte sich drei Wirbel und zwei Rippen gebrochen, seine Lunge war kollabiert. Seit der Tragödie von Dallas waren erst sieben Monate vergangen.

Ted musste über fünf Monate im Krankenhaus bleiben und konnte keinen Wahlkampf führen. Dennoch blieb er der Kandidat seiner Partei. Während Teds Rekonvaleszenz trat Bob als Justizminister, nun unter Präsident Lyndon B. Johnson, zurück, und im August erklärte er seine Kandidatur als Senator des Staates New York. So kam es, dass im November 1964 zwei Kennedys gleichzeitig in den Senat einzogen.

Noch lange nach seiner Entlassung aus dem Krankenhaus musste Ted ein Korsett tragen, die Schmerzen sollten ihn zeitlebens begleiten. Die ersten Monate verbrachte er auf Cape Cod. Zwei Brüder und eine Schwester lebten nicht mehr, und auch er hatte dem Tod ins Auge geschaut. Die niederschmetternde Bilanz machte ihm bewusst, wie vergänglich das Leben und wie wichtig es war, den Moment zu genießen. Er begann wieder zu malen – Jack und er hatten sich schon früher daran versucht –, seine liebsten Motive waren die See, Boote und Cape Cod. Von Jack hatte er die *Victura* übernommen, und nach seinem Unfall segelte er mehr als zuvor. Er lernte die Zeit mit der Familie und Freunden zu genießen, aber auch die gemeinsame Anspannung bei Regatten und gute Gespräche bei zwanglosen Törns. Als sein Rücken genesen war und er wieder vernünftig laufen konnte, sei ihm, so sein Sohn Ted jun., klar gewesen, dass ihn die meisten körperlichen Anstrengungen künftig überfordern würden. Das Segeln aber war der Sport, den er auch in Zukunft ausüben konnte und wollte.

Ted war ehrgeizig und wollte sich seglerisch weiter verbessern. Um von den Besten zu lernen, studierte er die Ergebnisse zurückliegender Regatten und stieß immer wieder auf einen Namen: John T. Fallon. »Dad beschloss kurzerhand, ihn zu kontaktieren«, berichtet Ted jun. »Er nahm den Telefonhörer und rief an. Die beiden wurden dicke Freunde.« Noch war jedoch nicht klar, ob ein so guter Segler wie Jack Fallon bereit war, sein Wissen an einen Rivalen weiterzugeben. »Aber ein Mann, der ein Korsett tragen musste, war für John kein Konkurrent.«[7]

Fallon, ein Immobilienmakler aus Boston, segelte seit den 1950ern auf einer Wianno Senior. Zum Segeln war er als blutiger Laie gekommen, der sich sein Wissen aus Büchern angeeignet, sich ein Boot zugelegt und eines Tages seine erste Regatta bestritten hatte. Schon bald war er auf Siege abonniert.[8]

Ted und Fallon teilten die Begeisterung fürs Regattasegeln, und noch heute sprechen Mitglieder der Familie Kennedy mit Hochachtung von Fallons Fähigkeit, aus einer Wianno Senior den maximalen Speed herauszuholen. Binnen siebzehn Jahren gewann Fallon neun Mal den Scudder Cup, mit dem alljährlich der erfolgreichste Segler einer Wianno Senior ausgezeichnet wird. Das Jahr, in dem Ted mit dem Flugzeug abstürzte, war zugleich der Beginn einer Siegesserie Fallons, der den Scudder Cup allein in den Jahren zwischen 1964 und 1970 fünf Mal gewann.

»Fallon strich das Unterwasserschiff seiner Wianno mit Flugzeuglack«, erinnert sich Ethel. »Er war auch Hobbypilot, und er arbeitete mit allen Tricks. Den Wind konnte er förmlich riechen, und er schien genau zu wissen, woher die nächste Bö und die nächste Welle kommt.«[9]

Fallon betrieb einen immensen Aufwand, um sein Boot, die *Marna*, für die Saison vorzubereiten. Damit der hölzerne Rumpf über Winter nicht austrocknete, lagerte er ihn in einem Bett aus feuchter Erde. Wenn sie im Frühjahr zu Wasser gelassen wurde, wartete Fallon eine Woche, ehe er den Bleiballast nachrüstete. Dabei achtete er auf eine optimale Verteilung der fast dreihundert Kilogramm schweren Barren. Bis Fallon den Mast stellte und die Spieren montierte, wartete er erneut eine Woche, in der die *Marna* tatenlos auf ihrem Liegeplatz lag. Bis zum ersten Schlag auf See verging eine weitere Woche. »So hat sie Zeit, sich langsam und ohne Stress an die kommenden Aufgaben zu gewöhnen«, sagte Fallon zur Begründung. »Und dass mein Boot leichter und trockener ist als die anderen, liegt daran, dass die Prozedur jedes Jahr die gleiche ist.«

Um bei allen Bedingungen den Mast in die ideale Position bringen zu können, verwendete er nummerierte und markierte Keile, die er eine Woche lang wässerte, ehe sie zum Einsatz kamen. Und weil sich Wanten und Stage – jene Drähte, die den Mast halten – durch die Belastung dehnen, montierte er verstellbare Spanner. »Eine halbe Umdrehung entspricht ziemlich genau dem Reck einer Saison«, so Fallon.[10]

Zu der detailversessenen Pflege und Vorbereitung seines Bootes hinzu kam ein geradezu enzyklopädisches Wissen davon, wie eine Senior gesegelt werden muss. Teile davon gab er 1989 in einem Artikel für das Fachblatt *Wooden Boat* preis, der mit folgender Weisheit endet: »Es gibt schier unendlich viele Möglichkeiten, eine Wianno schneller (oder langsamer) zu machen, und selbst wenn man nach vierzig Jahren glaubt, sie perfekt zu kennen, findet sich garantiert etwas, was man noch nicht bedacht hat.«[11]

Fallon gab Ted wertvolle Tipps, und auch die nächste Kennedy-Generation profitierte von seinem Wissen und Können. Bobs Sohn Chris erinnert sich an ein altes Foto, das seinen Vater an Bord der *Victura* im direkten Kampf mit der *Resolute* zeigt, die von Bobs ältestem Sohn Joe gesteuert wird. »Die *Resolute* ist im Begriff, die *Victura* zu überholen, und auf dem Bild ist zu erkennen, dass mein Vater Joe etwas zuruft. Dazu zeigt er auf das Segel des Rivalen, um Joe dazu zu bringen, nach oben zu schauen. Offensichtlich will er ihn ablenken. Aber Jack Fallon, der bei Joe mitsegelt, durchschaut das natürlich. Man kann förmlich hören, wie er auf Joe einwirkt und ihm sagt, er solle sich nicht übertölpeln lassen.«[12]

Ein Lokalreporter hat beschrieben, wie er in den 1980er-Jahren anlässlich eines Berichts über eine Firmengründung auf mehrere Kollegen aus Boston traf. Fallon war einer der Besitzer des Hauses, in dem die Firma ihren Sitz hatte, und der Zufall wollte es, dass er just an diesem Tag vor der Tür stand und sich mit Ted unterhielt. Der Reporter war selbst Wianno-Segler und wusste natürlich, wen er vor sich hatte. Deshalb gab er sich einen Ruck, stellte sich zu den beiden Männern und brachte das Gespräch auf ihr gemeinsames Hobby. »Augenblicklich waren wir mittendrin in einer hitzigen Diskussion über Segelschnitte und andere Fachfragen, sodass meine Kollegen, die kein Wort verstanden, sich verwundert die Augen rieben.«[13]

Fallon starb im Jahr 2001, und weil sein Leben so eng mit dem Segeln verbunden war, fand die Trauerfeier in einer Kirche von Osterville statt, die nur wenige Hundert Meter von der Crosby-Werft entfernt war – jenem Ort also, an dem alle Wianno Seniors vom Stapel laufen. Wenn man heute von der Werft zur Kirche geht, kommt man an der Stadtbibliothek von Osterville vorbei, deren Wetterfahne die Form einer Wianno hat. Die Trauergäste wurden um eine Spende für die Klassenvereinigung gebeten. Fallon zu Ehren wurde ein Pokal benannt, der jährlich ausgesegelt wird, und in Boston ragt in unmittelbarer Nähe zum John F. Kennedy Presidential Library and Museum ein Anleger ins Meer, der seinen Namen trägt.

Als Segler reichte Ted zwar nicht an John Fallon heran – das taten die wenigsten –, aber immerhin seinen Kindern, Nichten und Neffen nötigten seine Fähigkeiten als Steuermann Respekt ab. In Jacks Jahren als Präsident gewann Ted zahlreiche Regatten, und mit jedem Kind, das heranwuchs und mit ihm gemeinsam segeln durfte, schien er noch besser zu werden.

»Sein Wissen war wirklich enorm, und den Nantucket Sound kannte er wie seine Westentasche«, sagt sein Sohn Patrick. »Vom Wissen, in welche Richtung der Strom zwei Stunden vor oder nach Hochwasser setzt, hängt auch die Entscheidung ab, wann und wo man wendet ... Wenn man bei einer bestimmten Windrichtung mit maximaler Höhe kreuzt, dann kann einem der Strom den entscheidenden Schub verleihen, sofern man zum richtigen Zeitpunkt am richtigen Ort ist. Dad konnte das.«[14]

Von Ted und den anderen Wianno-Seglern lernte sein Neffe Chris, auf die Strömungen zu achten und vor einer Regatta aufmerksam das *Eldridge Tide and Pilot Book* zu studieren, ein Küstenhandbuch, das seit 1875 jährlich erscheint und auf seinen 272 Seiten neben allerhand Revierinformationen für diverse Orte entlang der Atlantikküste auch Tafelwerke mit Angaben zur Position von Sonne und Mond sowie einen Gezeitenkalender und Strömungskarten der Atlantikküste enthält. »Wenn man die vor dem Start gründlich liest, ist das die halbe Miete«[15], so Chris.

»Wegen des häufig sehr starken Windes ist es nicht möglich, den Zeitpunkt von Hoch- bzw. Niedrigwasser exakt vorherzusagen. Gleiches gilt für den Zeitpunkt, an dem der *Strom kentert*.« So heißt es im aktuellen *Eldridge*, und der dramatische Tonfall wird durch die Schriftauszeichnung noch verstärkt. »Bei Starkwind aus **S** oder **E** setzen Ebbe und Flut später ein, geraten aber auch stärker.«[16]

In den ersten Jahren nach Jack Kennedys Tod suchten und fanden die Familien seiner Geschwister am und auf dem Nantucket Sound Trost, Zerstreuung und jenes Zusammengehörigkeitsgefühl, das ihnen schon früher in guten wie in schlechten Zeiten eine große Hilfe gewesen war. Das Gefühl, einen Bruder zu verlieren, war ihnen schmerzlich vertraut, neu aber war, dass dieser Bruder gerade erst den Höhepunkt seiner Macht und seines Ruhms erklommen hatte. Schon bald nach Jacks Tod begann Bobs politischer Aufstieg, der wohl auch im Weißen Haus geendet hätte, wäre er nicht kurz vor dem Ziel von Pistolenkugeln gestoppt worden.

Als Bob 1968 starb, war Ted 36 Jahre alt. Nun war das jüngste Kind von Joe und Rose der einzige verbleibende Sohn und das Oberhaupt der Familie. Joe sen., der schwer krank und gebrechlich war, konnte die Rolle nicht mehr ausfüllen. Teds Brüder Joe jun., Jack und Bob sowie seine Schwester Kathleen waren gestorben. Zieht man Rosemary ab, die schwerbehindert in einem Heim lebte und kaum noch ansprechbar war, blieben von ursprünglich neun Geschwistern vier übrig.

Unvermindert aber blieb die öffentliche Aufmerksamkeit, die der Familie galt. Als Senator war Ted zwar einiges gewohnt, aber dass er in seiner neuen Rolle unter ständiger Beobachtung stand, traf selbst ihn unvorbereitet. Seine Frau Joan brachte drei Kinder zur Welt. Kara und Ted jun. wurden kurz vor beziehungsweise kurz nach Jacks Vereidigung als Präsident geboren, Patrick 1967. Nach Bobs Tod fiel Ted als Familienoberhaupt auch Verantwortung für insgesamt vierzehn Kinder seiner ermordeten Brüder zu.

Auch wenn es nach den zahllosen Schicksalsschlägen nicht selbstverständlich war, konnte Ted auf die Unterstützung seiner Familie bauen. Da waren seine Schwester Eunice und ihr Mann Sarge, die auf ihrem jeweiligen Gebiet sehr erfolgreich waren. Seine Schwestern Patricia und Jean hatten einflussreiche Männer geheiratet. Aber natürlich blieben die Frauen der Familie an die Rollenbilder der Zeit gebunden. Nur vier Monate nach Bobs Tod heiratete Jackie Aristoteles Onassis. Noch immer wusste Ted eine starke und eingeschworene Familie hinter sich, aber er war deren Gesicht.

Nach Bobs Tod zog sich Ted mitsamt seiner Familie zunächst nach Hyannis Port zurück. Eines Tages befand er jedoch, dass es an der Zeit war, die Arbeit wiederaufzunehmen, und fuhr nach Washington. Doch als er das Regierungsviertel erreichte und vor sich die große Freitreppe zum Kapitol aufragen sah, verließ ihn der Mut. Er wendete und fuhr zurück, ohne auch nur ausgestiegen zu sein.[17]

Die Last, die durch den Tod seines Bruders auf seine Schultern gelegt worden war, drohte ihn zu erdrücken. Hinzu kam die bange Frage, der er sich wohl oder übel zu stellen hatte: Würde er der Nächste sein? In dieser Zeit durchlebte Ted die Hölle. Richard N. Goodwin beschreibt es so: »Bobs Tod hat ihn ungeheuer mitgenommen. Sein Umgang damit war, dass er wochenlang fast nur gesegelt ist, und zwar immer allein und selbst die Nächte hindurch.«[18]

Selbst seinem Sohn Patrick, der zu jung war, um sich an die Zeit rund um Bobs Tod erinnern zu können, waren die nächtlichen Segelausflüge seines Vaters bekannt, für die er meist die *Victura* benutzte. »Bei Nacht herrscht auf dem Wasser eine zauberische Atmosphäre. Man ist wie in einer anderen Welt. Über sich sieht man die Sterne und weiß, dass sich die Menschen bei der Navigation seit Urzeiten daran orientieren. Man bekommt ein Gefühl für die Größe der Welt und die Geheimnisse des Lebens. Und auch wenn man sie nicht entschlüsseln kann, ist man ihnen nie näher als bei Dunkelheit auf dem Meer unter einem klaren Sternenhimmel. Das war es, glaube ich, was mein Vater bei seinen nächtlichen Ausflügen gesucht hat.«[19]

In seinen postum erschienenen Memoiren *True Compass* spricht Ted ganz ähnlich über die damalige Zeit und seine Segeltouren. Durch sie erhielt er die Möglichkeit, anders mit der Trauer umzugehen. »Ich empfand das Gefühl, mit dem Himmel und dem Meer eins zu sein. In der Dunkelheit konnte ich die Bewegungen des Bootes und des Meeres erspüren, und die Dunkelheit hat mir dabei geholfen, die Leere in mir zu verdrängen und durch das Gefühl zu ersetzen, ein Ziel zu haben.« Immer weiter segelte er auf den Nantucket Sound hinaus, bis schließlich auch die Lichter von Hyannis erloschen. »Der wahrhaft magische Moment beim Segeln ist, wenn der Polarstern aufgeht, der den Seefahrern schon vor Jahrtausenden den Heimweg gewiesen hat.«[20]

Auf die Bemerkung seines Vaters angesprochen, Segeln sei ein anderes Wort für Leben, antwortete Patrick:

> Wenn man auf dem Meer ist und spürt, wie das Boot von den Wellen angehoben wird, wenn man den Wind spürt und doch weiß, dass das Wetter jederzeit umschlagen kann, dass die Dinge sich in jeder Sekunde ändern – das zu erleben hat meinen Vater zu einer Zeit, in der er den Halt zu verlieren drohte, vor dem Absturz bewahrt. Beim Segeln hat er gelernt, dass nichts im Leben sicher ist, dass man Stürmen nicht ausweichen kann, sondern ihnen trotzen und alles in die Waagschale werfen muss, um das rettende Ufer zu erreichen. An manchen Tagen gewinnt man, an anderen verliert man, an manchen Tagen scheint die Sonne, an anderen regnet es. Was soll Segeln sonst sein als ein anderer Ausdruck für Leben?[21]

Nach einer langen Zeit ohne jeden öffentlichen Auftritt kündigte Ted über das Fernsehen seine Rückkehr in die Politik an.

> In den letzten zehn Wochen habe ich mich nicht mit Politik, sondern mit meiner Familie befasst. Ich habe viel Zeit am und auf dem Meer verbracht, um meine Gedanken und meine Seele von der Last der Ereignisse des vergangenen Juni zu befreien. Viele haben mir geraten, mich aus Sicherheitsgründen und um meiner Familie willen aus der Politik zurückzuziehen. Aber sich zu verstecken heißt nicht, in Sicherheit zu leben. Deshalb nehme ich den Staffelstab, den meine drei älteren Brüder hinterlassen haben, auf, um, gestützt auf die Erinnerung an eine wunderbare gemeinsame Zeit, zu versuchen, mich mit jenem Sinn für Gerechtigkeit, jener Charakterstärke und jenem Mut an die Arbeit zu machen, die sie zeitlebens ausgezeichnet haben.[22]

Mit dem Frühling 1969 begann auch eine neue Segelsaison, und die hielt für Ted in seiner neuen Rolle mehr Verantwortung bereit, als ein Onkel normalerweise trägt. Bobbys Kinder waren es gewohnt, gemeinsam mit ihrem Vater schwimmen und segeln zu gehen, und erwarteten das nun von ihrem Onkel. So wurde er »Ratgeber, Skipper und Ziehvater der Segler unter den Nichten und Neffen«, wie Ted sich erinnert. An der Küste des Nantucket Sound knüpften sie nahtlos an die Familientradition der Kennedys an, indem sie auf dem Wasser, aber auch an Land zu gemeinsamen Unternehmungen aufbrachen. Über einen Zeitraum von etwa fünfzehn Jahren saß Ted regelmäßig am Steuer seines Wohnmobils, um gemeinsam mit den Kindern zum Wandern zu fahren oder die Schlachtfelder des Sezessionskrieges und andere geschichtsträchtige Orte zu besuchen.[23]

So entwickelte sich in den 1970er- und 1980er-Jahren ein intensives Familienleben, an das die Kinder bis heute gern zurückdenken. Zuvor aber war eine weitere Tragödie zu überstehen, und anders als die vorigen wurde diese nicht von außen in die Familie hineingetragen, sondern war selbst gemacht. Die früheren Tragödien ließen sich irgendwie mit dem rasanten Aufstieg der Kennedys erklären, die jetzige aber hatte einen anderen Auslöser: menschliche Schwäche.

Seit den Tagen vor dem Zweiten Weltkrieg, als Joe und Jack sich auf dem Wasser packende Zweikämpfe geliefert hatten, gehörte die Regatta von Edgartown auf Martha's Vineyard zu den absoluten Höhepunkten des Segeljahres. Die Trauer, unter der Ted auch im Sommer 1969 noch litt, versuchte er zu bekämpfen, indem er sich in die Arbeit stürzte und gelegentlich, wie er später zugab, einen über den Durst trank. Sein Kalender für Juni und Juli quoll vor Terminen über, aber den 18. Juli hatte er sich freigehalten – den Tag der Regatta von Edgartown.[24]

Ted nahm mit der *Victura* teil, unterstützt von seinem langjährigen Weggefährten Joey Gargan, dem Cousin, der in den 1930er-Jahren von der Familie aufgenommen worden war, nachdem seine Mutter, eine Schwester von Rose, bei einem Autounfall ums Leben gekommen war. Joey war auch dabei, als die tragische Nachricht von Joes Tod eintraf. Und in den 1950er-Jahren hatten Ted und er gemeinsam jene Regatta von Edgartown bestritten, zu der Jack in letzter Minute eingeflogen worden war.

An jenem Tag schlugen sich Ted, Joey und ihre Mitsegler eher schlecht als recht. Laut zeitgenössischen Quellen belegten sie den neunten Platz – »immerhin standen wir in der oberen Hälfte der Ergebnisliste«[25], schreibt Ted in seinen Memoiren. Ebenso wichtig wie die Regatta selbst war das Rahmenprogramm. Manche Gäste kamen ohnehin nicht wegen der Segelboote, sondern wegen der Partys, die hier gefeiert wurden. Zu einer solchen Party hatten am Abend des 18. Juli 1969 auch mehrere junge Frauen eingeladen, die Robert Kennedy im Wahlkampf unterstützt hatten. Auch Ted war eingeladen, doch wie es guter Brauch war, ließen er und seine Crew nach der Wettfahrt noch die Besatzung des Siegerbootes hochleben. Erst dann machte er sich auf den Weg zu der kleinen Nachbarinsel, die von Martha's Vineyard nur durch ein schmales Fahrwasser getrennt ist. Dort fand die Party statt.

Einige Zeit nach der Ankunft, so Ted später, sei er vor die Tür gegangen, um Luft zu schnappen. Eine von Bobs Wahlhelferinnen, Mary Jo Kopechne, habe ihn begleitet. Sicherlich werden sie in den nächtlichen Himmel geschaut haben, denn zwei Tage zuvor war die Apollo 11 gestartet. Nun war sie im Begriff, in eine Umlaufbahn um den Mond einzutreten und die Landung der Astronauten Armstrong und Aldrin auf dem Erdtrabanten vorzubereiten. Damit würde der Wettlauf zum Mond, den Jack einst ausgerufen hatte, für die USA ein triumphales Ende nehmen.

Ted und Mary Jo stiegen in Teds Mietwagen und machten sich auf den Rückweg – für diesen Tag hatten sie genug gefeiert. Doch in der rabenschwarzen Nacht verfuhr sich Ted und kam an eine Brücke, die unmittelbar hinter einem Knick lag und kein Geländer hatte. Ob er die Gefahr nicht erkennen konnte oder durch was auch immer abgelenkt war, wird bis heute diskutiert. Fakt ist jedoch, dass der Wagen von der Straße abkam, von der Brücke stürzte und im Wasser landete. Ted konnte sich befreien, wartete jedoch mehrere Stunden, bis er den Unfall und den Tod seiner Beifahrerin meldete. Dieses Verhalten hat seinen Ruf für alle Zeiten beschädigt. Das Wort »Chappaquiddick«, so der Name des Inselchens, ist untrennbar mit dem Namen Ted Kennedy und den Zweifeln an seinem Charakter verbunden. »Eine entsetzliche Katastrophe, die mich jeden Tag meines Lebens begleitet«[26], schrieb Ted vierzig Jahr nach dem Unfall.

Der Schriftsteller Henry Beston, dessen Buch über Cape Cod erschien, als Teds Brüder Joe und Jack noch Kinder waren, hat über die Nächte am Nantucket Sound Folgendes geschrieben: »Durch die fortschreitende Verbreitung des Lichts verdrängen wir die Heiligkeit und Schönheit der Nacht in die Wälder und aufs Meer. Selbst kleine Dörfer und Straßenkreuzungen sind durchgehend erhellt. Haben die Menschen von heute vielleicht Angst vor der Nacht? Fürchten sie die gewaltige Leere, das Mysterium des endlosen Raumes, den sternenlosen Himmel? Sie haben sich in einer Zivilisation eingerichtet, die vom elektrischen Strom besessen ist und sich über die Arbeit definiert. Treibt sie die Angst um, dass die Dunkelheit sie aus ihrem Trott aufschrecken würde und sich vermeintliche Überzeugungen als leere Hülsen erweisen könnten?«[27]

Ein Jahr vor dem tragischen Ereignis, im August 1968, hatte der Präsidentschaftskandidat der Demokraten, Hubert H. Humphrey, noch versucht, Ted als künftigen Vizepräsidenten in sein Team zu holen. Nun stand Ted vor der Frage, ob er sein Amt als Senator niederlegen sollte. Doch die Umfragen meinten es gut mit ihm, und 1970 gelang ihm souverän die Wiederwahl. Trotzdem verschwanden die Kennedys für einige Jahre von der nationalen politischen Bühne. In den Schlagzeilen blieben sie gleichwohl. Dafür sorgte ihr an eine Tragödie von Shakespeare gemahnendes Leben mit all seinen Triumphen, Attentaten und Skandalen. Jeder Schritt, den sie taten, jede Bewegung, die sie machten, war eine Nachricht. Diese Erfahrung hat den Zusammenhalt der Familie fraglos gestärkt, auch wenn das Verhältnis zwischen einzelnen Mitgliedern durchaus darunter litt.

Im neuen Jahrzehnt hatten die Kennedys reichlich Gelegenheit, gemeinsam viel Zeit an und auf dem Wasser zu verbringen. Ted verbrachte zahllose Stunden mit seinen Neffen beim Segeln. Die Jungen waren mit Feuereifer bei der Sache, und Ted machte sich dafür stark, dass bei Regatten künftig ein weiteres Crewmitglied an Bord sein durfte, sofern es nicht älter als zwölf Jahre war. Normalerweise kam er freitags am späten Nachmittag aus Washington zurück, und als Erstes zog es ihn auf die *Victura*. Seine Crew stellte er aus den Kindern oder Freunden zusammen, derer er habhaft werden konnte. Zumal die Jungen mussten regelmäßig trainieren, wenn sie je eine Regatta gewinnen wollten.

»Wir sind meist sehr lange auf dem Wasser geblieben«, erinnert sich Teddy jun., »die Sonne stand schon tief, und zu Hause wurde das Essen kalt. Aber wenn alle anderen längst im Hafen waren, segelten wir noch draußen herum und übten das Halsen unter Spinnaker. Als wir eines Abends wieder einmal weit und breit die Einzigen auf dem Meer waren, habe ich meinen Vater gefragt, warum wir immer als Letzte in den Hafen zurückfahren. Seine Antwort lautete: ›Die meisten Segler, gegen die wir antreten müssen, sind schlauer und talentierter als wir. Schlagen können wir sie nur, wenn wir härter trainieren als sie und darum besser vorbereitet sind.‹ In diesem Moment sprach er nicht nur über das Segeln. Mein Vater glaubte fest an die Kraft der Beharrlichkeit.«[28]

Wenn die Kinder über diese Jahre und die Zeit an Bord der *Victura* und der *Resolute* sprechen, mischen sich ernste und traurige Momente mit komischen Situationen zu Erlebnissen, die keiner von ihnen missen möchte. Irgendwann in den 1970er-Jahren ging Ted zusammen mit seinem Sohn Ted jun., seiner Tochter Kara und seinem Neffen John F. Kennedy jun. in Falmouth an Bord der *Victura*, um zurück nach Hyannis zu segeln.

Der Wind wehte mit sechs Beaufort gegenan, und das Boot krängte stark, was vor allem für den Rudergänger harte Arbeit bedeutete. Bei einem Holzboot wie einer Wianno Senior liegt es in der Natur der Sache, dass der Rumpf nicht hundertprozentig dicht ist und sich am tiefsten Punkt Wasser ansammelt, wo es sich mit Spritzwasser vermengt, das von außen ins Boot kommt.

»Es wird Zeit zu lenzen«, sagte Ted, weil bei den Wetterbedingungen jedes Kilo Wasser an Bord zur Gefahr werden konnte. Um zu lenzen, mussten die Kinder in die Schlupfkabine krabbeln und zwei Schläuche an eine Handpumpe anschließen, von denen der eine in die Bilge und der andere an Deck und von dort über die Bordwand geführt wurde. Beim Pumpen wechselten sie sich zwar ab, doch in der Enge fiel die Arbeit schwer, und irgendwann waren alle drei Kinder erschöpft. »Warum löst er uns nicht mal ab?«, fragten sie sich und schauten zum Rudergänger.

Weil aus dem Schlauch kein Wasser nachfloss, wurde Ted stutzig. »Gibt's irgendwelche Probleme?«, rief er hinunter.

Die Antwort ließ lange auf sich warten. Schließlich ertönte aus der Tiefe eine piepsige Mädchenstimme. »Wir finden, dass du uns mal ablösen könntest.«

Stille.

»Aber gern«, erwiderte Ted endlich mit seinem sonoren Bariton, während das Boot tapfer gegen Wind und Wellen ankämpfte. »Wer von euch übernimmt solange das Ruder?«

Diesmal kam gar keine Antwort. »Das hatten wir überhaupt nicht bedacht«, gesteht Ted jun. rückblickend ein. Eine Weile lang standen sie da und sahen sich ratlos an. Dann setzten sie die Arbeit fort, ohne ein weiteres Wort darüber zu verlieren.

Als Ted jun., der selbst eine schwere Krebserkrankung überstanden hat, diese Geschichte 2012 erzählte, war er der letzte lebende Teilnehmer dieses Segeltörns auf der *Victura*. Ted sen., Kara und John waren da bereits tot.[29]

Durch Jackies Heirat mit Aristoteles Onassis, einem vermögenden griechischen Reeder, litt die Beziehung ihrer Kinder Caroline und John zu den Nichten und Neffen. 1973 kam Onassis' Sohn Alexander mit 24 Jahren bei einem Flugzeugabsturz ums Leben, Onassis selbst starb zwei Jahre darauf. Caroline und John, noch nicht volljährig, kamen von Zeit zu Zeit nach Cape Cod oder Martha's Vineyard und hielten so Kontakt zu ihren Verwandten in Hyannis Port. Manchmal segelten sie auch mit Ted auf der *Victura*, jenem Boot, das aufs Engste mit ihrem Vater und ihren wenigen Erinnerungen an ihn verbunden war. »Die ganze Verantwortung fiel Ted zu, und er knüpfte dort an, wo seine Brüder aufgehört hatten«, so beschreibt es ein Nachbar. »Häufig sah man ihn mit Caroline am Strand entlanggehen und Steine auf dem Wasser springen lassen. Es war wirklich bewegend.«[30]

1973 wurde im rechten Bein von Ted jun. ein Knochentumor festgestellt. Im November wurde das Bein amputiert. »Wenn man mit zwölf sein Bein verliert, dann meint man, das Ende sei gekommen«[31], sagte er später.

Unvergesslich ist ihm ein Erlebnis aus dem darauffolgenden Winter, als Washington, wo sie zu jener Zeit wohnten, tief verschneit war und der Senator seinen Sohn fragte, ob der nicht auf dem Hang vor der Haustür rodeln wolle. Ohne die Antwort abzuwarten, holte er den Schlitten.

»Der Hügel vor unserer Tür war mit Schnee bedeckt und darunter vereist«, berichtete Ted, der zu diesem Zeitpunkt mit seiner Prothese noch nicht sonderlich vertraut war.

> Ich hatte große Mühe, mich aufrecht zu halten. Weil es höllisch glatt war und mir das Gehen noch sehr schwerfiel, rutschte ich schließlich aus und fiel hin. Im selben Moment traten mir Tränen in die Augen, und ich rief ver-

zweifelt: »Es ist doch alles sinnlos. Ich komme nicht einmal diesen Hügel hinauf!« Da kam mein Vater, half mir auf und nahm mich in seine starken Arme. Dann sagte er etwas, das ich nie vergessen werde: »Ich weiß, dass du es kannst. Es gibt nichts, was du nicht kannst. Wir beide klettern jetzt diesen verdammten Hügel hoch, und wenn es den ganzen Tag dauert.« Er umfasste meine Taille, und Schritt für Schritt arbeiteten wir uns den Hügel hinauf ... Als ich dann auf seinen Rücken stieg und mit ihm hinunterrodelte, wurde mir klar, dass er recht hatte. Ich wusste, dass ich mich durchbeißen würde.[32]

Ein Bereich des Nantucket Sound ist mit Untiefen geradezu verseucht, und Teds Söhne Ted jun. und Patrick haben in mehreren Interviews abenteuerliche Geschichten zum Besten gegeben, die sich dort ereignet haben. Ihr Vater hatte es sich zur Gewohnheit gemacht, mit jeweils einem seiner Söhne mehrtägige Touren mit dem Segelboot zu unternehmen. Abends gingen sie irgendwo an Land und schlugen ihr Zelt auf. Das Ziel, das in ihrer Erinnerung am präsentesten ist, ist das Gebiet rund um die Inselchen Tuckernuck und Muskeget zwischen Nantucket und Martha's Vineyard.

Bei einem dieser Segelausflüge mit seinem Vater, Ted war etwa zehn, frischte der Wind auf, während sie sich noch inmitten der Untiefen vor den beiden Inseln befanden. Wieder einmal drohte ein Boot der Kennedys auf Grund zu laufen. »Dad versuchte die Wellen abzupassen und immer dann, wenn unser Boot angehoben wurde, über eine Sandbank zu rutschen.« Dann aber verpasste er eine Welle, und das gewagte Spiel begann von vorn. »Ich hatte schreckliche Angst«, gesteht Ted nachträglich ein. Schließlich schafften sie es heil durch die Untiefen, doch als sie endlich Nantucket erreichten, war es schon dunkel.[33]

Patrick zufolge mussten sein Vater und er in dem besagten Gebiet häufiger aussteigen, um die *Victura* von einer Sandbank zu schieben. »Auch bei Grundberührung blieben die Segel oben, damit der Wind beim Schieben half. Aber wenn das Boot freikommt, fährt es natürlich sofort los, und man kann ihm nur noch hinterherschauen.« Deshalb beschlossen die beiden, dass der leichtere Patrick an Bord bleiben sollte, während sein Vater das Schieben übernahm.

»Ich weiß gar nicht, wie oft sich die Szene so oder ähnlich abgespielt hat: Ich sitze an der Pinne, das Groß bis zum Äußersten gefiert, der Wind weht mit acht Beaufort, mein Vater klammert sich so fest an die Reling, dass die Fingerknöchel weiß werden. Er hat das Boot mal wieder von einer Sandbank schieben müssen, und nun fürchtet er, dass es in den Wind dreht und auf die nächste Untiefe treibt. Kaum besser war die Aussicht, dass ich meinen Vater zurücklassen muss und, da es keinen Motor gibt, nicht umkehren kann.«

Auch wenn nicht jede dieser Anekdoten sie in das beste Licht setzt, erinnern sich Teds Söhne gern an diese Zeit zurück. Wenn Patrick mit seinem Vater loszog, machten sie sich frühestens dann Gedanken über ihr Ziel, wenn die *Victura* bereits abgelegt hatte. Was sie wollten, war rausfahren, eine der Inseln anlaufen, das Zelt aufschlagen und am nächsten Tag weiterziehen.

»Sobald wir den Hafen von Hyannis verlassen hatten, waren wir dem Wind und den Gezeiten ausgeliefert. Meist haben wir versucht, Martha's Vineyard oder Nantucket anzusteuern. Es war einfach ein Traum. Wir sahen Grindwale, wurden von Gegenströmungen erfasst und wagten uns in das Flachwasser zwischen Nantucket und Tuckernuck beziehungsweise Muskeget«, jenen beiden kleinen Inseln, die früher mit Martha's Vineyard verbunden waren.

»Wenn wir an Land gegangen waren, hoben wir eine Grube

aus und machten Feuer, um den Fisch zu grillen, den wir unterwegs geangelt hatten. Wenn es dunkel wurde, saßen wir noch eine Weile draußen und betrachteten die Sterne, dann krabbelte jeder in seinen Schlafsack. Es hört sich vielleicht nicht so an, aber jeder dieser Ausflüge war ein Abenteuer, weil man nie wusste, wo man landet, wohin der Wind einen trägt. Und weil wir das Risiko nicht scheuten, waren diese Touren auch alles andere als ungefährlich.«

Ein besonderes Abenteuer war es, mit der *Victura* vor einem Strand zu ankern. Das berichtet zumindest Patrick.

Im Flachwasser gibt es gefährliche Rückströme, die einen aufs Meer hinausziehen. Und wenn man beim Ankern nicht schnell genug ist oder der Anker nicht hält, dann zerren Wind und Strömung gleichzeitig am Boot, und zwar aus verschiedenen Richtungen. Das Boot unter solchen Bedingungen in den Wind zu drehen ist ein Ding der Unmöglichkeit. Die Lösung besteht darin, dass man mit gesetzten Segeln ankert. Noch komplizierter wird es, wenn man über Nacht bleiben will, aber keinen Motor hat. Dann hängt alles davon ab, dass der Anker beim ersten Versuch hält, denn schon beim zweiten Versuch droht man zum Spielball der Elemente zu werden.

Was haben wir nicht alles erlebt ... Manchmal biss ein Fisch an, den wir aber nicht ins Boot holen konnten, weil vor uns eine Untiefe oder ein Felsen lauerte ... Ich möchte nur verständlich machen, warum ich von Abenteuer gesprochen habe. Segeln zu gehen war für uns mehr als die Aneinanderreihung mehr oder weniger vorhersehbarer Ereignisse. Es war jedes Mal ein Aufbruch ins Unbekannte. Das war es, was meinen Vater so begeistert hat und warum wir so gern mit ihm segeln gingen.[34]

Bobbys Tochter Kerry erinnert sich an zahllose Fahrten nach Martha's Vineyard, bei denen ihr Onkel am Ruder größerer Boote wie der *Mya* oder der *Glide* stand. »Jeden Sommer waren wir mit Onkel Teddy auf Martha's Vineyard, um Tante Jackie zu besuchen. Am frühen Morgen sind wir losgefahren, damit wir mittags am Strand picknicken konnten. Festgemacht haben wir immer in der Nähe der Styrons – Bill und Rose Styron.«[35]

Alexandra Styron, eine Tochter des Schriftstellers William Styron, sind diese Invasionen der Kennedys noch in lebhafter Erinnerung. »Wenn Teddy nach Vineyard kam, besuchte er uns regelmäßig. Meist kam er mit der *Mya* von Cape Cod herüber, aß mit meinen Eltern zu Abend und blieb über Nacht. Mitunter hatte er seine komplette Familie im Schlepp, die dann ihre Zelte auf dem Rasen aufschlug ... Ich erinnere mich noch an Marias Freund Arnold Schwarzenegger, der knallenge Shorts trug und sogar beim Ballspielen Zigarre rauchte. Immer, wenn er etwas lustig fand, und das war sehr oft der Fall, sagte er: ›Ich tache mich lot.‹«[36]

»Oft sind wir erst am nächsten Abend wieder an Bord gegangen und in die Nacht hinausgefahren«, schwärmt Kerry. »Es gibt kaum eine friedlichere Atmosphäre, als wenn über einem die Sterne aufgehen, man sich eng aneinanderschmiegt, um sich gegen die Kälte zu schützen, gemeinsam singt oder Teddy zuhört, der so wunderbar Geschichten erzählen konnte, egal ob aus der Politik, der Familie oder der amerikanischen Geschichte. Besonders gern habe ich an Deck gelegen, vorn am Bug, möglichst allein, habe in den Himmel geschaut und die Sterne betrachtet. Weil um einen herum alles dunkel ist, sieht man viel mehr Sterne als sonst und bekommt ein Gefühl dafür, dass wir nur ein winziger Fleck im Universum sind. Man hat direkten Kontakt mit dem Wasser, der Natur, seiner Umwelt und all den Wundern, die dort warten.« Sie unterbricht sich und zögert einen Moment lang, ehe sie ergänzt: »Man fühlt sich Gott und seiner Schöpfung sehr nahe. Es ist ein sehr wertvolles Geschenk, das meine Eltern mir hinterlassen haben.«[37]

Die Kinder von Ted und Bob denken an die Zeit, in der sie regelmäßig mit der *Victura* und der *Resolute* unterwegs waren, mit Dankbarkeit zurück, weil sie ihnen ermöglicht hat, Selbstbewusstsein und Selbstvertrauen zu entwickeln. »Als ich klein war, sprach alles dagegen, dass ich je ein Segler werde«, erinnert sich Patrick, der als Kind unter Asthma litt.

> Doch mein Vater war niemand, der etwas als gegeben hinnahm. Beim Segeln gibt es genauso Regeln wie etwa beim Regieren. Diese Regeln sind ebenso starr, wie sie häufig banal sind ... Eine dieser Regeln besagt, dass bei einer Wettfahrt vier Personen an Bord sein dürfen, mehr nicht ... Mein Vater fand jedoch ein Schlupfloch, das Kinder unter zwölf Jahren betraf, allen voran kleine, dürre rothaarige Jungen wie mich. Und was in den Augen der meisten eine Lässlichkeit ist, war für mich ein einschneidendes Erlebnis, denn während ich normalerweise eher im Weg als eine Hilfe war, konnte ich beim Segeln plötzlich Aufgaben übernehmen, etwa wenn es darum ging, irgendwo an Deck eine Leine zu klarieren. Ein Erwachsener hätte das Boot dabei möglicherweise aus dem Gleichgewicht gebracht, aber ein Leichtgewicht wie ich konnte herumwuseln und die Leinen entwirren, ohne dass das Boot langsamer wurde ... Und wenn ein Kind von nicht einmal zwölf Jahren erleben darf, dass es wichtig ist und anderen eine unerlässliche Hilfe sein kann, dann zehrt es sein ganzes weiteres Leben davon.[38]

In der Trauerrede auf seinen Vater sagte Patrick:

Mit dem Wetter verschlechterte sich meist auch die Ausdrucksweise an Bord. Dort konnte ich aber nicht nur meinen Wortschatz vergrößern, sondern auch mein Selbstvertrauen. Wenn mein Vater bei einer Regatta am Ruder saß und das Boot steuerte, konnte man erkennen, wovon er sich auch als Politiker leiten ließ, zum Beispiel der Überzeugung, dass jeder Mensch eine Aufgabe hat, an Bord genauso wie in unserem Land. Jeder kann an seinem Platz zum Allgemeinwohl beitragen. Und wie beim Segeln sollte man sich auch im Leben selbst von den größten Widrigkeiten nicht aufhalten lassen. Man hat nichts zu verlieren, aber immerhin die Chance zu gewinnen. Mein Vater hat sich nie unterkriegen lassen, und »aufgeben« war für ihn ein Fremdwort.[39]

Chris ergänzt:

Beim Segeln, erst recht beim Regattasegeln, hat man schon als Kind die Chance, eine Führungsrolle zu übernehmen. Ein Zehnjähriger, der weiß, was an Bord zu tun ist, ist jedem noch so schlauen Erwachsenen überlegen, dem diese Erfahrung fehlt. Segeln stärkt massiv das Selbstvertrauen, weil Kinder sich als gleichwertig oder sogar als Anführer erleben, wenn sie jemandem befehlen, die Fock dichter zu holen, oder davor warnen, diese oder jene Leine anzufassen ... Der Baum einer Wianno Senior ist nämlich ziemlich schwer, und wenn man in der Annahme, es sei die Schot, das Fall löst und der Baum herunterkommt, landet schnell einer im Krankenhaus.[40]

Die Mischung aus Zusammenhalt und Erfahrung machte Ted Kennedy und seine Crew auf den Regattabahnen der näheren und weiteren Umgebung zu einer ernst zu nehmenden Konkurrenz. David Churbuck, ein gelernter Journalist, der heute als Blogger und Manager im Bereich Neue Medien erfolgreich ist, erinnert sich, dass er 1970 bei der Regatta von Edgartown gegen die Kennedys antreten musste.

> An diesem Tag war es recht windig, und die erste Bahn führte nach Lee. Ich segele die *Snafu III*, eine gelbe Wianno Senior, und mir gelingt ein perfekter Start unter Spinnaker. Hinter der Linie herrscht ein irrsinniges Gedränge, weil vierzig Boote gleichzeitig Richtung Norden wollen. In unserem Lee liegt Teddy Kennedy jun. mit der *Victura*. Er segelt unglaublich aggressiv und fordert lautstark sein Wegerecht ein. Der starke Schwell macht es unmöglich, exakt Kurs zu halten. Doch als wir gerade schiften wollen, um einer Kollision mit den Kennedys auszuweichen, löst sich deren Spinnaker mit einem lauten Knall in seine Einzelteile auf, die einen Moment lang wie kleine Wimpel vor dem Boot herumtanzen und nur noch von den Lieken zusammengehalten werden. Und während wir zufrieden weitersegeln, fallen die Kennedys weit hinter uns zurück.[41]

Das Gefühl, bei starkem Wind unter Spinnaker die Kontrolle über das Boot zu verlieren, war den Kennedys vertraut. Bei einer wichtigen Wettfahrt mit mehr als vierzig Teilnehmern, die wegen des starken Windes um ein Haar abgesagt worden wäre, saß Roberts Sohn Joe an der Pinne, »der große Ted, der kleine Ted und Patrick« bildeten die Crew. Auf dem ersten Vorwindkurs setzten sie den Spinnaker, der sich wie ein Fallschirm vor dem

Bug aufblähte. »Als ich sah, dass wir die Einzigen waren, die den Spinnaker setzten, bekam ich ein merkwürdiges Gefühl«, so erinnert sich Joe. »Vielleicht wussten die anderen ja etwas, was mir entgangen war.«

Die Wendemarke war fast zehn Kilometer entfernt, und dank des Spinnakers hatten sie bald einen beträchtlichen Vorsprung. »Ich war so glücklich, glücklicher als je ein Segler vor mir. Das einzige Problem war, dass ich das Boot schon längst nicht mehr in meiner Gewalt hatte. Es fuhr, wohin es wollte.«

Die Wendemarke, eine vier Meter hohe Tonne aus Metall, kam immer näher, und »als sie nur noch wenige Meter entfernt ist, dreht sich Teddy zu mir um und fragt: ›Findest du nicht, dass du langsam mal den Kurs ändern solltest?‹«

Wenige Augenblicke später kollidierten sie mit der Tonne. Der Schaden war nicht groß, also taten sie, was die Wettfahrtbestimmungen für die Berührung einer Tonne vorsahen, und umkreisten die Wendemarke drei Mal. Als sie das Rennen anschließend wiederaufnahmen, waren sie weit zurückgefallen.

Der Wind blies nach wie vor »aus allen Rohren«, Ted, der für das Vorschiff zuständig war, war nass bis auf die Haut. Unvermittelt drehte er sich zu Joe um und fragte: »Wie hättest du reagiert, wenn ich dir gestern Abend vor dem Schlafengehen gesagt hätte, dass wir als Siebter oder Achter die erste Tonne runden?«

»Ich hätte gesagt, dass ich damit sehr zufrieden bin.«

»Und ich will dieses Rennen noch gewinnen«, entgegnete Ted.

Drei Stunden später hatten sie einen Konkurrenten nach dem anderen überholt und überquerten als Erste die Ziellinie.[42]

Noch unwahrscheinlicher als der Sieg an diesem Tag war ein Erfolg gegen einen Segler, der als unschlagbar galt. Er hieß Karl

Anderson und hatte derart viel internationale Erfolge vorzuweisen, dass die Hobbysegler von Cape Cod gegen ihn wirkten wie ein Jogger beim Boston Marathon. Anderson segelte in einer anderen Liga. Er war fünffacher Weltmeister der J/24, einer Klasse, in der sich, anders als bei der Wianno Senior, nicht eine Handvoll, sondern mehrere Tausend Segler tummeln. Auch in anderen Bootsklassen hatte Anderson Erfolge vorzuweisen, darunter nationale Meisterschaften mit der Melges 24, in der 12-Meter-Klasse, mit dem Starboot, der Rhodes 18 und dem Soling, mit dem er an der Ausscheidung für die Olympischen Spiele teilnahm. Und auch diese Boote haben große internationale Verbreitung mit der entsprechenden Konkurrenz.

Gewissermaßen nebenbei segelte Anderson die *Madeline*, eine Wianno Senior mit der Segelnummer 148. 2003 gewann er den Scudder Cup zum vierten Mal. Doch Max Kennedy weist darauf hin, dass Karl zwar »in jedem Jahr einige Regatten mit der Wianno segelt und immer unter den ersten fünf landet. Aber das gilt für die anderen, die so weit vorn mitsegeln, ja auch.« Anderson war zwar mehrfacher Weltmeister, aber nicht mit einer Wianno, auf der ihm manch anderer Segler das Wasser reichen konnte. Und Karl fiel nicht im Traum ein, diese Rivalen zu unterschätzen. Bei einer Regatta vor Yarmouth, die in die Wertung zum Scudder Cup einfloss, lieferten sich Anderson und die Kennedys einen erbitterten Zweikampf. Ted, der an der Pinne saß, wurde von seinem Sohn Ted jun. und einem Freund namens Dave Nunes unterstützt. Das Duell zog sich über das gesamte Rennen hin, der größte Vorsprung, den eines der beiden Boote herausfahren konnte, betrug wenige Zentimeter.

»Dad konnte nicht fassen, dass Karl nicht davonzog«, erinnert sich Ted jun. »Er hatte sich ins Cockpit gekniet, um das Boot auszubalancieren.« Das Rennen stand auf Messers Schneide, und die beiden Boote waren sich so nahe, dass man hören konnte, wie der Bug des anderen durch die Wellen schnitt.

Der Wind wehte allenfalls mäßig, umso wichtiger war es, das Boot optimal zu trimmen. Dazu gehörte auch möglichst wenig Ruderlage, und Ted steuerte so, wie Ethel es auch Max beigebracht hatte: so, dass die Bugspitze kleine Kreise beschrieb. Zudem versuchte Ted, die Strömung einzuberechnen, und achtete auf jede Welle, die sich kräuselte, weil sich darin eine Bö ankündigen konnte.

»Wenn Dave auch nur den Mund aufmachte, schrie Dad: ›Sei bloß still!‹«[43]

An der Ziellinie lag Ted leicht vor Karl Anderson. Die Gesundheitsreform durch den Kongress zu pauken mag ein größerer Erfolg sein, aber das Glücksgefühl, das Ted bei seinem Sieg empfand, muss dem sehr nahe gekommen sein.

Wie auch die anderen Kennedys seiner Generation wuchs Max im Wissen auf, dass sein Onkel Ted einer der besten Segler an der Südküste von Cape Cod war. »Er hat fast immer gewonnen«, sagt er im Brustton der Überzeugung. »Er ist wirklich gut, aber mein Bruder Joe ist noch ein bisschen besser.«[44]

Um dieses Niveau zu erreichen, musste Joe viele Jahre erst mit seinem Onkel segeln, dann gegen ihn. Nach dem Kauf der *Resolute* »sollte ich gegen Ted auf seiner *Victura* antreten«, erinnert er sich. »Samstag für Samstag und Sonntag für Sonntag musste ich mir das Heck seines Bootes ansehen und chancenlos hinter ihm hersegeln. Ted war immer vor mir im Ziel.«

Umso lebhafter ist ihm der erste Sieg gegen seinen Onkel in Erinnerung geblieben. »Wir segelten eine Regatta vor Hyannis Port, als einer aus meiner Crew plötzlich meinte: ›Ich glaube, wir haben soeben deinen Onkel überholt.‹ Ich dachte, er macht Witze, aber es stimmte: Wir lagen tatsächlich vor Ted. Der Grund war, dass er bis zum Bauchnabel im Wasser stand, weil die *Victura* ein Leck hatte und abzusaufen drohte. So konnten wir ihn überholen und ich den ersten Sieg über Ted feiern.«[45]

Von den 1960ern bis in die 1980er-Jahre segelten Ted, Joe II. und Teddy jun. gemeinsam auf der *Victura*. In dieser Zeit gewannen sie mindestens zehn wichtige Regatten. Mit Ted am Ruder der *Victura* gewannen sie 1966 die Langstreckenregatta des Wianno Yacht Club und die Regatta des Hyannis Port Yacht Club. Joe II. holte 1976 den Sieg in der ersten Wettfahrt der Regatta von Edgartown. Dann brach die Ära von Ted jun. an, der diese Veranstaltung in den Jahren 1982, 1983 und 1987 gewann.

Doch die glorreichen Zeiten der *Victura* neigten sich allmählich dem Ende entgegen. Das Boot war nun fast fünfzig Jahre alt, und den hölzernen Rumpf dicht zu bekommen wurde von Mal zu Mal schwieriger. Und nachdem Joe die sinkende *Victura* überholt hatte, wurde sie zurück in den Hafen geschleppt.

»Die größte Anzahl an Menschen, die ich je an Bord einer Wianno Senior gesehen habe, war 17, und der Anlass war die letzte Ausfahrt der *Victura*«, berichtet Teds Neffe Chris. »Teddy war der Kapitän, und von seinen Schwestern abgesehen, waren ansonsten nur Kinder an Bord.«[46]

Das war 1979. Durch den Unfall von Chappaquiddick hatte Teds politische Karriere einen Knick bekommen, doch er blieb weiterhin einflussreich und wurde auch immer wieder als möglicher Kandidat für das Präsidentenamt und die Fortsetzung der Familientradition genannt. 1976 war Jimmy Carter ins Weiße Haus eingezogen, hatte dort aber wenig Fortune, und viele in der Demokratischen Partei hielten seine Wiederwahl für ausgeschlossen. Auf dem Konvent von 1978, zur Halbzeit der Präsidentschaft Carters, klang Ted schon wie ein Herausforderer, als er mit dröhnender Stimme zu den Delegierten sprach: »Manchmal muss eine Partei auch mit Gegenwind klarkommen. Wir dürfen nicht auf jene hören, die meinen, dass es an der Zeit ist, die Segel zu bergen. In den 1960er-Jahren war unsere Partei wegen des Vietnamkriegs zutiefst zerstritten. Heute streiten wir über Einschnitte im Sozialwesen, aber wir dürfen nicht zulassen, dass es darüber zu einem Zerwürfnis kommt.« Die Umfragen zeigten, dass sich ein Großteil seiner Parteifreunde Ted als Kandidaten für den kommenden Wahlkampf wünschte. Vertreter des Arbeitnehmerflügels und anderer Untergruppen sprachen sich für ihn aus. Doch selbst mit denkbar guten Umfrageergebnissen im Rücken blieb es ein gewagtes Unterfangen, gegen den amtierenden Präsidenten anzutreten.

Gerüchte über eine mögliche Kandidatur Teds machten bereits die Runde, als Präsident Carter im Oktober 1979 nach Boston reiste, um das John F. Kennedy Presidential Library and Museum einzuweihen. In seiner Rede, zu deren Zuhörern auch Ted, Jackie und zahllose weitere Mitglieder der Familie Kennedy gehörten, gelang es Carter recht elegant, den Konflikt zu entschärfen.

»Auf einer Pressekonferenz im März 1962, die Anstrengungen des Amtes hatten sich bereits in sein Gesicht eingeschrieben, wurde John F. Kennedy eine Frage gestellt, die aus zwei Teilen bestand. Sie lautete wie folgt: ›Ihr Bruder Ted sagte kürzlich im Fernsehen, seit er an Ihnen erlebt hat, wie viel Mühe das Amt mit sich bringt, könne er sich nicht mehr vorstellen, als Präsident zu kandidieren.‹« An dieser Stelle unterbrach lautes Lachen die Rede.

Als es wieder still war, fuhr Carter fort: »Der Journalist fragte also: ›Können Sie uns, erstens, sagen, ob Sie mit dem Wissen, über das Sie heute verfügen, selbst wieder antreten würden, und können Sie uns, zweitens, sagen, ob Sie anderen raten würden, dieses Amt anzustreben?‹ Der Präsident antwortete wie folgt:

›Die Antwort auf die erste Frage lautet Ja, die Antwort auf die zweite Frage Nein. Ja, ich würde wieder antreten, und nein, ich kann niemandem empfehlen, dieses Amt anzustreben – jedenfalls nicht ausgerechnet jetzt.‹«[47]

Im Monat darauf, nur drei Tage bevor er seine Kandidatur öffentlich machen wollte, gab Ted dem Journalisten Roger Mudd von CBS ein Fernsehinterview. Mudd fragte ihn: »Herr Senator, warum möchten Sie Präsident werden?« Teds Antwort wurde als so substanzlos und vage empfunden, dass seine Kampagne im Grunde beendet war, bevor sie überhaupt begonnen hatte. Als er sich dessen schmerzlich bewusst wurde, so erinnert sich sein Sohn Patrick, tat Ted, was er in vergleichbaren Situationen schon immer gemacht hatte: Er zog sich nach Hyannis Port zurück und ging segeln, allein, dort, wo schon seine Brüder gesegelt waren, wo er seine Gedanken und seine Gefühle sortieren konnte.[48]

Trotz des herben Rückschlags konnte Ted in mehreren Staaten die Vorwahlen gewinnen und rechnete sich auch zu Beginn des Konvents seiner Partei noch Chancen aus. Damals glichen die Konvente noch nicht jenen Krönungsfeiern, zu denen sie heute geworden sind. Damals gab es noch die Möglichkeit, Delegierte umzustimmen und das Ergebnis zu seinen Gunsten zu verändern. Ted unternahm alles, um statt des Präsidenten kandidieren zu dürfen, scheiterte letztlich aber doch. Schon wenige Stunden nach der Abstimmung trat er ans Rednerpult und gestand die Niederlage ein. Trotz des für ihn traurigen Anlasses wurde es die wohl beste Rede, die er je gehalten hat:

> In dunklen Stunden wie an hellen Tagen soll man von uns das sagen, was Tennyson in Worte gekleidet hat, die mein Bruder so sehr geliebt hat und die für mich in diesem Moment eine ganz besondere Bedeutung haben:

»Zwar ist uns viel genommen, dennoch bleibt
uns viel; wohl kaum die Macht wie einst, als wir
den Lauf der Welt bestimmt, und doch die Kraft,
zu bleiben, was wir sind: ein fester Bund
entschloss'ner Herzen, schwach, doch eins im Wunsch
zu streben, suchen, finden bis zuletzt.«

Mein Wahlkampf ist vor wenigen Stunden zu Ende gegangen. Aber unsere Arbeit im Sinne derer, denen unsere Sorge gilt, geht weiter, weil die Gründe fortbestehen, die Hoffnung weiterlebt und unser Traum niemals enden wird.[49]

Gegen Ted Kennedy konnte sich Carter durchsetzen, aber gegen Ronald Reagan verlor er deutlich. Teds Rede auf dem Parteitag machte Furore, aber sie war zugleich eine Art Abgesang auf die Ära Kennedy. Ted blieb Senator, auch wenn ihm dieses Amt wie ein Abstellgleis vorgekommen sein muss. Damals war aber auch noch nicht absehbar, dass er als einer der bedeutendsten und meistrespektierten Senatoren der Vereinigten Staaten mit über vier Jahrzehnten Amtszeit in die Geschichte eingehen sollte.

Etwa zur selben Zeit, als Ted mit seinem Versuch scheiterte, Präsident zu werden, fand auch die letzte Ausfahrt der *Victura* statt, ehe sie der John F. Kennedy Library Foundation übergeben wurde. Ted und Joe kauften eine neue Wianno Senior und tauften sie – *Victura*, wie die Vorgängerin also, die heute vor dem John F. Kennedy Library and Museum in Boston ausgestellt ist. Und auch wenn sie seither nie wieder Wasser unter ihrem Kiel hatte, bleibt der Einfluss der »alten« *Victura* auf die Kennedys ungebrochen.

Für Ted begann ein verlorenes Jahrzehnt. Er war zwar ein liebevoller Vater, aber zumindest in jener Zeit kein sonderlich guter Ehemann. Seine Alkohol- und Frauengeschichten sorgten für Gesprächsstoff, doch erst viele Jahre später konnte er sich freimütig zu seinen Verfehlungen bekennen. In einem Brief, der 2007 auf einer Auktion versteigert wurde, erteilt die Schreiberin, bei der es sich wohl um Jackie handelte, Joan den Rat, die Seitensprünge ihres Mannes nicht länger hinzunehmen. »Was das angeht, ist er ganz wie sein Vater«, heißt es weiter.

»Verbotene Früchte schmecken am besten«, mahnt die Autorin und beklagt, dass permanent Freunde und Verwandte zugegen sind. »Das muss aufhören. Ihr müsst Euch auf Euch selbst und Eure Kinder besinnen ... Es spricht nichts dagegen, dass er sich um die Schulausbildung von Ethels Kindern kümmert oder John das Segeln beibringt, aber wenn seine eigene Familie zu Bruch geht, dann ist das eine ziemlich erbärmliche Bilanz.«[50]

Doch schon bald zeichnete sich ab, dass Teds und Joans Ehe gescheitert war, und als Ted 1980 als Präsidentschaftskandidat antrat, lebten sie schon getrennt. Nicht nur Ted, auch Joan hatte Alkoholprobleme. 1981 gab das Paar bekannt, sich scheiden lassen zu wollen, und im Jahr darauf wurde der Schritt dann auch vollzogen.

Ted wohnte zunächst wieder in seinem Elternhaus. Ein Wianno-Segler, der Mitte der 1980er-Jahre mit ihm Kontakt hatte, erinnert sich daran, wie er Ted einmal in einer kleinen Bar westlich von Hyannis Port begegnete, die von einem gewissen Hack Daniels betrieben wurde. »Hier konnte man anlegen und sich ein Glas oder zwei schmecken lassen, und wenn das Eis alle war, sperrte Hack den Laden zu.« Doch dann entdeckte die Crew des Wianno-Seglers auf der Veranda der Bar »eine Kühlbox, auf deren Deckel ›Rose Kennedy Cottage‹ stand. Im Inneren stießen sie auf Zutaten, aus denen sich köstliche Cocktails mixen ließen. Kurzerhand nahmen sie die Kühlbox mit ... Eine Stunde später stand Senator Kennedy vor der Tür. Er wollte zurück nach Hyannis Port segeln und seine Kühlbox mitnehmen. Er schimpfte auf uns ein, aber statt unserer Namen nannte er unsere Segelnummer.«[51]

Dass Ted in jener Zeit viel und gern Cocktails trank, war ein offenes Geheimnis. Er selbst schrieb in seinen Memoiren, dass er das Leben genossen, aber nicht an morgen gedacht habe. Er war gern Senator und liebte seine Kinder, seine Freunde, gute Bücher, Musik und gutes Essen. »Auch die Gegenwart von Frauen habe ich sehr genossen«, fügt er hinzu. »Ich habe ein oder zwei oder auch drei Cocktails getrunken, und für ein gutes Glas Wein war ich immer zu haben. Manchmal habe ich es mit dem Genießen sicherlich auch übertrieben.«[52]

In einem Porträt Ted Kennedys, das 1990 in der *Washington Post* erschien, heißt es:

> Er ist und bleibt eine widersprüchliche Figur – fleißig, gerissen, unbeherrscht, humorvoll, unbesonnen, großzügig, trinkfreudig, launisch, stur. Dieser extrovertierte Geschichtenerzähler mit einem riesigen Freundeskreis ist sich mitunter selbst der ärgste Feind ... »Wenn Sie Ted Kennedy suchen«, sagt sein Kollege, Senator Christopher Dodd aus Connecticut, in Anlehnung an eine ähnliche Charakterisierung von Franklin D. Roosevelt, »folgen Sie seinem Lachen.«
>
> Geschichten über Alkoholexzesse und andere Eskapaden gehören zu dem Bild, das die Öffentlichkeit von ihm hat ... Und wahr ist sicherlich, dass Kennedy viel und gern trinkt. Bei einem Flug von Boston nach Deutschland im November 1989 hat er in nur zwei Stunden zwei

Scotch, zwei Wodka und zum Essen drei Gläser Rotwein getrunken. Anschließend hat er drei Stunden geschlafen. Als die Maschine im Morgengrauen in Frankfurt landete, war er frisch und ausgeruht und stürzte sich in die Arbeit. Und er ist so diszipliniert, dass er während seiner jährlichen winterlichen Diät keinen Tropfen trinkt. So hat er im letzten Jahr in 49 Tagen 23 Kilo abgenommen und sich während dieser Zeit vor allem von einem Schlankheitsmittel ernährt, das er selbst als »Schokoladenpampe« bezeichnet hat.[53]

Ted wusste um seinen Ruf, und auch wenn nicht alles, was erzählt und geschrieben wurde, stimmt, »richtete ich immer noch genug an, um jene Menschen in Sorge zu versetzen, die mir nahestanden«. Einige Jahre lang lebte er »ausschließlich in der Gegenwart ..., nicht aus Kummer, aber sicherlich mit einem Gefühl der Leere«.[54]

Die Gefahr, den Halt zu verlieren, wäre in jenen Jahren sicherlich größer gewesen, hätte es nicht seine Familie und Cape Cod gegeben. Die Familie sah in ihm weiterhin ihr Oberhaupt, doch sie war ihm auch eine Quelle, aus der er Zuversicht und Kraft schöpfte. Einer der Höhepunkte war die Hochzeit seiner Nichte Caroline im Jahr 1986. Die Trauung fand in Centerville statt, der anschließende Empfang auf dem Anwesen in Hyannis Port.

Arthur Schlesinger schreibt in seinem Tagebuch über dieses Ereignis:

> Es war ein rundum gelungener Tag. Nie zuvor habe ich Caroline so schön gesehen, und der Bräutigam Ed Schlossberg machte seine Sache sehr souverän. Er scheint Caroline tatsächlich glücklich zu machen.

Am Morgen war es sehr neblig, am frühen Nachmittag noch immer bewölkt, aber dann riss die Wolkendecke auf, und das wunderbare Licht des Kaps stellte sich ein. Der Empfang glich einem Ehemaligentreffen von Mitarbeitern des Weißen Hauses. Außer Ted war mit John Culver aber nur ein weiterer Senator da. Wo waren Claiborne Pell und George McGovern? Ungeachtet dessen war es sehr nett. Das Essen wurde in einem Zelt serviert, das mit Wimpeln dekoriert war, die im Wind flatterten. Wir saßen mit Ethel, dem jungen Joe und seiner Frau, den Buchwalds und den Goodwins an einem Tisch. Anschließend wurden Toasts ausgebracht (Teds Stimme zitterte leicht, als er auf JFK zu sprechen kam), und es wurde getanzt. Den krönenden Abschluss bildete ein Feuerwerk, für das George Plimpton verantwortlich zeichnete. Manche Bilder waren nach Gästen oder Mitgliedern der Familie Kennedy benannt.[55]

Vier Jahre später schloss Teds Tochter den Bund fürs Leben. Einige Gäste trafen erst im letzten Moment an der Kirche von Centerville ein. Am Vormittag waren sie noch segeln gewesen, und von der anschließenden Dusche war ihr Haar noch feucht. Nach der Trauung traf sich die Familie im Wianno Club zum Essen. Karas frischgebackener Ehemann war der Architekt Michael Allen, Mitglied des US-Segelteams, das 1980 den Sardinia Cup gewann, und Mitbegründer des Segelmuseums in Newport, Rhode Island. Beim Empfang auf dem elterlichen Anwesen genossen die Gäste den Blick auf den Hafen, wo die *Victura*, die *Mya* und die *Glide* friedlich nebeneinanderlagen, mit Signalflaggen geschmückt, die die Worte Kara und Michael ergaben. Und oben auf der siebenstöckigen Hochzeitstorte thronte die Nachbildung der *Victura*, das Rigg bestand aus Zuckerwatte.[56]

Das Jahr 1991 erlebte Ted zunächst als den Tiefpunkt eines ohnehin verlorenen Jahrzehnts, bevor es sich als Wendepunkt hin zu einem Neuanfang erweisen sollte. Im Sommer des Vorjahres war mit Stephen Edward Smith ein weiteres Familienmitglied gestorben. Der Ehemann seiner Schwester Jean hatte 1960 zu den wichtigsten Wahlhelfern Jacks gehört und sollte auch die Kampagne für die Wiederwahl 1964 leiten. Später organisierte er für Bob und Ted den Wahlkampf. Zudem hatte er in all den Jahren das Vermögen der Familie verwaltet. Sein Tod fühlte sich für Ted an, als hätte er einen weiteren Bruder verloren.

Am Osterwochenende 1991, die Familie hatte sich in Palm Beach, Florida, versammelt, machten sich Ted, sein Sohn Patrick und sein Neffe William Kennedy Smith auf den Weg, um noch etwas trinken zu gehen. Sie landeten in einem Lokal namens Au Bar. Als Patrick und William wieder nach Hause fuhren, begleiteten sie zwei junge Frauen. Eine von ihnen ging mit William an den Strand. Einige Tage später zeigte sie ihn wegen Vergewaltigung an.

Die Medien stürzten sich auf den Fall. William wurde freigesprochen, und Ted war allenfalls schlechter Einfluss auf die nachfolgende Generation vorzuwerfen. Der Prozess und dessen Vorbereitung aber waren ein gefundenes Fressen für die Presse, die das Thema weidlich und wenig feinfühlig ausschlachtete. Das Magazin *Time* nannte Ted einen »Schluckspecht und ungehobelten Klotz, für den sich allenfalls noch die Klatschpresse interessiert«.[57] Und *Newsweek* schrieb über die Kennedys als eine »Familie, die einst mythisch verklärt wurde und heute ein schäbiges Schauspiel abliefert«. Ted sei »vom Hoffnungsträger der Familie zum lebenden Symbol des Niedergangs« geworden.[58] Auf ihre Kosten kamen in erster Linie Moderatoren wie Jay Leno, der in seiner Late-Night-Show fragte: »Wie viele andere 59 Jahre alte Männer fahren denn nach Florida, um sich die Hörner abzustoßen?«[59]

Sosehr Ted auch getrunken und gefeiert haben mochte, seine Arbeit als Senator hatte darunter nie gelitten. Dafür konnte er nun nicht mehr garantieren, und das nicht, weil sein Lebenswandel ihn daran hinderte, sondern weil sein Ruf mehr und mehr seine Glaubwürdigkeit untergrub. Als Präsident George H. W. Bush John Tower zum Verteidigungsminister machen wollte, scheiterte die Ernennung daran, dass der Kandidat als notorischer Trinker und Frauenheld galt. Dass Ted sich in dieser Angelegenheit nicht zu Wort meldete, blieb nicht unbemerkt. Kurz nach den Ereignissen von Palm Beach wollte Bush den Juristen Clarence Thomas an den Obersten Gerichtshof der Vereinigten Staaten berufen, als plötzlich Gerüchte die Runde machten, dass der Kandidat eine Richterin sexuell belästigt hatte. Erneut war Ted zum Schweigen verurteilt, was umso auffälliger war, als er sich in einem ähnlich gelagerten Fall – Präsident Reagan hatte Robert Bork zum Bundesrichter machen wollen – noch an die Spitze des Protestes gestellt hatte. Ted konnte weiterhin auf seinen Namen und den Titel eines Senators bauen, aber politisch war er auf dem Weg in die Bedeutungslosigkeit.

Der Schreck, den die Ereignisse von Palm Beach auslösten, mag Weckruf genug gewesen sein, doch der eigentliche Grund für Teds Sinnes- und Gemütswandel war eine Frau, die er 1991 auf einer Party kennenlernte. Sein Neffe sah damals unter ständiger Begleitung der Medien seinem Prozess wegen Vergewaltigung entgegen, und Ted leistete öffentlich Abbitte für seinen Lebenswandel. Seinen Freunden gegenüber bekundete er den Willen, eine Kehrtwende zu machen, und tatsächlich trank er deutlich weniger als zuvor und hatte auch etwas abgenommen. Die Frau, der er auf der Party begegnete, war Victoria Anne

Reggie, eine Anwältin und geschiedene Mutter von zwei Kindern. Ted verliebte sich Hals über Kopf und warb mit Einladungen zum Essen, Geschenken und Blumen um sie. Im April reiste er mit ihr auf die Virgin Islands in der Karibik, wo Victoria beim Schnorcheln in einem Korallenriff einen kleinen Schatz fand. Ted hatte ihn dort deponiert. Es war ein Verlobungsring.[60]

Aus Ted wurde wieder ein Familienmensch. »Mein Vater hat nach dem Motto gelebt: ›Zu Hause ist dort, wo ich keine Angst haben muss‹«, so sein Sohn Ted jun. »Gib dein Bestes, versuche, das Richtige zu tun, und du kannst immer mit einem guten Gefühl nach Hause kommen. Dort wirst du erwartet, verstanden, geliebt. Diese Haltung hat wesentlich zum Zusammenhalt der Familie auch in schwierigen Zeiten beigetragen, denke ich.«[61]

In Vicki hatte er eine Frau gefunden, mit der zusammen er sich ein Zuhause aufbauen konnte, wo die Angst keinen Platz hatte. Für einen Mann von 62 Jahren war es ein Glück, eine solche Frau getroffen zu haben. Seine Umfragewerte waren im Keller, und seine politische Zukunft stand in den Sternen. Der *Boston Globe* behauptete gar, dass mehr als die Hälfte der Einwohner von Massachusetts seinen Rücktritt als Senator für geboten hielt.[62] Im Herbst 1991 hielt Ted eine denkwürdige Rede, in der er öffentlich Fehler eingestand und Besserung gelobte.

Ermutigt durch Vicki, die auch im Auditorium saß, sprach Ted in der John F. Kennedy School of Government in Harvard. Unter anderem sagte er: »Mir ist schmerzlich bewusst, dass die Kritik, die in den letzten Monaten auf mich eingeprasselt ist, nicht allein der Uneinigkeit über den politischen Kurs geschuldet ist und dass sie auch nicht nur aus dem rechten Lager erhoben wird. Erhoben wird sie auch von Freunden, die ich enttäuscht habe, und von Menschen, die sich darauf verlassen haben, dass ich mich für ihre Belange einsetze.« Statt ins Publikum blickte Ted in die Fernsehkameras, die über den Köpfen der Zuhörer schwebten, und sprach, wie die *New York Times* schrieb, »prägnant und ohne falsches Pathos«.

»Ihnen allen rufe ich zu: Ich bekenne mich zu meinen Fehlern – auch denen, die mein Privatleben betreffen. Und ich übernehme die Verantwortung dafür nicht nur, ich stelle mich ihr auch. Ich bin davon überzeugt, dass wir nicht nur alles daransetzen sollten, die Welt zu verbessern, sondern vor allem auch uns selbst.«[63]

Die Rede war gleichzeitig politisch und persönlich. Der Wiederwahl musste sich Ted 1994 stellen. Für einen Vorzeigeliberalen waren die Vorwahlen in einem der liberalsten Bundesstaaten der USA bis dahin keine Hürde – Massachusetts war Kennedy-Land gewesen. Doch 1992 war Bill Clinton zum Präsidenten gewählt worden, und oft war es in der amerikanischen Geschichte so, dass die Partei, die die Präsidentenwahl gewonnen hatte, bei den darauffolgenden Kongresswahlen eine Niederlage hinnehmen musste. Und die vielen Skandale, in die Ted verwickelt gewesen war, waren auch noch nicht alle vergessen.

Im Sommer 1994 war Ted mit der *Mya* nach Martha's Vineyard gefahren, um seine Schwägerin zu besuchen, nun erwarteten sie das Präsidentenpaar Clinton, das per Schiff eintreffen sollte.

»Teddy, geh zum Anleger und nimm sie in Empfang«, forderte Jackie ihn auf.

»Maurice steht schon bereit«, erwiderte Ted. Maurice Tempelsman war Jackies damaliger Lebensgefährte.

»Geh lieber selbst«, sagte Jackie. »Du willst wiedergewählt werden, nicht Maurice.«[64]

In jenem Jahr konnte Ted jede Unterstützung brauchen. Hatten sich in den Jahren zuvor nur mit Mühe Republikaner gefunden, die bereit waren, gegen ihn anzutreten, witterten nun Parteigänger vor Ort, aber auch landesweit die Chance, dem Inbegriff des amerikanischen Liberalismus den politischen Todesstoß zu versetzen.

Der republikanische Herausforderer, der schließlich gegen Ted antrat, war ein erfolgreicher Geschäftsmann und gläubiger Mormone mit fünf Kindern. Seine Frau, mit der er seit 25 Jahren verheiratet war, kannte er schon aus Schultagen. Um sich von Ted und dessen Image als Lebemann abzuheben, setzte er auf traditionelle Werte und das traditionelle Familienbild. Auch er entstammte einer bekannten Familie, die vor allem in Wirtschaftskreisen und bei den Republikanern einen Namen hatte, es in dieser Hinsicht mit den Kennedys aber natürlich nicht aufnehmen konnte. Der Vater des Herausforderers, ein hoher Manager in der Automobilindustrie, war selbst Gouverneur gewesen und hatte sich 1968 als Präsidentschaftskandidat der Republikaner beworben. Der Sohn war politisch noch ein unbeschriebenes Blatt, galt aber als großes Talent. 2002 wurde er zum Gouverneur von Massachusetts gewählt, und 2012 trat er als Kandidat der Republikaner gegen den Amtsinhaber Barack Obama an. Teds Herausforderer hieß Mitt Romney.

»Er war jung und schlank, ich nicht«, sagte Ted dazu.

Darüber hinaus war Romney auch klug und vermögend. Er wurde das neue, gut aussehende Gesicht der Republikaner und konnte für seinen Wahlkampf enorme Summen bei Konservativen und Wirtschaftsvertretern einsammeln, die großes Interesse daran hatten, den mächtigen demokratischen Amtsinhaber aufs Altenteil zu schicken. Auch die Kennedys waren vermögend, aber um einen aufwendigen Wahlkampf zu finanzieren, waren andere Summen erforderlich. Deshalb nahm Ted auf sein Haus in Virginia eine weitere Hypothek auf. Dass er das nötig hatte, überraschte viele.

Im Sommer 1994 lag Romney in den Umfragen noch zwanzig Prozent hinter Ted, doch schon im September sahen viele Institute, darunter auch solche, die Kennedy nahestanden, beide Kandidaten gleichauf. Die Schuld daran wurde nicht zuletzt Teds Neffe Michael gegeben, der die Kampagne seines Onkels leitete. Aus Angst, den wichtigen Sitz im Senat zu verlieren, sah sich schließlich die Bundespartei veranlasst zu intervenieren.

Ein entscheidendes Ereignis stand bevor: das erste Fernsehduell der beiden Kandidaten. Weniger bekannte Herausforderer profitieren in der Regel von jedem Auftritt gemeinsam mit einem berühmteren Amtsinhaber. Und wenn Ted einen schlechten Tag erwischen, Mitt Romney hingegen brillieren sollte, bestand die Gefahr, dass die Favoritenrolle wechseln würde. Denn alle, die involviert waren, gingen davon aus, dass das Fernsehduell die Wahl entscheiden würde.

Auch Ted war sich dessen bewusst. Am Nachmittag vor dem Streitgespräch war er gemeinsam mit Vicki mit dem Auto in Boston unterwegs, als er den Fahrer spontan bat, ihn zum JFK Library and Museum zu bringen. Dort stiegen Vicki und er aus. Ted ging zu der kleinen Wiese vor dem Gebäude, auf der das Segelboot aufgestellt war, das seine Familie dem Museum geschenkt hatte. Die *Victura* stand auf einem schrägen Bock, es sah aus, als drückte der Wind sie zur Seite. Sie wirkte wie ein großer Seevogel, der seine Schwingen ausbreiten und davonfliegen wollte. Die Temperatur lag bei kühlen fünfzehn Grad, und kaum stand Ted auf dem Rasen, zogen am Oktoberhimmel Wolken auf. Der Westwind blies mit vier Beaufort über die *Victura* hinweg und durch Teds schon recht ergrautes Haar.[65] Am Kap, so sein Gedanke, war es sicherlich eine Windstärke mehr. Südlich von seinem Standort hatte sich früher jene Basis der Marineflieger befunden, auf der sein Bruder und Ersatzvater Joe jun. fünfzig Jahre zuvor auf einem gelben Stearman-Doppeldecker das Fliegen gelernt hatte. Den Stützpunkt gab es schon seit vielen Jahren nicht mehr, und die meisten Menschen erinnerten sich nicht einmal mehr daran. Zur Vorbereitung auf das Fernsehduell hatten seine Mitarbeiter ihm Unterlagen mitgegeben, die er durcharbeiten sollte, doch stattdessen gingen seine Gedanken an einige Wendepunkte seines Lebens zurück: Joe. Jack. Bob. Kathleen – alle früh verstorben. Seine Mutter Rose hingegen war inzwischen schon 104. Schließlich seine Kinder Teddy, Patrick und Kara.

Über diesen Moment sagte Ted später: »Ich wollte in Ruhe nachdenken, meine Gedanken sammeln, ordnen und sortieren. In solchen Augenblicken gehen einem Dinge durch den Kopf, die weit über den Anlass hinausreichen, Fragen nach dem eigenen Leben, nach dem, was wichtig ist, für welche Werte man einsteht und dergleichen mehr. Man braucht die Zeit, um solche Gedanken entstehen und zulassen zu können. Und diese Zeit sollte sich dann und wann jeder von uns nehmen.«[66]

Ted traf pünktlich in der Faneuil Hall ein, wo das Duell stattfinden sollte. Eine der Säulen seiner Strategie war es, Mitt Romney als Zauderer hinzustellen, dem es an Überzeugungen fehle. Zum Thema Abtreibung, für die sich Ted schon seit Langem einsetzte, sagte er: »Meine Haltung zur Abtreibung ist bekannt. Nicht bekannt ist, ob mein Herausforderer überhaupt eine Haltung hat.« Als Romney Ted und seiner Familie die unzulässige Vermischung von politischem Amt und ökonomischen Interessen vorhielt, erwiderte Ted im Brustton der Empörung: »Mr Romney, die Kennedys sind nicht in die Politik gegangen, um Geld zu verdienen, sondern um unserem Land einen Dienst zu erweisen. Und dafür haben wir einen sehr hohen Preis bezahlt.«

Diese Debatte konnte Ted ebenso deutlich für sich entscheiden wie eine zweite, die wenig später stattfand. Am Wahltag erhielt er 58 Prozent der Stimmen, und das in einem Jahr, das für die Demokraten denkbar schlecht gelaufen war. War das zurückliegende Jahrzehnt ein verlorenes gewesen, so durfte sich Ted nun wieder zu den Gewinnern zählen.

Auch sechs Jahre später wurde er wiedergewählt, zwölf Jahre später ein weiteres Mal, und mit jedem Wahlsieg vergrößerte sich sein Einfluss in Washington. Mehrfach waren Präsident Clinton und Familie Gast auf der *Mya*. Ted war eine der treibenden Kräfte hinter dem schrittweisen Ausbau des Gesundheitswesens, der vielen Millionen Amerikanern zugutekommen sollte. Seinem Senatorenkollegen aus Massachusetts, John Kerry, ebnete er den Weg zur Präsidentschaftskandidatur 2004, und im Jahr 2008 schlug er sich, unterstützt von seiner Nichte Caroline und anderen Mitgliedern der Familie Kennedy, auf die Seite Barack Obamas und sorgte so maßgeblich dafür, dass er sich im parteiinternen Duell gegen Hillary Clinton durchsetzen konnte. In der Geschichte der Vereinigten Staaten von Amerika gibt es nur sehr wenige Senatoren, die eine vergleichbare Erfolgsbilanz vorweisen können.

Als Gewinner durfte er sich aber nicht zuletzt auch gegenüber seiner Familie fühlen, die ihn in jenen Jahren als verlässlichen Vater und liebevollen Mann erlebte. Beim Segeln hatte der Schoner *Mya* die *Victura* als Lieblingsboot abgelöst. Der Fockmast der *Mya* trug ein Gaffelsegel, der Rumpf war blau lackiert und bot genügend Platz für eine ständig wachsende Familie. Mit 77 Jahren notierte Ted, dass er sich an dem Blick, den er von seiner Veranda auf den Nantucket Sound hatte, niemals sattsehen werde. »Der Ozean fasziniert mich und beruhigt mich und beschützt mich, seit ich denken kann.« Zudem, so seine Überzeugung, hatte der Ozean ihn seinen Enkelkindern nahegebracht, und das gefiel ihm ganz besonders.[67]

Im Jahr 2000 erlitt Teds Neffe Chris einen Reitunfall, bei dem er neben einer schweren Gehirnerschütterung weitere Verletzungen davontrug: ein Schulterblatt und zwei Rippen waren gebrochen, und die Verletzungen am Rücken führten zu Lähmungserscheinungen in den Beinen. Er war 37, fühlte sich wie 97 und musste sich auf einen Rollator stützen, um sich von der Stelle zu bewegen. Weil er sich nicht selbst versorgen konnte, zog er in das Haus seiner Mutter. Zwei Tage nach der Entlassung aus dem Krankenhaus erreichte ihn ein Anruf von Ted.

»Lass uns segeln gehen«, sagte sein Onkel.

Chris wusste nicht so recht, wie er den Vorschlag verstehen sollte: »Hat dir denn keiner erzählt ...?«

»Doch, doch«, unterbrach ihn Ted. »Aber was ist an ein paar gebrochenen Rippen schon dran? Dagegen gibt es Schmerzmittel.«

Um sich bis zur Mole zu schleppen, wo ihn ein Beiboot abholte und zur *Mya* brachte, benötigte Chris zwanzig Minuten. An Bord angekommen, legte er sich flach ins Cockpit und bekam ein Kissen unter den Kopf gestopft.

In Teds Augen war Segeln Medizin, und zwar die beste. »Er glaubte wirklich, dass es heilende Kräfte hat«, erinnert sich Chris und verweist auf Teds Sohn Patrick, der in jungen Jahren an Asthma litt und sich selbst bei schlechtem Wetter auf See wohler fühlte als an Land – weit weg von Hausstaub, Hunden und Pollen.[68]

In seinen letzten beiden Sommern lud Ted oftmals seine Vettern, Cousinen und Nichten, andere Verwandte und Freunde auf die *Mya* ein, um von dort aus seinem Enkel zuzusehen, der sich an Bord eines Optimisten mit anderen Seglern im Kindesalter maß. Optimisten, kurz Optis, haben ein Sprietsegel, das dem Gaffelsegel eng verwandt ist. Das Boot ist lediglich 2,30 Meter lang und eigens für Kinder und Jugendliche wie Edward M. Kennedy III. konstruiert.

Bei solchen Anlässen pirschte sich die gut fünfzehn Meter lange *Mya* nahe an die Regattastrecke heran und blieb auf Höhe des Feldes, damit »Big Ted« und »Medium Ted« dem acht- oder neunjährigen Nachwuchssegler »Little Ted« Anweisungen zurufen konnten – auch wenn sie sich dabei nicht selten gegenseitig widersprachen.

»Hol das Schwert auf«, rief der eine. »Lass es unten«, der andere.

»Halsen«, meinte der eine. »Wenden«, schlug der andere vor.

Kerry Kennedy erinnert sich: »Es war wirklich urkomisch, den beiden zuzusehen, während sich weniger erfahrene Gäste an Bord fragten, ob es nicht gefährlich war, den kleinen Booten so nahe zu kommen. Aber mein Onkel war ein viel zu guter Segler, als dass etwas hätte passieren können.«[69]

Big Ted selbst beschreibt in seinem Buch eine Preisverleihung, bei der sein Enkelsohn nicht nur als Sieger einer Regatta, sondern auch als bester Segler der Saison ausgezeichnet wurde. Letzteres freute den Großvater besonders. Er war seit jeher davon überzeugt, dass den Kennedys der Erfolg nicht in den Schoß fiel.

»Und die Brust seines Vaters war so stolzgeschwellt, dass man seinen Mantel unmöglich hätte zuknöpfen können.«[70]

Lebenswege

Oft unter der Welle, weit von diesem Riff,
sah er die Knochenscheiben von Ertrunkenen
Die Botschaft hinterlassen. Ihre Zahl schlug
Vor ihm ans verstaubte Ufer, ward obskur.

Und Schiffwracks trieben ohne Glockenschlag vorbei,
Das Füllhorn der Großmut des Todes gab einen weit
Verstreuten Text zurück, ein bleicher Hieroglyph,
Das Omen eingewunden in die Muschelfluren.

Dann in der kreisenden Ruhe eines gewaltigen Strudels,
Sein Reißen gebannt und seine Bosheit ausgesöhnt,
Waren dort vereiste Augen, die Altäre hoben;
Und stille Antworten schlichen über die Sterne.

Kompass, Quadrant und Sextant entwerfen
Keine ferneren Fluten ... Hoch in den Azurhängen
Soll keine Monodie den Seemann wecken.
Diesen fabelgleichen Schatten behält nur das Meer.

Hart Crane: *An Melvilles Grab*[1]
(Melvilles Buch *Moby-Dick* beginnt in Nantucket,
von wo aus die *Pequod* in See sticht.)

Jacqueline Kennedy Onassis erlag am 19. Mai 1994 einem Krebsleiden. Zeitlebens hatte sie die Lyrik geliebt, und so wurden bei ihrem Begräbnis zahlreiche Gedichte vorgetragen. Caroline las »Memory of Cape Cod« von Edna St. Vincent Millay, das folgendermaßen endet:

> Wir finden für dich einen Strand, der dem von Truro gleicht.
> Lass mich den Wind in den Eschen hören,
> Es klingt wie die Brandung am Kap.[2]

Jackies Partner Maurice Tempelsman trug das Gedicht »Ithaka« von Konstantinos Kavafis vor, das wie Tennysons »Ulysses« Anleihen bei Homer macht. Jackie hatte sich gewünscht, dass es an ihrem Grab erklingt. Es enthält die Zeilen:

> Bete, daß ein weiter Weg es werde.
> Mögen der Sommermorgen viele sein,
> Wo du – oh wie mit Dank! oh wie mit Freude! –
> Einfährst in Häfen, die du siehst zum ersten Mal.
> [...]
> Behalte stetig Ithaka in deinem Geist.
> Die Ankunft dort ist deine Vorbestimmung.
> Doch haste mit der Reise nimmermehr!
> Besser, sie daure vieler Jahre Lauf,
> Und auf der Insel ankerst du als Greis,
> An allem reich, was auf dem Wege du erwarbst,
> Niemals erwartend, daß dir Reichtum schenke Ithaka.
>
> Ithaka schenkte dir die schöne Reise.[3]

Fünf Jahre später versammelte sich die Familie erneut in Hyannis Port. Hier war der Ort, an dem sie sich zu freudigen Anlässen wie Hochzeiten, traurigen Anlässen wie Beerdigungen oder auch ohne Anlass, etwa in den Ferien, immer wieder trafen. Dieses Mal war der Grund die Hochzeit von Rory, Robert F. Kennedys jüngster Tochter. Als Robert ermordet wurde, war seine Frau Ethel mit Rory schwanger. Am Sonnabend, den 17. Juli 1999, sollte sie mit Mark Bailey getraut werden. Bereits am Vortag war im Garten des Kennedy'schen Anwesens ein großes Festzelt aufgebaut worden.

Am selben Freitag nahm John F. Kennedy jun. auf dem Pilotensitz einer einmotorigen Piper Saratoga II Platz, um von Fairfield in New Jersey nach Martha's Vineyard zu fliegen. Mit an Bord waren seine Frau Carolyn Bessette Kennedy und deren Schwester Lauren, die sie auf Martha's Vineyard absetzen wollten, um von dort die kurze Strecke über den Nantucket Sound nach Hyannis Port zurückzulegen. John rechnete mit einer Flugzeit von neunzig Minuten. Die Fluglizenz besaß er seit einem guten Jahr, aber ein Flug im Dunkeln, bei dem er sich allein an den Instrumenten orientieren konnte, war Neuland für ihn. Noch brauchte er als Orientierungshilfe den Blick aus dem Fenster auf den Horizont. Doch die Nacht war mondlos, und das letzte Licht wurde von Nebel verschluckt. Draußen war nichts, woran John sich hätte halten können, und ein Flugzeug, das aus dem Ruder läuft, spielt der Schwerkraft Streiche. Mitunter wissen Insassen nicht zu unterscheiden, ob es gerade steigt oder sinkt. Piloten, die im Instrumentenflug ungeübt sind, droht unter solchen Bedingungen der Absturz.

Ein Fluglehrer, der dieselbe Strecke gemeinsam mit John geflogen war, wusste zu berichten, dass der 38-jährige Präsidentensohn »seine Flüge gewissenhaft vorbereitet und seine Entscheidungen sehr genau abgewogen hat«. Ein anderer Lehrer meinte jedoch, dass John zu wenig Erfahrung hatte, um unter den herrschenden Bedingungen allein loszufliegen. Und tatsächlich hatte ein erfahrener Pilot angeboten, ihn in jener Nacht zu begleiten, doch John hatte dankend abgelehnt.[4]

Auf Martha's Vineyard wartete man immer ungeduldiger auf die Piper. Um zwei Uhr früh informierte ein Freund der Familie schließlich die Küstenwache in Woods Hole. Deren Leiter wohnt traditionell neben dem Leuchtturm von Nobska Point, der seit 1876 in den Gewässern südlich von Cape Cod Orientierung bietet und gewissermaßen auch über die Kennedy-Kinder gewacht hat, als sie hier das Segeln lernten. Nun wurde das Flugzeug mit einem Kennedy der nächsten Generation vermisst.

Am nächsten Tag verschaffte sich die Polizei Zugang zu Johns New Yorker Wohnung, fand jedoch weder John vor noch irgendeinen Hinweis auf seinen Verbleib. Es gab allerdings Zeugen, die gesehen hatten, dass er und seine Passagiere in Fairfield gestartet waren. Die Suche wurde ausgedehnt, doch die Hoffnung auf Erfolg schwand mit jeder Minute. Schließlich fügten sich die Wartenden dem Schicksal: Die Hochzeit wurde abgeblasen, stattdessen wurde auf Ethels Veranda mit Blick auf den Sound eine Messe abgehalten. Und noch immer gab es weder vom Flugzeug noch von den Insassen eine Spur.

Einige Stunden später wurden an einem Strand von Martha's Vineyard, etwa drei Kilometer von dem Ort entfernt, wo Johns Mutter Jackie bis zu ihrem Tod gelebt hatte, die ersten Gegenstände angespült, darunter eine Pillendose mit Carolyns Namen darauf und eine Aktentasche mit einem Namensschild ihrer Schwester.

Die Leichen konnten schließlich gut zehn Kilometer westlich von Gay Head aus dem Meer geborgen werden, das an dieser Stelle 35 Meter tief war. Unweit von hier hatte John als Kind den Strand nach den Wracks von Piratenschiffen abgesucht.[5]

Ted und seine Söhne befanden sich auf dem Boot der Küstenwache, das die Leichen an Land brachte.[6] Wenige Tage später ging die Fahrt in die entgegengesetzte Richtung, als ein Boot der Küstenwache die Familie von Woods Hole aus zur Absturzstelle brachte, wo die Urnen mit den sterblichen Überresten von John, Carolyn und Lauren dem Meer übergeben wurden. Damit schloss sich zugleich ein Kreis, denn dieselben Gewässer hatte die Familie auf ihren Ausflügen ins Abenteuer unzählige Male mit der *Victura* befahren.

Unmittelbar nach dem Bekanntwerden des Absturzes stellte das Kennedy-Museum in Hyannis Port auf einem Pult Auszüge aus einer Rede aus, die der Präsident 1962 anlässlich der Austragung des America's Cup gehalten hatte. Darin heißt es: »Wir sind dem Ozean organisch verbunden. Und wenn wir zum Meer zurückkommen – sei es zum Segeln, sei es auch nur, um es zu betrachten –, kehren wir zu unseren Ursprüngen zurück.« In derselben Rede sagte er seinerzeit: »Es ist eine interessante biologische Tatsache, dass in unserem Blut etwa derselbe Salzgehalt herrscht wie in den Ozeanen. Dieses Salz findet sich in unseren Adern, in unserem Schweiß, in unseren Tränen.«[7]

Diese biologische – man könnte auch sagen: spirituelle – Verbindung zwischen dem Meer und den Menschen gehört spätestens seit Jacks Rede von 1962 zur Grundüberzeugung der Kennedys, und jedes Gespräch mit Familienmitgliedern läuft zwangsläufig auf das Thema hinaus.

»Beim Segeln mit Müttern und Vätern, Verwandten und Freunden gab es so viele wundervolle Erlebnisse, dass es Teil von uns geworden ist, Teil unseres Wesens.« Das sagt Mark Shriver, und Jacks Neffe Patrick bringt das Gespräch von sich aus auf »die Überzeugung, dass wir mit etwas in Verbindung stehen, das größer ist als wir, dass es ein Geheimnis gibt, das wir nicht lüften können, dass wir alle Reisende sind und unseren Platz auf Erden finden müssen. In der Familie gibt es die Gewissheit, dass das Salz in unseren Adern dasselbe ist wie das Salz im Meer und wir deshalb aufs Engste mit dem Meer verbunden, ja von dort gekommen sind.«[8]

Patrick geht so weit zu behaupten, Jacks Einsatz für die bürgerlichen Grundrechte sei stark von der Überzeugung geprägt gewesen, dass alle Menschen eine gemeinsame Herkunft teilen. Als Beleg führt er die berühmte Rede an, die Kennedy am 11. Juni 1963 unter dem Eindruck der Rassenunruhen in Birmingham gehalten hat. Darin heißt es: »[Es geht] im Prinzip darum, ob allen Amerikanern die gleichen Rechte und die gleichen Chancen gewährt werden und ob wir unsere amerikanischen Mitbürger so behandeln, wie wir selbst behandelt werden möchten. Wenn ein Amerikaner aufgrund seiner dunklen Hautfarbe nicht in einem für die Öffentlichkeit zugänglichen Restaurant essen kann, wenn er seine Kinder nicht auf die beste staatliche Schule seiner Gegend schicken kann und wenn er nicht für die öffentlichen Amtsträger stimmen kann, die ihn repräsentieren werden, dann kann man nur eines sagen: Er ist nicht in der Lage, sein Leben gemäß unserer Vorstellung zu leben, nämlich in all seiner Fülle und mit all seinen Freiheiten. Wer von uns würde gerne seine Hautfarbe annehmen und an seine Stelle treten? Wer von uns wäre zufrieden, wenn man ihm dazu rät, geduldig zu sein und Verzögerungen in Kauf zu nehmen?«[9]

»Hinzu kommt«, ergänzt Patrick, »dass das Meer unergründlich und zugleich verlässlich ist, weil sich Ebbe und Flut mit großer Regelmäßigkeit ablösen. Gibt es ein passenderes Bild für das Leben?«[10]

Laut Kerry Kennedy vermittelt das Meer »die Ehrfurcht vor dem Leben und ein tiefes Verständnis für das Werden und Vergehen: Man lebt, man stirbt, man wird wiedergeboren – ein ewiger Kreislauf der Erneuerung. Dass wir Kennedys so denken, liegt wohl daran, dass wir am Wasser groß geworden sind. Und dieses Denken färbt natürlich auf die Art und Weise ab, wie wir die Welt betrachten.«[11]

Danach gefragt, was das Segeln für ihn bedeutet, antwortet Max Kennedy: »Keine Ahnung. Ich weiß es wirklich nicht. Ich glaube aber, dass es nicht egal ist, ob man auf Salzwasser oder auf Süßwasser segelt ... Es muss damit zu tun haben, dass der Körper zu großen Teilen aus Flüssigkeit besteht. Und die ersten neun Monate unseres Lebens verbringen wir ja sogar im Wasser.«[12]

Das 21. Jahrhundert brachte Entwicklungen mit sich, die jene Meere bedrohten, die die Kennedys kannten und liebten. Horseshoe Shoal, die Untiefe zwischen Hyannis Port und den südlich vorgelagerten Inseln, ist ein idealer Standplatz für Windanlagen. Prompt ist hier der erste Offshore-Windpark der USA geplant. »Cape Wind«, wie das Projekt genannt wird, soll 130 Windräder umfassen, die auf einer Fläche von 60 Quadratkilometern fast 140 Meter hoch über das Wasser aufragen sollen. Die südwestlichen Winde, die hier so regelmäßig wehen, dass man die Uhr danach stellen kann, ziehen nicht nur Segler an. Und in einem liberalen Staat wie Massachusetts ist die nachhaltige Stromerzeugung ein Projekt, für das sich die Bevölkerung begeistern kann, während die Gewerkschaften sich über die Arbeitsplätze freuen, die dadurch entstehen sollen.

Die Kennedys sahen keinen Anlass zur Freude, und darin wussten sie sich mit anderen wohlhabenden Bewohnern Cape Cods einig, deren Begeisterung für das Segeln oder deren Wunsch nach einem unverbauten Blick auf das Meer sich nicht mit dem Gedanken an einen Windpark und die industrielle Nutzung des Nantucket Sound verträgt. So entstand eine Opposition, deren Mitglieder zwar aus gegensätzlichen politischen Lagern stammten, aber durchweg über großen Einfluss und die entsprechenden finanziellen Mittel verfügten. Zu den Mitgliedern zählen der populäre Journalist Walter Cronkite und der Geschäftsmann Bill Koch, dessen Jacht 1992 den America's Cup gewonnen hat. Koch spendierte 1,5 Millionen Dollar für die Gründung eines Bündnisses zum Schutz des Nantucket Sound und andere Aktivitäten, die das Ziel verfolgten, »Cape Wind« zu verhindern. Die Kennedys hatten sich stets für die Rechte der Schwachen eingesetzt, doch nun sah es so aus, als ließen sie sich ausschließlich von persönlichen Interessen leiten. Und dass sie sich mit ihrer Haltung Umweltschützer und Gewerkschaften zu Feinden machten, konnte ihnen auch nicht behagen.

Verkompliziert wurde die Angelegenheit dadurch, dass an der Spitze des Protestes ausgerechnet Robert F. Kennedy jun. stand, der sich einen Namen als Umweltaktivist gemacht und als Anwalt diverse Umweltgruppen vor Gericht vertreten hatte, darunter auch die Organisation Riverkeepers, die sich gegen die zunehmende Verschmutzung des Hudson River starkmachte. Und er hatte gefordert, Kohlekraftwerke durch neue und umweltfreundliche Verfahren der Stromerzeugung zu ersetzen, zu denen er ausdrücklich auch die Windkraft zählte. Ungeachtet dessen trat er zu einer Radiodebatte mit dem Leiter des Windparks »Cape Wind« an und wetterte polemisch gegen das Projekt. So nimmt es nicht wunder, dass die Hörer seinen Auftritt als arrogant und scheinheilig empfanden.

Ted war zwar auch gegen das Projekt, hielt sich mit seiner Meinung in der Öffentlichkeit aber merklich zurück. In Hyannis sprach ihn ein pensionierter Manager eines Energieversorgers an, dem er zufällig begegnete. Er wollte wissen, warum Ted gegen den Windpark war. Ted führte weitschweifig aus, dass die Firma für die Nutzung von Horseshoe Shoal viel zu wenig Geld bezahle. Welche Summe er für angemessen hielt, konnte er aber nicht sagen. Weil ihm die Argumente auszugehen drohten, sagte er schließlich: »Ich will die Dinger einfach nicht sehen.« Als der Experte ihm mitteilte, dass die Windräder nur bei klarem Himmel erkennbar wären, platzte es aus Ted heraus: »Aber das ist genau das Revier, in dem ich segle.«[13]

Sich die Position von Minderheiten zu eigen zu machen, das waren die Kennedys gewohnt, aber nun sah es ganz so aus, als wäre ihr Handeln vom Sankt-Florians-Prinzip bestimmt. Massachusetts war Kennedy-Land, und die Wähler ließen ihrem Abgeordneten die unklare Haltung durchgehen. Doch das folgende Jahrzehnt war bestimmt von erbitterten politischen und juristischen Auseinandersetzungen, die kein gutes Licht auf die Familie Kennedy warfen. Im Jahr 2012 entschloss sich daher Joseph Kennedy III., der Enkel von Robert F. Kennedy und der Sohn von Joseph P. Kennedy II., der für den Kongress kandidierte, aus der Front auszuscheren und das »Cape Wind«-Projekt zu unterstützen.

Im Sommer 2003 nahmen Ted mit der *Mya* und Max mit der *Glide* an der Figawi-Regatta teil, die sie als Zweiter beziehungsweise Dritter beendeten.[14] Der Name der Regatta leitet sich aus einer Anekdote her, laut der einmal Segler vor Cape Cod die Orientierung verloren hatten und sich gegenseitig fragten, wo zum Teufel sie wohl waren. Auf Englisch hießt die Formulierung »Where the fuck are we?«, und der letzte Teil der Frage klingt in der hier gesprochenen Mundart eben wie »Figawi«. Diese Regatta bildet traditionell den Abschluss einer Segelsaison. Anschließend werden die Boote aus dem Wasser geholt und ins Winterlager gebracht. Auch die erste *Victura*, die den Sommer über auf einer Wiese vor dem JFK-Museum steht, wird Jahr für Jahr von Boston nach Cape Cod gebracht, wo sie den Winter mit neueren, noch aktiven Wianno Seniors in einer Halle auf dem Gelände der Crosby-Werft in Osterville verbringt. Anders als an den anderen Booten gibt es an der *Victura* nur selten etwas zu reparieren, schließlich wird sie ja auch nicht mehr benutzt. Dann und wann ist lediglich ein neuer Anstrich nötig. Die übrige Zeit steht sie aufgepallt unter dem Dach jener Werft, auf der sie vor mehr als siebzig Jahren vom Stapel gelaufen ist.

Am 10. Dezember 2003 brach in einer der Hallen ein Feuer aus. Es breitete sich rasch aus, und von mehreren Explosionen begleitet bahnte es sich einen Weg durch das Dach. Der Feuerschein war noch in großer Entfernung zu sehen. Aus den umliegenden Orten – Centerville, Osterville, Marstons Mills – rückten mehr als 110 Feuerwehrleute an. Einer von ihnen besaß selbst eine Jacht, die ganz in der Nähe lag. Nun benutzte er sie dafür, Boote, die im Wasser lagen, aus der Gefahrenzone zu schleppen. Trotzdem waren die Verluste beträchtlich, auch wenn zum Glück keine Menschenleben zu beklagen waren. Allein 21 Wianno Seniors fielen den Flammen zum Opfer.

Die alte *Victura* war nicht darunter. Sie stand in einer Halle, die verschont geblieben war. Andere hatten dieses Glück nicht. Dazu zählten: Ethels *Resolute* (Segelnummer 132, Baujahr 1964), Eunice' *Headstart* (Segelnummer 139, Baujahr 1967) und Jack Fallons *Marna* (Segelnummer 120, Baujahr 1950).[15]

Wie es heißt, war der Brand einer der wenigen Anlässe, bei denen Ethel mit Tränen in den Augen gesehen wurde.

»Uns allen war zum Heulen zumute«, sagt ein anderer Eigner, dessen Boot verbrannte. »Manche haben den Schmerz mit dem verglichen, den man nach einem Brand in einem Pferdestall verspürt. Der Vergleich hinkt aber. Schließlich leben Pferde nicht so lange wie unsere Boote.«[16]

Kurz nach dem Brand sagte Bobs Sohn Chris in einem Interview: »Unsere Eltern haben uns auf der *Resolute* das Segeln beigebracht und wir unseren Kindern. An Bord haben wir Freundschaften geschlossen und Wettfahrten bestritten. Die *Resolute* war ein echtes Familienboot.«[17]

Um die Erinnerung daran wachzuhalten, schrieb Chris 2004 einen Brief an seine Kinder. Darin heißt es: »Mein Großvater hat für seine Kinder eine Wianno Senior angeschafft. Sie hatte die Segelnummer 94, war also das 94. Exemplar, das von diesem Typ gebaut wurde. Auf diesem Boot hat mein Vater segeln gelernt, und zwar von seinem älteren Bruder Jack, der auch meinem Onkel Ted das Segeln beigebracht hat. Ted hat sein Wissen an meinen Bruder Joe weitergegeben, bei dem wiederum ich das Segeln gelernt habe. Schließlich habe ich Euch gezeigt, wie man segelt. Ich hoffe sehr, dass Ihr diese Tradition fortsetzt, wenn Ihr dereinst selbst Kinder habt.«[18]

Im Mai 2008 wurde bei Ted ein Gehirntumor diagnostiziert. Und während er dagegen ankämpfte, verschlechterte sich der Gesundheitszustand seiner Schwester Eunice. Autounfälle, eine Reihe von Schlaganfällen und andere Erkrankungen hatten ihren Körper so sehr geschwächt, dass das Ende absehbar war.

Im Juni 2009 fuhren Ted und Vicki mit einem Golfwagen den kurzen Weg vom Haupthaus zum Haus der Shrivers. Bobby, der Sohn von Eunice, erwartete sie gemeinsam mit seiner sechs Monate alten Tochter Rosemary. Eunice war von der Krankheit gezeichnet, und sie wollten sie aufmuntern.

Eine Weile lang sprachen sie über die Familie, über Gäste, die sich angekündigt hatten, und natürlich über die letzten Regatten. Da hatte Ted eine Idee, wie er seine Schwester Eunice auf andere Gedanken bringen und von ihrem schlechten Gesundheitszustand ablenken könnte. Eunice hatte immer großen Spaß daran gehabt, Menschen in eine Rangliste einzuordnen, sie als

Hoffnungsträger oder Wackelkandidaten einzustufen, und zwar ganz besonders hinsichtlich ihrer Qualitäten als Segler. Daher begann Ted mit ihrem ältesten Bruder Joe und fragte sie, ob er in ihren Augen ein guter Segler gewesen war.
»Ja«, erwiderte sie einsilbig.
»Und Bobby?«
»Auf keinen Fall«, lautete die Antwort, die Ted als ziemlich schroff empfand.
Auf diese Weise gingen sie nach und nach sämtliche Geschwister durch. Schließlich war Kick an der Reihe, doch die fiel aus der Wertung, weil sie nicht nur für das Segeln, sondern für jeden Sport nicht das geringste Interesse aufgebracht hatte. Nachdem sie alle Geschwister durchdekliniert hatten, blieb nur noch eine Frage offen – die alles entscheidende: Ted gab sich einen Ruck und fragte Eunice, welches der neun Geschwister ihrer Ansicht nach der beste Segler sei.
»Ich.«
Teds Lachen kam auf tiefstem Herzen. Doch je mehr ihr Bruder lachte, desto standhafter blieb Eunice bei ihrer Meinung.[19]
Dieses Gespräch fand im Juni, in einem jener warmen und windigen Sommer statt, wie sie für das Kap typisch sind. Der Nantucket Sound und die Boote, die darauf herumfuhren, waren vom Anwesen der Shrivers aus gut zu sehen. Wenige Wochen später, am 11. August 2009, starb Eunice. Ted folgte ihr zwei Wochen darauf.

Die Geschichte der *Victura* erzählt in erster Linie von der Kraft gemeinsamer Erfahrungen. Der Zusammenhalt in Familien oder zwischen Freunden ist weder genetisch bedingt noch dem Zufall geschuldet, sondern entsteht durch Zeit und Ziele, die man miteinander teilt. Die Kennedys hatten sich einer der wenigen Sportarten verschrieben, bei denen Familienmitglieder unabhängig von Alter, Geschlecht oder körperlichen Voraussetzungen als Team antreten können. Sie bestritten gemeinsam Regatten oder segelten zum Spaß quer über den Nantucket Sound, spürten die Kälte oder die Hitze und sprachen über Themen, zu denen jeder von ihnen etwas beitragen konnte. Dieselben Erlebnisse kann eine Familie auch dann machen, wenn sie gemeinsam einen Bauernhof betreibt, ein Haus baut oder wandern geht. Entscheidend war und ist das gemeinsame Erleben, das die Familie zusammenschweißt. Doch die Kennedys segelten nicht nur zusammen, sie nahmen möglichst auch die Mahlzeiten gemeinsam ein und achteten darauf, dass die Tischgespräche ein gewisses Niveau nie unterschritten. Und sie erklärten ein schlichtes Gedicht über einen antiken Seefahrer zu einem Teil des Familienerbes. Leider gibt es viele Familien, die nur sehr wenig Wert auf solcherlei Gemeinsamkeiten legen, und leider merkt man es ihnen meistens an.

Bei Teds Beerdigung hielten zwei Söhne, ein Neffe und ein langjähriger Freund kurze Reden, in denen sie auch auf die *Victura* zu sprechen kamen. In großen Familien gehören Beerdigungen zwangsläufig dazu, doch vor allem in den letzten Jahren haben die Kennedys damit mehr Erfahrungen machen müssen, als ihnen lieb sein konnte. Auf Cape Cod finden Beisetzungen normalerweise am Vormittag statt, um den Hinterbliebenen die Möglichkeit zu geben, den Nachmittag gemeinsam zu verbringen. Laut Teds Nichte Kerry haben die Kennedys jedoch eine ganz eigene Tradition entwickelt, und zwar ohne dass darüber je groß geredet worden wäre. Nach einer Beerdigung versammeln sie sich auf einem der Segelboote der Familie und fahren hinaus aufs Meer.

Teds Tochter Kara, die einige Jahre zuvor ja schon einmal an Krebs erkrankt war und auf deren Hochzeitstorte eine Nachbildung der *Victura* gethront hatte, starb zwei Jahre nach ihrem

Vater. Der Krebs war in ihren Körper zurückgekehrt. Bei ihrer Beerdigung las ihr Bruder Patrick einige Zeilen von Eugene O'Neill vor, Zeilen, die Ted auf den ersten Seiten seiner Memoiren zitiert:

> Ich liege vorne am Bugspriet, schaue achtern aus, das Wasser schäumt unter mir, und die Maste über mir türmen sich hoch auf mit ihren weißen Segeln im Mondlicht. Ich war wie trunken von all der Schönheit und dem singenden Rhythmus des Ganzen. Für einen kurzen Augenblick verlor ich mich selbst – wirklich, ich verlor mein Leben. Ich war befreit, war frei! Ich löste mich auf in Meer, wurde weißes Segel und fliegende Gischt, wurde Schönheit und Rhythmus, Mondlicht und Schiff, und der hohe mit Sternen übersäte, verschwimmende Himmel. Ich gehörte, ohne Gegenwart und ohne Zukunft, mit hinein in den Frieden und die Einheit und in eine wilde Freude, in etwas, das größer war als mein eigenes Leben, größer als das Menschenleben überhaupt, ich gehörte zum Leben selbst! Zu Gott, wenn du willst.[20]

Nachwort

*I*m August 2012 klopfte ich an die Tür von Brambletyde, zu Zeiten Jacks und Jackies auch als das Weiße Sommerhaus bekannt. Heute leben Chris und Sheila Kennedy darin. In der Nacht zuvor war ein Sturm über Cape Cod hinweggefegt, dessen Stärke Chris auf zehn Beaufort schätzte. Brambletyde steht auf einer kleinen Klippe und daher etwas höher als die umgebenden Häuser. Als ich ankam, stand der Wagen eines Glasers vor der Tür.

Sechs Monate zuvor, im tiefsten Winter, hatte ich Chris in der Nähe von Chicago getroffen, um mit ihm über mein Buchprojekt zu sprechen. Chris war begeistert und lud mich zu einer Segelpartie nach Cape Cod ein. Mein Besuch im August galt der Einlösung des Versprechens. Sheila öffnete die Tür und führte mich in die Küche, wo sie mir ein Sandwich zur Stärkung anbot. Anschließend sollte es aufs Wasser gehen. Auf meine Frage, ob sie mitkomme, antwortete Sheila mit einem Nein, ehe sie ergänzte, dass sie derweil ihrer Tochter auf einem anderen Boot Segelunterricht geben wollte.

Chris nahm mich mit auf eine hölzerne Wianno Senior, die mit der *Victura* baugleich war. Das Boot, mit dem wir segeln wollten, hieß *Ptarmigan* und gehörte Max. Chris besaß ebenfalls eine Wianno Senior, er hatte sie *Victura* getauft. Doch die hatte irgendwo ein Leck und lag deshalb auf der Crosby-Werft. Als wir am Hafen ankamen, war Max gerade dabei, die Bilge der

Ptarmigan zu lenzen, eine Arbeit, die alle Besitzer einer Wianno Senior aus Holz widerwillig, aber regelmäßig erledigen. Den Namen *Ptarmigan* hatte Max als Hommage an die alte *Resolute* gewählt. Das Expeditionsschiff gleichen Namens, das im 19. Jahrhundert in die Arktis gesegelt war, war als *Ptarmigan* vom Stapel gelaufen und erst umbenannt worden, nachdem die Royal Navy die Bark 1850 gekauft und eisgängig gemacht hatte.

Außer Chris, Max und mir gingen, wenn ich mich recht erinnere, noch vier Kinder mit an Bord. Chris bot mir an, die Pinne zu übernehmen – und damit auch die Verantwortung für die Besatzung. Noch im Hafen setzte sich eine weitere Wianno Senior hinter uns, die ebenfalls in die Bucht hinauswollte. An Bord befanden sich Kinder und Jugendliche, alle unter achtzehn Jahre. Ich bin sicher, dass darunter mindestens je ein Kennedy und ein Shriver waren.

»Wenn sie uns einholen, müssen Sie zurückschwimmen«, sagte Chris. Wir waren erst wenige Hundert Meter gesegelt, und von einer Wettfahrt war bislang keine Rede gewesen. Aber nun waren wir mittendrin. Auf einer Wianno Senior muss man offenbar mit allem rechnen. Das andere Boot holte rasch auf. Ich segle ausgesprochen gern, aber wahrlich nicht sonderlich gut. Und auf einer Wianno war ich zuvor noch nie gewesen. Doch dass uns ein Boot voller junger Menschen überholen wollte, war im Zusammenhang mit einem Buch, das davon handelt, wie eine neue Kennedy-Generation die jeweils vorige hinter sich lässt, dann doch eine allzu naheliegende Metapher. Kurz bevor das andere Boot uns einholte, schritt Max zur Tat. Er übernahm das Ruder und ging sofort über Stag. Das war ein kluger Schachzug, weil wir auf Backbordbug Wegerecht genossen. Und dass die Kennedys beim Segeln mit allen Tricks arbeiteten, durfte ich an diesem Tag mehrere Male erleben. So gelang es Max, durch geschicktes Steuern das andere Boot dazu zu zwingen, etwas abzufallen, um nicht mit einer Jacht zu kollidieren, die an einer Mooring lag. An diesem Tag, so sah es aus, sollte die Jugend in den Alten ihren Meister finden.

Kurz nach dieser Episode erlebte ich die nächste Überraschung, als die Kinder auf unserem Boot sich unvermittelt erhoben und ins Wasser sprangen. Auf Geheiß von Chris und Max schwammen sie zu einer Jacht, die nicht weit von uns entfernt im Wasser dümpelte. Als sie angekommen waren, forderten sie vom Skipper in bester Piratenmanier einen Teil der Ladung – in diesem Falle Süßigkeiten oder anderes Essbares. Dann sollte ich wieder an die Pinne, um die Kinder an Bord zu nehmen. Die bewegten sich derweil mit einer Selbstverständlichkeit im Wasser, die manch anderer selbst am Strand nicht hinbekommt. Leider steuerte ich die *Ptarmigan* so, dass wir der anderen Jacht zu nahe kamen. Max gab mir den Befehl, mich weiter an Backbord zu halten und direkt auf die Kinder zuzuhalten. »Wir wollen ja nicht, dass eines der Boote ramponiert wird«, sagte er. Meine Sorge galt eher den Kindern, die vor unserem Bug schwammen. Es war vergleichsweise wahrscheinlich, dass sich unter ihnen der künftige Präsident der USA befand, und ich hatte wenig Lust, den kommenden Führer unseres Landes auf dem Gewissen zu haben. Aber Max wusste, dass die Kinder so elegant Platz machen würden wie ein Feld mit Seerosen. So war es auch, und kaum konnten sie den Spiegel des Bootes erreichen, zogen sie sich mit derselben Eleganz an Deck. Nur einem Kind bereitete es Mühe, über das Heck einzusteigen. Ich streckte meine Hand aus, um ihm zu helfen, während ich mit der anderen Hand versuchte, das Boot auf Kurs zu halten. Schließlich arbeitete sich der Junge zurück ins Boot und krabbelte ins Cockpit.

Bei den Recherchen für dieses Buch stieß ich sehr bald auf die enge Beziehung der Kennedys zu Tennysons Gedicht »Ulysses«

und die große Rolle, die es in ihrem privaten wie in ihrem öffentlichen Leben spielte. Bis heute gibt es Mitglieder der Familie, die nicht nur wissen, dass es mit Jackie in die Familie kam, die es einst Jack vorgetragen hat, sondern es zumindest in Teilen auch rezitieren können. Die Kinder von Chris haben es zu mehreren festlichen Anlässen vorgetragen, und Conor, der Sohn von Robert F. Kennedy jun., lernte es wenige Monate vor seinem achtzehnten Geburtstag auswendig, um es in der Schule aufzusagen. Die unsterbliche Legende des Odysseus und die Erfahrung der Unendlichkeit, die man zumal bei Nacht auf dem Meer macht, lassen das Leben der Kennedys, das zu großen Teilen in der Öffentlichkeit stattfand, in einem anderen Licht erscheinen. Kaum jemand von uns kann sich vorstellen, wie es ist, wenn selbst über Privatestes in den Medien berichtet wird, und so hatten die Kennedys stets auch mehr Anlass als andere, sich historische Vergleiche zu suchen – und in Odysseus einen Verwandten zu sehen. Aus der *Odyssee* lässt sich lernen, dass Menschen mit großem Ehrgeiz und ebenso großen Sehnsüchten, die mit menschlichen Schwächen kämpfen und schweren Schicksalsschlägen ausgesetzt sind, nicht nur im 19. oder 20. Jahrhundert zu Hause sind, sondern in der Geschichte der Menschheit zu jeder Zeit anzutreffen waren.

Die Liebe zur Poesie, die Weitergabe der Begeisterung fürs Segeln, das Geld – all das mag zum Verständnis der Kennedys wichtig sein. Das, was sie der Nachwelt hinterlassen haben, geht aber weit darüber hinaus.

In seiner Eigenschaft als Vorstandsmitglied der Wohltätigkeitsorganisation Save the Children reiste Mark Shriver im Dezember 2012 nach Newtown, Connecticut, um nach dem Amoklauf, dem zwanzig Grundschüler und sechs Erwachsene zum Opfer gefallen waren, so gut es ging zu helfen. Marks Bruder Timothy P. Shriver steht heute an der Spitze der Special Olympics, der weltweit größten Sportbewegung für Menschen mit geistiger Behinderung. Damit setzt Timothy die Arbeit fort, die seine Mutter begonnen hatte. Chris Kennedy, der, als sein Onkel Jack ermordet wurde, gerade einmal vier Monate alt war, herrscht heute über den Merchandise Mart in Chicago, der einst seinem Großvater gehörte. Darüber hinaus leitet er den Stiftungsrat der Universität von Illinois. 2012 ebnete er seinem Neffen Joseph P. Kennedy III. den Weg in den Kongress. Im selben Jahr gründete er Top Box Foods, eine wohltätige Organisation, die Nahrungsmittel an bedürftige Familien verteilt.

Kerry Kennedy ist die Gründung des Robert F. Kennedy Center for Human Rights zu verdanken, das sich weltweit für Menschenrechte einsetzt. Zudem ist sie für Amnesty International aktiv. Robert F. Kennedy jun. ist ein Anwalt und Umweltaktivist, der sich der Reinhaltung unserer Gewässer verschrieben hat. Max hat das Urban Ecology Institute am Boston College gegründet und unterstützt akademische sowie außeruniversitäre Arbeiten, die sich mit Themen wie zum Beispiel dem Selbstmord als militärischem Mittel befassen. Teds Sohn Patrick saß zwei Wahlperioden lang im Kongress und gehört zu den Gründern von One Mind for Research, einer Organisation, die sich der Erforschung von Hirnerkrankungen verschrieben hat und sich für die Gleichberechtigung von Menschen mit psychischen Erkrankungen starkmacht. Caroline Kennedy, die als Autorin und Anwältin tätig und Mutter von drei Kindern ist, stellt ihren guten Namen für gute Zwecke zur Verfügung und überreicht jedes Jahr den Profiles in Courage Award. Im Herbst 2013 schickte Präsident Obama sie als Botschafterin nach Japan. Die Liste ließe sich fortsetzen, denn auch andere Kinder und Kindeskinder der Kennedys und Shrivers machen sich auf diese oder jene Weise um ihr Land und dessen Menschen verdient.

Wegen ihrer Erfolge sind die Kennedys für die Medien ebenso interessant wie wegen ihrer Schicksalsschläge. Was sie sagen, wird gierig aufgesogen, jede Schwäche, die sie zeigen, ins Rampenlicht gezerrt – ein Widerstreit der Interessen, mit dem die Familie Tag für Tag leben muss. Wirtschaftliche Sorgen sind den Kennedys fremd, aber sie gehören zu den wenigen vermögenden Menschen, die sich dessen bewusst sind, und nie haben sie Anlass zu dem Vorwurf gegeben, ihren Einfluss und ihre Position dafür genutzt zu haben, sich unrechtmäßig zu bereichern. Vielmehr sehen sie es als ihre Aufgabe an, ihren Namen und ihre wirtschaftlichen Möglichkeiten zum Wohle anderer einzusetzen – eine Tradition, die die nachfolgenden Generationen auf beeindruckende Art und Weise fortsetzen.

Bruce Feiler, Kolumnist der *New York Times*, publizierte im Jahr 2013 ein Buch, in dem er sich mit der Frage befasst, was eine glückliche Familie auszeichnet. Bei der Beschäftigung mit wissenschaftlichen Studien fand er heraus, dass solche Kinder es im Leben am leichtesten haben, die in Familien mit einem ausgeprägten Bewusstsein ihrer eigenen Geschichte aufwachsen, zumal dann, wenn diese Geschichte große Erfolge ebenso enthält wie große Tragödien, persönliche Niederlagen ebenso wie persönliche Triumphe. In diesem Sinne muss man die Kennedys als eine glückliche Familie begreifen, denn Erfolge und Tragödien finden sich in ihrer Geschichte im Überfluss. Dass sich dort auch manche persönliche Niederlage und menschliche Schwäche findet, tut dem Befund keinen Abbruch: In welcher Familie dieser Größe wäre das anders? Die stärksten Familien sind ohnehin die, die ihre Niederlagen offen eingestehen, ihre Triumphe zu feiern verstehen und aus beidem Kraft und Stärke beziehen.

Als Kind habe ich in den Sommerferien endlose Stunden damit verbracht, gemeinsam mit meinem Vater und meinen Brüdern auf einem der Seen Wisconsins herumzuschippern und zu angeln. In den übrigen Monaten haben wir zu Hause die Fachzeitschriften durchgeblättert und uns ausgemalt, dass uns der größte Zander an den Haken geht, der je geangelt wurde. Eines Tages kaufte sich mein Vater einen neuen Angelkasten, der in mehrere Fächer für die verschiedensten Arten von Haken und Ködern unterteilt war. Den alten Angelkasten überließ er mir. Er war zwar schon etwas angeschlagen, aber groß, schwer und stabil. Die einzelnen Fächer hatte mein Vater mit Kork ausgeschlagen. Es war ein Angelkasten für Erwachsene und in nichts mit dem zu vergleichen, den ich bislang mein Eigen genannt hatte. Dieser Angelkasten befindet sich auch fast fünfzig Jahre später noch in meinem Besitz, und ich halte ihn in Ehren, als wäre es eine goldene Uhr, die mein Vater mir vermacht hat. Als er ihn mir überließ, wird mein Vater nicht im Traum daran gedacht haben, dass der Kasten einmal eine solche Bedeutung für mich haben könnte. Vielleicht ist es das Los von Eltern, sich nur selten darüber bewusst zu sein, dass alles, was sie für ihre Kinder tun, eine Mitgift für das ganze Leben ist, und zwar im Guten wie im Schlechten. Bei den Kennedys ist dieses Bewusstsein wohl ausgeprägter als bei anderen Familien.

Im Sommer 1932 brach die *Victura* von der Crosby-Werft aus zu ihrer Jungfernfahrt auf. Ihr Ziel war Hyannis Port und das Anwesen der Kennedys. Wer an Bord war, ist nicht überliefert, aber man darf davon ausgehen, dass Jack und sein Bruder Joe förmlich darauf brannten, mitsegeln zu dürfen. Achtzig Jahre später begab sich die *Dingle*, ebenfalls eine Wianno Senior, auf denselben Weg, um fortan auf ihrem Liegeplatz unweit des Wellenbrechers zu liegen, wo man sie von den zahlreichen Häusern im Besitz der Kennedys und Shrivers aus gut sehen kann. Die *Ptarmigan* und die neue *Victura* liegen ganz in der Nähe.

Niemand hat die Stunden und Tage gezählt, die die Kennedys gemeinsam auf der alten *Victura*, der *Resolute* oder den neueren Booten verbracht haben, sich durch die Brandung gekämpft, Wellen mit weißen Schaumkronen durchschnitten und sich weit nach Luv hinausgelehnt haben, um das Boot auch bei stärkerem Wind aufrecht zu segeln. Von der Flaute bis zum Starkwind haben sie sämtliche Windbedingungen erlebt, sich beim Steuern abgewechselt, darüber gestritten, wer die Bilge lenzen musste, geschimpft, wenn sich bei einer Wettfahrt jemand taktisch falsch verhielt, sich über private Probleme und Belange der Familie ausgetauscht, gewendet, das Gespräch wiederaufgenommen und den Heimweg angetreten – und das über mehrere Jahrzehnte.

Als ich Max' Tochter Summer im Hafen von Hyannis traf, war sie achtzehn Jahre alt, eine junge, sportliche, schlanke und gut aussehende Frau, die quasi den ganzen Sommer im Badeanzug verbringt und sich am, im oder auf dem Wasser aufhält. Sie begrüßte mich ebenso freundlich wie höflich. Zwei oder drei Jahre zuvor, mit fünfzehn oder sechzehn, war sie mit lauter gleichaltrigen Freunden mit der *Ptarmigan* von Hyannis Port nach Nantucket gesegelt, eine Strecke von gut fünfzig Kilometern. Als Summer in Hyannis lossegelte, hatte sie das Ziel nicht vor Augen. Dafür musste sie erst den Horizont überqueren.

Mark Shriver, der 2012 die *Dingle* gebraucht gekauft hat, hofft, dass seine vierzehnjährige Tochter bald ohne ihn damit segeln kann. Es muss ja nicht gleich über den Horizont gehen.

Nach unserem Ausflug mit der *Ptarmigan* schlenderten Chris und ich am Hafen entlang, als wir eine Gruppe von Kindern sahen, die sich zum Segelunterricht versammelt hatten. Unter den Kindern war auch Chris' dreizehnjährige Tochter. Die Farben ihres Badeanzugs waren von der Sommersonne ausgebleicht. Die Kinder lernten gerade, wie man ein Segel richtig zusammenlegt. Als wir vorbeigingen, winkte Chris seiner Tochter zu, ehe er unvermittelt innehielt. »Ich sehe nur Kennedys und Shrivers«, stellte er erstaunt fest.

Kerry wiederum erinnert sich daran, dass Chris bei einem Segeltörn mit seinen Kindern auf einen Leuchtturm zeigte und sagte: »Wenn man eine Linie zwischen uns und dem Leuchtturm zieht und dieser Linie folgt, landet man irgendwann in Irland.«[1]

1925, als Joe und Rose Kennedy Malcolm Cottage mieteten, um mit der Familie Urlaub zu machen, und Henry Beston sein Haus in den Dünen von Cape Cod bezog, erschien auch der Roman *Der große Gatsby* von F. Scott Fitzgerald. Die Worte, mit denen das Werk endet, bilden den idealen Schluss auch dieses Buches. Fitzgerald spricht dort von einer »Zukunft, die Jahr für Jahr vor uns zurückweicht«. Über diese Zukunft sagt er:

»Damals entwischte sie uns, aber was macht das schon – morgen laufen wir schneller, strecken die Arme weiter aus ... Und eines schönen Tages ...

So kämpfen wir weiter, wie Boote gegen den Strom, und unablässig treibt es uns zurück in die Vergangenheit.«[2]

Dank

Christopher G. Kennedy, der Sohn von Robert F. und Ethel Kennedy, hat mir nicht nur selbst wertvolle Informationen zukommen lassen – und mir gezeigt, wie man eine Wianno Senior segelt –, sondern auch den Kontakt zu seinen Cousins und Cousinen, Geschwistern, deren Ehepartnern und nicht zuletzt zu seiner hinreißenden Mutter hergestellt. Zahlreiche Mitglieder der Familien Kennedy und Shriver haben sich freundlicherweise bereit erklärt, mir Rede und Antwort zu stehen. Die Mitarbeiter des John F. Kennedy Presidential Library and Museum waren außerordentlich hilfsbereit. Dank gebührt auch Al Lawson und Jennifer Morgan Williams vom Osterville Historical Museum sowie Timothy W. Fulham, der der Wianno-Senior-Klassenvereinigung vorsteht. Im Zuge meiner Recherchen durfte ich viele wunderbare Menschen kennenlernen, darunter den Künstler Henry Koehler, der mir neben seinen Erinnerungen auch das letzte erhaltene Foto des Gemäldes, das er 1963 von der *Victura* angefertigt hat, zur Verfügung stellte. Mein Versuch, die Geschichte der *Victura* zu Papier zu bringen, wurde unterstützt durch meine Freunde Sallie Smith und John Montgomery, meine Agentin Claire Gerus, meinen Lektor Stephen Hull, Beth Aldrich sowie Rhea und Earl Kingman. Doch so wichtig der Beitrag jedes Einzelnen der genannten Personen auch war, reichen sie auch zusammengenommen nicht an das heran, was meine Frau Linda Kingman bei jedem einzelnen Arbeitsschritt, auf vielfältigste Art und Weise und über den gesamten Zeitraum zum Gelingen beigetragen hat. Noch etwas länger allerdings reicht der positive Einfluss jener Frau zurück, die mich dereinst zum Schreiben angeregt hat: meine Mutter Virginia P. Graham, die mich bis heute als Vorbild inspiriert und durch gute Ratschläge ermutigt.

Anmerkungen

TEIL I – KINDS- UND SCHIFFSTAUFEN

Ein anderes Wort für Leben
1 William Manchester, *The Death of a President*. New York: Harper and Row 1967, S. 81 f.
2 Caroline Kennedy / Michael Beschloss, *Jacqueline Kennedy. Historic Conversations on Life with John F. Kennedy*. New York: Hyperion 2011, S. 100 ff.
3 Christopher G. Kennedy, Gespräch mit dem Autor, geführt am 13. Februar 2012 in Wilmette, IL
4 Edward M. Kennedy, *True Compass*. New York: Twelve 2009, S. 6
5 Eugene O'Neill, *Eines langen Tages Reise in die Nacht. Schauspiel in vier Akten*. Übers. von Ursula und Oscar Fritz Schuh. Stuttgart: Reclam 1967, S. 118 f.
6 In manchen Quellen heißt es, 1926 sei ihr erster Sommer dort gewesen, doch in der JFK Library ist die Korrespondenz mit einem Umzugsunternehmen archiviert, der man das Jahr 1925 entnehmen kann. David Masaw, der Biograf von Joseph P. Kennedy sen., spricht vom Jahr 1924.
7 Christopher G. Kennedy, Gespräch mit dem Autor
8 Doris Kearns Goodwin, *The Fitzgeralds and the Kennedys. An American Saga*. New York: St. Martin's Press 1991, S. 325
9 Arthur M. Schlesinger jun., *Robert Kennedy and His Times*. Boston: Houghton Mifflin Harcourt 1978, S. 6
10 Doris Kearns Goodwin, *The Fitzgeralds and the Kennedys*, S. 367
11 Caroline Kennedy / Michael Beschloss, *Jacqueline Kennedy*, S. 76
12 Charles Higham, *Rose. The Life and Times of Rose Fitzgerald Kennedy*. New York: Pocket Books 1995, S. 102 f.
13 Doris Kearns Goodwin, *The Fitzgeralds and the Kennedys*, S. 366
14 Michael O'Brien, *John F. Kennedy. A Biography*. New York: St. Martin's Press 2005, S. 36

Auf Sieg getrimmt
1 Caroline Kennedy, *The Best-Loved Poems of Jacqueline Kennedy Onassis*. New York: Hyperion 2001, S. 31
2 Edna St. Vincent Millay, *The Selected Poetry of Edna St. Vincent Millay*. New York: Modern Library 2002, S. 49, neu übersetzt von Rudolf Mast
3 Henry Beston, *The Outermost House*. New York: Henry Holt 1988, S. 6
4 Ebd., S. 191
5 Henry David Thoreau, *Kap Cod*. Hg. und übers. von Klaus Bonn. St. Pölten / Salzburg / Wien: Residenz 2014, S. 311 f.
6 Leo Damore, *The Cape Cod Years of John Fitzgerald Kennedy*. Englewood Cliffs: Prentice-Hall 1967, S. 25

7 Gail Cameron: *Rose. A Biography of Rose Fitzgerald Kennedy.* New York: Putnam's Sons 1971, S. 127
8 Leo Damore, *The Cape Cod Years of John Fitzgerald Kennedy*, S. 26
9 Michael O'Brien, *John F. Kennedy*
10 Edward M. Kennedy, *The Fruitful Bough. A Tribute to Joseph P. Kennedy.* Privatdruck: Halliday Lithographic 1965, S. 255
11 In der Flottenliste von Wianno Juniors aus dem Jahr 1943, die auch die *One More* aufführt und im Osterville Historical Museum, Osterville, Mass., ausgestellt ist, sowie in einem Artikel des *Daily Boston Globe* findet sich die Schreibweise *Tenovos*; vgl. »Prevailing Wind, Pequod Hyannis Port Winners«, in: *Daily Boston Globe*, 9. September 1936, S. 22
12 Charles Higham, *Rose*, S. 104
13 Doris Kearns Goodwin, *The Fitzgeralds and the Kennedys*
14 Leo Damore, *The Cape Cod Years of John Fitzgerald Kennedy*, S. 26
15 Tazewell Shepard jun., *John F. Kennedy. Man of the Sea.* New York: Morrow 1965, S. 27 f.
16 Henry David Thoreau, *Kap Cod*, S. 88 f., Hervorhebung im Original
17 Ebd., S. 308
18 Henry Beston, *The Outermost House*, S. 47
19 Brief von Joseph P. Kennedy jun. an Joseph P. Kennedy sen., 26. Januar 1930, Rose Fitzgerald Kennedy Papers Collection, JFK Library and Museum, Boston
20 Briefwechsel zwischen Joseph P. Kennedy jun. und Edward Moore, Mai 1930, Joseph P. Kennedy Papers Collection, JFK Library and Museum
21 Brief von Joseph Kennedy jun. an Joseph Kennedy sen., 7. April 1931, Fitzgerald Kennedy Papers
22 Brief von John F. Kennedy an Rose und Joseph P. Kennedy sen., [1932?], Fitzgerald Kennedy Papers
23 Brief von Wilton B. Crosby an Joseph P. Kennedy sen., 12. Januar 1932, Joseph P. Kennedy Papers
24 Brief von Joseph P. Kennedy jun. an C. J. Scollard, [ohne Datum], Joseph P. Kennedy Papers
25 Brief von John F. Kennedy an Rose Kennedy, Frühjahr 1932, John F. Kennedy Personal Papers, JFK Library and Museum, DOI JFKPP-001-010, http://www.jfklibrary.org. Abgerufen am 25. August 2013
26 Brief von C. J. Scollard an Wilton Crosby, 23. Mai 1932, Joseph P. Kennedy Papers
27 N. N., »The President-to-Be in Action«, in: *Sports Illustrated* 13, Nr. 26 (26. Dezember 1960), S. 22 f.
28 E-Mail von Ariane Schwartz, PhD, an den Autor, 21. März 2013
29 Wianno Senior Class Association, *Wianno Senior One Design Rules*, http://www.wiannosenior.org. Abgerufen am 11. August 2013
30 Malcolm Howes, »The Wianno Senior«, in: *Wooden Boat* 91, November–Dezember 1989, S. 61
31 *Lady of the Sound, the Wianno Senior*, Dokumentarfilm von Andrew Fone, Centerville, MA: Pearl River Productions 2005
32 Malcolm Howes, »The Wianno Senior«, S. 61
33 Ebd., S. 60
34 Vgl. http://www.wiannosenior.org/rules.htm; http://crosbyyacht.com/crosby-wianno-senior. Abgerufen am 7. Dezember 2014
35 *Lady of the Sound, the Wianno Senior*
36 Len Edgerly, »Sailing with My Friend Max Kennedy«, Mile High Pod Chronicles Productions, 4. August 2006, http://www.youtube.com. Abgerufen am 27. August 2007
37 David Arnold, »Blue-Blooded Racers

Costly, Cherished, and Original to the Cape«, in: *Boston Globe*, 23. Mai 2004, S. 24
38 Ebd.
39 Mark K. Shriver, Telefonat mit dem Autor, geführt am 5. Januar 2013
40 Richard Ulian, *Sailing. An Informal Primer*. New York: Van Nostrand Reinhold 1982
41 Ebd., S. 57 f.
42 N. N., »New Securities Chief Flies from Washington for Weekend on Cape«, in: *Boston Globe*, 15. Juli 1934, S. A42
43 Leo Damore, *The Cape Cod Years of John Fitzgerald Kennedy*, S. 40
44 Ebd., S. 41
45 Roger Whitcomb / Wendy Williams, *Cape Wind. Money, Celebrity, Class, Politics, and the Battle for Our Energy Future*. New York: Public Affairs 2007, S. 126
46 Ebd.
47 Leo Damore, *The Cape Cod Years of John Fitzgerald Kennedy*, S. 25
48 Ebd., S. 35 f.
49 Brief von George Connelly an Joseph P. Kennedy sen., 16. Juni 1932, Joseph P. Kennedy Papers
50 J. Julius Fanta, *Sailing with President Kennedy*. New York: Sea Lore 1968, S. 25
51 Leo Damore, *The Cape Cod Years of John Fitzgerald Kennedy*, S. 36
52 Robert Dallek, *An Unfinished Life. John F. Kennedy*. Boston: Little, Brown 2003, S. 32
53 Leo Damore, *The Cape Cod Years of John Fitzgerald Kennedy*, S. 36 f.
54 Luella Hennessey-Donovan im Interview mit Ed Martin, 26. November 1964, John F. Kennedy Oral History Collection, JFK Library, Boston
55 Doris Kearns Goodwin, *The Fitzgeralds and the Kennedys*, S. 457
56 Vincent Bzdek, *The Kennedy Legacy*. New York: Palgrave Macmillan 2009, S. 49

57 Nigel Hamilton, *JFK. Reckless Youth*. New York: Random House 1992, S. 115
58 Michael O'Brien, *John F. Kennedy*, S. 47
59 Rose Fitzgerald Kennedy, *Times to Remember*. Garden City, NY: Doubleday 1974, S. 143
60 Robert Kennedys Hommage an seinen Vater, auf der Trauerfeier für Joseph Kennedy vorgetragen von Edward M. Kennedy am 20. November 1969, *Congressional Record* 115 (25. November 1969): 35877
61 Roger Whitcomb / Wendy Williams, *Cape Wind*, S. 153
62 Jack Newfield, *RFK. A Memoir*. New York: Nation Books 2009, S. 42
63 Michael O'Brien, *John F. Kennedy*, S. 48
64 Seymour Hersch, *The Dark Side of Camelot*. Boston: Little, Brown 1997, S. 17
65 Joanna Barboza im Interview mit Sheldon M. Stern, 24. März 1982, John F. Kennedy Library Oral History Program
66 Nigel Hamilton, *JFK*, S. 94
67 Aus einem Interview aus dem Jahr 1959, in: Ralph G. Martin, *A Hero for Our Time. An Intimate Story of the Kennedy Years*. New York: Scribner 1983, S. 26
68 Michael O'Brien, *John F. Kennedy*, S. 48
69 Leo Damore, *The Cape Cod Years of John Fitzgerald Kennedy*, S. 23
70 Lynne McTaggart, *Kathleen Kennedy. Her Life and Times*. Garden City, NY: Dial, Doubleday 1983, S. 14
71 Hank Searls, *The Lost Prince. Young Joe, the Forgotten Kennedy. The Story of the Oldest Brother*. New York: World 1969, S. 60
72 Nigel Hamilton, *JFK*, S. 162 f.
73 Gail Cameron: *Rose*, S. 128

Verbündete und Rivalen
1 Brief von Joseph P. Kennedy jun. an Robert Kennedy, 3. Mai 1934; Brief von Kathleen Kennedy an Rose Kennedy, 27. Mai 1934; Brief von Joseph P. Kennedy sen. an Joseph P. Kennedy jun., 4. Mai 1934, Joseph P. Kennedy Papers
2 Laurence Leamer, *The Kennedy Women*. New York: Villard Books 1994, S. 209f.
3 N. N., »Prevailing Wind, Pequod Hyannis Port Winners«, in: *Daily Boston Globe*, 9. September 1936
4 N. N., »Nearly 200 Boats Turn Out in Half-Gale off Edgartown«, in: *Daily Boston Globe*, 25. Juli 1937
5 Hank Searls, *The Lost Prince*, S. 59
6 Christopher G. Kennedy, Gespräch mit dem Autor, geführt am 13. Februar 2012 in Wilmette, IL
7 Jean Kiley Wells, »Memories of the Thirties«, in: *The Senior. 75 Years of the Wianno Senior Class*. Osterville, MA: Wianno Senior Class Association 1989, S. 19
8 Ebd.
9 John F. Kennedy (Hg.), *As We Remember Joe*. Privatdruck. Cambridge, MA: University Press 1945
10 Hank Searls, *The Lost Prince*, S. 60
11 Brief von Joseph P. Kennedy sen. an Joseph P. Kennedy jun., 4. Mai 1934, Joseph P. Kennedy Papers
12 Thomas Bilodeau im Interview mit James Murray, 12. Mai 1964, John F. Kennedy Library Oral History Program
13 Hank Searls, *The Lost Prince*, S. 96
14 John F. Kennedy (Hg.), *As We Remember Joe*. Die Rechtschreib- und Grammatikfehler wurden stillschweigend korrigiert.
15 Doris Kearns Goodwin, *The Fitzgeralds and the Kennedys*, S. 355
16 Thomas Bilodeau im Interview mit James Murray, 12. Mai 1964, John F. Kennedy Library Oral History Program
17 Vincent Bzdek, *The Kennedy Legacy*, S. 20
18 Thomas Bilodeau im Interview mit James Murray, 12. Mai 1964, John F. Kennedy Library Oral History Program
19 Christopher G. Kennedy, Gespräch mit dem Autor, geführt am 13. Februar 2012 in Wilmette, IL
20 Richard Ulian, *Sailing*, S. 42
21 J. Julius Fanta, *Sailing with President Kennedy*, S. 22 ff.

Familienbande
1 Lynne McTaggart, *Kathleen Kennedy*, S. 13 ff.
2 Interview mit Tom Egerton, in: Laurence Leamer, *The Kennedy Women*, S. 225
3 Dinah Bridge, Gespräch mit Joseph E. O'Connor, geführt am 30. Oktober 1966, John F. Kennedy Library Oral History Program
4 N. N., »Prevailing Wind, Pequod Hyannis Port Winners«, in: *Daily Boston Globe*, 9. September 1936
5 Carla Baranauckas, »Eunice Kennedy Shriver, Influential Founder of Special Olympics, Dies at 88«, in: *New York Times*, 11. August 2009
6 Andrew Jacobs, »Patricia Kennedy Lawford Dies at 82«, in: *New York Times*, 18. September 2006; vgl. Doris Kearns Goodwin, *The Fitzgeralds and the Kennedys*
7 Troy McMullen, »The Last Kennedy: Jean Kennedy Smith«, in: *ABC News*, 26. August 2009
8 Martha T. Moore, »JFK's Sister Jean Kennedy Smith reflects«, in: *USA Today*, 26. September 2010
9 Thomas Bilodeau im Interview mit James Murray, 12. Mai 1964, John F. Kennedy Library Oral History Program

10 David Bolles / Guy Gurney, »The Kennedy Brothers and the Stars«, International Star Class Yacht Racing Association, http://www.starclass.org. Abgerufen am 22. August 2013
11 Telegramm von Joseph P. Kennedy jun. an Joseph P. Kennedy sen., 15. August 1934, Joseph P. Kennedy Papers
12 Brief von Paul Murphy an Joseph P. Kennedy sen., 1. Mai 1936, Joseph P. Kennedy Papers
13 Brief von Edward Moore an Joseph P. Kennedy jun., 27. August 1936, Joseph P. Kennedy Papers
14 N. N., »Harvard Skippers Win M'Millan Cup«, in: New York Times, 25. Juni 1938, S. 9
15 Leonard Fowle, »The McMillan Cup in Seniors«, in: Senior 26
16 Herbert S. Parmet, Jack. The Struggles of John F. Kennedy. New York: Deal 1982, S. 47
17 N. N., »Hyannisport Defeats Wianno Y. C. for Trophy«, in: Boston Globe, 23. Juli 1938
18 Edward J. Renehan jun., The Kennedys at War. New York: Doubleday 2002, S. 95
19 Telegramm von Frances Ann Cannon an John F. Kennedy, 25. Februar 1939, John F. Kennedy Personal Papers
20 John F. Kennedy (Hg.), As We Remember Joe, S. 53
21 Michael R. Beschloss, Kennedy and Roosevelt. The Uneasy Alliance. New York: Norton 1980, S. 190
22 John Bartlett, Familiar Quotations. Boston: Little, Brown 1968, S. 921
23 Leo Damore, The Cape Cod Years of John Fitzgerald Kennedy, S. 57 f.
24 Ebd., S. 58
25 N. N., »Lightning Splits Mast of Young Kennedy's Boat at Osterville«, in: Daily Boston Globe, 12. Juli 1936

Kriegs- und andere Schicksale

1 Robert J. Donovan, PT 109. John F. Kennedy in World War II. New York: McGraw Hill 1961, S. 34
2 Michael O'Brien, John F. Kennedy, S. 113 f.
3 Leo Damore, The Cape Cod Years of John Fitzgerald Kennedy, S. 61
4 Hank Searls, The Lost Prince, S. 179, 197
5 Interview mit John F. Kennedy, John F. Kennedy Presidential Library and Museum Introductory Film, 1992, John F. Kennedy Library Foundation
6 Edward J. Renehan jun., The Kennedys at War, S. 191 f.
7 Ron McCoy, Sohn von Inga Arvad, E-Mail-Korrespondenz mit dem Autor, 29. Juni 2013
8 Hank Searls, The Lost Prince, S. 181
9 Robert J. Donovan, PT 109, S. 36
10 Brief von Robert F. Kennedy an Joseph P. Kennedy sen., [ohne Datum], Joseph P. Kennedy Papers
11 Leo Damore, The Cape Cod Years of John Fitzgerald Kennedy, S. 62 ff.
12 Ebd., S. 63
13 Brief von Robert F. Kennedy an Rose und Joseph P. Kennedy sen., [ohne Datum], Joseph P. Kennedy Papers
14 »Guadalcanal-Tulagi Invasion, 7–9 August, 1941«, »Guadalcanal Campaign, August 1942 – Februar 1943«, »Conquest of Tulagi, 7–8 August, 1942«, U. S. Navy, http://www.history.navy.mil. Abgerufen am 22. August 2013
15 Brief von John F. Kennedy an Kathleen Kennedy, Juni 1943, Joseph P. Kennedy Papers
16 Ebd.
17 John Hersey, »PT Squadron in the Pacific«, in: Life, 10. Mai 1943, S. 74 ff.
18 Doris Kearns Goodwin, The Fitzgeralds and the Kennedys, S. 649
19 Vivian M. Baulch / Patricia Zacharias, »The 1943 Detroit Race Riots«, in: Detroit News, 10. Februar 1999

20 John Hersey, »PT Squadron in the Pacific«, in: *Life*, 10. Mai 1943
21 Michael O'Brien, *John F. Kennedy*, S. 157
22 Inga Arvad, »Lt. Kennedy Saves His Men as Japs Cut PT Boat in Half«, in: *Pittsburgh Post-Gazette*, 13. Januar 1944, S. 4
23 John Hersey, »Survival«, in: *New Yorker* 20, Nr. 18 (17. Juni 1944), S. 31 ff.
24 Robert J. Donovan, *PT 109*, S. 163
25 John Hersey, »Survival«
26 Ebd.
27 Ebd.
28 M. Lynn Landweer / Peter Unseth, »An Introduction to Language Use in Melanesia«, in: *International Journal of the Sociology of Language* 214 (2012), S. 1 ff.
29 Dieser Bericht basiert hauptsächlich auf Robert J. Donovan, *PT 109*, ergänzt um Details aus Michael O'Brien, *John F. Kennedy*. Jahre später gab Gasa seine eigene Version der Ereignisse zu Protokoll, vgl. Ted Chamberlain, »JFK's Island Rescuers Honored at Emotional Reunion«, in: *National Geographic*, 20. November 2002. Gasa behauptet, es sei seine Idee gewesen, die Nachricht in die Schale einer Kokosnuss zu ritzen.
30 Interview mit Edward Kennedy, *Lady of the Sound*
31 Herbert S. Parmet, *Jack*, S. 108
32 Michael O'Brien, *John F. Kennedy*, S. 161
33 Edward M. Kennedy, *True Compass*, S. 75
34 Michael O'Brien, *John F. Kennedy*, S. 161
35 Doris Kearns Goodwin, *The Fitzgeralds and the Kennedys*, S. 662
36 Leo Damore, *The Cape Cod Years of John Fitzgerald Kennedy*, S. 69
37 Hank Searls, *The Lost Prince*, S. 202 f.

38 Laurence Leamer, *The Kennedy Men. 1901–1963*. New York: HarperCollins 2001, S. 212
39 Doris Kearns Goodwin, *The Fitzgeralds and the Kennedys*, S. 659
40 Brief von John F. Kennedy an Inga Arvad. Mit freundlicher Genehmigung von Ron McCoy
41 Edward J. Renehan jun., *The Kennedys at War*, S. 178 f.
42 Inga Arvad, »Lt. Kennedy Saves His Men as Japs Cut PT Boat in Half«
43 Lynne McTaggart, *Kathleen Kennedy*, S. 143
44 John F. Kennedy (Hg.), *As We Remember Joe*, S. 54
45 Edward J. Renehan jun., *The Kennedys at War*, S. 191
46 Amanda Smith (Hg.), *Hostage to Fortune. The Letters of Joseph P. Kennedy*. New York: Viking 2001, S. 581, 587
47 John F. Kennedy (Hg.), *As We Remember Joe*, S. 54
48 Doris Kearns Goodwin, *The Fitzgeralds and the Kennedys*, S. 687
49 Ebd., S. 683
50 Amanda Smith (Hg.), *Hostage to Fortune*, S. 598
51 Cari Beauchamp, »Two Sons, One Destiny«, in: *Vanity Fair*, Dezember 2004, http://www.vanityfair.com. Abgerufen am 20. August 2013
52 Doris Kearns Goodwin, *The Fitzgeralds and the Kennedys*, S. 685
53 Amanda Smith (Hg.), *Hostage to Fortune*, S. 598
54 Hank Searls, *The Lost Prince*, S. 270
55 Doris Kearns Goodwin, *The Fitzgeralds and the Kennedys*, S. 687
56 John F. Kennedy, »Letter Written by Ensign James Simpson, U. S. N.«, in: John F. Kennedy (Hg.), *As We Remember Joe*
57 Amanda Smith (Hg.), *Hostage to Fortune*, S. 599
58 Vincent Bzdek, *The Kennedy Legacy*, S. 52

59 Edward M. Kennedy, *True Compass*, S. 86; Joe Gargan, WXGK News, 5. November 2010, John F. Kennedy Hyannis Museum, http://www.jfkhyannismuseum.org. Abgerufen am 24. August 2013
60 John F. Kennedy (Hg.), *As We Remember Joe*, S. 16
61 Doris Kearns Goodwin, *The Fitzgeralds and the Kennedys*, S. 687
62 Edward J. Renehan jun., *The Kennedys at War*, S. 308
63 »U. S. S. Warrington (DD-383)«, U. S. S. Warrington Alumni Association, http://www.usswarrington.org. Abgerufen am 5. Mai 2013
64 Zahlreiche Quellen enthalten Beschreibungen des Sturms, darunter H. C. Sumner, »The North Atlantic Hurricane of September 8–16, 1944«, in: *Monthly Weather Review* 72, Nr. 9 (September 1944), S. 187 ff.; Ken Adams, »The Great Atlantic Hurricane of September 1944. My Remembrances«, in: *Destroyer Escort Sailors Association*, Mai 2008, http://www.desausa.org. Abgerufen am 20. August 2013
65 »Vineyard Sound Lightship«, Executive Office of Energy and Environmental Affairs, State of Massachusetts, http://www.mass.gov/eea/. Abgerufen am 20. August 2013
66 Michael O'Brien, *John F. Kennedy*, S. 170. Am 17. August 1944 unterzog sich JFK einer Darmoperation im Chelsea Naval Hospital.
67 Leo Damore, *The Cape Cod Years of John Fitzgerald Kennedy*, S. 71 ff.
68 Amanda Smith (Hg.), *Hostage to Fortune*, S. 601
69 Doris Kearns Goodwin, *The Fitzgeralds and the Kennedys*, S. 697
70 Ebd.

TEIL II – KURSÄNDERUNG

Jack

1 Interview mit John F. Kennedy, *John F. Kennedy Presidential Library and Museum Introductory Film*
2 Robert Dallek, *An Unfinished Life*
3 Michael O'Brien, *John F. Kennedy*, S. 188
4 Ebd., S. 196
5 Leo Damore, *The Cape Cod Years of John Fitzgerald Kennedy*, S. 93
6 Joanna Barboza im Interview mit Sheldon M. Stern, 24. März 1982, John F. Kennedy Library Oral History Program, S. 14 f.
7 Vgl. Doris Kearns Goodwin, *The Fitzgeralds and the Kennedys*
8 Michael O'Brien, *John F. Kennedy*, S. 228
9 Edward M. Kennedy, *True Compass*, S. 91 f.
10 J. Julius Fanta, *Sailing with President Kennedy*, S. 21
11 Sarah Bradford, *America's Queen. The Life of Jacqueline Kennedy Onassis*. New York: Viking 2000, S. 54
12 Michael O'Brien, *John F. Kennedy*, S. 265
13 Sarah Bradford, *America's Queen*, S. 990
14 Dinah Bridge, Gespräch mit Joseph E. O'Connor, geführt am 30. Oktober 1966, John F. Kennedy Library Oral History Program, S. 4
15 Sarah Bradford, *America's Queen*, S. 88
16 Michael O'Brien, *John F. Kennedy*, S. 266
17 N. N., »Life Goes Courting with a U. S. Senator. John Kennedy and His Fiancée Enjoy an Outing on Cape Cod«, in: *Life* 35, Nr. 3 (20. Juli 1953), S. 96 ff.
18 Victor Lasky, *JFK. The Man and the Myth*. New York: MacMillan 1963, S. 160

19 Caroline Kennedy, *The Best-Loved Poems of Jacqueline Kennedy Onassis*, S. 71
20 Sarah Bradford, *America's Queen*
21 Edward Klein, *All Too Human. The Love Story of Jack and Jackie Kennedy*. New York: Simon and Schuster 1997, S. 213
22 Ebd., S. 214
23 Caroline Kennedy, *The Best-Loved Poems of Jacqueline Kennedy Onassis*, S. 71 f.
24 Michael O'Brien, *John F. Kennedy*, S. 279
25 Ebd., S. 283
26 Rose Fitzgerald Kennedy, *Times to Remember*, S. 146
27 Michael O'Brien, *John F. Kennedy*, S. 316
28 Ebd., S. 322 f.
29 Jerry Oppenheimer, *The Other Mrs. Kennedy. An Intimate and Revealing Look at the Hidden Life of Ethel Skakel Kennedy*. New York: St. Martin's 1994, S. 196
30 Michael O'Brien, *John F. Kennedy*, S. 328
31 Ebd.
32 Robert Dallek, *An Unfinished Life*
33 Michael O'Brien, *John F. Kennedy*, S. 331
34 Christopher Andersen, *Jack and Jackie. Portrait of an American Marriage*. New York: Avon Books 1997, S. 135
35 Arthur M. Schlesinger jun., *Journals. 1952–2000*. Hg. v. Andrew Schlesinger jun. / Stephen Schlesinger. New York: Penguin 2007, S. 56 ff.
36 Leo Damore, *The Cape Cod Years of John Fitzgerald Kennedy*, S. 185
37 Norman Mailer, »Superman Comes to the Supermarket«, in: *Esquire*, November 1960
38 Leo Damore, *The Cape Cod Years of John Fitzgerald Kennedy*, S. 188
39 N. N., »Jack Kennedy Practices the Fitness That He Preaches«, in: *Sports Illustrated* 13, Nr. 26 (26. Dezember 1960), S. 18 ff.
40 John F. Kennedy, »Remarks of Senator John F. Kennedy at Milwaukee, Wisconsin, 23. Oktober 1960«, JFK Library and Museum, http://www.jfklibrary.org. Abgerufen am 30. August 2013
41 Michael O'Brien, *John F. Kennedy*, S. 445
42 John F. Kennedy, »Remarks of Senator John F. Kennedy, Springfield, Mass., City Hall«, 7. November 1960, in: Gerhard Peters / John T. Woolley, *American Presidency Project*, http://www.presidency.ucsb.edu. Abgerufen am 17. August 2013
43 Leo Damore, *The Cape Cod Years of John Fitzgerald Kennedy*, S. 214
44 Ebd., S. 226
45 Christopher Andersen, *Jack and Jackie*, S. 226
46 Ebd.
47 Henry David Thoreau, *Kap Cod*, S. 229 f.

Die Präsidentschaft

1 Tazewell Shepard jun., *John F. Kennedy*, S. 29
2 Ebd., S. 23 f.
3 Ebd., S. 25
4 John F. Kennedy, »Remarks to the Faculty and Students of the French Institute of High Studies for National Defense«, 25. März 1963, *American Presidency Project*, http://www.presidency.ucsb.edu. — Abgerufen am 17. August 2013
5 John F. Kennedy, »Remarks in Philadelphia at a Dinner Sponsored by the Democratic County Executive Committee«, 30. Oktober 1963, *American Presidency Project*, http://www.presidency.ucsb.edu. Abgerufen am 17. August 2013
6 Tazewell Shepard, USS *Constitution* correspondence, Papers of John

F. Kennedy, Presidential Papers, President's Office Files, JFK Library and Museum, http://www.jfklibrary.org. Abgerufen am 24. August 2013
7 Robert Frost, »Education by Poetry« (Rede, gehalten am Amherst College, MA, ca. 1930), Department of English at the University of Texas at Austin, http://www.en.utexas.edu. Abgerufen am 17. August 2013. Eine überarbeitete Version der Rede erschien in Amherst Graduates' Quarterly (Februar 1931).
8 James Geary, *I Is an Other: The Secret Life of Metaphor and How It Shapes the Way We See the World*. New York: HarperCollins 2011, S. 3
9 Patrick J. Kennedy, Gespräch mit dem Autor, geführt am 19. März 2012 in Providence, RI
10 Michael O'Brien, *John F. Kennedy*, S. 575
11 Hugh Sidey, *John F. Kennedy, President*. New York: Atheneum 1964, S. 95 f.
12 Ebd., S. 101 f.
13 Michael R. Beschloss, »Kennedy and the Decision to Go to the Moon«, in: *Spaceflight and the Myth of Presidential Leadership*. Hg. v. Roger D. Launius / Howard E. McCurdy. Urbana: University of Illinois Press 1997, S. 56
14 Brief von Wernher von Braun an den Vizepräsidenten der Vereinigten Staaten von Amerika, 29. April 1961, NASA Historical Reference Collection, NASA, Washington, D. C.
15 John F. Kennedy, »Special Message by the President on Urgent National Needs«, 25. Mai 1961, Papers of John F. Kennedy, Presidential Papers
16 Michael R. Beschloss, »Kennedy and the Decision to Go to the Moon«, S. 63
17 David Callahan / Fred I. Greenstein, »Eisenhower and U. S. Space Policy«, in: *Spaceflight and the Myth of Presidential Leadership*. Hg. v. Roger D. Launius / Howard E. McCurdy. Urbana: University of Illinois Press 1997, S. 42
18 Presidential meeting in the Cabinet Room of the White House, »Supplemental Appropriations for the National Aeronautics and Space Administration (NASA)«, 21. November 1962, presidential recordings collection tape 63, President's Office files, John F. Kennedy Library
19 Matt Novak, »How Space-Age Nostalgia Hobbles Our Future«, in: *Slate*, 15. Mai 2012
20 John F. Kennedy, Address at Rice University, 12. September 1962, http://www.jfklibrary.org. Abgerufen am 17. August 2013
21 John H. Glenn, Gespräch mit Walter D. Sohier, geführt am 12. Juni 1964, John F. Kennedy Library Oral History Program, S. 2
22 Ebd., S. 23
23 Alan B. Shepard jun., Gespräch mit Walter D. Sohier, geführt am 12. Juni 1964, John F. Kennedy Library Oral History Program, S. 12
24 John F. Kennedy, »Remarks Following the Orbital Flight of Col. John H. Glenn, Jr.«, 20. Februar 1962, *American Presidency Project*, http://www.presidency.ucsb.edu. Abgerufen am 17. August 2013
25 John H. Glenn, Gespräch mit Walter D. Sohier, geführt am 12. Juni 1964, John F. Kennedy Library Oral History Program, S. 21
26 Dr. Wernher von Braun, Gespräch mit Walter D. Sohier und Eugene M. Emme, geführt am 31. März 1964 in Huntsville, AL, John F. Kennedy Library Oral History Project, S. 17
27 Ebd., S. 14
28 Ross Anderson, »Neil Armstrong's Solemn but Not Sad Memorial

at the National Cathedral«, in: *Atlantic*, 14. September 2012, http://www.theatlantic.com. Abgerufen am 14. September 2012
29 Sally Bedell Smith, *Grace and Power. The Private World of the Kennedy White House*. New York: Random House 2004, S. 280
30 E. W. Kenworthy, »President Sails in 30-Knot Wind«, in: *New York Times*, 29. Juli 1962, S. 32
31 N. N., »President and Caroline Have Picnic on Sandbar«, in: *Boston Globe*, 5. August 1962, S. 12
32 Rose Styron (Hg.), *Selected Letters of William Styron*. New York: Random House 2012, S. 338
33 N. N. (United Press International), »President and Family Run Aground in Sloop«, in: *New York Times*, 30. Juli 1962
34 Frank Falacci, »Kennedy Race Sloop Runs Aground in Mud«, in: *Boston Globe*, 30. Juli 1962, S. 1
35 Helen Thomas, *Front Row at the White House*. New York: Scribner 1999, S. 83 f.
36 John F. Kennedy, »Remarks in Newport at the Australian Ambassador's Dinner for the America's Cup Crews«, 14. September 1962, *American Presidency Project*, http://www.presidency.ucsb.edu. Abgerufen am 27. August 2013
37 Chief of Naval Operations, »The Naval Quarantine of Cuba, 1962. Quarantine, 22–26 October«, report on the Naval Quarantine of Cuba, Post 46 Command file, box 10, Operational Archives Branch, Washington, D. C., http://www.history.navy.mil. Abgerufen am 24. August 2013
38 John Ahern, »Ted Kennedy Shows Skill in Edgartown Y. C. Races«, in: *Boston Globe*, 20. Juli 1963, S. 13
39 Frank Falacci, »Kennedys, 2 Children Cruise to Nantucket«, in: *Boston Globe*, 3. September 1963, S. 5

40 Henry Koehler, Telefonat mit dem Autor, geführt am 6. März 2013
41 Ted Widmer, *Listening in. The Secret White House Recordings of JFK*. New York: Hyperion 2012, S. 246
42 Henry Koehler, Telefonat mit dem Autor, geführt am 6. März 2013
43 Edward M. Kennedy, *True Compass*, S. 208 ff.
44 Anthony Mason, »JFK Painting Finds Its Way Back to Artist 50 Years after Brush with Camelot«, *CBS This Morning*, 1. März 2013, http://www.cbsnews.com. Abgerufen am 24. August 2013
45 E. B. White, »The Talk of the Town. Notes and Comment«, in: *New Yorker*, 30. November 1963, S. 51. Den letzten Satz zitierte Ted Kennedy in einer seiner Reden.
46 Associated Press, »Kennedy Family Divided over Mass. Compound«, in: *USA Today*, 15. Juli 2011, http://usatoday30.usatoday.com. Abgerufen am 17. August 2013
47 Edward M. Kennedy, *True Compass*, S. 213

Bobby und Ethel
1 C. David Heymann, *RFK. A Candid Biography of Robert F. Kennedy*. New York: Dutton 1998, S. 351. Zu den Gegenständen im Sarg vgl. Jerry Oppenheimer, *The Other Mrs. Kennedy*, S. 354
2 Steven M. Gillon, *The Kennedy Assassination. 24 Hours after, Lyndon B. Johnson's Pivotal First Day as President*. New York: Basic Books 2010, S. 214
3 Robert F. Kennedy, *Tribute to John F. Kennedy at the Democratic National Convention, Atlantic City, New Jersey, August 27, 1964*, http://www.jfklibrary.org. Abgerufen am 18. August 2013; dt. Übers. aus: William Shakespeare, *Romeo und Julia*. Übers. von August

Wilhelm von Schlegel. Stuttgart: Reclam 1969, 3. Aufzug, 2. Szene
4 Ted Sorensen, *Kennedy. The Classic Biography* (1965). Reprint: New York: Simon and Schuster 2000, S. 32 ff.
5 Arthur M. Schlesinger jun., *Robert Kennedy and His Times*, S. 21 ff.
6 Ebd., S. 33
7 Evan Thomas, *Robert Kennedy. His Life*. New York: Simon and Schuster 2000, S. 32 ff.
8 Brief von Robert F. Kennedy an Rose Kennedy, [ohne Datum]; Brief von Robert F. Kennedy an Joseph P. Kennedy sen., [ohne Datum], Joseph P. Kennedy Papers
9 Brief von Robert F. Kennedy an Rose Kennedy, [ohne Datum], Joseph P. Kennedy Papers. Lewis B. Hershey leitete die Einberufungsbehörde während der Amtszeiten von Kennedy und Johnson, bis ihn Richard Nixon 1970 wegen der Kontroverse um die »Hershey Directive« abberief. Danach konnte jeder, der gegen die Anwerbung von Freiwilligen demonstrierte, jederzeit selbst eingezogen werden, unabhängig davon, ob er zuvor freigestellt worden war. Der Supreme Court erklärte den Erlass für ungültig.
10 Michael Knox Beran, *Last Patrician. Bobby Kennedy and the End of the American Aristocracy*. New York: St. Martin's Press 1998
11 Christopher G. Kennedy, Gespräch mit dem Autor, geführt am 13. Februar 2012 in Wilmette, IL
12 Arthur M. Schlesinger jun., *Robert Kennedy and His Times*, S. 88
13 Ebd., S. 60 ff.
14 Patricia Kennedy Lawford (Hg.), *That Shining Hour*. Privatdruck: Halliday Lithograph 1969, S. 15
15 Christopher G. Kennedy, Gespräch mit dem Autor, geführt am 13. Februar 2012 in Wilmette, IL; Brief von Christopher G. Kennedy an seine Kinder, 26. Januar 2004. Mit freundlicher Genehmigung von Christopher G. Kennedy
16 *Ethel*, Dokumentarfilm von Rory Kennedy. Malibu, CA: Moxie Firecracker Films 2012
17 Arthur M. Schlesinger jun., *Journals*, S. 122
18 C. David Heymann, *RFK*, S. 337 f.
19 *Ethel*, Dokumentarfilm von Rory Kennedy. Malibu, CA: Moxie Firecracker Films 2012
20 Michael O'Brien, *John F. Kennedy*, S. 735
21 *Ethel*, Dokumentarfilm von Rory Kennedy. Malibu, CA: Moxie Firecracker Films 2012
22 Evan Thomas, *Robert Kennedy*, S. 282 f.
23 Edith Hamilton, *The Greek Way*. New York: Norton 2010, S. 182
24 Robert F. Kennedy, *Statement on Assassination of Martin Luther King, Jr.*, Indianapolis, Indiana, April 4, 1968, http://www.jfklibrary.org. Abgerufen am 18. August 2013; dt. Übers. aus: Aischylos, *Die Orestie*. Übers. von Emil Staiger. Stuttgart: Reclam 1987, S. 10
25 *Ethel*, Dokumentarfilm von Rory Kennedy. Malibu, CA: Moxie Firecracker Films 2012
26 Christopher G. Kennedy, Gespräch mit dem Autor, geführt am 13. Februar 2012 in Wilmette, IL
27 Arthur M. Schlesinger jun., *Robert Kennedy and His Times*, S. 677
28 Brief von Jacqueline Kennedy Onassis an Rose Kennedy, 1. Dezember 1968, JFK Library, zit. nach: C. David Heymann, *Bobby and Jackie. A Love Story*. New York: Atria Books 2009, S. 180 f.
29 Evan Thomas, *Robert Kennedy*, S. 183
30 C. David Heymann, *American Legacy. The Story of John and Caroline Kennedy*. New York: Atria Books 2007, S. 4

31 Kerry Kennedy, Telefonat mit dem Autor, geführt am 30. Mai 2012; Arthur M. Schlesinger jun., *Robert Kennedy and His Times*; Jerry Oppenheimer, *The Other Mrs. Kennedy*, S. 381. Kerry Kennedy war mit an Bord, zu diesem Zeitpunkt aber noch sehr jung. Die letztgenannten Versionen weichen in Details zwar von Kerry Kennedys Darstellung ab, belegen im Ganzen aber den Vorfall.
32 *Ethel*, Dokumentarfilm von Rory Kennedy. Malibu, CA: Moxie Firecracker Films 2012
33 Dolly Connelly, »How Did I Get Myself into This?«, in: *Sports Illustrated* 22, Nr. 14 (5. April 1965), S. 58 ff.
34 Jim Whittaker, *A Life on the Edge. Memoirs of Everest and Beyond*. Seattle: Mountaineers 1999, S. 129 ff.
35 Ebd., S. 136; vgl. Michael Shnayerson, »1963 American Summit: Jim Whittaker – Back on Earth«, in: *National Geographic Adventure*, Mai 2003, http://adventure.nationalgeographic.com. Abgerufen am 19. August 2013
36 Edward Kennedy, »Senator Edward M. Kennedy«, in: Patricia Kennedy Lawford (Hg.), *That Shining Hour*, S. 305
37 Lawrence Durrell, *Leuchtende Orangen. Rhodos – Insel des Helios*. Übers. von Herbert Zand. Reinbek b. Hamburg: Rowohlt 1968, S. 157
38 Arthur M. Schlesinger jun., *Journals*, S. 295
39 Christopher G. Kennedy, Gespräch mit dem Autor, geführt am 13. Februar 2012 in Wilmette, IL
40 Kerry Kennedy, Telefonat mit dem Autor, geführt am 30. Mai 2012
41 Brief von Christopher G. Kennedy an seine Kinder, 26. Januar 2004. Mit freundlicher Genehmigung von Christopher G. Kennedy
42 Ebd.
43 Ethel Kennedy, Ted Kennedy jun., Kiki Kennedy, Max Kennedy, Christopher und Sheila Kennedy sowie David Nunes, Gespräch mit dem Autor, geführt am 6. August 2012 an Bord der *Glide*, Hyannis Port, MA
44 Ethel Kennedy, Christopher G. Kennedy, Gespräch mit dem Autor, geführt am 6. August 2012, Hyannis Port, MA
45 Brief von Christopher G. Kennedy an seine Kinder, 26. Januar 2004. Mit freundlicher Genehmigung von Christopher G. Kennedy
46 Ethel Kennedy, Gespräch mit dem Autor, geführt am 6. August 2012, Hyannis Port, MA
47 Brief von Christopher G. Kennedy an seine Kinder, 26. Januar 2004. Mit freundlicher Genehmigung von Christopher G. Kennedy
48 Tim Fulham, Wianno-Senior-Klassenvereinigung, Gespräch mit dem Autor, geführt am 5. August 2012 in Osterville, MA
49 Ethel Kennedy, Gespräch mit dem Autor, geführt am 6. August 2012, Hyannis Port, MA
50 Vgl. den Brief von Christopher G. Kennedy an seine Kinder, 26. Januar 2004. Mit freundlicher Genehmigung von Christopher G. Kennedy
51 Ebd.; Kerry Kennedy, Telefonat mit dem Autor, geführt am 30. Mai 2012
52 Karl Zimmerman, »Final Chapter. The Islander and Other Bygone Ferries«, in: *Martha's Vineyard Magazine*, August 2010, http://www.mvmagazine.com. Abgerufen am 24. August 2013
53 Brief von Christopher G. Kennedy an seine Kinder, 26. Januar 2004. Mit freundlicher Genehmigung von Christopher G. Kennedy
54 Ethel Kennedy, Gespräch mit dem Autor, geführt am 6. August 2012, Hyannis Port, MA

55 *Ethel*, Dokumentarfilm von Rory Kennedy. Malibu, CA: Moxie Firecracker Films 2012
56 Ethel Kennedy, Christopher G. Kennedy, Gespräch mit dem Autor, geführt am 6. August 2012, Hyannis Port, MA
57 Kerry Kennedy, Telefonat mit dem Autor, geführt am 30. Mai 2012
58 Max Kennedy, Gespräch mit dem Autor, geführt am 6. August 2012 an Bord der *Ptarmigan*, Hyannis Port, MA
59 Ethel Kennedy, Gespräch mit dem Autor, geführt am 6. August 2012, Hyannis Port, MA

Eunice
1 Mark K. Shriver, Telefonat mit dem Autor, geführt am 5. Januar 2013
2 Hank Searls, *The Lost Prince*, S. 59
3 Laurence Leamer, *The Kennedy Women*, S. 209
4 Edward M. Kennedy, *The Fruitful Bough*
5 Scott Stossel, *Sarge. The Life and Times of Sargent Shriver*. Washington, D. C.: Smithsonian Books 2004, S. 96
6 Laurence Leamer, *The Kennedy Women*, S. 225
7 Edward M. Kennedy, *True Compass*, S. 25 f.
8 Eunice Kennedy Shriver, »Hope for Retarded Children«, in: *Saturday Evening Post*, 22. September 1962, S. 71
9 Laurence Leamer, *The Kennedy Women*, S. 374
10 Brief von John F. Kennedy an Eunice Kennedy, 1939, JFK Family Papers
11 Laurence Leamer, *The Kennedy Women*, S. 208
12 Martha Kearney, »Eunice Kennedy Tackles Job to Cut Delinquency«, in: *Times Herald*, 20. Januar 1947; N. N., »Eunice Kennedy Praised for Fight on Delinquency«, in: *Traveler*, 11. November 1947, Fitzgerald Kennedy Papers
13 N. N., »Eunice Kennedy Praised for Fight on Delinquency«, in: *Traveler*, 11. November 1947, Fitzgerald Kennedy Papers
14 Scott Stossel, *Sarge*, S. 104
15 Ebd., S. 113 ff.
16 Scott Stossel, »Eunice the Formidable«, in: *Atlantic*, August 2009
17 Maria Shriver, »Maria Shriver's Eulogy for Her Mother«, 14. August 2009, http://www.boston.com. Abgerufen am 5. Mai 2013
18 Arnold Schwarzenegger, *Total Recall. My Unbelievably True Life Story*. New York: Simon and Schuster 2012, S. 495
19 Scott Stossel, *Sarge*, S. 262
20 Laurence Leamer, *The Kennedy Women*, S. 530
21 Scott Stossel, *Sarge*, S. 263
22 Ebd., S. 659
23 Eunice Kennedy Shriver, »Hope for Retarded Children«, in: *Saturday Evening Post*, 22. September 1962, S. 71
24 Arnold Schwarzenegger, *Total Recall*, S. 376
25 Laurence Leamer, *The Kennedy Women*, S. 580
26 Mark K. Shriver, Telefonat mit dem Autor, geführt am 5. Januar 2013
27 Arnold Schwarzenegger, *Total Recall*, S. 224
28 Mark K. Shriver, Telefonat mit dem Autor, geführt am 5. Januar 2013
29 »Ted Kennedy Jr. Eunice was a great competitor«, New England Cable News, 13. August 2009, http://www.necn.com. Abgerufen am 26. November 2013
30 Joe Mathews, »Arnold's Debt to Eunice«, in: *Daily Beast*, 11. August 2009, http://www.thedailybeast.com. Abgerufen am 5. Mai 2013
31 Laurence Leamer, *The Kennedy Women*, S. 761

32 Scott Stossel, »Eunice the Formidable«, in: *Atlantic*, August 2009
33 Scott Stossel, *Sarge*, S. 667f.
34 Joe Mathews, »Arnold's Debt to Eunice«, in: *Daily Beast*, 11. August 2009, http://www.thedailybeast.com. Abgerufen am 5. Mai 2013
35 Christopher G. Kennedy, Gespräch mit dem Autor, geführt am 13. Februar 2012 in Wilmette, IL
36 Mark K. Shriver, Telefonat mit dem Autor, geführt am 5. Januar 2013
37 Mark K. Shriver, *A Good Man. Rediscovering My Father, Sargent Shriver*. New York: Holt 2012, S. 193

Ted
1 Briefe von Robert F. Kennedy an Rose und Joseph P. Kennedy sen., [ohne Datum], Joseph P. Kennedy Papers
2 Harvard Kennedy School, »JFK50 Playing Football with JFK – John Culver«, Interview mit John Culver, online gestellt am 10. Februar 2011, http://www.youtube.com. Abgerufen am 5. Mai 2013
3 John Culver, »Tribute to EMK«, in: *Edward M. Kennedy. Late a Senator from Massachusetts. Memorial addresses and Other Tributes*. Washington, D.C.: U.S. Government Printing Office 2010. Die Trauerrede findet man auf YouTube.
4 John Ahern, »Ted Kennedy Shows Skill in Edgartown Y.C. Races«, in: *Boston Globe*, 20. Juli 1963, S. 13
5 Frank Falacci, »Ted Loses Boat Race«, in: *Boston Globe*, 4. August 1963, S. 6
6 Frank Falacci, »Kennedys, 2 Children Cruise to Nantucket«, in: *Boston Globe*, 3. September 1963, S. 5
7 Edward M. Kennedy jun., Gespräch mit dem Autor, geführt am 6. August 2012 in Hyannis Port, MA
8 Christopher G. Kennedy, Gespräch mit dem Autor, geführt am 13. Februar 2012 in Wilmette, IL
9 Ethel Kennedy, Gespräch mit dem Autor, geführt am 6. August 2012, Hyannis Port, MA
10 Jack Fallon, »Tuning Up with Jack Fallon«, in: *Wooden Boat* 91 (November–Dezember 1989), S. 68
11 Ebd., S. 69
12 Christopher G. Kennedy, Gespräch mit dem Autor, geführt am 13. Februar 2012 in Wilmette, IL. Von dem Foto existieren leider keine Abzüge mehr.
13 David Churbuck, »Ted Kennedy in Glimpses«, 29. August 2009, http://www.churbuck.com. Abgerufen am 5. Mai 2013
14 Patrick J. Kennedy, Gespräch mit dem Autor, geführt am 19. März 2012 in Providence, RI
15 Christopher G. Kennedy, Gespräch mit dem Autor, geführt am 13. Februar 2012 in Wilmette, IL
16 Marion J. White, *Eldridge Tide and Pilot Book, 2002*. Medfield, MA: White 2001, S. 27
17 Edward M. Kennedy, *True Compass*, S. 273; vgl. Elizabeth Deane, »The Kennedys«, *American Experience*, Public Broadcasting Service 2003, http://www.pbs.org. Abgerufen am 27. August 2013
18 Elizabeth Deane, »The Kennedys«, *American Experience*, Public Broadcasting Service 2003, http://www.pbs.org. Abgerufen am 27. August 2013
19 Patrick J. Kennedy, Gespräch mit dem Autor, geführt am 19. März 2012 in Providence, RI
20 Edward M. Kennedy, *True Compass*, S. 274
21 Patrick J. Kennedy, Gespräch mit dem Autor, geführt am 19. März 2012 in Providence, RI
22 Peter Kunhardt / Sheila Nevins, *Teddy in His Own Words*. HBO-

Dokumentation, Pleasantville, NY: Kunhardt-McGee Productions 2009
23 Edward M. Kennedy, *True Compass*, S. 283
24 Ebd., S. 287
25 Ebd., S. 290; vgl. Michael Knox Beran, *Last Patrician*
26 Edward M. Kennedy, *True Compass*, S. 288
27 Henry Beston, *The Outermost House*, S. 165
28 Edward M. Kennedy jun., »Eulogy to his father«, in: *Edward M. Kennedy, Late a Senator from Massachusetts. Memorial Addresses and Other Tributes.* Washington, D. C.: U. S. Government Printing Office 2010
29 Edward M. Kennedy jun., Gespräch mit dem Autor, geführt am 6. August 2012 in Hyannis Port, MA
30 Christopher Andersen, *Sweet Caroline. Last Child of Camelot.* New York: Avon Books 2003, S. 166
31 Edward M. Kennedy jun., »Eulogy to his father«
32 Ebd.
33 Edward M. Kennedy jun., Gespräch mit dem Autor, geführt am 6. August 2012 in Hyannis Port, MA
34 Patrick J. Kennedy, Gespräch mit dem Autor, geführt am 19. März 2012 in Providence, RI
35 Kerry Kennedy, Telefonat mit dem Autor, geführt am 30. Mai 2012
36 Alexandra Styron, »Life with Father«, *Vanity Fair*, April 2011, http://www.vanityfair.com. Abgerufen am 5. Mai 2013; vgl. Alexandra Styron, *Reading My Father. A Memoir.* New York: Scribner 2011
37 Kerry Kennedy, Telefonat mit dem Autor, geführt am 30. Mai 2012
38 Patrick Kennedy, »Eulogy to his father«, in: *Edward M. Kennedy, Late a Senator from Massachusetts. Memorial Addresses and Other Tributes.* Washington, D. C., 2010, S. 329; Patrick J. Kennedy, Gespräch mit dem Autor, geführt am 19. März 2012 in Providence, RI
39 Patrick Kennedy, »Eulogy to his father«
40 Christopher G. Kennedy, Gespräch mit dem Autor, geführt am 13. Februar 2012 in Wilmette, IL
41 David Churbuck, »Ted Kennedy in Glimpses«, 29. August 2009, http://www.churbuck.com. Abgerufen am 5. Mai 2013
42 Joseph P. Kennedy jun., »Eulogy to his father«, in: *Edward M. Kennedy, Late a Senator from Massachusetts. Memorial Addresses and Other Tributes.* Washington, D. C., 2010, S. 255 f.
43 Edward M. Kennedy jun., Gespräch mit dem Autor, geführt am 6. August 2012 in Hyannis Port, MA
44 Len Edgerly, »Sailing with My Friend Max Kennedy«, Mile High Pod Chronicles Productions, 4. August 2006, http://www.youtube.com. Abgerufen am 27. August 2007
45 Joseph P. Kennedy jun., »Eulogy to his father«
46 Brief von Christopher G. Kennedy an seine Kinder, 26. Januar 2004. Mit freundlicher Genehmigung von Christopher G. Kennedy
47 Jimmy Carter, *Remarks Delivered by President Jimmy Carter at the October 20, 1979 Dedication Ceremony of the John F. Kennedy Presidential Library*, http://www.jfklibrary.org. Abgerufen am 18. August 2013
48 Patrick J. Kennedy, Gespräch mit dem Autor, geführt am 19. März 2012 in Providence, RI
49 Edward M. Kennedy, »Transcript of Kennedy's Speech on Economic Issues at Democratic Convention«, in: *New York Times*, 13. August 1980

50 Gayle Fee / Laura Raposa, »Jackie's Private Letter to Joan Up for Bid«, in: *Boston Herald*, 23. Februar 2007, http://www.freerepublic.com. Abgerufen am 24. August 2013
51 David Churbuck, »Ted Kennedy in Glimpses«, 29. August 2009, http://www.churbuck.com. Abgerufen am 5. Mai 2013
52 Edward M. Kennedy, *True Compass*, S. 421
53 Rick Atkinson, »Why Ted Kennedy Can't Stand Still«, in: *Washington Post*, 29. April 1990, S. W11
54 Edward M. Kennedy, *True Compass*, S. 421
55 Arthur M. Schlesinger jun., *Journals*, S. 618
56 Jay Mulvaney, *Kennedy Weddings. A Family Album*. New York: St. Martin's Griffen 2002; Jack Thomas, »Kennedy Wedding Bells Ring Out, Senator's Daughter Marries Architect«, in: *Boston Globe*, 9. September 1990, S. 25
57 Vincent Bzdek, *The Kennedy Legacy*, S. 201
58 N. N., »Sobering Times«, in: *Newsweek*, 8. Dezember 1991, http://www.the dailybeast.com. Abgerufen am 24. August 2013
59 Vincent Bzdek, *The Kennedy Legacy*, S. 201
60 Edward M. Kennedy, *True Compass*, S. 427
61 Laurence Leamer, *Sons of Camelot. The Fate of an American Dynasty*. New York: HarperCollins 2004, S. 569
62 Ebd., S. 354
63 Alessandra Stanley, »Facing Questions of Private Life, Kennedy Apologizes to the Voters«, in: *New York Times*, 26. Oktober 1991, S. 8
64 Edward Kennedy, »Eulogy to Jacqueline Kennedy Onassis«, in: *First Lady Jacqueline Kennedy Onassis*.

Memorial Tributes in the One Hundred Third Congress of the United States. Washington, D. C.: U. S. Government Printing Office 1995, S. 58
65 U. S. Department auf Commerce, Wetterdaten, http://www.ncdc.noaa.gov. Abgerufen im Frühjahr 2013
66 Laurence Leamer, *Sons of Camelot*, S. 430; vgl. Edward M. Kennedy, *True Compass*
67 Edward M. Kennedy, *True Compass*, S. 506
68 Christopher G. Kennedy, Gespräch mit dem Autor, geführt am 13. Februar 2012 in Wilmette, IL
69 Kerry Kennedy, Telefonat mit dem Autor, geführt am 30. Mai 2012
70 Edward M. Kennedy, *True Compass*, S. 507

Lebenswege

1 Hart Crane, *Weiße Bauten*. Übers. von Christian Lux. Wiesbaden: Lux 2013, S. 83
2 Caroline Kennedy, »Reading from ›Memory of Cape Cod‹«, in: *First Lady Jacqueline Kennedy Onassis*, S. 61
3 Maurice Tempelsman, »Reading from ›Ithaka‹«, in: *First Lady Jacqueline Kennedy Onassis*, S. 62; dt. Übers. aus: Konstantinos Kavafis, *Gedichte*. Übers. von Helmut von den Steinen. Berlin / Frankfurt a. M.: Suhrkamp 1953, S. 31 f.
4 Matthew L. Wald, »Safety Board Blames Pilot Error in Crash of Kennedy Plane«, in: *New York Times*, 7. Juli 2000
5 Mike Allen, »The Kennedy Burial. The Overview«, in: *New York Times*, 23. Juli 1999
6 Mike Allen, »Bodies from Kennedy Crash Are Found«, in: *New York Times*, 22. Juli 1999
7 John F. Kennedy, »Remarks in New-

port at the Australian Ambassador's Dinner for the America's Cup Crews«, 14. September 1962, *American Presidency Project,* http://www.presidency.ucsb.edu. Abgerufen am 27. August 2013
8 Mark K. Shriver, Telefonat mit dem Autor, geführt am 5. Januar 2013
9 John F. Kennedy, »Radio and Television Report to the American People on Civil Rights, June 11, 1963«, http://www.jfklibrary.org. Abgerufen am 24. August 2013; dt. Übers. siehe http://www.jfklibrary.org/JFK/ Historic-Speeches/Multilingual-Address-to-the-Nation-on-Civil-Rights/Multilingual-Address-to-the-Nation-on-Civil-Rights-in-German.aspx
10 Patrick J. Kennedy, Gespräch mit dem Autor, geführt am 19. März 2012 in Providence, RI
11 Kerry Kennedy, Telefonat mit dem Autor, geführt am 30. Mai 2012
12 Len Edgerly, »Sailing with My Friend Max Kennedy«, Mile High Pod Chronicles Productions, 4. August 2006, http://www.youtube.com. Abgerufen am 27. August 2007
13 Roger Whitcomb / Wendy Williams, *Cape Wind,* S. 128
14 Barbara Veneri, »Warren Navigated His Way to Win«, in: *South Coast Today,* 1. Juni 2003, http://www.southcoasttoday.com. Abgerufen am 5. Mai 2013
15 »Fleet Roster – Spring 2013«, Wianno Senior Class, http://www.wiannosenior.org. Abgerufen am 5. Mai 2013
16 David Arnold, »Blue-Blooded Racers Costly, Cherished, and Original to the Cape«, in: *Boston Globe,* 23. Mai 2004, S. 24
17 Emily C. Dooly, »Sturdy Wianno Boats, Now Lost, Helped Foster Kennedys' Love of Sea«, in: *Cape Cod Times,* 12. Dezember 2003, http://www.capecodonline.com. Abgerufen am 12. Dezember 2013
18 Brief von Christopher G. Kennedy an seine Kinder, 26. Januar 2004. Mit freundlicher Genehmigung von Christopher G. Kennedy
19 Bobby Shriver, »A Last Summer in Hyannis Port«, in: *Newsweek,* 26. August 2009, http://www.thedailybeast.com. Abgerufen am 26. August 2013
20 Eugene O'Neill, *Eines langen Tages Reise in die Nacht,* S. 118 f.

Nachwort

1 Kerry Kennedy, Telefonat mit dem Autor, geführt am 30. Mai 2012
2 F. Scott Fitzgerald, *Der große Gatsby.* Übers. von Bettina Abarbanell. Zürich: Diogenes 2006, S. 224

Literatur

Bücher
Aischylos, *Die Orestie*. Übers. von Emil Staiger. Stuttgart 1987
Christopher Andersen, *Jack and Jackie. Portrait of an American Marriage*. New York 1997
Christopher Andersen, *Sweet Caroline. Last Child of Camelot*. New York 2003
John Bartlett, *Familiar Quotations*. Boston 1968
Michael Knox Beran, *Last Patrician. Bobby Kennedy and the End of the American Aristocracy*. New York 1998
Michael R. Beschloss, *Kennedy and Roosevelt. The Uneasy Alliance*. New York 1980
Michael R. Beschloss, »Kennedy and the Decision to Go to the Moon«, in: *Spaceflight and the Myth of Presidential Leadership*. Hg. von Roger D. Launius / Howard E. McCurdy. Urbana 1997
Henry Beston, *The Outermost House*. New York 1988
Sarah Bradford, *America's Queen. The Life of Jacqueline Kennedy Onassis*. New York 2000
Vincent Bzdek, *The Kennedy Legacy. Jack, Bobby and Ted and a Family Dream Fulfilled*. New York 2009
David Callahan / Fred I. Greenstein, »Eisenhower and U.S. Space Policy«, in: *Spaceflight and the Myth of Presidential Leadership*. Hg. von Roger D. Launius / Howard E. McCurdy. Urbana 1997
Gail Cameron, *Rose. A Biography of Rose Fitzgerald Kennedy*. New York 1971
Hart Crane, *Weiße Bauten*. Übers. von Christian Lux. Wiesbaden 2013
John Culver, »Tribute to EMK«, in: *Edward M. Kennedy. Late a Senator from Massachusetts. Memorial Addresses and Other Tributes*. Washington, D. C., 2010
Robert Dallek, *An Unfinished Life. John F. Kennedy*. Boston 2003
Leo Damore, *The Cape Cod Years of John Fitzgerald Kennedy*. Englewood Cliffs 1967
Robert J. Donovan, *PT 109. John F. Kennedy in World War II*. New York 1961
Lawrence Durrell, *Leuchtende Orangen. Rhodos – Insel des Helios*. Übers. von Herbert Zand. Reinbek b. Hamburg 1968
J. Julius Fanta, *Sailing with President Kennedy*. New York 1968
F. Scott Fitzgerald, *Der große Gatsby*. Übers. von Bettina Abarbanell. Zürich 2006
James Geary, *I Is an Other. The Secret Life of Metaphor and How it Shapes the Way We See the World*. New York 2011
Steven M. Gillon, *The Kennedy Assas-*

sination. *24 Hours after, Lyndon B. Johnson's Pivotal First Day as President*. New York 2010
Doris Kearns Goodwin, *The Fitzgeralds and the Kennedys. An American Saga*. New York 1991
Edith Hamilton, *The Greek Way*. New York 2010
Nigel Hamilton, *JFK. Reckless Youth*. New York 1992
Seymour Hersch, *The Dark Side of Camelot*. Boston 1997
C. David Heymann, *RFK. A Candid Biography of Robert F. Kennedy*. New York 1998
C. David Heymann, *American Legacy. The Story of John and Caroline Kennedy*. New York 2007
C. David Heymann, *Bobby and Jackie. A Love Story*. New York 2009
Charles Higham, *Rose. The Life and Times of Rose Fitzgerald Kennedy*. New York 1995
Konstantinos Kavafis, *Gedichte*. Übers. von Helmut von den Steinen. Berlin / Frankfurt a. M. 1953
Caroline Kennedy, *The Best-Loved Poems of Jacqueline Kennedy Onassis*. New York 2001
Caroline Kennedy / Michael Beschloss, *Jacqueline Kennedy. Historic Conversations on Life with John F. Kennedy*. New York 2011
Edward M. Kennedy, *The Fruitful Bough. A Tribute to Joseph P. Kennedy*. Privatdruck 1965
Edward M. Kennedy, »Eulogy to Jacqueline Kennedy Onassis«, in: *First Lady Jacqueline Kennedy Onassis. Memorial Tributes in the One Hundred Third Congress of the United States*. Washington, D. C., 1995
Edward M. Kennedy, *True Compass*. New York 2009
Edward M. Kennedy jun., »Eulogy to his father«, in: *Edward M. Kennedy, Late a Senator from Massachusetts.*

Memorial Addresses and Other Tributes. Washington, D. C., 2010
John F. Kennedy, *Profiles in Courage*. New York: Harper 1956; dt. u. d. T. *Zivilcourage*. Übers. von Josef Toch. Wien / Stuttgart / Zürich 1960
John F. Kennedy (Hg.), *As We Remember Joe*. Privatdruck 1945
Joseph P. Kennedy jun., »Eulogy to his father«, in: *Edward M. Kennedy, Late a Senator from Massachusetts. Memorial Addresses and Other Tributes*. Washington, D. C., 2010
Patrick Kennedy, »Eulogy to his father«, in: *Edward M. Kennedy, Late a Senator from Massachusetts. Memorial Addresses and Other Tributes*. Washington, D. C., 2010
Robert F. Kennedy, *To Seek a Newer World*. Garden City, N. Y.: Doubleday 1967; dt. u. d. T. *Suche nach einer neuen Welt*. Übers. von Wolfgang J. und Christa Helbich. Gütersloh 1968
Rose Fitzgerald Kennedy, *Times to Remember*. Garden City 1974
Edward Klein, *All Too Human. The Love Story of Jack and Jackie Kennedy*. New York 1997
Victor Lasky, *JFK. The Man and the Myth*. New York 1963
Patricia Kennedy Lawford (Hg.), *That Shining Hour*. Privatdruck 1969
Laurence Leamer, *The Kennedy Women*. New York 1994
Laurence Leamer, *The Kennedy Men. 1901–1963*. New York 2001
Laurence Leamer, *Sons of Camelot. The Fate of an American Dynasty*. New York 2004
William Manchester, *The Death of a President*. New York 1967
Ralph G. Martin, *A Hero for Our Time. An Intimate Story of the Kennedy Years*. New York 1983
Lynne McTaggart, *Kathleen Kennedy. Her Life and Times*. Garden City 1983

Edna St. Vincent Millay, *The Selected Poetry of Edna St. Vincent Millay*. New York 2002
Jay Mulvaney, *Kennedy Weddings. A Family Album*. New York 2002
Jack Newfield, *RFK. A Memoir*. New York 2009
Michael O'Brien, *John F. Kennedy. A Biography*. New York 2005
Eugene O'Neill, *Eines langen Tages Reise in die Nacht. Schauspiel in vier Akten*. Übers. von Ursula und Oscar Fritz Schuh. Stuttgart 1967
Jerry Oppenheimer, *The Other Mrs. Kennedy. An Intimate and Revealing Look at the Hidden Life of Ethel Skakel Kennedy*. New York 1994
Herbert S. Parmet, *Jack. The Struggles of John F. Kennedy*. New York 1982
Edward J. Renehan jun., *The Kennedys at War*. New York 2002
Arthur M. Schlesinger jun., *Robert Kennedy and His Times*. Boston 1978
Arthur M. Schlesinger jun., *Journals. 1952–2000*. Hg. von Andrew Schlesinger jun. / Stephen Schlesinger. New York 2007
Arnold Schwarzenegger, *Total Recall. My Unbelievably True Life Story*. New York 2012; dt. u. d. T. *Total Recall. Die wahre Geschichte meines Lebens*. Übers. von Karlheinz Dürr. Hamburg 2012
Hank Searls, *The Lost Prince. Young Joe, the Forgotten Kennedy. The Story of the Oldest Brother*. New York 1969
William Shakespeare, *Romeo und Julia*. Übers. von August Wilhelm von Schlegel. Stuttgart 1969
Tazewell Shepard jun., *John F. Kennedy. Man of the Sea*. New York 1965
Mark K. Shriver, *A Good Man. Rediscovering My Father, Sargent Shriver*. New York 2012
Hugh Sidey, *John F. Kennedy, President*. New York 1964
Amanda Smith (Hg.), *Hostage to Fortune. The Letters of Joseph P. Kennedy*. New York 2001
Sally Bedell Smith, *Grace and Power. The Private World of the Kennedy White House*. New York 2004
Ted Sorensen, *Kennedy. The Classic Biography*. New York 1965
Scott Stossel, *Sarge. The Life and Times of Sargent Shriver*. Washington, D. C., 2004
Alexandra Styron, *Reading My Father. A Memoir*. New York 2011
Rose Styron (Hg.), *Selected Letters of William Styron*. New York 2012
Evan Thomas, *Robert Kennedy. His Life*. New York 2000
Helen Thomas, *Front Row at the White House*. New York 1999
Henry David Thoreau, *Kap Cod*. Hg. und übers. von Klaus Bonn. St. Pölten / Salzburg / Wien 2014
Richard Ulian, *Sailing. An Informal Primer*. New York 1982
Jean Kiley Wells, »Memories of the Thirties«, in: *The Senior. 75 Years of the Wianno Senior Class*. Osterville 1989
Roger Whitcomb / Wendy Williams, *Cape Wind. Money, Celebrity, Class, Politics, and the Battle for Our Energy Future*. New York 2007
Marion J. White, *Eldridge Tide and Pilot Book, 2002*. Medfield 2001
Jim Whittaker, *A Life on the Edge. Memoirs of Everest and Beyond*. Seattle 1999
Ted Widmer, *Listening in. The Secret White House Recordings of JFK*. New York 2012

Zeitungs- und Zeitschriftenartikel
Ken Adams, »The Great Atlantic Hurricane of September 1944. My Remembrances«, in: *Destroyer Escort Sailors Association*, Mai 2008
John Ahern, »Ted Kennedy Shows Skill in Edgartown Y.C. Races«, in: *Boston Globe*, 20. Juli 1963
Mike Allen, »Bodies from Kennedy Crash Are Found«, in: *New York Times*, 22. Juli 1999
Mike Allen, »The Kennedy Burial. The Overview«, in: *New York Times*, 23. Juli 1999
Ross Anderson, »Neil Armstrong's Solemn but Not Sad Memorial at the National Cathedral«, in: *Atlantic*, 14. September 2012
David Arnold, »Blue-Blooded Racers Costly, Cherished, and Original to the Cape«, in: *Boston Globe*, 23. Mai 2004
Inga Arvad, »Lt. Kennedy Saves His Men as Japs Cut PT Boat in Half«, in: *Pittsburgh Post-Gazette*, 13. Januar 1944
Associated Press, »Kennedy Family Divided over Mass. Compound«, in: *USA Today*, 15. Juli 2011
Rick Atkinson, »Why Ted Kennedy Can't Stand Still«, in: *Washington Post*, 29. April 1990
Carla Baranauckas, »Eunice Kennedy Shriver, Influential Founder of Special Olympics, Dies at 88«, in: *New York Times*, 11. August 2009
Vivian M. Baulch / Patricia Zacharias, »The 1943 Detroit Race Riots«, in: *Detroit News*, 10. Februar 1999
Cari Beauchamp, »Two Sons, One Destiny«, in: *Vanity Fair*, Dezember 2004
Christopher Buckley, »Family Guy«. Rezension von *The Patriarch* von David Nasaw, in: *New York Times*, 18. November 2012, Sunday Book Review

Ted Chamberlain, »JFK's Island Rescuers Honored at Emotional Reunion«, in: *National Geographic*, 20. November 2002
Dolly Connelly, »How Did I Get Myself into This?«, in: *Sports Illustrated* 22, Nr. 14 (5. April 1965)
Emily C. Dooly, »Sturdy Wianno Boats, Now Lost, Helped Foster Kennedys' Love of Sea«, in: *Cape Cod Times*, 12. Dezember 2003
Frank Falacci, »Kennedy Race Sloop Runs Aground in Mud«, in: *Boston Globe*, 30. Juli 1962
Frank Falacci, »Ted Loses Boat Race«, in: *Boston Globe*, 4. August 1963
Frank Falacci, »Kennedys, 2 Children Cruise to Nantucket«, in: *Boston Globe*, 3. September 1963
Jack Fallon, »Tuning Up with Jack Fallon«, in: *Wooden Boat* 91 (November–Dezember 1989)
Gayle Fee / Laura Raposa, »Jackie's Private Letter to Joan Up for Bid«, in: *Boston Herald*, 23. Februar 2007
Bruce Feiler, »The Stories That Bind Us«, in: *New York Times*, 15. März 2013
Leonard Fowle, »The McMillan Cup in Seniors«, in: *Senior* 26
John Hersey, »PT Squadron in the Pacific«, in: *Life*, 10. Mai 1943
John Hersey, »Survival«, in: *New Yorker* 20, Nr. 18 (17. Juni 1944)
Malcolm Howes, »The Wianno Senior«, in: *Wooden Boat* 91 (November–Dezember 1989)
Andrew Jacobs, »Patricia Kennedy Lawford Dies at 82«, in: *New York Times*, 18. September 2006
Martha Kearney, »Eunice Kennedy Tackles Job to Cut Delinquency«, in: *Times Herald*, 20. Januar 1947
Edward M. Kennedy, »Transcript of Kennedy's Speech on Economic Issues at Democratic Convention«, in: *New York Times*, 13. August 1980

E. W. Kenworthy, »President Sails in 30-Knot Wind«, in: New York Times, 29. Juli 1962

M. Lynn Landweer / Peter Unseth, »An Introduction to Language Use in Melanesia«, in: International Journal of the Sociology of Language 214 (2012)

Norman Mailer, »Superman Comes to the Supermarket«, in: Esquire, November 1960

Joe Mathews, »Arnold's Debt to Eunice«, in: Daily Beast, 11. August 2009

Martha T. Moore, »JFK's Sister Jean Kennedy Smith Reflects«, in: USA Today, 26. September 2010

N. N., »New Securities Chief Flies from Washington for Weekend on Cape«, in: Boston Globe, 15. Juli 1934

N. N., »Lightning Splits Mast of Young Kennedy's Boat at Osterville«, in: Daily Boston Globe, 12. Juli 1936

N. N., »Prevailing Wind, Pequod Hyannis Port Winners«, in: Daily Boston Globe, 9. September 1936

N. N., »Nearly 200 Boats Turn Out in Half-Gale off Edgartown«, in: Daily Boston Globe, 25. Juli 1937

N. N., »Harvard Skippers Win M'Millan Cup«, in: New York Times, 25. Juni 1938

N. N., »Hyannisport Defeats Wianno Y. C. for Trophy«, in: Boston Globe, 23. Juli 1938

N. N., »Eunice Kennedy Praised for Fight on Delinquency«, in: Traveler, 11. November 1947

N. N., »Life Goes Courting with a U. S. Senator. John Kennedy and His Fiancée Enjoy an Outing on Cape Cod«, in: Life 35, Nr. 3 (20. Juli 1953)

N. N., »Jack Kennedy Practices the Fitness That He Preaches«, in: Sports Illustrated 13, Nr. 26 (26. Dezember 1960)

N. N., »The President-to-Be in Action«, in: Sports Illustrated 13, Nr. 26 (26. Dezember 1960)

N. N. (United Press International), »President and Family Run Aground in Sloop«, in: New York Times, 30. Juli 1962

N. N., »President and Caroline Have Picnic on Sandbar«, in: Boston Globe, 5. August 1962

N. N., »Sobering Times«, in: Newsweek, 8. Dezember 1991

Matt Novak, »How Space-Age Nostalgia Hobbles Our Future«, in: Slate, 15. Mai 2012

Michael Shnayerson, »1963 American Summit: Jim Whittaker – Back on Earth«, in: National Geographic Adventure, Mai 2003

Bobby Shriver, »A Last Summer in Hyannis Port«, in: Newsweek, 26. August 2009

Eunice Kennedy Shriver, »Hope for Retarded Children«, in: Saturday Evening Post, 22. September 1962

Alessandra Stanley, »Facing Questions of Private Life, Kennedy Apologizes to the Voters«, in: New York Times, 26. Oktober 1991

Scott Stossel, »Eunice the Formidable«, in: Atlantic, August 2009

H. C. Sumner, »The North Atlantic Hurricane of September 8–16, 1944«, in: Monthly Weather Review 72, Nr. 9 (September 1944)

Jack Thomas, »Kennedy Wedding Bells Ring Out, Senator's Daughter Marries Architect«, in: Boston Globe, 9. September 1990

Barbara Veneri, »Warren Navigated His Way to Win«, in: South Coast Today, 1. Juni 2003

Matthew L. Wald, »Safety Board Blames Pilot Error in Crash of Kennedy Plane«, in: New York Times, 7. Juli 2000

E. B. White, »The Talk of the Town.

Notes and Comment«, in: *New Yorker*, 30. November 1963
Karl Zimmerman, »Final Chapter. The Islander and Other Bygone Ferries«, in: *Martha's Vineyard Magazine*, August 2010

Interviews und Gespräche
Dr. Wernher von Braun, Gespräch mit Walter D. Sohier und Eugene M. Emme, geführt am 31. März 1964 in Huntsville, AL, John F. Kennedy Library Oral History Project
Dinah Bridge, Gespräch mit Joseph E. O'Connor, geführt am 30. Oktober 1966, John F. Kennedy Library Oral History Program
Tim Fulham, Wianno-Senior-Klassenvereinigung, Gespräch mit dem Autor, geführt am 5. August 2012 in Osterville, MA
John H. Glenn, Gespräch mit Walter D. Sohier, geführt am 12. Juni 1964, John F. Kennedy Library Oral History Program
Christopher G. Kennedy, Gespräch mit dem Autor, geführt am 13. Februar 2012 in Wilmette, IL
Edward M. Kennedy jun., Gespräch mit dem Autor, geführt am 6. August 2012 in Hyannis Port, MA
Ethel Kennedy, Gespräch mit dem Autor, geführt am 6. August 2012 in Hyannis Port, MA
Ethel Kennedy, Ted Kennedy jun., Kiki Kennedy, Max Kennedy, Christopher und Sheila Kennedy sowie David Nunes, Gespräch mit dem Autor, geführt am 6. August 2012 an Bord der *Glide*, Hyannis Port, MA
Kerry Kennedy, Telefonat mit dem Autor, geführt am 30. Mai 2012
Max Kennedy, Gespräch mit dem Autor, geführt am 6. August 2012 an Bord der *Ptarmigan*, Hyannis Port, MA
Patrick J. Kennedy, Gespräch mit dem Autor, geführt am 19. März 2012 in Providence, RI
Henry Koehler, Telefonat mit dem Autor, geführt am 6. März 2013
Ron McCoy, Sohn von Inga Arvad, E-Mail-Korrespondenz mit dem Autor, 29. Juni 2013
Alan B. Shepard jun., Gespräch mit Walter D. Sohier, geführt am 12. Juni 1964, John F. Kennedy Library Oral History Program
Maria Shriver, Gespräch mit dem Autor, geführt am 4. Januar 2012
Mark K. Shriver, Telefonat mit dem Autor, geführt am 5. Januar 2013

Filme, Fernsehbeiträge und Videos
Elizabeth Deane, »The Kennedys«, *American Experience*, Public Broadcasting Service 2003
Ethel, Dokumentarfilm von Rory Kennedy, Moxie Firecracker Films 2012
Interview mit John F. Kennedy, *John F. Kennedy Presidential Library and Museum Introductory Film*, 1992, John F. Kennedy Library Foundation
Peter Kunhardt / Sheila Nevins, *Teddy in His Own Words*. HBO-Dokumentation, Pleasantville 2009
Lady of the Sound, the Wianno Senior, Dokumentarfilm von Andrew Fone, Pearl River Productions 2005
Troy McMullen, »The Last Kennedy: Jean Kennedy Smith«, in: *ABC News*, 26. August 2009
»Ted Kennedy Jr. Eunice was a great competitor«, New England Cable News, 13. August 2009

Archivmaterial
Joanna Barboza im Interview mit Sheldon M. Stern, 24. März 1982, John F. Kennedy Library Oral History Program
Thomas Bilodeau im Interview mit James Murray, 12. Mai 1964, John F. Kennedy Libr. Oral Hist. Program

Brief von Wernher von Braun an den Vizepräsidenten der Vereinigten Staaten von Amerika, 29. April 1961, NASA Historical Reference Collection, NASA, Washington, D. C.
Telegramm von Frances Ann Cannon an John F. Kennedy, 25. Februar 1939, John F. Kennedy Personal Papers
Brief von George Connelly an Joseph P. Kennedy sen., 16. Juni 1932, Joseph P. Kennedy Papers
Brief von Wilton B. Crosby an Joseph P. Kennedy sen., 12. Januar 1932, Joseph P. Kennedy Papers
Luella Hennessey-Donovan im Interview mit Ed Martin, 26. November 1964, John F. Kennedy Oral History Collection, JFK Library, Boston
Brief von Christopher G. Kennedy an seine Kinder, 26. Januar 2004. Mit freundlicher Genehmigung von Christopher G. Kennedy
Jacqueline Kennedy, »Meanwhile in Massachusetts«, JFK Family Papers, JFK Library and Museum
Brief von John F. Kennedy an Inga Arvad. Mit freundlicher Genehmigung von Ron McCoy
Brief von John F. Kennedy an Rose und Joseph P. Kennedy sen., [1932?], Fitzgerald Kennedy Papers
Brief von John F. Kennedy an Rose Kennedy, Frühjahr 1932, John F. Kennedy Personal Papers, JFK Library and Museum
Brief von John F. Kennedy an Eunice Kennedy, 1939, JFK Family Papers
Brief von John F. Kennedy an Kathleen Kennedy, Juni 1943, Joseph P. Kennedy Papers
John F. Kennedy, »Special Message by the President on Urgent National Needs«, 25. Mai 1961, Papers of John F. Kennedy, Presidential Papers
Brief von Joseph P. Kennedy sen. an Joseph P. Kennedy jun., 4. Mai 1934, Joseph P. Kennedy Papers
Brief von Joseph P. Kennedy jun. an C. J. Scollard, [ohne Datum], Joseph P. Kennedy Papers
Brief von Joseph P. Kennedy jun. an Joseph P. Kennedy sen., 26. Januar 1930, Rose Fitzgerald Kennedy Papers Collection, JFK Library and Museum, Boston
Briefwechsel zwischen Joseph P. Kennedy jun. und Edward Moore, Mai 1930, Joseph P. Kennedy Papers Collection, JFK Library and Museum
Brief von Joseph P. Kennedy jun. an Joseph P. Kennedy sen., 7. April 1931, Fitzgerald Kennedy Papers
Brief von Joseph P. Kennedy jun. an Robert Kennedy, 3. Mai 1934, Joseph P. Kennedy Papers
Telegramm von Joseph P. Kennedy jun. an Joseph P. Kennedy sen., 15. August 1934, Joseph P. Kennedy Papers
Brief von Kathleen Kennedy an Rose Kennedy, 27. Mai 1934, Joseph P. Kennedy Papers
Briefe von Robert F. Kennedy an Rose and Joseph P. Kennedy sen., [ohne Datum], Joseph P. Kennedy Papers
Robert F. Kennedys Hommage an seinen Vater, vorgetragen von Edward M. Kennedy am 20. November 1969 auf der Trauerfeier für Joseph Kennedy, *Congressional Record* 115 (25. November 1969), 35877
Brief von Edward Moore an Joseph P. Kennedy jun., 27. August 1936, Joseph P. Kennedy Papers
Brief von Paul Murphy an Joseph P. Kennedy sen., 1. Mai 1936, Joseph P. Kennedy Papers
Presidential Meeting in the Cabinet Room of the White House, »Supplemental Appropriations for the National Aeronautics and Space Administration (NASA)«, 21. November 1962, Presidential Recordings Collection, Band 63, President's Office Files, John F. Kennedy Library

Brief von C. J. Scollard an Wilton Crosby, 18. März 1932, Joseph P. Kennedy Papers

Internet

David Bolles / Guy Gurney, »The Kennedy Brothers and the Stars«, International Star Class Yacht Racing Association, http://www.starclass.org

Jimmy Carter, »Remarks Delivered by President Jimmy Carter at the October 20, 1979 Dedication Ceremony of the John F. Kennedy Presidential Library«, http://www.jfklibrary.org

Chief of Naval Operations, »The Naval Quarantine of Cuba, 1962. Quarantine, 22–26 October«, Report on the Naval Quarantine of Cuba, Post 46 Command file, box 10, Operational Archives Branch, Washington, D. C., http://www.history.navy.mil

David Churbuck, »Ted Kennedy in Glimpses«, 29. August 2009, http://www.churbuck.com

Len Edgerly, »Sailing with My Friend Max Kennedy«, Mile High Pod Chronicles Productions, 4. August 2006, http://www.youtube.com

»Fleet Roster – Spring 2013«, Wianno Senior Class, http://www.wiannosenior.org

Robert Frost, »Education by Poetry« (Rede am Amherst College, MA, ca. 1930), Department of English at the University of Texas at Austin, http://www.en.utexas.edu

»Guadalcanal-Tulagi Invasion, 7–9 August, 1941«, »Guadalcanal Campaign, August 1942 – Februar 1943«, »Conquest of Tulagi, 7–8 August, 1942«, U. S. Navy, http://www.history.navy.mil

Harvard Kennedy School, »JFK50 Playing Football with JFK – John Culver«, Interview mit John Culver, online gestellt am 10. Februar 2011, http://www.youtube.com

John F. Kennedy, »Remarks of Senator John F. Kennedy at Milwaukee, Wisconsin, 23. Oktober 1960«, JFK Library and Museum, http://www.jfklibrary.org

John F. Kennedy, »Remarks of Senator John F. Kennedy, Springfield, Mass., City Hall«, 7. November 1960, *American Presidency Project*, http://www.presidency.ucsb.edu

John F. Kennedy, »Remarks Following the Orbital Flight of Col. John H. Glenn, Jr.«, 20. Februar 1962, *American Presidency Project*, http://www.presidency.ucsb.edu

John F. Kennedy, Address at Rice University, 12. September 1962, http://www.jfklibrary.org

John F. Kennedy, »Remarks in Newport at the Australian Ambassador's Dinner for the America's Cup Crews«, 14. September 1962, *American Presidency Project*, http://www.presidency.ucsb.edu

John F. Kennedy, »Remarks to the Faculty and Students of the French Institute of High Studies for National Defense«, 25. März 1963, *American Presidency Project*, http://www.presidency.ucsb.edu

John F. Kennedy, »Radio and Television Report to the American People on Civil Rights, June 11, 1963«, http://www.jfklibrary.org.

John F. Kennedy, »Remarks in Philadelphia at a Dinner Sponsored by the Democratic County Executive Committee«, 30. Oktober 1963, *American Presidency Project*, http://www.presidency.ucsb.edu

Robert F. Kennedy, »Tribute to John F. Kennedy at the Democratic National Convention, Atlantic City, New Jersey, August 27, 1964«, http://www.jfklibrary.org

Robert F. Kennedy, »Statement on Assassination of Martin Luther King, Jr., Indianapolis, Indiana, April 4, 1968«, http://www.jfklibrary.org
Anthony Mason, »JFK Painting Finds Its Way Back to Artist 50 Years after Brush with Camelot«, CBS This Morning, 1. März 2013, http://www.cbsnews.com
Tazewell Shepard, USS Constitution correspondence, Papers of John F. Kennedy, Presidential Papers, President's Office Files, JFK Library and Museum, http://www.jfklibrary.org
Maria Shriver, »Maria Shriver's Eulogy for Her Mother«, 14. August 2009, http://www.boston.com
»U.S.S. Warrington (DD-383)«, U.S.S. Warrington Alumni Association, http://www.usswarrington.org
»Vineyard Sound Lightship«, Executive Office of Energy and Environmental Affairs, State of Massachusetts, http://www.mass.gov/eea/
Wianno Senior Class Association, »Wianno Senior One Design Rules«, http://www.wiannosenior.org

BILDQUELLEN

1 Foto: James W. Graham, 2012
2 John F. Kennedy Library Foundation, 1933
3 Foto: James W. Graham, 2012
4 John F. Kennedy Library, Juli 1944
5 Foto: Alfred Eisenstaedt / Time & Life Pictures / Getty Images, 1940
6 John F. Kennedy Foundation, Sommer 1934
7 John F. Kennedy Library, 1938
8 John F. Kennedy Library Foundation, Juli 1941
9 John F. Kennedy Library, 1943
10 John F. Kennedy Library, Mai 1942
11 John F. Kennedy Library, 1946
12 Hy Peskin's SL & WH, www.HyPeskin.com
13 John F. Kennedy Library, 1953
14 Foto: AP, 7. August 1960
15 Fotos: Cecil Stoughton, White House / John F. Kennedy Presidential Library and Museum, Boston, 28. Juli 1962
16 Foto: Cecil Stoughton, White House / John F. Kennedy Presidential Library and Museum, Boston, 28. Juli 1962
17 Foto: Cecil Stoughton, White House / John F. Kennedy Presidential Library and Museum, Boston, 29. Juli 1962
18 John F. Kennedy Library, ca. 1962
19 Henry Koehler, 1963. Abdruck mit Genehmigung des Künstlers
20 Foto: AP / Bob Schutz, 30. Juli 1961
21 Foto: AP, 1964
22 Foto: Ron Galella / Ron Galella Collection / WireImage / Getty Images, 14. August 1971
23 Foto: Ron Galella / Ron Galella Collection / WireImage / Getty Images, 14. August 1971
24 Foto: AP / Staples, 22. November 1979
25 Foto: Diana Walker / Time & Life Images / Getty Images, 29. Oktober 1993
26 Foto: John Tlumacki / Boston Globe / Getty Images, 23. August 1997
27 Foto: James W. Graham, 8. August 2012
28 Foto: WENN.com, 30. Juli 2012
29 Foto: James W. Graham, August 2012
30 Foto: privat

Personenregister

Kursive Ziffern beziehen sich auf die Abbildungen.

Allen, Michael 333
Anderson, Karl 324f.
Armstrong, Neil 221, 311
Arvad, Inga 101, 127, 131, 164

Bailey, Mark 346
Barboza, Joanna 156
Bartlett, Charlie 171
Bavier, Bob 89
Beschloss, Michael 212
Bessette, Lauren 346, 348
Beston, Henry 29f., 35, 312
Billings, Lem 32, 89, 101, 148, 159, 236
Bilodeau, Thomas 69, 71–73
Bouvier, Jacqueline
 siehe Kennedy, Jacqueline
Braun, Wernher von 139, 210f., 220f.
Bridge, Dinah 83, 165
Bulkeley, Lt. John D. 101f.

Cannon, Frances Ann 92, 106
Carter, Jimmy 326f., 329
Cavendish, Billy, Marquis of Hartington 134f., 148
Cavendish, Kathleen, Marchioness of Hartington
 siehe Kennedy, Kathleen »Kick«
Cernan, Eugene 221
Chase, Paul 55
Churbuck, David 322

Churchill, Winston 94, 154
Clinton, Bill 25, 337, 341
Connelly, George 38, 52
Crane, Hart 344
Crosby, H. Manley 43
Crosby, Ted 27
Crosby, Wilton 39
Culver, John 293–298, 333

Daly, Jack 100, 106
Damore, Leo 31, 50
Davis, Sammy Jr. 267–269
Donovan, Robert J. 114
Duffy, Edward C. 155f.
Dulles, Allen 188

Eisenhower, Dwight D. 177f., 186, 188, 197, 208, 213, 216
Eisenstaedt, Alfred 95, 168
Ericson, John »Eric« 51
Evans, Reginald 120, 122f.

Fallon, John T. »Jake« 251, 299, 302–305
Fanta, J. Julius 74, 163
Fay, Red 144, 300
Fitzgerald, John F. »Honey Fitz« 198
Fitzwilliam, Lord Peter 157f.
Frost, Robert 203
Fulham, Tim 47, 263

Gargan, Joey 142f., 160, 310
Gasa, Biuku 120–122
Glenn, Dave 220
Glenn, John 217–219, 256
Goodwin, Doris Kearns 54, 71, 140, 144, 166

Harris, Charles »Bucky« 111–113
Hearst, William Randolph 134, 154
Hennessey, Luella 53
Hersey, John 92, 106f., 109, 132, 155
Hitler, Adolf 95, 98, 101, 139
Holmes, Oliver Wendell sen. 203
Humphrey, Hubert 182, 312

Johnson, Lyndon B. 186, 188, 208f., 210, 212, 230
Johnston, William 111, 113

Kavalis, Konstantinos 345
Kefauver, Estes 178
Kennedy, Caroline (verheiratete Schlossberg) 28, 169, 171, 181, 187, 256, 279, 315, 332, 345, 363
Kennedy, Caroline Summer Rose 366
Kennedy, Carolyn Bessette 346, 348
Kennedy, Christopher G. 18, 30, 58, 65, 73,243, 247, 260, 262f., 265–268, 279, 290, 303, 305, 321, 326, 342, 353f., 359–367
Kennedy, Conor 28, 362
Kennedy, Edward M. III. »Little Ted« 343
Kennedy, Edward M. jun. »Ted jun.« 24, 30, 279, 287, 301f., 306, 313–316, 324, 326, 336
Kennedy, Edward M. sen. »Ted« 6, 7, 11, 16, 18–21, 24, 25, 33, 44, 56, 68f., 71f., 80, 86f., 123f., 142f., 160f., 162, 178, 180, 193, 220, 223, 229f., 233, 235, 247, 253, 257f., 273, 278, 287, 291, 293–316, 322–343, 348, 351f., 354–357

Kennedy, Ethel (geborene Skakel) 16, 19, 22, 30, 164f., 179f., 188, 219, 224, 237, 241–251, 253–255, 257, 259–264, 266f., 268, 270, 278f., 284, 302, 325, 346
Kennedy, Eunice (verheiratete Shriver) 5, 7, 16, 20, 27, 57, 60f., 64f., 69, 82, 84, 103, 172f., 179f., 259, 271–291, 354f.
Kennedy, Jacqueline »Jackie« (geborene Bouvier) 12, 13, 14, 15, 17, 21, 25, 95, 153, 164–171, 174–188, 191–197, 201, 209, 224f., 227, 230, 234, 236f., 256, 258, 278, 284, 307, 330, 337
Kennedy, Jean (verheiratete Smith) 7, 27, 85f., 142, 167, 172f., 229, 241–243, 279
Kennedy, Joan (geborene Bennett) 245, 252, 278f., 306, 330
Kennedy, John F. »Jack« 3, 8, 9, 10, 11, 12, 13, 14, 15–19, 15a–c, 16, 17, 31–34, 36f., 39, 40f., 49–53, 57–61, 65–79, 87–96, 98–127, 130–133, 139, 142–147, 153–235, 238–249, 253, 272–274, 278, 280f., 294
Kennedy, John F. jun. 26, 222, 224, 230–232, 252f., 256, 313, 315, 346–348
Kennedy, Joseph III. 352, 363
Kennedy, Joseph jun. »Joe jun.« 7, 9, 16, 27, 31, 33f., 36–40, 51f., 60, 62, 64–71, 74f., 78f., 86–91, 93, 95f., 97–101, 124f., 134–144, 148f., 156, 272f., 293
Kennedy, Joseph Patrick II. 21, 25, 26, 244, 326, 352
Kennedy, Joseph sen. 16, 22, 24, 30–32, 37–39, 51f., 54f., 58, 62, 66f., 72, 91, 93, 95–99, 104, 119, 123, 133, 135, 138, 142, 144, 154, 156, 159, 231, 240, 306
Kennedy, Kara 19, 306, 313, 333, 356

Kennedy, Kathleen Hartington 244
Kennedy, Kathleen »Kick« 27, 34,
    62, 64, 68, 83, 91–93, 96, 100f., 105,
    133–138, 148f., 157–159, 163, 240,
    271f., 274
Kennedy, Kerry 260, 264f., 269, 319,
    343, 349, 356, 363, 367
Kennedy, Max 30, 45, 269, 279, 324f.,
    350, 352, 359–361, 363
Kennedy, Patricia »Pat« (verheiratete Lawford) 7, 27, 64, 68, 80, 84f.,
    96, 103, 162, 172f., 179, 230, 247f.,
    258, 279f.
Kennedy, Patrick 19, 205f., 305–308,
    316–318, 320–322, 328, 334, 348f.,
    357, 363
Kennedy, Robert F. »Bobby« 3, 7, 16,
    19, 20, 20f., 24, 49, 56, 59f., 62, 68,
    71, 85, 88, 95, 102–104, 127, 133,
    162f., 166, 169f., 174, 179f., 186,
    229, 233, 235–237, 239–259, 278,
    293, 300f., 306
Kennedy, Robert F. jun. 20, 279,
    351, 363
Kennedy, Rory 244, 249, 263, 346
Kennedy, Rose (geborene Fitzgerald)
    7, 16, 22f., 26, 34, 55f., 59, 91, 95,
    135f., 142f., 157f., 175, 222, 233,
    238, 240, 340, 367
Kennedy, Rosemary 27, 64, 80–85,
    273f., 306
Kennedy, Victoria Anne (geborene
    Reggie) 291, 336, 339, 354
Kirksey, Andrew Jackson 111
Koehler, Henry 230–234
Kopechne, Mary Jo 311
Krock, Arthur 164
Kumana, Eroni 120–122

Lawford, Patricia
    siehe Kennedy, Patricia
Lawford, Peter 85, 173, 193, 245,
    247f., 279

Lodge, Henry Cabot 163, 244
Lowe, Jacques 194

MacClean, James A. »Jimmie« 51
Macdonald, Torby 102, 179
Mailer, Adele 191
Mailer, Norman 188f., 190f.
Malraux, André 201
Marney, Harold 111
Mauer, Edgar 112
McMahon, Patrick 111–116, 118
McNamara, Robert 212, 249
Millay, Edna St. Vincent 28, 345
Moore, Edward 38, 89
Morris, Steven 46
Mosbacher, Bus 89, 228
Murphy, Paul 88

Nixon, Richard M. 173, 178, 188,
    192–194, 269
Noonan, James 243

O'Brien, Michael 59, 154, 183
Onassis, Aristoteles 307, 315
Onassis, Jacqueline
    siehe Kennedy, Jacqueline
O'Neill, Eugene 19, 357

Pappas, Louis 137
Parlett, Edna 50
Parlett, Mary 50
Peskin, Hy 167f.
Powers, Dave 175

Reardon, Timothy 143
Reed, Jewel 57
Reed, Jim 144
Reggie, Victoria Anne
    siehe Kennedy, Victoria Anne
Romney, Mitt 338–340
Roosevelt, Elliott 141f.
Roosevelt, Franklin Delano
    36, 62, 91, 93

Ross, George »Barney« 117–119, 121f., 144
Rousmaniere, James 90

Salinger, Pierre 188, 226f., 249
Schlesinger, Arthur 184f., 248f., 259, 332
Schlossberg, Caroline
    siehe Kennedy, Caroline
Schlossberg, Ed 332
Schnell, Cpl. Edward James 126
Schwartz, Ariane 41
Schwarzenegger, Arnold 279f., 283, 285, 287–290, 319
Seigenthaler, John 249
Shannon, William V. 182
Shepard, Alan 211, 218
Shepard, Tazewell 199
Shriver, Eunice
    siehe Kennedy, Eunice
Shriver, Maria 20, 273, 279–281, 285f.,
Shriver, Mark 29, 46, 263, 271, 285–287, 291, 348, 362, 366
Shriver, R. Sargent 84, 172, 177, 247, 275–278, 280, 283–285, 288f., 291
Shriver, Timothy P. 362f.
Simpson, James 141
Sinatra, Frank 85, 173
Skakel, Ethel
    siehe Kennedy, Ethel
Skakel, George 181

Smith, Jean
    siehe Kennedy, Jean
Smith, Stephen Edward 173f., 193, 245, 247, 279, 334
Smith, William Kennedy 334
Sorensen, Ted 170, 175f., 209
Spivak, Al 226f.
Starkey, Raymond 113
Stevenson, Adlai 177f., 180f., 184, 186, 188
Styron, Alexandra 319
Styron, William 224
Swift, Taylor 28

Tallman, Everett 39
Tempelsman, Maurice 337, 345
Tennyson, Alfred Lord 7, 171, 186, 236, 252, 328, 345
Thom, Leonard 113, 121f., 126, 144
Thoreau, Henry David 29, 31, 35, 195
Tibbetts, Rodney 52
Timilty, Joe 124f.
Tuckerman, Nancy 234

Ulian, Richard 47f., 76

Warhol, Andy 183
Webb, James 213f.
Wells, Jean Kiley 66
White, E. B. 234
Whittaker, Jim 254–257